師兄雲丛书

投融资那些事儿2018

唐寅生 韩济阳 ◎ 主编

中国财经出版传媒集团
中国财政经济出版社

图书在版编目（CIP）数据

师兄云：投融资那些事儿.2018 / 唐寅生，韩济阳主编.—北京：中国财政经济出版社，2019.3

ISBN 978 - 7 - 5095 - 8875 - 8

Ⅰ.①师… Ⅱ.①唐… ②韩… Ⅲ.①投资 ②融资 Ⅳ.①F830.59 ②F830.45

中国版本图书馆 CIP 数据核字（2019）第 046102 号

责任编辑：郁东敏 责任印制：刘春年
封面设计：陈宇琰 责任校对：黄亚青

中国财政经济出版社 出版

URL：http：//www.cfeph.cn
E - mail：cfeph @ cfeph.cn

社址：北京市海淀区阜成路甲 28 号 邮政编码：100142
营销中心电话：010 - 88191537
中煤（北京）印务有限公司印装 各地新华书店经销
710×1000 毫米 16 开 24.75 印张 372 000 字
2019 年 3 月第 1 版 2019 年 3 月北京第 1 次印刷
定价：82.00 元
ISBN 978 - 7 - 5095 - 8875 - 8
（图书出现印装问题，本社负责调换）
本社质量投诉电话：010 - 88190744
打击盗版举报热线：010 - 88191661 QQ：2242791300

本书编委会

主　编： 唐寅生　韩济阳

副主编： 马超杰　杨子荷

编　委： 沈家齐　甘　睿　翟　旭

万璐瑶　李　莹　王思嘉

陈　昊　党莺歌　牛浃宇

胡安琪　何艺展　林　炎

马志宇　曹冬青　黄羽婷

序一
Preface 1

投融资是国家经济发展的重大动力。自古以来，不论是企业家还是投资者，能够在未来占得先机都是成功的主要因素。市场变化急速，随着中国以致全球的经济发展增速放缓，21世纪企业投融资需面对更多元的挑战。立足当下，放眼未来的同时，我们也不可以忽略回顾过去的重要性。

唐寅生先生和韩济阳先生主编的《师兄云：投融资那些事儿2018》收录了2018年中国市场上42个被广为津津乐道的投融资案例，所提及的都是与市民生活息息相关的企业，探讨的主题涵盖当前的热点问题。文章语言朴实而简洁，深入浅出地分析案例，探讨市场定位、潜在机遇、企业将要面临的压力和挑战等，协助读者在短时间里获取精简有用的信息，了解市场趋势。

特别欣赏本书采用了由国内在读大学生搜集的材料，以及部分由他们负责撰写之文章。在经济转型的环境下，传统经济与新兴经济既要互相竞争，也要寻求融合。由这批投融界的新力军所撰写的精彩分析，实在不容忽视。本书为读者提供所关注的重点及值得思考的问题的同时，也为培育金融界的未来栋梁出了一分力。

旧事已过，谁都没办法改变过去的决定，但是我们可以从这些具有代表性的案例中学习，赢得明天。《师兄云：投融资那些事儿2018》帮助读者掌握最新的投融资实务动态之余，也激发更多投融资者的想象。这是一本富实用性的参考书，我强力推荐给企业领导和 EMBA 学员。

杨海仁教授

香港中文大学高级管理人员工商管理硕士课程（中文班）主任

亚洲供应链及物流研究中发展办公室主任

序二
Preface 2

该书以2018年度在中国市场上发生的42起投融资及并购案例，对各目标公司以及收购方的市场地位、竞争格局、交易策略与动机等方面进行探讨和分析。

本书以“互联网+实践教育”的模式，激发了高校在校学生理论联系实际的热情，使他们运用学习的理论、方法积极参与到社会实践的运用和分析中，对于提高他们的实践能力、分析能力，有着很好的帮助。

中国的改革开放四十年取得了巨大的成就，举世公认。未来的再发展，从经济发展的模式上，借助资本化的手段，将是高质量发展的必然之举。更多的有志之士学习好投融资的理论和实务，将是促进我国经济再前进的人力资本的力量。

学生们的案例分析，读起来显得有些稚嫩，都很朴素而且原汁原味，很真实，难能可贵。对于初学者来说，《师兄云：投融资那些事2018》是一本进阶投融资领域有价值的参考书，对于已经有了经验的金融人士，《师兄云：投融资那些事2018》是一本素材真实的参考书。

特此推荐！

复旦大学国际金融　张陆洋[①]

---

① 张陆洋：现任复旦大学国际金融教授、博导，任复旦大学中国风险投资研究中心主任，研究领域为风险投资与科技创新，是我国最早从事风险投资研究的三位专家之一，创立了我国第一家专业风险投资研究的学术机构——复旦大学中国风险投资研究中心；创立了创业—组合投资的理论及风险风险方法；是我国参与修订《合伙企业法》第三章“有限合伙”的五位专家之一；《多层次资本市场研究：理论、国际经验与中国实践》获得国家科学技术著作出版基金资助；应邀为成都市、哈尔滨市、宁波市顾问；受聘教育部留学回国人员科研启动基金评审专家。

前言

Introduction

“资本寒冬”，无疑是2018年整个投融资界，乃至整个金融圈的关键词，由大量的债务违约带来的潜在的流动性风险，让曾经愿意为高倍回报而在私募股权市场里小试牛刀的“金主”们毫不犹豫地站回到了风险厌恶者的队列中。资金持有人开始主动规避以权益类，特别是非公开市场权益类（“一级市场”）为标的资产配置投放，从2018年剧烈下降的新增私募股权投资基金募集完成数量和金额中可见一斑。

当然，不论从哪个角度来看，本次“资本寒冬”的最终结果导向是估值的理性回归。所谓的理性，既包含了“合适的价格”，也包括了“合适的标的”。从经过初步统计的成交结果来看，2018年的平均单笔投资成交额接近2017年的1.8倍，更多集中在了C轮及以后轮次的企业。可见由于风险厌恶情绪的驱动，资本追逐的重心在向运营模式、产品认知、渠道铺设都已经成熟的企业偏离，这一点，也是在2018年这个较为特殊的资本环境下的交易特点。

与“师兄云：投融资那些事儿——2017”一样，透过一批来自全国一线高等院校，致力在毕业后从事金融投资行业的在校大学生的视角，并基于前述2018年投融资市场的特点，本书收录了42起交易案例，涵盖了人工智能、金融科技、新能源等持续受市场关注的行业领域。对于每一个交易，本书都通过提出一些特有的观点，并借鉴了市场上以及行业内的公开数据对这些观点进行补充与佐证，形成了“投融资那些事儿”系列特有的案例分析视角。值得强调的是，在针对2018年颇具影响力的交易案例的每一个观点的形成、资料收集以及观点佐证的过程中，这些高校学生都起到了主要的作用，并融入了作为互联网原住民所特有的新兴一代的分析思路，值得在阅读过程中回味与思索。

金融投资行业从本质上来讲是“人”的行业，随着“资本寒冬”的降临，与之相关的金融人才市场也出现了不同程度的冻结。然而，在这个寒冬下，整个行业同样也在期待金融人才的估值理性回归，可以借此机会，筛选出值得投入培养与发展的最合适的人才标的，毫无疑问，参与本书编写的来自各个高校的学生，凭借他们在学生时代对这个真实商业社会的关注与投入，将会有很大的机会成为其中的一员，值得期待！

云师兄商学院创始人　唐寅生

己亥年　元月初一　于上海

目录

Content

No. 1

资本寒冬下的教育热土，看“好未来”如何并购出好未来

交易观察：

“好未来”（NYSE：TAL）于 2018 年 1 月初宣布，一家长期股权投资公司将购买该公司新发行的总价值为 5 亿美元的 A 类普通股。此次交易完成后，该投资者（考虑到其现有持股）将持有约 5% 的“好未来”在外流通股票。

一、2017——资本寒冬与教育热土

▶ 新版《民办教育促进法》利好 K12（Kindergarten through twelfth grade）培训，教育资产证券化或将提速

2017 年 9 月，新版《民办教育促进法》正式施行，从税收优惠、用地政策、学费定价、收益及办学奖励等六方面差异化扶持营利性和非营利性民办教育机构，希望解决长期以来民办教育身份问题。该扶持政策的推进使得 K12 教育培训机构率先受益。新版《民办教育促进法》明确了教育资产的权属关系，消除了教育资产证券化的障碍；同时，A 股教育资产稀缺性可能进一步下降，估值也将渐趋合理。IPO 常态化大背景下企业质量成为核心，像“好未来”“新东方”这类品牌机构不仅将进入高速成长轨道，而且其自身的市场占有率优势也使其能够在下一轮中小机构的洗牌中处于优势地位（见图 1）。

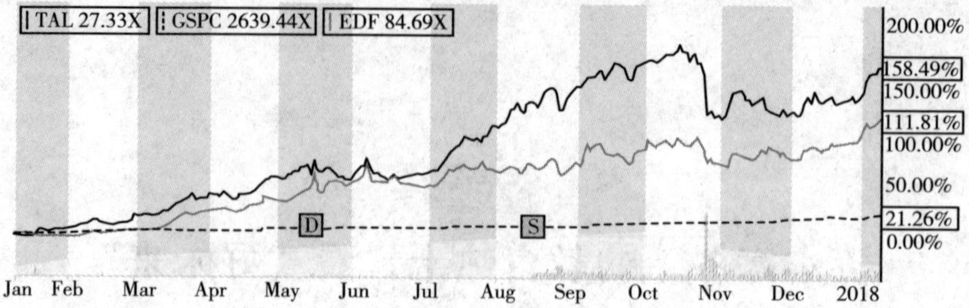

图1 截至2018年1月9日，“好未来”与“新东方”过去一年的股价增幅情况

注：上实线为“好未来”，中虚线为“新东方”，下实线为S&P500指数。

▶ 教育融资迎来新一轮热潮

伴随“好未来”和“新东方”等教育机构在二级市场的优异表现，一级市场中也涌现出VIPKID等一系列优秀的教育类创业公司；同时，教育上市公司仍需要通过不断的并购来撑起股价与市值。由此，市场爆发出了新一轮的教育投资热潮（见表1）。

表1 2017年国内融资过亿元的教育机构

机构	时间	领域	轮次	金额	投资方
极课大数据	2017年10月	AI+K12教育	B轮	1亿元人民币	丹华资本、XVC
作业盒子	2017年10月	K12在线教育	其他轮	2亿元人民币	贝塔斯曼亚洲投资基金、百度投资、好未来等
动因体育	2017年9月	体育	A轮	5亿元人民币	曜为资本
VIPKID	2017年8月	少儿英语	D轮	2亿元美元	经纬中国、云锋基金、真格基金、红杉资本、中国腾讯投资、ZTwo Capital
瑞达法考	2017年7月	司考	战略投资	1.92亿元人民币	正保远程教育
明师教育-明师在线	2017年7月	K12课外辅导	C轮	1.19亿元人民币	摩根士丹利、同创伟业等
读客图书	2017年6月	图书	A轮	12.8亿元人民币	君联资本、知合资本等
超神互动	2017年6月	电竞	战略投资	3亿元人民币	华璞毅恒资本（新加坡）
猿辅导	2017年5月	K12在线教育	E轮	1亿元人民币	PE华平、腾讯投资
翡翠教育	2017年1月	IT职业教育	C+轮	3亿元人民币	暂无
谦问万答吧	2017年1月	K12在线教育	C轮	1亿美元	皖新传媒、招商局资本、启明创投、挚信资本等

续表

机构	时间	领域	轮次	金额	投资方
千锋教育	2017 年 1 月	IT 职业教育	战略投资	1 亿元人民币	听说宝
作业帮	2017 年 8 月	K12 在线教育	C 轮	1.5 亿美元	君联资本、老虎基金、红杉资本、GGV 纪源资本等
智课教育	2017 年 11 月	留学	B + 轮	2 亿元人民币	金砖资本、海通文化、广东南方媒体融合基金、南方资本等
ABC360	2017 年 4 月	成人口语	B + 轮	数亿元人民币	沪江
掌门一对一	2017 年 12 月	K12 在线教育	D 轮	1.2 亿美元	华平投资、元生资本

截至 2017 年底，根据公开披露的数据统计，2017 年教育行业一级市场共发生 412 起融资事件，总金额达 282.86 亿元人民币。其中，素质教育、K12 等细分赛道在 2017 年投资热度持续上升。

二、难以标准化：过度依赖教师个人能力，两极分化初现

2017 年，对于教育公司来说，有的公司利润节节攀升、融资不断，也有不少公司关门跑路。2017 年 3 月 3 日，留学语言培训机构“小马过河”宣布经营不善将破产清算，尚有欠款未结算，员工举牌讨薪；9 月 2 日多家知名机构投资的连锁琴行“星空琴行”突然关闭所有门店，创始人失联引起全国热议；12 月 14 日，北京巨人时代教育咨询有限公司老板携款失联，人去楼空……

2017 年，是民办教育开始走向两极分化的开端，而教育作为一个极度难以标准化的产品，教师又在其中扮演了极为重要的角色。2018 年，整个资本市场的投资环境依然向好，投资节奏不会放缓，但是优胜劣汰的生存法则以及“好未来”和“新东方”的“双巨头”格局将依然存在。

三、刚需教育：巨大市场需求下，向头部集中的发展趋势

► 刚需教育仍是市场主旋律

时代造就伟业，这句话适用于“好未来”。我国 K12 课外培训市场空

间大，用户生命周期长，刚需、集中度低，消费升级紧随而至。2017 年中国 K12 教育市场规模高达 2.2 万亿元，预计在 2020 年达到 2.8 万亿元，依旧是一条非常适合长跑的赛道。而与之相反，非刚需的素质教育却还是萌芽状态，保守估计市场规模在 300 亿元左右，远远小于 K12 教育市场和整个中国教育市场的规模（见图 2）。师资水平普遍偏低、培训机构大多作坊式、缺乏统一标准和质量监管方式，都是制约整个素质教育市场发展的因素。我们期待在这个领域会产生“独角兽”企业，但幼教、K12 教育、高等教育等刚需教育才是未来的主旋律。

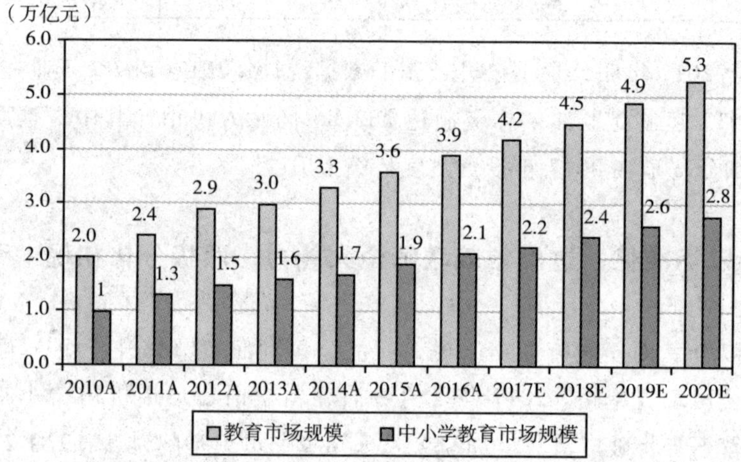

图 2　中国教育市场和 K12 教育市场规模

► 办证难，非学历教育机构第一道拦路虎

通常，经营性民办教育机构开展教学服务除了工商部门颁发的经营许可证外，还应当取得当地教育部门颁发的办学许可证。各地早已出台了针对经营性非学历教育民办机构办学标准的文件，但由于课外辅导市场进入门槛低鱼龙混杂，部分规模较小的机构无法达到标准只好采取申请教育咨询服务牌照或其他文化类牌照曲线救国，事实上属于无证经营。另外，由于缺乏全国性的指导细则，教育部门对 K12 办学许可证的颁发一直持审慎态度。

以上海地区为例，向课外辅导机构颁发的办学许可证数量非常有限。目前，仅虹口区和杨浦区教委仍在发此证，但虹口区仅对出国留学相关机构每年发放十张，杨浦区虽然可以颁发面向 K12 教育的许可证，但数量更少。上海本地有近 7 000 家课外培训机构，超过 3 200 家不具备教育培训资质，且有超过 1 300 多家不具备经营执照，“无证经营”机构占比超过 65%。

四、学历教育垄断，非学历教育市场高度分散

基于“难以标准化”的特性，在失去“学历教育”的保护伞下的中国 K12 辅导市场变得非常分散，两家龙头“新东方”和“好未来”的市场占有率之和不足 3%，且区域分化明显（见图 3）。而学历教育与非学历教育又拉开了巨大的差距（见图 4）。

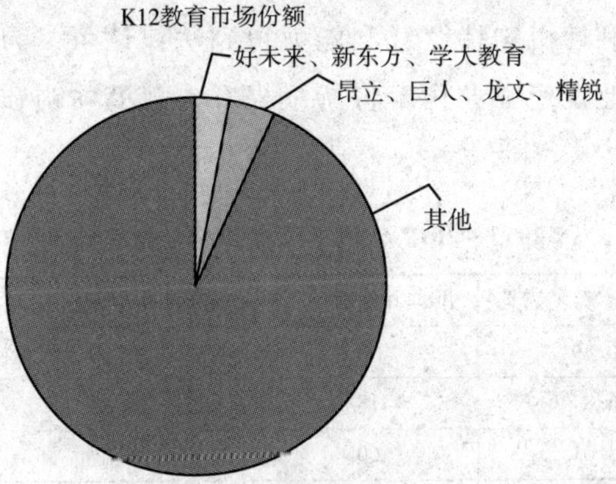

图 3　中国 K12 教育市场份额分布

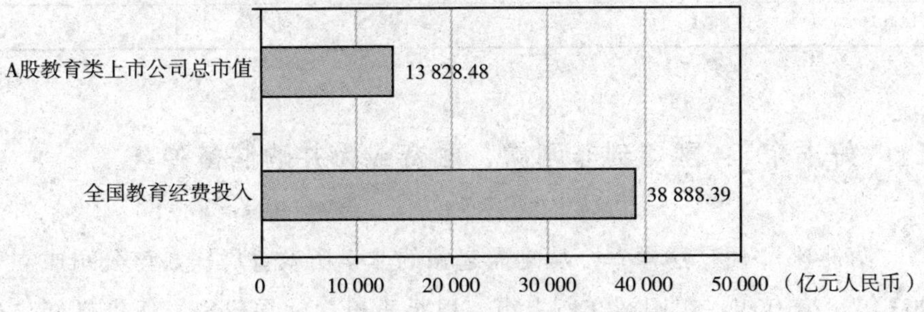

图 4　学历教育和非学历教育对比

教育改革性政策试点的先发市场——北京和上海发展程度和集中化程

度明显领先其他地区。预计，随着教育改革的推进，地方市场的竞争格局将会向北京和上海现有格局靠拢。

从内部因素来说，教育是稳定的消费需求，也是一条慢赛道，品牌需要依赖口碑慢慢积累。现在已经走出来的教育类巨头过去花了十年建立品牌，有很强的稀缺性，这种护城河很难被新进入者颠覆。由于行业准入门槛低，市场分散，多数 K12 课外教育仍属于无证经营。因此，新进入者甚至“独角兽”，未来都倾向于投靠品牌更完善、资源更丰富、产业链更完整的头部公司。

另一方面，对于上市公司而言，教育资产现金流好且逆周期性强，重金收购教育资产后，期许是能够对业绩产生影响，能为企业的持续发展提供源源不断的活力。从外部因素来说，新版《民办教育促进法》的实施也将促进市场向头部企业整合。税费优惠政策虽未真正惠及 K12 课外培训机构，但其作为营利性机构持续营利能力得到法律认可，为该类机构资本化扫清了障碍。行业资产证券化率将持续提升，规模并购和资本介入是必然趋势（见表 2）。

表 2　　2013～2017 年第三季度并购金额统计

年份	拟并购金额（亿元）	并购事件数（起）	实际并购金额（亿元）	并购事件数（起）
2013	6.89	3	6.89	3
2014	16.87	13	16.47	12
2015	198.01	60	149.66	54
2016	261.28	39	199.62	33
2017Q1－Q3	113.99	22	92.16	19
总计	597.04	137	464.80	121

五、“好未来”：刚需到非刚需，融资或为并购储备弹药

“好未来”便是这样一个从刚需起家的非学历教育机构。该公司成立于 2003 年，2010 年在美国纽交所上市，以小学奥数辅导起家，凭借良好口碑和品牌效应全面覆盖 K12 阶段全学科培训。在理科培优已根深蒂固的优势下依托积累的口碑向其他科目延伸，同时从国内升学应试教育培训向国外

升学的培训咨询业务、幼儿早教业务延伸，从线下培优至线上培优延伸，紧跟教育政策与市场需求的步伐，“高筑墙”“深挖渠”“缓称王”。

▶ 多赛道外延布局，全方面构筑教育生态圈

“好未来”利用自身资本优势，不断进行投资并购，完善其K12产业链并向上下端延伸至早幼教、素质教育及高等教育（见表3）。除此之外，还通过不断投资新型教育技术及在线教育，提升用户体验，如ICS智能教育系统、IPS学习系统、TEPC翻转课堂及云系统等（见图5）。“好未来”将互联网事业群作为公司五大业务体系之一，成为最积极拥抱互联网及教育科技的线下教育培训机构之一。

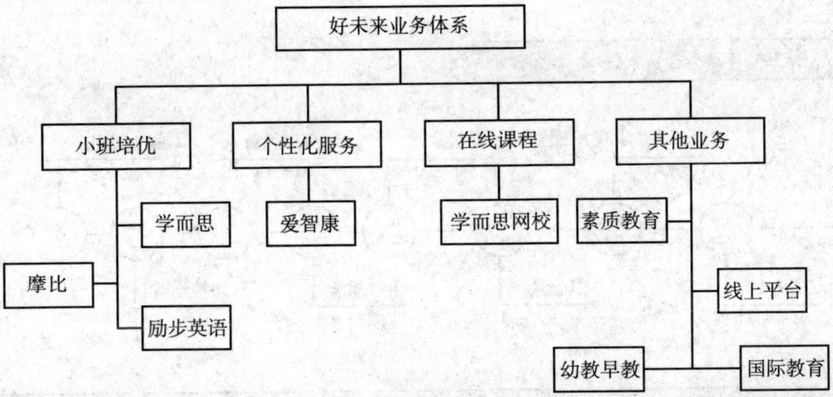

图5 好未来业务体系

表3 2012~2017年“好未来”主要投资标的分布

标的领域	投资标的
素质教育	画啦啦少儿美术课堂（A轮）、爱棋道（并购）、青青部落（Pre-A轮）、世纪明德（种子轮）
线上教育	轻轻家教（B+、C、C+轮次）、飞博教育、作业盒子（A轮）、混沌研习社（A轮）、知识印象（A轮）、奇迹曼特（A轮）、Minerva Project（B轮）、米豆网（天使轮）、对啊网（天使轮）、多贝网（A轮）
教育科技	NOBOOK虚拟实验室（A轮）、Volley Labs（种子轮）、Knewton（Pre-IPO轮）、Locomotive Labs（A轮）、硅易科技（易改）（A轮）
社交网络	妈妈帮（B轮）、校长邦（Pre-A轮）、宝宝树（D轮）、慧沃网（B+轮）、腾跃校长平台（A轮）、果壳网（C轮）、小木虫（并购）

续表

标的领域	投资标的
早教幼教	咔哒故事（A轮）、鲨鱼公园（A、A+轮）、宝宝巴士（B轮）、励步英语（并购）、小伴龙（B轮）
留学	ACESSAT唯佳教育（并购）、朗播网（A轮）、顺顺留学（并购）、申请方留学（A轮）、GMAT加分宝（A轮）
媒体	知识分子（A轮）、新学说（天使轮）、芥末堆（天使轮）

2017财年，"好未来"公开披露的投资案例包括Volley、鲨鱼公园、顺顺留学等，涉及技术、社区和未来教育三个方向（见图6）。"好未来"战略经理表示，新一财年以来的投资脚步将明显放缓，下阶段将更注重投后管理和战略分析。

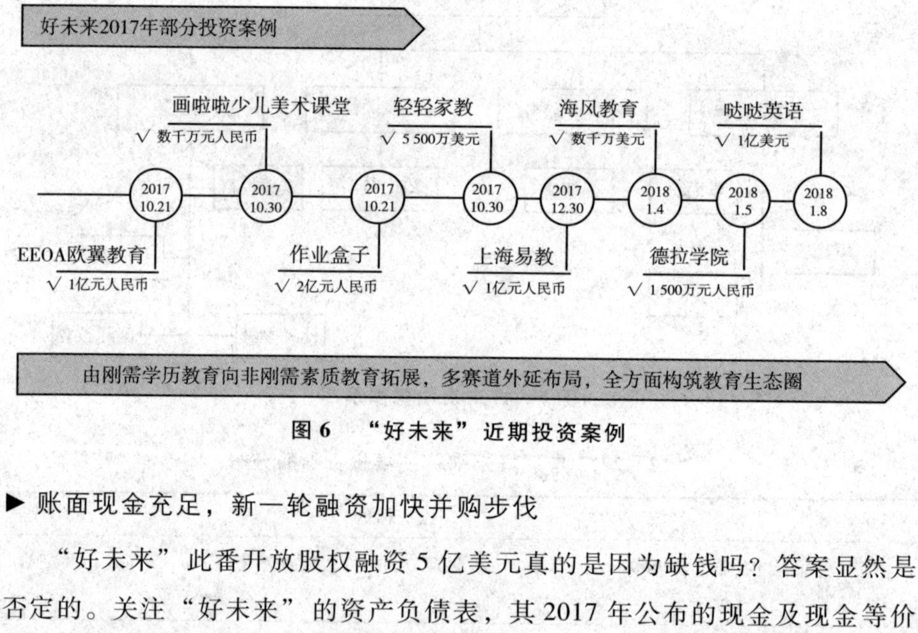

图6 "好未来"近期投资案例

▶ 账面现金充足，新一轮融资加快并购步伐

"好未来"此番开放股权融资5亿美元真的是因为缺钱吗？答案显然是否定的。关注"好未来"的资产负债表，其2017年公布的现金及现金等价物高达4.7亿美元左右，账面现金流十分充足（见表4）。我们认为此次融资很大部分上是为好未来下一步的投资扩张、完善产业链备足弹粮。

表4 截取部分好未来资产负债表 （单位：百万美元）

	FY2015	FY2016	FY2017
现金及现金等价物	470.16	434.04	470.22
短期投资	0.77	27.47	229.46

续表

	FY2015	FY2016	FY2017
流动资产	539.43	515.86	871.12
长期股权投资	97.36	274.36	347.73
非流动资产	232.98	545.52	957.78
总资产	772.41	1061.38	1828.91

六、未来行业并购热潮持续，素质教育或迎来春天

从本质上来看，“好未来”有着一部分连锁消费品的特征。对于所有连锁消费品来说，第一就是不断建立品牌的护城河，第二就是通过扩张来获取更多用户。目前，“好未来”依然在一个快速增长的赛道中。“好未来”的学生数量还在快速扩张，特别是越来越多的渠道下沉。以“好未来”为缩影，并购将是巨头打造教育生态、小机构存活下来的最好方式，教育行业的并购步伐不会放慢。

另一方面，在消费升级的驱动下，市场对软实力、综合能力的培养需求增强，素质教育开始得到人们越来越多的关注，2017 年整体发生爆发式增长。在各细分赛道投融资表现中，传统艺术教育稳中求新，在线化、智能化项目备受青睐。科创教育投融资总额增长近 6 倍，成为投资者追逐热点。我们认为在细分市场上仍有素质教育的一片天地。

主笔：万璐瑶、李莹

资料收集：刘海宁、尹雨晖

想成为《投融资观察》报告创作团队的一员吗？微信扫描本书第381页二维码，现在就加入我们吧！

No. 2

永辉超市收购红旗连锁9%股份

交易概览：

2018年1月2日，永辉超市股份有限公司拟再度以5.8元/股的价格，收购成都红旗连锁股份有限公司9%的股份。收购完成后，永辉超市将持有红旗连锁21%的股份，成为第二大股东（见图1）。该资金通过协议转让方式增持红旗连锁的部分股票，以获得良好收益。

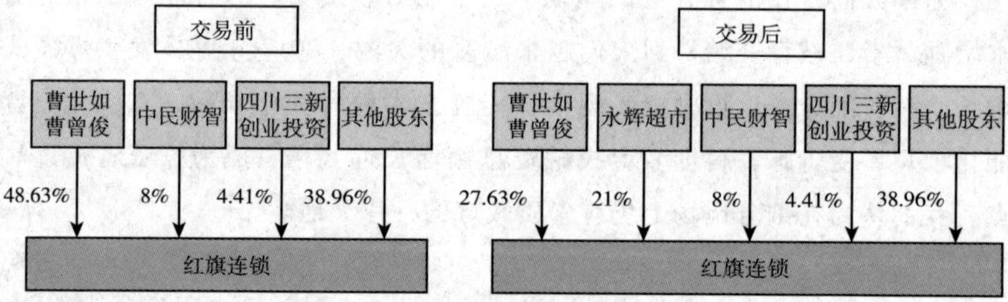

图1

一、线上电商发展受阻，传统零售业受到新零售模式冲击

从2011～2016年的网购零售额的增长趋势来看，我国网上零售额增速在持续下降，从2011年70.2%的增速到2016年26.2%，用户增长趋缓和获客成本的压力大大影响了网购零售额的增长，线上电商发展开始出现天花板（见图2）。网购高歌猛进的时代已然结束，线上电商开始向线下寻求

更大的发展空间。

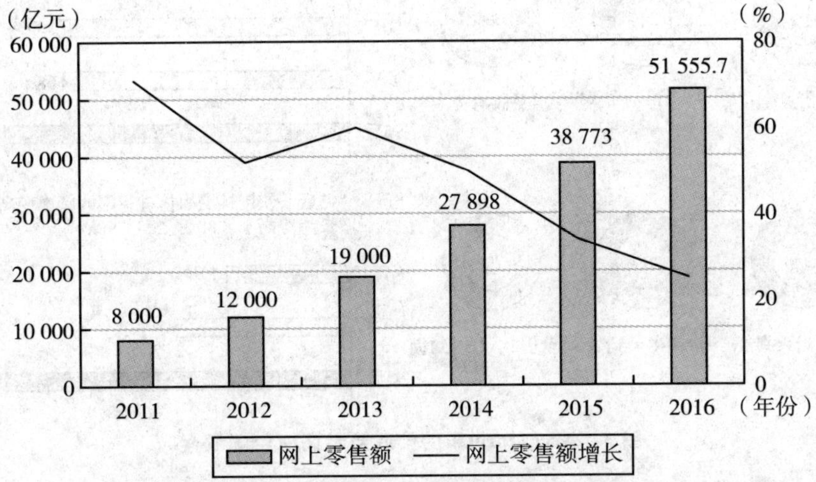

图2　2011～2016年中国网络零售额增长情况

二、零售业态的两大核心：用户获取与库存管理

随着大数据的应用和线上技术的发展，传统零售业受到前所未有的冲击。从过去的实体店线下销售，到京东淘宝等电商，到现在萌芽阶段的新零售，但无论零售以哪一种业态呈现，用户获取和库存管理始终是零售的两个核心。

三、用户获取：便利性与体验感至上

埃森哲（Accenture）最新的消费调研显示，新世代的消费者更钟爱门店购物，其比例甚至高于其使用手机和平板购物，同时购物时非常看重数字化体验（见图3）。

可见，消费者的关注重点已经不再局限于线上还是线下，而在于能否高效愉悦地买到所需要的优质产品。传统的网购虽然在用户获取上去掉了地域边界的限制，大大增加了获客机会，但传统物流体系基本已经达到了瓶颈期，无法满足消费者对配送速度的无停滞提高的要求。闪送、

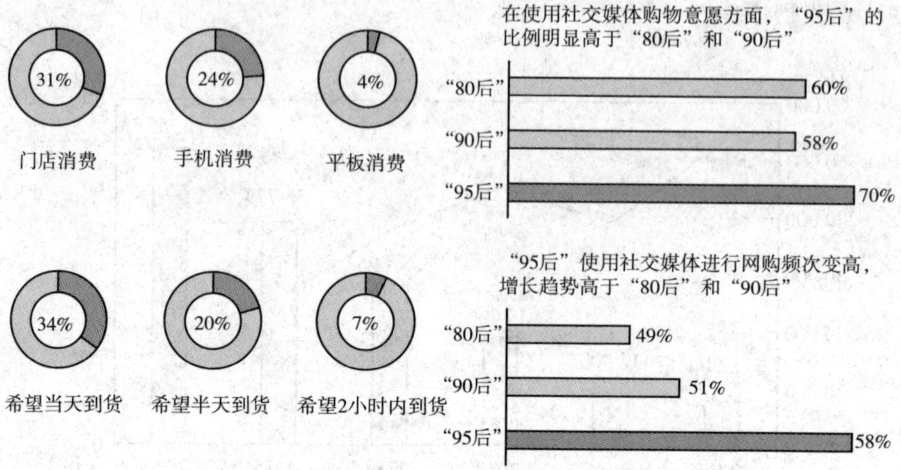

图 3　Accenture 新世代消费者调研中国洞察

帮买帮送及无人便利店、无人货架等等新型业态的出现，不仅进一步优化了用户体验，也促进了便利店和大卖场的销售，带动实体零售业的复苏。

四、库存管理：高周转、高毛利、低成本

传统连锁零售面临着渠道分散、客户体验不一、成本上升、利润空间压缩等多个困局，因此要优化库存管理，尽可能做到低成本、高毛利率和高周转率。

低成本：互联网化的大规模采购可以压低采购成本，而对供应链的优化则可以降低物流等环节成本。新零售的运作本质就是利用大数据建立“全渠道”的联合方式，以实体门店、电子商务、大数据云平台、移动互联网为核心，融合线上线下来节省人工成本。

高毛利：通过细分市场，如经营生鲜食品、进口商品、有机食品等高毛利和高单价的商品来解决，这些商品均可以显著地提高毛利率。

高周转：利用大数据对网络和线下数据库进行精准分析，推算用户的购买习惯及消费渠道，再根据数据进行定位并配比库存，在有限的空间里摆放需求最大的货物。

五、新零售的蓝海，便利店连锁体系成为布局重点

虽然目前新零售仍处于蓝海，但未来这片蓝海竞争会非常激烈。从巨头的运作来看，2017 年 12 月 15 日和 18 日，腾讯先后宣布入股永辉超市和唯品会，试图通过联手线下和线上的重要玩家，落地其“智慧零售”解决方案。

从报告《合纵连横可安天下，超级平台再起波澜》可以看到，除了拥有京东和唯品会两大线上盟友外，腾讯线下还有永辉超市以及小程序的加持。腾讯的智慧零售并不试图去掌握别人命脉，其本质是去中心化。

而阿里作为布局最全面的最快的巨头，已经将银泰、苏宁、百联等收入囊中，涵盖了百货商超、生鲜便利店等多重业态。通过入股成熟线下大型零售商以及自建盒马鲜生店面等建立起中心化赋能的新零售体系，来加强与线下门店的同盟关系，扩大自己在新零售转型中的影响力和话语权。从目前巨头的试点和布局来看，生鲜、超市以及百货是发展的重点。便利店将成为未来各大电商新零售布局的重点对象（见图 4）。

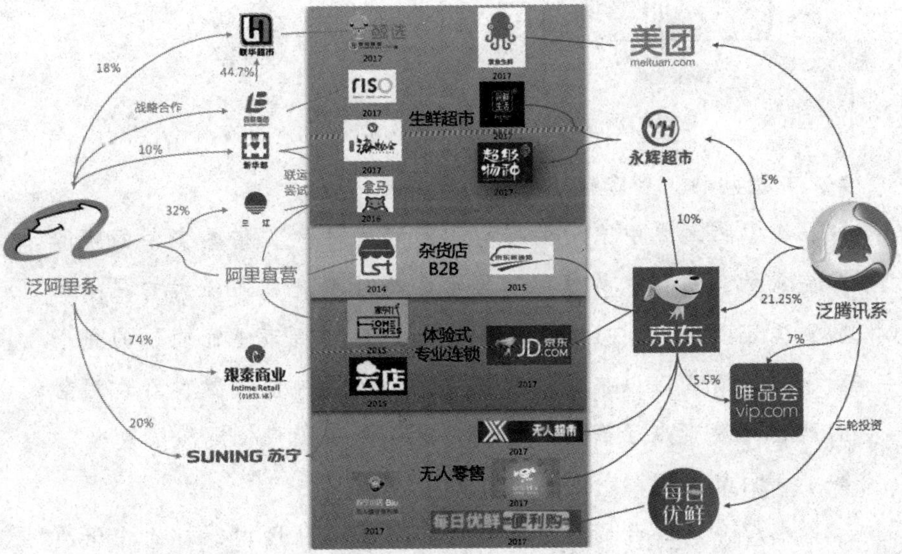

图 4　阿里和腾讯的零售布局

永辉超市公司概况

永辉超市在传统零售行业的供货、物流、防损、采购和科学管理结构等环节有着突出优势。通过供应链优化降低环节成本，保证供货稳定。专门的采购团队常年在原产地采购确保质量和供应。以抓买、铺货减少损耗，其损耗率低至 4%，毛利率高至 16%，远远超出行业平均的 7%。

现如今永辉超市已做好转型准备，改革管理结构改革，全面推进“合伙人制”“赛马”制度。从“红标”店到“绿标”店到“精标”店到“会员”店，再到超级物种、永辉生活，业态迭代升级加速。同时形成“云超”“云创”“云商”“云金”四大业务板块（见图 5）。

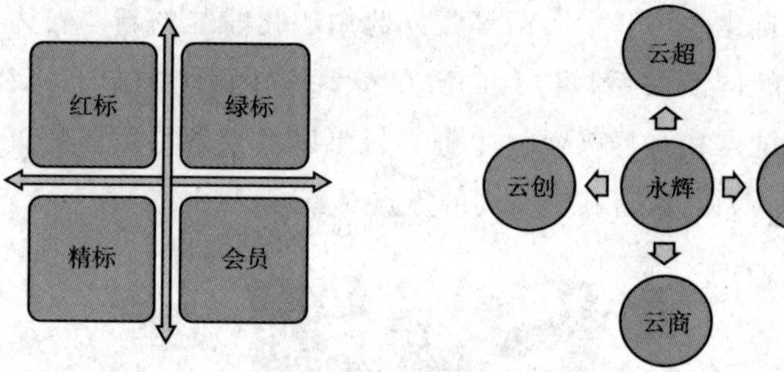

图 5　永辉超市板块示意图

▶“超级物种”新零售业态，提升消费体验

新零售之战中永辉主打的“超级物种”凭借其多年的经验和完善的供应链，构建起了自己的行业壁垒，而强大的买手团队则保证了农超对接实现低成本。同时“超市 + 餐饮”的线下场景式消费则可以提升消费体验，优越的地理位置和舒适温馨的购物环境带来了高的人流量，自动化系统科技提高了效率。

▶ 入股红旗连锁，完善社区布局

永辉开设的会员店主要布局在中高端社区内，目的在于将线下会员引流到线上消费，形成消费闭环，满足会员到家服务需求。而从永辉超市新零售线上线下布局来看，缺少的最关键一环就是社区内的网络布局，这就是永辉收购红旗连锁的意图所在。

▶ 红旗连锁公司概况

红旗连锁成立于2000年6月，并于2012年9月上市，是中国A股市场首家便利连锁超市上市企业。截止到2017年上半年，公司新开门店85家，总门店数达到2 170家（见图6）。

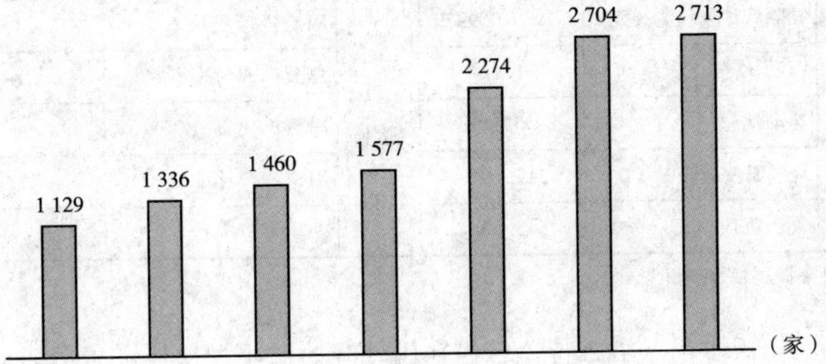

图6　红旗连锁门店分布及数量

红旗连锁以便利超市为主营业态，向大中型超市及24小时便利店延伸，避开了内外资大卖场的竞争，目前在成都区域已密集布点，具备较强的区域品牌认知度和竞争力。

相对于大型卖场和电商来说，便利店通常具有更强的执行力。便利店离客户最近，可以在最短的时间内解决所有的消费需求，深入客户群给便利店带来了稳定的口碑，可以得到消费者极高的信任，这是大规模的超市很难达到的。

然而，在一个固定的社区内所能承载的便利店数量是极其有限的，因此，便利店的连锁机构是整个零售体系线上线下结合非常关键的一环，红旗连锁也将会给永辉超市带来更全面的网点布局。红旗连锁公司综合能力指标见表1。

六、未来展望

随着社区消费趋势铺展开来，社区化将成为零售行业未来发展的重要

表 1　　　　　　　　红旗连锁公司综合能力指标

项目/报告期		2017 年第三季度	项目/报告期		2017 年第三季度
投资与收益	基本每股收益（元）	0.10	盈利能力	净利润率（%）	2.60
	每股净资产（元）	1.6835		总资产报酬率（%）	3.31
	净资产收益率－加权平均（%）	6.04	经营能力	存货周转率	3.57
	扣除后每股收益（元）	0.009979		固定资产周转率	4.46
偿债能力	流动比率（倍）	1.12		总资产周转率	1.27
	速动比率（倍）	0.56	资本结构	净资产比率（%）	54.45
	应收账款周转率（次）	212.60		固定资产比率（%）	27.85
	资产负债比率（%）	45.55			

资料来源：巨潮资讯。

方向。例如沃尔玛、塔吉特，已经在国外开始做小型实体零售门店服务了，人口密集处的邻里社区型门店是它们瞄准的方向。

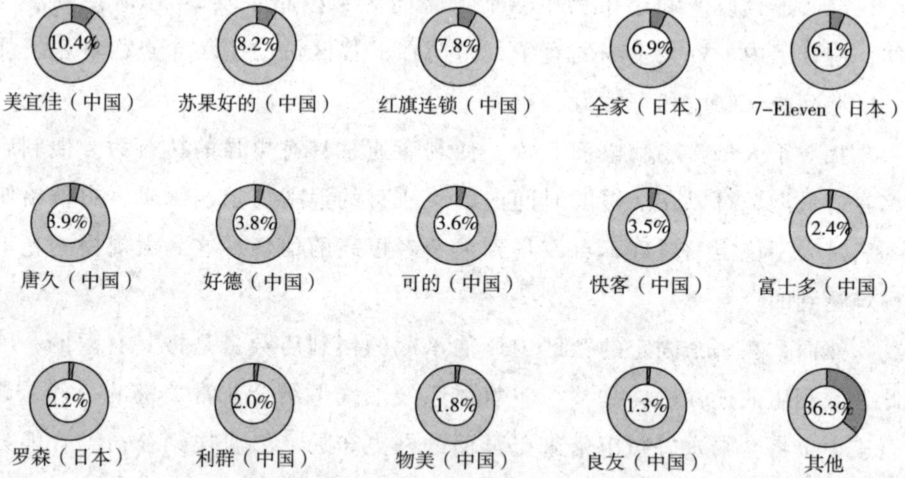

图 7　中国便利店商家的市场份额占比

而新零售就是精细化运营的零售，结合行业发展现状，未来新零售将是零售行业的发展趋势，线上线下相互融合已成为必然，而其中的布局重点就是便利店连锁体系。

七、最新消息

国际零售巨头家乐福宣布，已与腾讯和永辉就对“家乐福中国”进行潜在投资签署了投资意向书。投资金额和持股比例并未公布，但家乐福仍是“家乐福中国”的最大股东。“本项投资结合了家乐福的全球零售专业知识、腾讯的卓越技术和永辉的丰富运营经验，尤其是在生鲜行业的深厚知识积累”，家乐福在公告中说。

主笔：李莹

资料收集：曹蕾、曹立雅、刘好

想成为《投融资观察》报告创作团队的一员吗？微信扫描本书第381页二维码，现在就加入我们吧！

No. 3

房源融资双领跑，“自如”很自如

交易概览：

2018 年 1 月 16 日，链家地产旗下长租公寓品牌“自如”宣布完成 40 亿元人民币 A 轮融资，由华平投资、红杉资本、腾讯三家机构领投，华兴新经济基金、GA 资本、源码资本、融创中国等机构跟投。此轮融资后，“自如”估值超过 200 亿元。

一、国内租赁规模偏低，长租市场未来可期

租赁人口和交易额相比国外偏低：2015 年我国租赁人口规模为 1.8 亿人，占总人口比例仅 13%，与日本 33%、美国 31% 相比显著偏低。四个一线城市租金交易额超过 2 900 亿元人民币，但租赁交易额占房产交易额的 7%，显著低于美国（50%）和日本（40%）（见图 1）。2015 年整体租赁

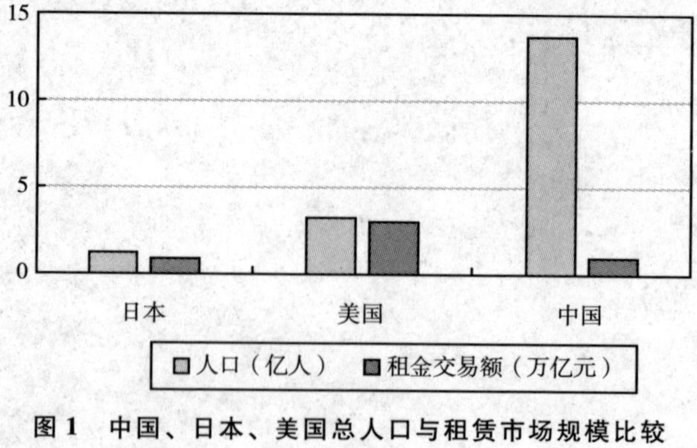

图 1　中国、日本、美国总人口与租赁市场规模比较

市场规模为 1.1 万亿元人民币，长租公寓市场规模约 88 亿元人民币。2015 年、2016 年长租公寓占租赁市场份额分别为 0.8%、1.5%，租赁市场尚有较大发展空间。

二、长租发展多因素推动，租金上涨将成为必然

► 从需求端来看，未来租赁市场发展首先来自租赁人口的增长驱动。现阶段一线、二线城市人口保持增长趋势，毕业生人数逐年上升。一线、二线城市的外来人口成为租赁市场的主力。流动人口租住私房比例为 67.3%，是解决居住需求的主要手段。

► 消费升级将进一步推动租金上涨。随着经济发展，可支配收入的上涨将带动租金上涨，但当前租金涨幅与可支配收入涨幅比相对较低。“80 后”成为社会中坚使得我国开启了消费升级的大潮，而居住升级是消费升级的重要部分，新生代租房群体提高租金支出实现居住品质的提升的意愿将提高，未来租金将呈上升趋势（见图 2）。

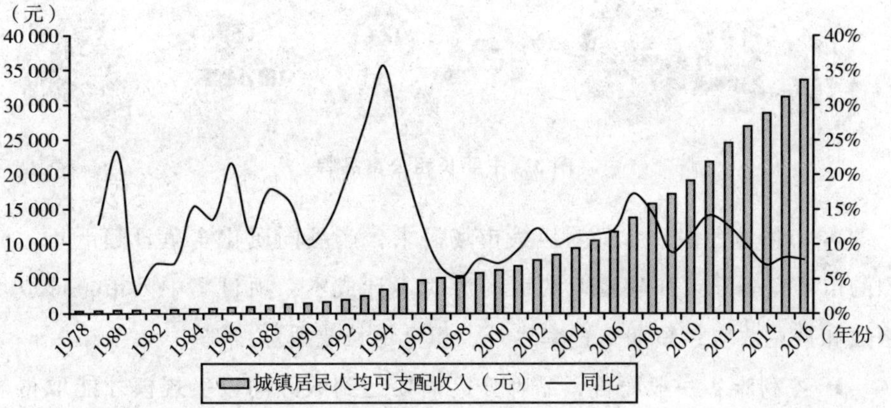

图 2　中国城镇居民人均可支配收入

资料来源：统计局、广发证券发展研究中心。

► 资本流入助推市场升温。长租公寓备受市场关注，大量资金流入亦是其快速升温的诱因。自 2015 年以来，各大公寓融资额度明显提升，且融资频次更快。截至 2017 年 8 月，全国各类规模的 28 家公寓融资总额超过

50 亿元。同时，企业积极引入 REITs，实现可持续的融资。

▶ 长租公寓的增长空间还体现在国家政策因素的驱动、租约证券化金融服务的逐步完善、附加服务提升房租溢价等。如在政策方面，一线城市通过改革土地供给结构增加租赁市场供给，土地供给侧开始向租赁住房倾斜。

三、长租公寓尚处发展初期，行业痛点日趋显著

长租公寓行业尚处发展初期阶段，企业期望抢占市场先机，将房源拓展摆在首位，痛点逐渐凸显：

▶ 品牌多、行业集中度低：我国目前长租市场参与主体众多（见图 3），各有优劣，但各个品牌市场占有率总体并不高。

图 3　主要长租公寓品牌

▶ 市场竞争激烈：面对巨大市场需求，产品同质化竞争日趋严重。激烈的市场竞争导致部分企业获取房源时不计成本，项目集中入市，形成价格战和挤兑效应，短期空置率攀升，租金增长放缓。

▶ 盈利难：一般而言，品牌公寓需要达到数万间以上规模才能取得规模化优势，目前行业中大部分公司仍然处于规模化前期加大运营投入和营销投入的阶段，公司利润率处于低点（见图 4）。

虽然目前租金回报率较低，但随着时间的推移，当行业龙头企业获得批量优质房源，占据足够大的市场份额，租金的上涨将成为必然，同时规模效应将随之呈现，这一问题将得到极大改善。

▶ 资金需求量大：长租公寓的产业流程大致为获取房源、设计装修、

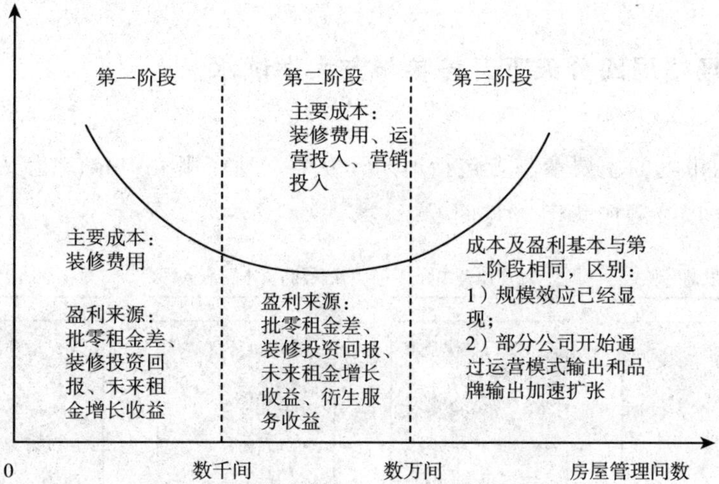

图 4　长租公寓公司利润率呈微笑曲线分布

营销签约、日常运营管理和后期项目退出。产业中的每一个环节都与资本紧密结合，资金的支持才能助力企业的规模化扩张（见图 5）。

资本运作	股权融资	供应链融资		租约证券化	股权退出
资本运营	开房、收房 ●重资产：开发或收购 ●轻资产：签约租赁	设计、装修 ●设计 ●装修	营销、签约 ●营销团队 ●客户信息大数据	日常运营 ●公寓运营 ●租金收入 ●附加服务	项目退出 ●重资产：项目出售退出 ●轻资产：租约到期
			后台系统： ●入口——官网、微信、微博、APP、第三方平台 ●全产业链功能：电子签约，电子财务、网上报修、网上支付、附加服务		
核心企业	万科、世联行、链家	装修、装饰、安防等类企业	阿里、房天下、58同城、链家	万科、世联行、链家、水滴公寓	魔方金服等
估值空间	管理规模决定估值，50万~100万间，可以享受独角兽估值30~50XPE	长租公司可整合社会资源，单独类企业若无入口功能则不具备高估值能力	暂时无全国性长租公寓交易平台，若存在享受50+XPE	长租公司可整合社会资源，单独类企业若无入口功能则不具备高估值能力	类金融和普惠金融企业，若无明显规模估值在15~30XPE

图 5　长租公寓产业链

四、市场格局四分天下，各参与方大举试水

长租市场的主要参与者包括地产开发商、地产服务中介、“互联网 + 资本”平台以及酒店集团（见图 6）。

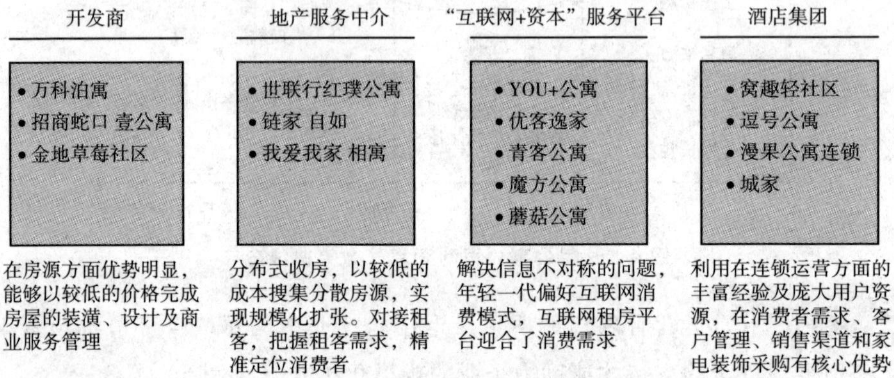

图 6　长租市场参与者

资料来源：各公司网站官网，平安证券研究所。

五、获取房源相对容易，分散式运营优势明显

从空间位置的集中度来看，长租公寓的运营分集中和分散两种。集中式为整栋楼改造成公寓楼对外招租，分散式则以房间为单位，零散分布在城市不同区位（见表 1 及图 7）。

表 1　集中式和分散式长租公寓的区别

分布方式	集中式长租公寓	分散式长租公寓
典型代表	魔方公寓、万科泊寓	自如、蘑菇公寓
房屋来源	旧工业厂房、商业用房、原有的酒店或开发商手中的闲置房产	从个人房东处获取闲置房源
房源位置	集中式房源获取难度较高，物业性质决定了大多数都会处于相对偏远的位置	分散性房源，所处的位置具有更大的灵活性，地铁沿线、商业配套丰富、生活便利的区域受青睐
公共空间	公共空间统一装修改造，配置大堂、休息区等	统一的公共空间，依托房源所在社区

续表

分布方式	集中式长租公寓	分散式长租公寓
出租形式	一般以小面积单套房间的形式出租	一般为“N+1”形式，按间对外出租
服务	社区化服务；公共区域配备娱乐休闲设施，便于组织面对面的线下活动；服务半径短，成本低	由于距离问题，可提供给租客的公共服务相对较少
客户情况	个人和集体	个人为主

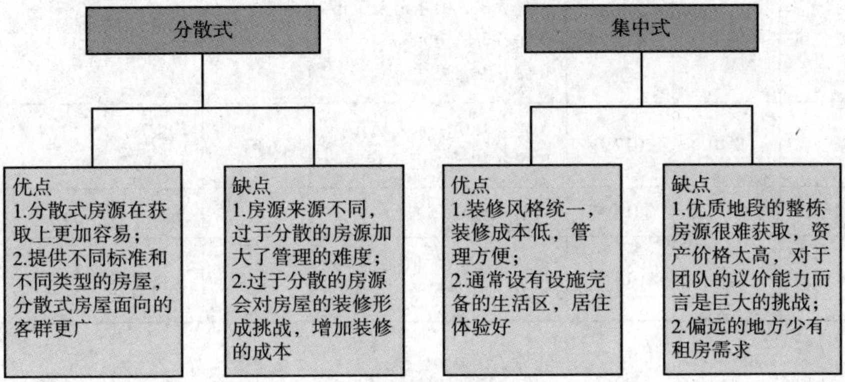

图 7　分散式与集中式长租公寓对比

资料来源：东方证券研究所。

相比集中式，分散式运营在房源获取上更加容易，更好地控制房源获取成本，不同的房源也能更好地满足租客群体的差异化需求。

六、长租市场品牌林立，龙头企业初具规模

北京、上海、广州、深圳的长租公寓品牌数量合计达 300 多家，管理房间数量超过 200 万间。自 2010 年长租公寓发端，几年内龙头企业已初具规模，行业排名前十位的企业管理的房屋间数都已过万间（见表 2）。

表 2　长租品牌市场规模及融资情况

公寓品牌	拿房方式	成立时间	融资情况	布局城市	市场规模
自如	分散	2011 年	A 轮融资 40 亿元人民币	9	50 万间自如房，8 栋自如寓服务 20 万业主，120 万租客

续表

公寓品牌	拿房方式	成立时间	融资情况	布局城市	市场规模
优客逸家	分散	2012 年	A 轮：1 亿元人民币 B 轮：3 000 万美元	12	房源 3.1 万间
蘑菇公寓	分散	2014 年	A 轮：3 000 万元人民币 B 轮：2 500 万美元 B+轮：3 000 万美元 C 轮：数千万美元	12	房源数万间
魔方公寓	集中	2009 年	A 轮：6 000 万元人民币 B 轮：2 亿美元 C 轮：3 亿美元	17	门店 240 家，房源 3 万间
新派公寓	集中	2012 年	A 轮：1.6 亿元人民币 B 轮：数千万元人民币	6	门店 2 家，房源几百间
世联红璞	集中	2015 年	可转换公司债券	27	房源 4 万多间
万科泊寓	集中	2016 年	拟发行直接债务融资工具	24	房源 3.5 万间

七、“自如”迅速跑马圈地，争取大量优质房源

截至 2017 年底，“自如”已进入 9 座城市，受超过 20 万业主委托管理近 50 万间房源，拥有 8 栋自如寓，累计服务 120 万租客。2017 年，“自如”在北京、上海、深圳三城市推出新“业主直租”的租赁形式。与“自如友家”不同，这种模式下只要业主的房子在装修、家具、家电年限等条件上达到要求，“自如”将不会对房屋进行重新装修改造，房屋出租的租金全部给业主，“自如”不从中赚取差价，仅按房租比例定期收取服务费，委托期限也从 3 年降至 1 年起签合同。这一举措吸引了大量业主，“自如”收房量大幅攀升，拉大了和行业其他竞争对手的距离（见图 8）。

同时，和其他长租品牌相比，“自如”在市区内核心地段获取房源的能力也更强。以在上海规模较大几个长租品牌为例，可以看出“自如”在市区核心区域内管理房源数量有明显优势。

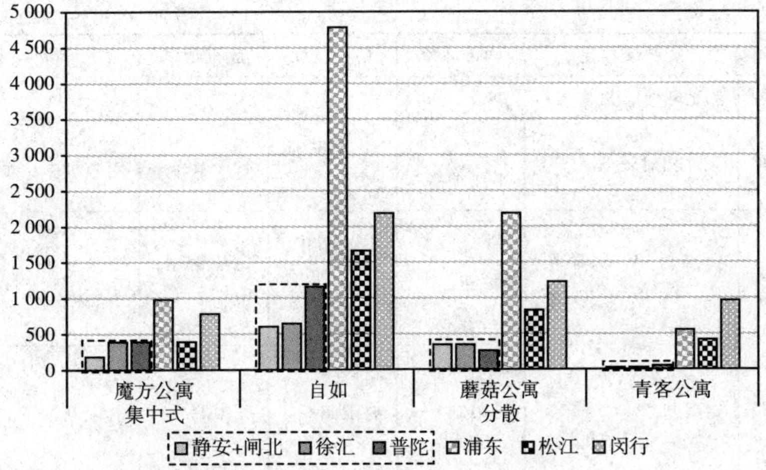

图8　主要长租公寓品牌核心区域房源对比（上海市）

注：魔方公寓房源数量为根据当前公寓数和每栋公寓平均房间数估算得出；其余分散式公寓房源数据为各公寓官方网站显示当前各区域可租的房间数。

八、房地产金融发展，助力长租品牌规模化扩张

▶ 目前长租市场发展处于初级阶段，各品牌群雄逐鹿，争做龙头。扩大规模可以降低采购、管理等多项成本，形成规模化优势，因此在前期获取大量优质房源，将为企业带来明显竞争优势，这对资金的投入提出了很高要求。公寓前期投入大，但租金回报率低，向资本市场“寻金”是平台做大的必然路径。

▶ 资产证券化与传统融资方式相比更有优势：长租逐渐从重资产向轻资产转移，区别于传统股债融资渠道，证券化产品提供了一种灵活、节约成本、轻资产运营的融资手段，将未来稳定可期的现金流兑现。长租公寓能够证券化的产品很多，租金、装修、押金、服务费都是能变现的环节（见表3）。

表3　　资产证券化与传统融资方式对比

融资渠道	资产证券化	内部融资	银行贷款	股权融资	债权融资
融资成本	对具有优质资产的低评级房企有利	低	高资质房企较低	成本较高	高资质房企较低

续表

融资渠道	资产证券化	内部融资	银行贷款	股权融资	债权融资
融资规模	当前较小，潜力大	小	大	大	大
融资条件	条件相对较低	对盈利水平要求高	贷款审批严格	程序复杂	发行标准严格
融资风险	资产信用，风险隔离，较低	低	企业信用，偿付压力较大	企业信用，中等	企业信用，偿付压力较大
融资期限	有限制	无限制	有限制	无限制	有限制
流动性	高	—	较低	高	较高
融资速度	较快	快	慢	较慢	较慢

▶ 政策红利不断显现：多部委联合牵头，加大对住房租赁行业的金融支持力度，加速房地产投资信托基金试点，鼓励地方政府出台相关优惠政策。

九、传统融资方式占比下降，资产证券化逐渐兴起

我国地产证券化历程：我国从 2004 年开始开展地产证券化以来，发展稳步前进（见图 9）。

图 9　我国 REITs 发展历程

▶ 房地产传统融资环境收窄：2016 年下半年来房企融资环境持续收紧。2017 年股权融资同比减少 43%；公司债发行规模不及 2016 年的 10%，在各类型地产债中占比仅 22%；中期票据融资规模和数量同期也有所下降（见图 10）。

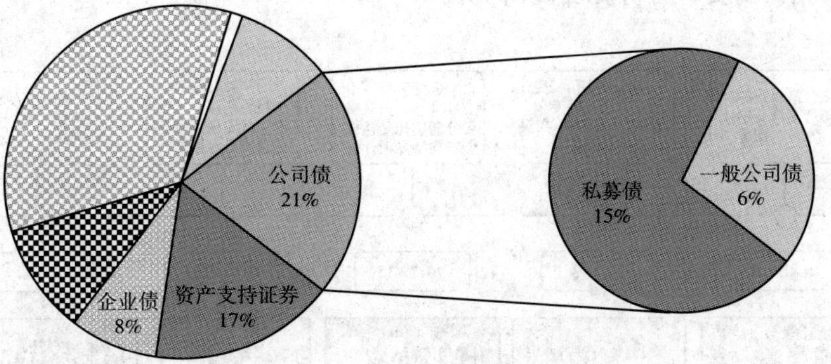

图 10 2017 年地产债发行规模占比

▶ 资产证券化发展迅速：作为金融创新工具，资产证券化不在资管新规管控范围内，拓宽了融资渠道。自 2015 年末，地产企业发行 ABS 产品规模快速上升，2015 年底我国房地产 ABS 存续规模仅 136.7 亿元，2016 年总发行规模为 444 亿元，2017 年发行规模达到 655 亿元，目前存续规模已达 1 022 亿元。

▶ 从基础资产来看，以应收账款为基础资产的地产 ABS 产品最多，商业房地产抵押贷款 ABS 和不动产投资信托 REITs 发行增多（见图 11）。目前，房地产企业资产证券化市场绝对规模较小，但未来发展空间很大，将成为未来地产融资的重要渠道。

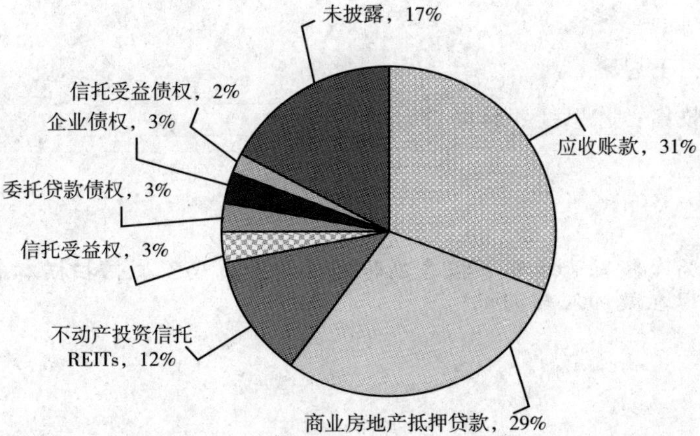

图 11 2017 年发行的房地产企业 ABS 基础资产分类（按金额）

▶ 长租公寓资产证券化实践（见图 12）

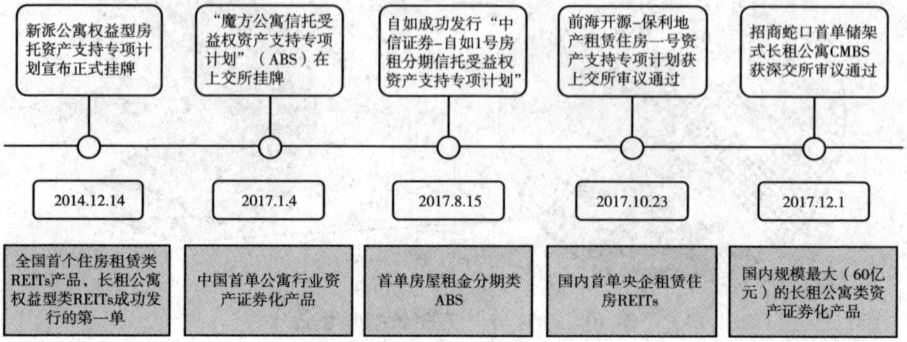

图 12　长租公寓证券化实践

十、扩大融资获取房源，自如未来大有可为

无论从管理房源的数量还是融资规模上看，“自如”都走在行业前列，积累了一定领先优势。但我国长租市场的发展依然处在初级阶段，未来市场格局难以预期。“自如”要保持领先优势，需要进一步寻求和金融机构的合作，获得充足的资金支持，在一线城市市区签约大量拥有区位优势的房源，抢占市场份额。在未来租赁人口和租金量价齐升的背景下，规模化扩张无疑将赢得更多的租客，拥有更大的盈利空间，未来发展将更值得期待。

主笔：王思嘉

资料收集：陈思佳、林晏竹

想成为《投融资观察》报告创作团队的一员吗？微信扫描本书第381页二维码，现在就加入我们吧！

No. 4

专科医疗与资本共舞，眼科医院于两地生辉

交易概览：

爱尔眼科（300015. SZ）2017 年 1 月 4 日公布定增事项：非公开发行 6 232. 87 万股，发行价为 27. 60 元/股，募集资金 17. 2 亿元，扣除发行成本后，募集资金净额 17 亿元，新增股份于 2018 年 1 月 8 日深圳证券交易所上市。爱尔眼科董事长和信诚基金管理有限公司分别认购 20%，高瓴资本认购 60%（见图 1）。

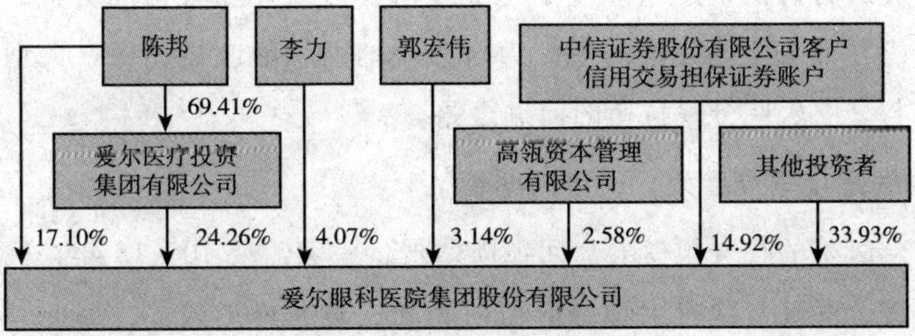

图 1　爱尔眼科股权结构

希玛眼科（3309. HK）2017 年 1 月 15 日在港股上市。法定股本为 80 亿股，本次发行前总股本为 8. 03 亿股，拟 IPO 公开发行 1. 97 亿股，约占发行完成后总股本的 19. 7%。发行后，希玛集团持有公司股份约 72. 3%；林顺潮医生及李女士作为公司的共同管理及经营者，分别拥有希玛集团 70% 及 30% 的权益（见图 2）。

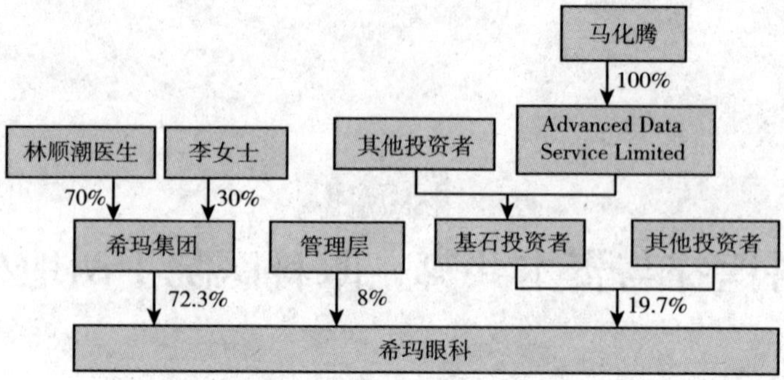

图 2　希玛眼科股权结构

一、天地人和，专科医疗顺势而发

▶ 国家利好政策与“互联网 + 医疗”模式合力推动民营医院资本化与规模化

2009 年新医改后，各路资本加速进入医疗机构，开始专注医疗因深层革新所释放的价值，逐渐形成了专业型医疗投资基金。另一方面，“互联网 + 医疗”作为更为先进的生产力对医院辅助功能改进，探索大型民营医疗集团与公立医院分庭抗衡的前进之路。

▶ 综合医院投资难度大，回报周期长

综合医院的投资规模大、回报周期长，一般需要 10 ~ 15 年，民营资本建立的综合医院与国有大型综合医院相比，竞争能力较弱，因此，虽然民营综合医院已有患者流量，发展与管理制度健全，但整体收购或参与公立医院改制的风险极大。此外，综合医院在人事、薪酬、盈利预期、产权界定、管理难度等方面都比专科医院复杂，更容易面临人才缺失的问题。

▶ 专科医院投资价值高，市场定位明确

与综合医院相比，专科医院具备一些天然的优势。专科医院的投资额度小，成本可控性强，培育周期短，一般五年即可达到盈亏平衡，相对风险较小。专科医院市场定位明确，价值链突出，有利于早期的市场开拓，人才招募的难度较低。同时，近年来政府鼓励分级诊疗制度与患者分流，从政策性角度来讲有利于专科医院的发展。因此，在医疗行业，专科医院或将成为“医疗市场未来十年最适合社会资本投资的细分领域”。

二、海阔天高，眼科医疗市场广增速高

▶ 中国香港及内地医疗服务市场支出总额稳步上升

根据 Frost & Sullivan 数据，中国香港医疗服务市场的医疗支出总额目前稳步上升，从 2012 年的 1 044 亿港元增至 2016 年的 1 396 亿港元，复合年增长率为 7.5%；其医疗支出总额预计将于 2021 年达到 1 782 亿港元，预计复合年增长率为 5.0%（见图 3）。同时，内地的医疗服务支出也保持稳步增长趋势。

图 3　中国医疗服务市场的市场规模［2012～2021 年（估计）］

资料来源：国家卫计委、弗若斯特沙利文分析。

▶ 老龄化带来庞大患者数量

眼科医疗作为医疗服务市场的一个细分领域，目前在中国香港及内地医疗服务市场中占据重要地位，中国香港及内地眼科医疗市场随医疗供求的不断上升而增长（见图 4 及图 5）。

中国香港和内地的人口老龄化问题导致患者群不断增大，白内障、视网膜

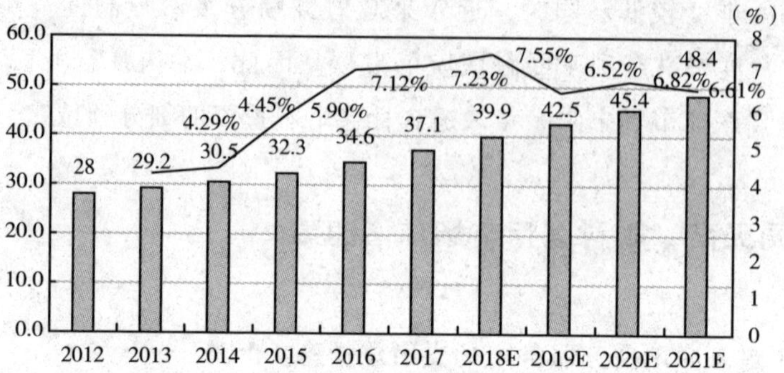

图 4　中国香港私营眼科服务市场规模及增速

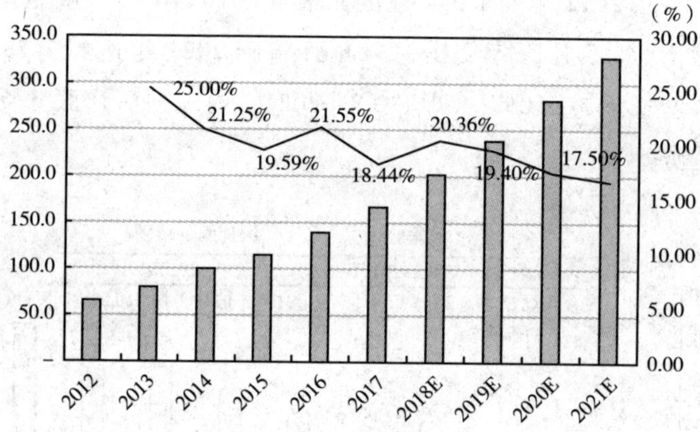

图 5　中国内地私营眼科服务市场规模及增速

脱落及青光眼等老年群体常见眼科疾病的患病率上升，促使眼科服务的需求不断上升，除了老龄化带来的患病率的提升，年轻人的近视患病率也在上升。

各种眼科手术技术的进步将为未来市场增长提供动力。内地新医改中政府的大力支持和优惠政策也为私营眼科市场带来了新的推动力，内地城镇居民生活水平的提高和健康意识的改善进一步扩大了市场需求。

三、并驱争先，眼科医疗大陆盈利更胜一筹

以希玛眼科为例，其在中国内地地区业务毛利率约为香港地区的 1.6 ~ 1.9 倍，这是由于香港医疗市场运营成本高，眼科医生、护士及医疗辅助人员以及租金成本一般高于中国内地市场的成本（见图 6）。

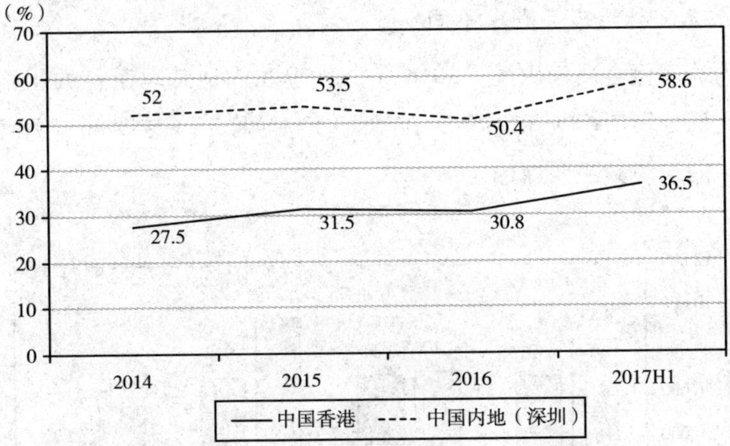

图 6　2014 ~ 2017H1 希玛眼科分地区毛利率

▶ 工薪体制不同导致人员成本差异

中国香港地区眼科医生及医护人员收入远高于内地。2016 年，在香港特区，希玛眼科医生人均收入为 701 万港元，是内地希玛眼科医生人均收入 20 万港元的近 35 倍。香港以诊所为主的医疗体系决定了医生个人具有很强的议价能力，结合其采用与公司收益分成的模式以及香港较高的消费能力，共同导致香港眼科医生的工资薪金大幅高于内地（见图 7）。

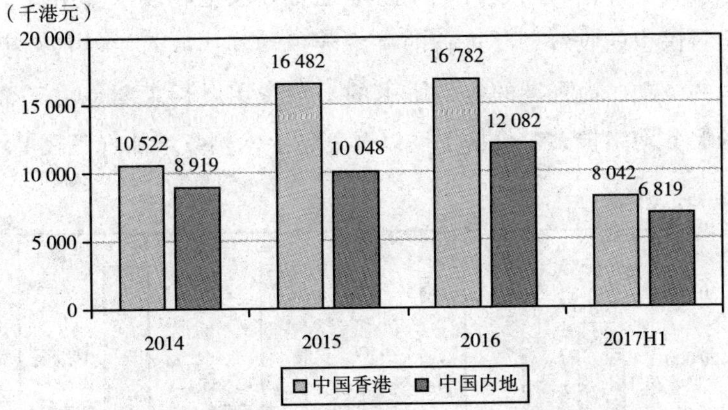

图 7　希玛眼科在中国香港与内地的员工薪金及津贴

而中国内地医疗体系由于以医院为主体，医生个人的议价能力较低，且医疗收费的价格长期由政府制定，导致体现医生劳动价值的诊疗、手术部分价格偏低。

▶ 租金成本差异造成毛利率不同

香港地区租金高于内地。2016 年，香港和内地希玛眼科的租金支出占总租金比例分别为58%和42%，内地租金较为稳定（见图8）。香港地区的房价高于内地为其主要原因。

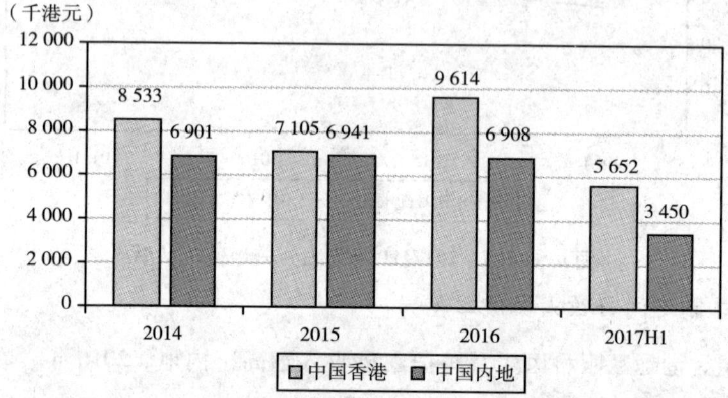

图 8　希玛眼科在中国香港与内地的租金

▶ 租金成本差异造成毛利率不同

希玛眼科在中国内地平均手术费减少，手术数量大幅增加。由于深圳的眼科医院从海外招聘的眼科医生及本地受训医生收取的费用低于其他高级香港眼科医生的收费，其进行的手术数量增加，从而使得每例手术的平均费用大幅下跌。而香港的每例手术的平均费用增长主要是由于希玛眼科在香港的服务网络扩大、价格上调以及复杂手术例数增加（见图9）。

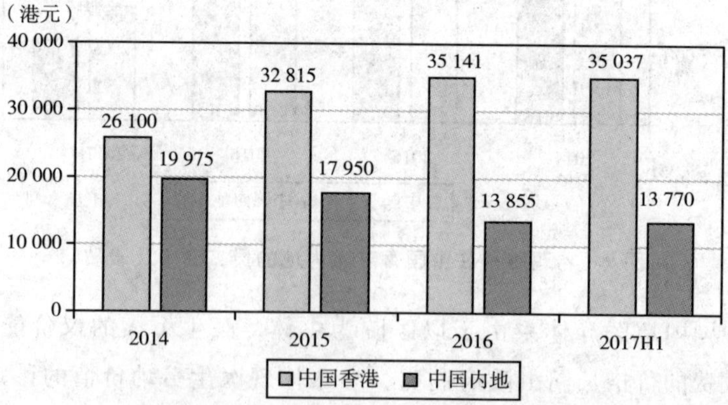

图 9　希玛眼科在香港与内地的平均手术费

四、求同存异，希玛爱尔各有千秋

从财务数据对比来看，爱尔眼科的毛利率高于希玛眼科，符合内地与香港的人员成本、租金成本的差异（见表1）。

表1　　　　希玛眼科 & 爱尔眼科的财务数据比较

		希玛眼科	爱尔眼科
诊所数量	中国香港	中环眼科中心、旺角手术中心、5间卫星诊所	80余家眼科医院（中国香港、美国及欧洲）
	中国内地	深圳希玛医院（2013年）、北京希玛眼科医院	超过200家专业的眼科医院
财务数据	营业收入（百万元人民币）	200.85	4 000.00
	毛利率（%）	38.20	46.11
	营收增速（%）	25.40	26.67
平均手术费	中国香港（港元）	35 141.00	约22 175
	中国内地（人民币）	11 189.00	约7 000
优势		内地政府扶持力度大，医保定点单位资格；知名度高，品牌议价能力强	标准化、连锁化，扩张成本低；有专属研究院和学院，人才获取成本低
劣势		依赖创始人，公司本身规模小，大陆发展经验不足，聘用知名医生成本高	对检测技术及设备依赖程度高；存在海外并购医院难以管理的风险，品牌议价能力较低

注：以上数据来自招股书及年报。

希玛眼科与爱尔眼科主打的中国香港及内地市场，本身存在着较大的医疗体系结构差异。希玛主要为香港提供中高端私人眼科服务，而爱尔的收入则大部分来源于内地华中及华东等发达地区。

在香港，公立医院与私立医院的地位是并列的。香港居民有完善的医疗保障体系，可享受政府提供的价格优惠，而私立医院的服务质量则更高，居民可以根据自身情况进行选择。而在内地，大部分居民主要依赖的还是公立医疗机构，由于商业医疗保险的覆盖度较低，私立医院还没有成为内地主流的医疗服务机构。

五、保险覆盖提升对医疗的提升

未来随着内地商业保险的发展和生活水平的不断提高，私立及专科医院的客单价仍然有上升空间，对于希玛来说，将有可能吸纳更多高手术价格的患者，而对与爱尔眼科来说，未来有机会提高客单价，单次手术的毛利率将会提高。

主笔： 李莹

资料收集： 张宇航、甘婕

想成为《投融资观察》报告创作团队的一员吗？微信扫描本书第381页二维码，现在就加入我们吧！

No. 5

中国车企传统 VS 变革，“吉利”“蔚来”谁达彼岸

交易概览：

戴姆勒 2017 年 2 月 24 日最新公告显示，浙江吉利控股集团董事长李书福已收购戴姆勒集团 1.036 亿股，股权价值约 90 亿美元。交易完成后，李书福将持有戴姆勒集团 9.69% 的股权，成为戴姆勒集团第一大股东。

一、吉利的汽车版图

2017 年吉利收购宝腾和路特斯后，品牌基本完成了从低到高、从乘用车到商用车的布局，形成宝腾 + 吉利 + 领克 + 沃尔沃 + 路特斯 + 商用车集团的分布（见图 1）。

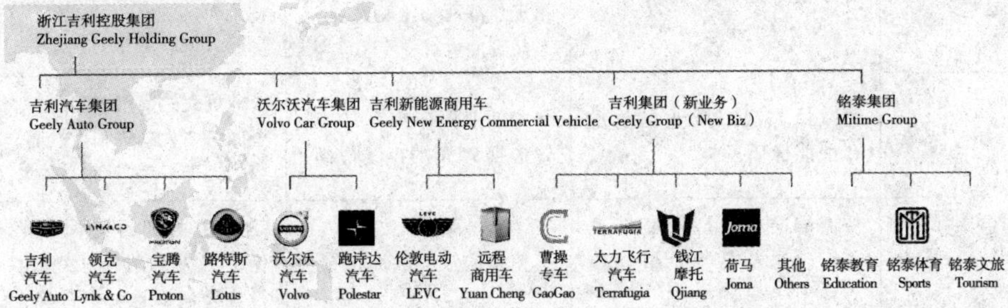

图 1　吉利品牌分布

资料来源：BANYAN CAPITAL。

时隔一年，吉利再度入股戴姆勒，进一步为发展高端出行领域打下坚实基础，通过发挥戴姆勒在高端乘用车领域和商用车领域的优势来进一步完善吉利的汽车版图（见图 2）。

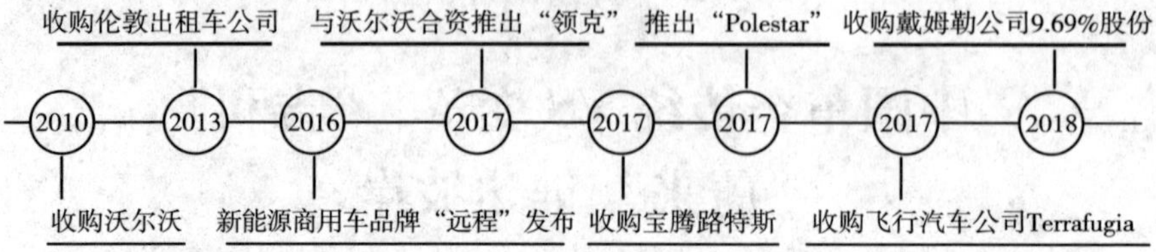

图 2　吉利版图再盘点

伦敦出租车和戴姆勒收入囊中，吉利本身的高端化、全球化战略可见一斑。一位吉利汽车前高管在接受采访时表示吉利之所以选择戴姆勒，基于其强大的技术创新能力和完善的车型产品系列布局，以及吉利自身战略布局（见表 1）。

表 1　吉利全球化战略

	收购沃尔沃	收购宝腾	收购戴姆勒
时间	2010 年 3 月 28 日	2017 年 5 月 24 日	2018 年 2 月 24 日
金额	18 亿美元	5 100 万英镑	未披露
收购内容	100% 股权，包括 9 个系列产品，3 个最新平台，2 400 多个全球网络	宝腾汽车 49.9% 股份 路特斯 51% 的股份	戴姆勒 9.69% 的股份
背景	2008 年金融危机重创主营豪华车业务的沃尔沃 2009 年亏损达到 9.34 亿美元	本土市场，宝腾销量较上年同比下滑 29%，市场份额下跌至 12.5%，品牌力日渐衰弱。在本土和国际市场，都面临沦为边缘汽车品牌的危机	成熟的高端汽车品牌； 成熟的商用车技术； 同时拥有多项新能源技术
标的概况	北欧最大汽车企业以质量和性能优质享誉	马来西亚国产汽车品牌，曾占据 75% 的市场份额	全球最大的商用车制造商、全球第二大豪华车生产商、第二大卡车生产商
收购动因	从低端向中高端产品转型急需沃尔沃品牌价值与核心技术	开拓东南亚与欧洲市场	戴姆勒在电动化、智能化、无人驾驶与共享出行各领域都是引领者
	吉利打入国际市场	完善从低到高的品牌布局	布局无人驾驶领域

续表

	收购沃尔沃	收购宝腾	收购戴姆勒
被收购动因	2009 年全球豪华车市场大幅度萎缩	自身难以扭转的销量下滑和连年亏损	戴姆勒有投资电动汽车意向
	中国市场增速超过 40%	借助吉利的成熟平台进入亚洲 SUV 市场	吉利有足够的资金、庞大的国内市场、电动技术的积累
阻碍	欧洲工会的挑战	东南亚市场需求复杂	德国高度重视专业技术保护
	人才和技术的流失	竞争对手强大	戴姆勒与沃尔沃互为竞争对手，如何处理品牌关系
	高昂的品牌运营成本	政治动荡	
	如何让沃尔沃扭亏为盈	行业政策风险	

二、吉利的多品牌战略

2010 年，自主品牌纷纷开展多品牌战略，最终吉利（吉利、帝豪、全球鹰、英伦）和奇瑞（开瑞、奇瑞、瑞麒、威麟）均没有得到市场的认可。2016 年吉利与沃尔沃联合发布的 L 品牌标志吉利重回多品牌战略。此次，吉利对多品牌战略的回归得益于市场销量的快速提升和技术的快速进步，而吉利品牌本身也需要寻求突破。

国际汽车品牌的多品牌格局，主要源于企业与品牌的兼并与收购行为。比如通用下属凯迪拉克、别克、雪佛兰、庞蒂克等，大众旗下拥有大众、奥迪、斯柯达、西亚特、宾利、兰博基尼以及新纳入的保时捷等，都是其企业资本运作的成果。吉利借鉴此模式，从低端到高端完善了针对各个细分市场的品牌布局（见图 3）。

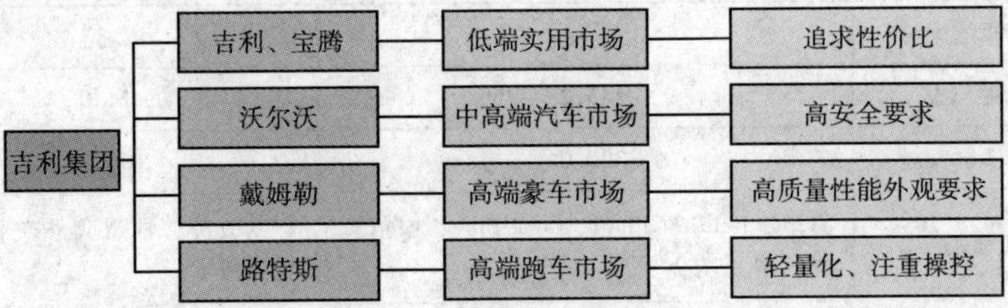

图 3　吉利的市场布局

三、中国互联网汽车之路与“二李”

“二李”是中国新兴互联网汽车产业绕不开的人。

▶ 李斌 & “蔚来”：李斌 2000 年创立易车，2010 年带领易车赴美国上市，2014 年后李斌又密集地投资了 32 家汽车媒体、汽车电商、整车制造等与车相关的领域和行业的公司，几乎覆盖了整个车辆生命的周期。同时，还孵化了优信和摩拜两个独角兽公司，在各个出行领域都做出了极佳的成绩。

▶ 李想 & 车和家：李想先后于 2000 年和 2005 年创立了“泡泡网”和“汽车之家”，后者成为全球范围最大的汽车网站之一，覆盖了超过 8 000 万用户并成功在美国纽交所上市。2015 年，李想创办“车和家”，推出小而美的 SEV（Smart Electric Vehicle）并推向欧美市场。

“蔚来”和“车和家”比较见表 2。

表 2　“蔚来”和“车和家”比较

	蔚来	车和家
产品	ES8	SEV（1～2 人短途） SUV（6～7 人长途）
产品定价（万元）	44.8	14.0
融资情况	5 轮	2 轮
融资总额（亿元）	145.2	14.0
估值	300.0	100.0
投资方	腾讯、Baillie Gifford、Lone Pine、中信资本、华夏基金	利欧股份、常州武进产业基金、明势资本

续表

蔚来		车和家
IPO 情况	已聘请包括摩根斯坦利和高盛在内的 8 家银行，即将赴美上市，预计此次 IPO 的融资规模最高将达 20 亿美元	无
生产布局	全球总部及研发中心位于上海，圣何塞负责智能网联与前沿驾驶技术研发；全球造型设计中心位于慕尼黑	在北京设有技术研发中心，并在常州建造汽车制造基地
量产规模	20 万辆	30 万辆
运营模式	重资产重服务新型 OEM 模式	城市智能交通服务商
业务线	自建直营店渠道和自营产业链服务（涉及保险、保养、维修、换电等）	共享出行
竞争优势	自营汽车产业链（维修、换电等）	充电不依赖充电桩，智能驾驶技术和人机交互技术为用户提供全新的智能出行体验

四、新兴互联网汽车 VS 传统汽车

▶ 我国新兴互联网汽车企业未来发展趋势

欧美传统车厂已经锁定内燃机和混动动力系统的技术优势，而在技术优势部分失效的新能源汽车时代，我国可以弥补甚至赶超在汽车制造业方面与传统强国的差距。目前，我国在新能源汽车开发方面出台一系列优惠政策，现金补贴力度居全球第四，重视程度空前，而随之带来的就是新能源汽车销量占比的不断提升。2016 年我国电动汽车产量首次超过美国，占据全球市场份额 32%。

▶ 新兴互联网汽车——差异化

定位差异化寻求市场落点：相较于传统车厂大而全策略，新兴互联网车厂都有自己的产品突破方向。互联网车企在市场中寻求一席之地的时候，也寻求价值差异化，对各自的品牌进行不同的定位。

“蔚来”产品主要面向中高端市场；“车和家”则将自己定义为“智能交通服务商”，凭借智能技术，以新的租售方式和其他服务来进行商业运作；而“小鹏”则是针对一线城市的年轻人（见图 4）。

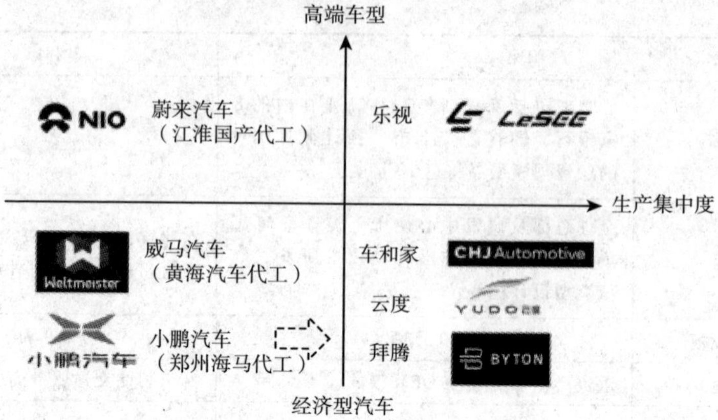

图 4　车企市场分布

代工模式 vs 自建车厂：互联网车厂将设计落实到生产指导阶段有两种选择：一种是自建车厂；另一种则是车厂核心研发加代工模式。自建生产基地，包括土地、厂房和设备都需要很大的投入，这对于很多初创企业来说是难以承受的。代工模式可以让像“蔚来”汽车这样没有生产资质却又具备正向研发能力的初创车企存活下来，不仅能减少前期的投入，同时还能解决代工厂产能过剩以及经验不足等问题。然而代工只是一个短期过渡方案，自建车厂虽然面临着资金和生产资质的挑战，却更有利于品牌的长远发展（见表 3）。

表 3　　自建工厂与代工模式对比

建产区域	企业	总投资（亿元）	建设规模
13 家获得纯电生产资质企业建产布局			
北京大兴 山东青岛	北汽新能源	11.50	建设规模为达产后形成 7 万辆纯电动乘用车产能，其中新增 5 万辆纯电动乘用车产能
天津滨海	国能新能源	42.70	建设规模为达产后形成 5 万辆纯电动乘用车产能
河南三门峡	河南速达	26.50	建成后形成年产 10 万辆纯电动乘用车生产能力
浙江萧山	万向集团	27.50	建设规模为达产后形成 5 万辆纯电动乘用车产能
浙江杭州	长江汽车	8.01	建设规模为年产 5 万辆纯电动乘用车
浙江嘉兴	合众新能源	9.74	建成后形成年产 5 万辆纯电动乘用车生产能力
江苏苏州	前途汽车	20.20	建设规模为年产 5 万辆纯电动乘用车

续表

建产区域	企业	总投资（亿元）	建设规模
江苏淮安	江苏敏安	25.01	建设规模为达产后形成5万辆纯电动乘用车产能
福建莆田	云度新能源	18.90	建设规模为达产后形成6.5万辆纯电动乘用车产能
重庆两江	重庆金康	25.11	建设规模为达产后形成5万辆纯电动乘用车产能
安徽芜湖	奇瑞新能源	20.50	建设规模为达产后形成8.5万辆纯电动乘用车产能，其中新增6万辆纯电动乘用车产能
江西南昌	江铃汽车	13.30	建设规模为达产后形成5万辆纯电动乘用车产能
甘肃兰州	兰州知豆	8.90	不新增产能，达产后形成4万辆纯电动乘用车产能
新造车势力建产布局（未获得纯电生产资质）			
湖北武汉	蔚来汽车、蔚来资本、湖北省政府	200~300	项目规划建设长江蔚来智能化新能源汽车产业园，建成后将年产20万辆智能化新能源汽车
广东肇庆	小鹏汽车	100	一期项目建成投产后，预计将达到年产10万辆智能新能源汽车的生产能力
江苏常州	车和家	50	新能源汽车生产基地设计产能将达到30万辆/年
江苏南京	博郡汽车	100	博郡新能源汽车项目预计年产10万辆多种轻量化智能纯电动汽车
江苏南京	FMC	116	产能30万辆，2019年将完成工厂一期建设，达到15万辆产能
江苏无锡	凯龙东方	30	年产15万辆轻量化、智能化新能源电动汽车和年产5万套电池包及控制系统项目
安徽铜陵	智车优行	一期30	奇点新能源汽车生产基地，到2020年实现年产10万辆新能源汽车的能力，年产值300亿元
浙江德清	乐视汽车	200	乐视超级汽车生态体验园区第一阶段规划用地约4 300亩，计划年产40万辆整车
浙江湖州	游侠汽车、湖州吴兴区政府	115	超级工厂建成后年产能可达20万辆
浙江温州	威马汽车	一期67	威马汽车新能源智能汽车产业园，全部达产后，将拥有车生产20万辆新能源智能汽车的生产能力
浙江金华	零跑汽车	25	年产量5万辆整车生产制造基地已完成总体设计，零跑汽车生产基地将于2018年4月开工

续表

建产区域	企业	总投资（亿元）	建设规模
江西赣州	国机汽车	80	预计形成 10 万辆新能源汽车的产能，预计最快 2018 年首台新能源汽车下线
江西上饶	爱驰亿维	133	项目一期建成后可年产 15 万辆新能源整车、二期建成后可年产 15 万辆新能源整车，两期项目建成后可实现 30 万辆的产能规模
www.d1ev.com 第一电动网制图			

第一电动网在通过对造车企业工厂选址的分析后发现，长三角区域及周边成为造车新势力建厂的首选。其中四个主要原因：汽车产业链资源丰富；互联网、车联网等新技术密集；地方政府大力支持；经济发达、自然环境好。

新造车势力不断寻求融资，增强竞争力。新型互联网汽车需要大量的资本支持，BAT 等巨头与重量级产业基金、投资机构先后涌入新造车领域进行多次投资。新造车势力融资的目的是量产，融资的速度也意味着量产的速度，只有在资本的支持下才能与竞争对手拉开差距。

▶ 传统汽车厂——趋同（见表 4）

表 4　　传统汽车厂一览表

	低	中	高	SUV	跑车
奔驰	C 级	E 级	S 级	GLS	AMG
宝马	3 系	5 系	7 系	X6	i8
奥迪	A4	A6	A8	Q7	R8
大众	速腾	迈腾	辉腾	途锐	
雷克萨斯	IS	ES	LS	LX	LC
通用（凯迪拉克）	ATS－L	XTS	CT6	XT5	
丰田	卡罗拉	凯美瑞	皇冠	汉兰达	86
福特	福克斯	蒙迪欧		探险者	GT
沃尔沃	S60L	S60	S90	XC90	

传统车厂集体转向电动、智能化：当前新一轮科技革命和产业变革愈

演愈烈，互联网与汽车深度融合，汽车产品加快向低碳、电动、智能化方向发展。国际汽车巨头集体快速转向新能源汽车。沃尔沃宣布，到 2019 年每辆车上都将装上电池；林肯、捷豹、路虎也宣布旗下的所有车型要全部进入电动化；奔驰郑重宣布，将在 2022 年之前全部停产停售传统燃油车，未来将只提供混合动力和纯电动版的汽车，再增加 50 个全新的电动汽车车型。

BBA 三巨头走向同质化：传统车厂大多走大而全道路，轿车和 SUV 共同研发。德国 BBA 三巨头的产品为了保证市场份额，在各自原有的特质基础上，用新产品侵入对方的固有领地。随之带来的就是产品的同质化。

谁将笑到最后：汽车行业“新四化”（电气化、智能化、互联化、共享化）的风生水起，使得跨界进入汽车行业的新势力看到了“百年难遇的机会”。相较于新兴互联网车厂，传统整车厂对客户需求更了解，拥有稳定忠实的客户群，同时在技术实现方面拥有更强的研发能力和技术实力。从汽车的生产、测试，到销售的每个环节都有坚实根基。且不谈量产的可行性，在新兴车厂完成市场教育之后，整车厂转型吞下其中的佼佼者或者推出新的产品，都对新兴车厂有较大的压力。即使新兴车企能在市场上分得一杯羹，最终淘汰率可能非常惊人，未来能够活下来的新造车企业可能仅有三四家。

对于 NIO 从最开始的生产跑车改变到生产 7 座车（受“二孩”政策的影响）我们也保持怀疑态度，“二孩”市场并没有如预期的那样迎来增长，出生率反而下降，所以对这个战略保持审慎态度。对于汽车公司来说，除了空间以外，真正适合“二孩”家庭的汽车还需要在细节特殊设置。互联网车企的产品从 PPT 构想走向量产，消费者是否买单，还有很长的路要走（见表 5）。

表 5　　其他互联网车厂竞争情况

车厂	创始人	团队成员经历	融资规模（亿元）	产品	差异化优势
小鹏	夏珩	广汽、福特、宝马、特斯拉、德尔德、法雷奥	50	电动 SUV	以用户体验为中心，利用电动化和数字化，让场景化的自动驾驶和互联网应用打造完美用户体验

续表

车厂	创始人	团队成员经历	融资规模（亿元）	产品	差异化优势
威马	沈晖	德国 FEV、大众、奔驰、沃尔沃、福特	120	EX5（SUV）	与 360 合作开发网络安全防护系统，C2M 定制化生产
奇点	杜宝南	前 360 副总裁沈海寅	39	奇点汽车	大数据与深度学习助力三级无人驾驶

主笔：万璐瑶、李莹、王思嘉

资料收集：谢若丹、李珊

想成为《投融资观察》报告创作团队的一员吗？微信扫描本书第381页二维码，现在就加入我们吧！

No. 6

腾讯入股海澜之家服装零售业的巨头争夺战

交易概览：

2018 年 2 月 2 日，海澜之家（600398）拟以 10.48 元/股的价格，转让总股本 5.31% 的老股给腾讯普和，交易金额约 25 亿元，本次价格以签约日前一个交易日的收盘价 11.43 元/股的 91.61% 为基础确认。由此，腾讯成为海澜之家的第三大股东。

一、服装品牌的模式之争，“快时尚”更被看好

“国民男装品牌”是海澜之家一贯追求的价值定位，但随着“职场中年人”逐渐买房，组建家庭后，海澜之家也主动或被动从“男人的衣柜”向“全家人的衣柜”过渡，女装、童装、日用家居等品牌店一应开出，与各方对手激烈交锋。

纵观海澜之家的发展历程，这个曾经被戏称为“乡土 ZARA”的国内男装第一品牌，在三线、四线城市及县级地区覆盖密度极高，同时积极向一线、二线城市辐射渗透，截至 2018 年第三季度，门店数高达 5 608 家，基本上覆盖了全国 80% 以上的县、市。

然而反观国内服装行业，却鲜有企业像海澜之家这样开疆拓土，扬言要比肩“优衣库”。在 2016 年上半年，朗姿股份关店 29 家，利郎关店 50 家，卡宾关店 47 家，而美邦也关了不少低效亏损的门店。两极化十分明显。

目前，我国服装类公司大体可分为传统服装品牌商和快时尚零售商两种。传统品牌多采用批发经销的多级加盟模式，直营占比较小，其毛利率多维持在 20%～30%；而快时尚多采用“直营＋少量加盟”模式，实时监控库存，适销配货，毛利率则可能超过 50%（见图 1）。

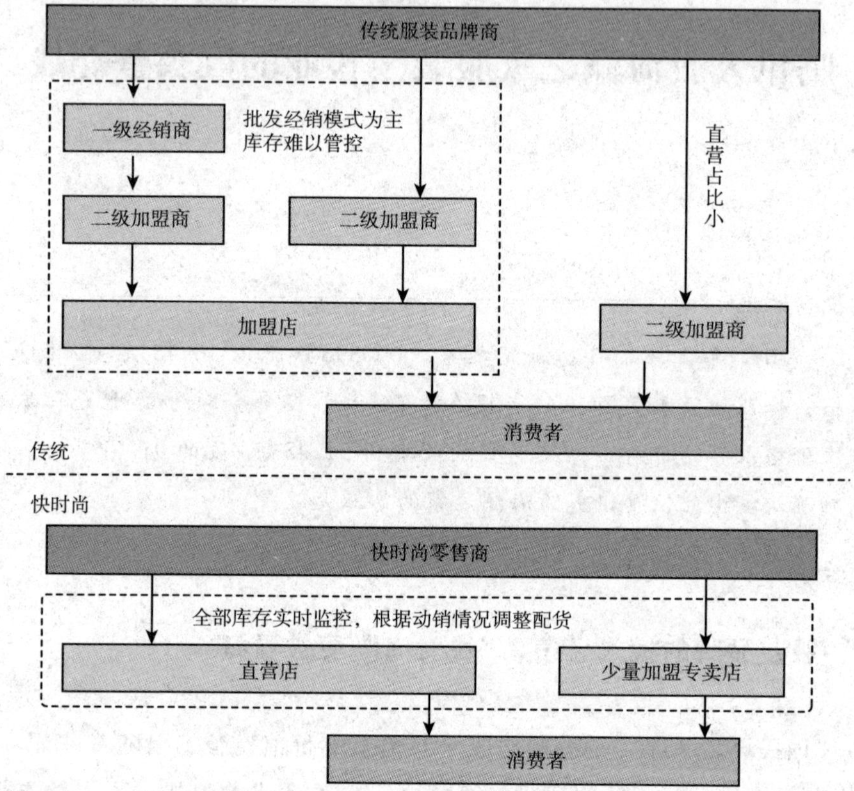

图 1　我国服装类公司概况

那些遭遇经营困境的服装企业，大多采取的都是加盟模式，品牌商对终端门店的管控鞭长莫及，对于实体渠道的销售数据、货品管理、渠道形象等难以统一管控，更谈不上掌握终端的销售情况并对消费需求做出快速调整了。这种“连而不锁”成为常态。而随着行业景气度下降，这一模式的弊端越发凸显：加盟店库存积压的现象尤为严重。

反观 ZARA、优衣库等国际快时尚品牌，采用的是 SPA“自由品牌专业零售商”模式，对供应链尤其是存货管理的精细化程度较高，以厂为店、以厂为仓，能对市场需求的变化做出最直接的调整。如此一来，“众人皆醉而我独醒”局面就形成了。

表 1　　国内外代表服装企业存货周转率对比

存货周转率	海澜之家	七匹狼	美邦服饰	森马服饰	探路者	ZARA	H&M	优衣库
2017 年	0.84	1.28	1.14	1.77	3.83	4.23	3.50	4.30
2016 年	1.14	1.70	1.98	3.46	4.87	4.35	3.04	3.48
2015 年	1.21	1.79	2.13	4.48	6.88	4.27		

存货周转率可以说是服装行业的第一指标，不仅影响利润，而且代表着消费者满意度。ZARA 和 H&M 的周转率之高正说明了其供应链之“快”。国外高端服装品牌和快时尚品牌进入国内市场，导致国内服装市场的竞争日趋激烈，同时国内服装市场集中度低且增速渐缓。这些都刺激了服装企业在经营模式上的转型和升级，海外并购提速、多元品牌战略、线上线下渠道联合、智能化渗透等方式。

相关资料见图 2、表 2、图 3、表 3。

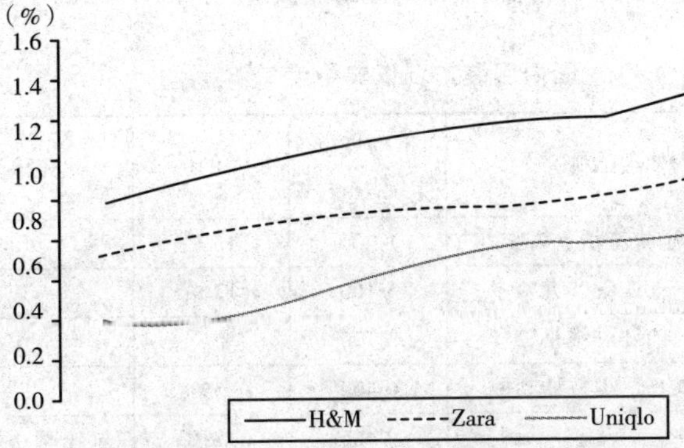

图 2　快时尚在全球的市场占有率不断提升

表 2　　我国主要传统服装企业增速放缓，盈利能力下降　　(单位:%)

	2014 年	2015 年	2016 年
沪深行业中位置	2.15	-23.25	-42.41
港股行业中位置	17.17	-136.40	61.39
森马服饰	21.09	23.53	5.73
海澜之家	1 575.50	24.35	5.74
美邦服饰	-64.08	-396.57	108.37

续表

	2014 年	2015 年	2016 年
太平鸟	105.15	22.65	-20.22
波司登	-80.97	112.52	39.48

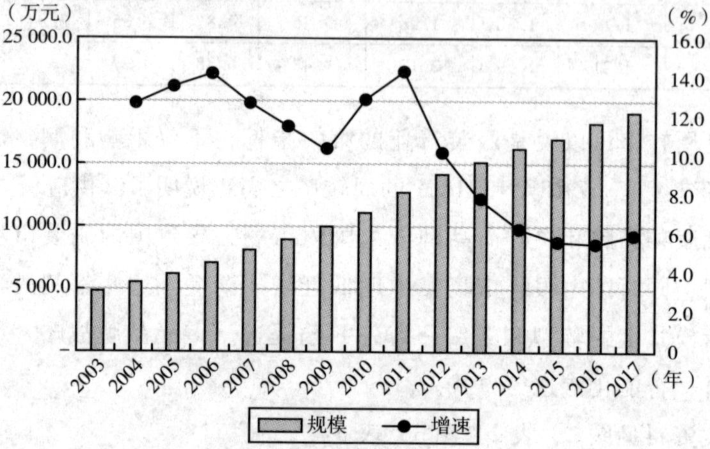

图 3　国内服饰行业增速渐缓

表 3　国内服装市场低集中度

细分市场	国内知名品牌	市场规模（亿元）	CR10	美国 CR10
童装	巴拉巴拉、小猪班纳、安奈儿	1 400	13%	35% +
男装	海澜之家、七匹狼、九牧王	5 100	17%	40% +
女装	拉夏贝尔、朗姿、维格娜丝	8 700	8%	20% +
休闲装	太平鸟、森马、美特斯邦威	6 400	15%	—
户外	探路者、骆驼	485	56%	迪卡侬法国 65% +
家纺	罗莱、富安娜、水星、梦洁	2 000	<10%	—

二、海澜之家，把重资产生意做轻

服装这门生意，如何清理库存是件“老大难”的事，很多传统品牌至今被库存压得喘不过来气来。海澜之家的独特经营模式，似乎为其找到了一种出路：上游，向供应商赊购货品，货款逐月结算，减少采购端资金占用；并与供应商签订滞销商品可退货条款，转移尾货风险。下游，积极吸纳加盟商，加盟商拥有门店所有权，但不触及具体经营，海澜之家全面负责门店内部管理，销售结算采用委托代销模式，加盟商不承担存货滞销风险（见图4）。也即是，海澜之家负责品牌美誉度、商品供应链管理及销售管理，加盟商承担加盟经营费用，供应商提供产品，三者结为利益共同体，一荣俱荣，一损皆损。

图4　海澜之家商业模式

这样一来，库存风险就转移到供应商那里，这也是海澜之家最饱受争议的地方。但它200多家供应商起初都是江浙一些“有工厂、有工人、无订单”的小企业，如果没有海澜之家这样一个碎片化生产力的组织者，他们可能早就关门了。

表4　　服装行业主要竞争对手业务指标对比

17Q3	海澜之家	七匹狼	森马服饰	拉夏贝尔	ZARA	H&M
渠道模式	类直营	加盟为主	加盟为主	直营	直营	直营
门店数（家）	5 608	2 000左右	8 000 +	9 000 +	175（中国）	405（中国）
自营门店/加盟门店（%）	0.30	0.3左右	加盟为主	直营为主	全直营	全直营
单店面积（平方米）	196	不小于60	500以上	150	超过1 000	超过1 001
坪效（万/平方米）	3.5	3.0			超过4.5	
应收账款（亿元）	7.2	3.2	16.4	6.6		
应付账款（亿元）	70.1	6.4	16.6	10.0		
存货周转率	0.84	1.28	1.77	1.07	4.23	3.50
营业收入（亿元）	125.0	7.8	80.4	62.3		
毛利率（%）	40.50	31.50	38.75	65.00	57.0	55左右
净利率（%）	21.0	15.70	12.47	5.79		12左右
PE	16.4	22.2	24.0	16.8		

由表4可以看出，ZARA和H&M这样成熟的“快时尚”模式十分高效，坪效和毛利率都远超国内企业，且单店面积较大，未来有更多想象空间。而海澜之家作为国内服装企业的领头羊，类直营的独特打法使它坪效

高于同业水平，同时在供应链有较强话语权，盈利能力优于其他竞争对手。

三、携手双赢，开启服装行业新零售大幕

受海澜之家停牌影响，纺服板块则在 2018 年 1 月 30 日整体拉升，在所有行业中排名第一。对于腾讯来说，以目前的价格入手也是一笔划算买卖，海澜之家的市盈率还处于合理偏低的位置。但此次入股，对于双方来说，战略层面的意义都大于财务层面。阿里和腾讯两巨头在实体商业领域的竞赛将在 2018 年愈演愈烈，商超领域的主要标的悉数被圈定之后，战火必然向服装、餐饮、便利店、购物中心蔓延（见图 5）。

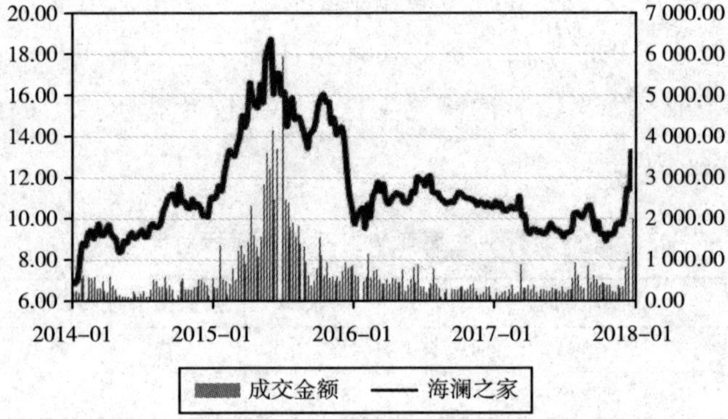

图 5　上市公司市场表现

▶ 腾讯方面

海澜之家本身是一个经营业绩良好的线下类标的：从经营情况来看，2017 年前三季度的营业收入为 124.78 亿元，同比增长 3.4%；净利润 25.13 亿元，同比增长 4.07%。同时，海澜之家实体门店依旧快速扩张，截至 2018 年第三季度，旗下门店数量达 5 608 家，其中，新开 771 家，关店 406 家。

不尽快争取，恐落入"敌军"之手：腾讯和阿里的新零售军备大战已经愈演愈烈，随着商超的站队结束，两家将会进一步"收割"细分领域的头部品牌，实现线上线下的互相导流，从而提高流量变现的效率。"海澜之家"作为"天猫第一男装品牌"，男性用户数量大，而且男装的用户黏性比女装天然要高，用户群体的经济价值极高，如果牵手阿里会对腾讯造成比较大的冲击。2017 年 8 月，马云还曾高调访问过海澜集团，因此腾讯不

仅需要拿下海澜之家，还需要尽快拿下。

通过海澜之家树立典型，有利于之后的品牌拓展：腾讯与京东，通过微信小程序和商城给予海澜之家足够多的流量和曝光支持，将会对海澜之家短期的营业收入有明显的增益效果。

通过打造出“迅速做大做强的海澜之家”这个成功案例，有助于腾讯与其他消费企业的收购谈判，包括提升目标企业的合作意向，以及压低谈判的筹码。

▶ 海澜之家方面

融资得到的现金可快速缓解资金压力：2017 年对主品牌海澜之家实施偏稳健的门店扩张策略，对女装品牌爱居兔选择偏成长的门店扩张策略。同年 11 月，发行 30 亿元人民币可转债，主要用于产业链信息化升级和物流园区建设。与此同时，2017 年半年报显示海澜之家营业收入 92.53 亿元，净利润 18.75 亿元，但存货高达 86.75 亿元。自 2014 年以来，在市场营销加大投入，冠名“奔跑吧兄弟”等多档综艺节目，并且开始收购境外服装公司股权。此时得到融资 25 亿元可缓解不小的资金压力。

业绩压力之下，对流量和渠道的渴求增加：从天猫获得的流量短期内已无法得到较大提升，腾讯作为互联网最大的流量中心，它所建立的广告、游戏、电商、金融平台在某种意义上是国内互联网最大的变现渠道。海澜之家在三四线城市的渗透和腾讯在一线、二线城市的布局形成了有效互补，线下服装店场景结合线上流量导入可以很好地带来全产业链的闭合。

投身新零售，寻找新的增长和转型方向：作为国内服装行业的龙头，不同于大部分服装企业的是，其直营门店模式有利于进行线上线下一体化的改革，整合难度较低。海澜之家通过加盟模式快速做大规模和销售额，但目前规模和效益也都到了瓶颈期，品牌形象趋于老化，急需寻找新的增长和转型方向。此时选择腾讯入股，将垂直行业和互联网进行相互赋能，构建新零售蓝海。

主笔：万璐瑶

资料收集：马志宇、章雨幸

想成为《投融资观察》报告创作团队的一员吗？微信扫描本书第381页二维码，现在就加入我们吧！

No. 7

软银IDG补票上船，互联网医疗领头羊平安好医生剑指IPO

交易概览：

2018年2月3日，中国平安子公司平安好医生获pre-IPO融资4亿美元，投资方为SoftBank Capital软银海外、IDG Venture（海外）、SBI投资（思佰益），投后估值54亿美元。目前平安好医生已向香港联交所递交上市申请（见图1）。

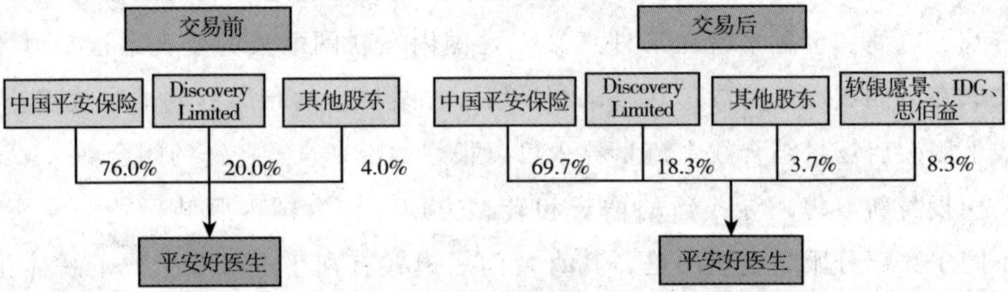

图1 “平安好医生”上市前后股权对比

一、行业现状

▶ 人口老龄化趋势明显，优质医疗资源分布不均

近20年来，我国人口老龄化趋势明显，医疗需求不断增大，然而我国优质医疗资源稀缺，且分布不均衡。与国外的分级医疗体系不同，目前，

由于我国优质医疗资源主要集中在三级医院，因此，仅占全国医院总数 7.7% 的三级医院在 2016 年承担了全国 49.8% 的医疗问诊量（见图 2）。同时，大部分三级医院集中在一线及东部沿海城市，供需不平衡导致医疗资源配置低效。

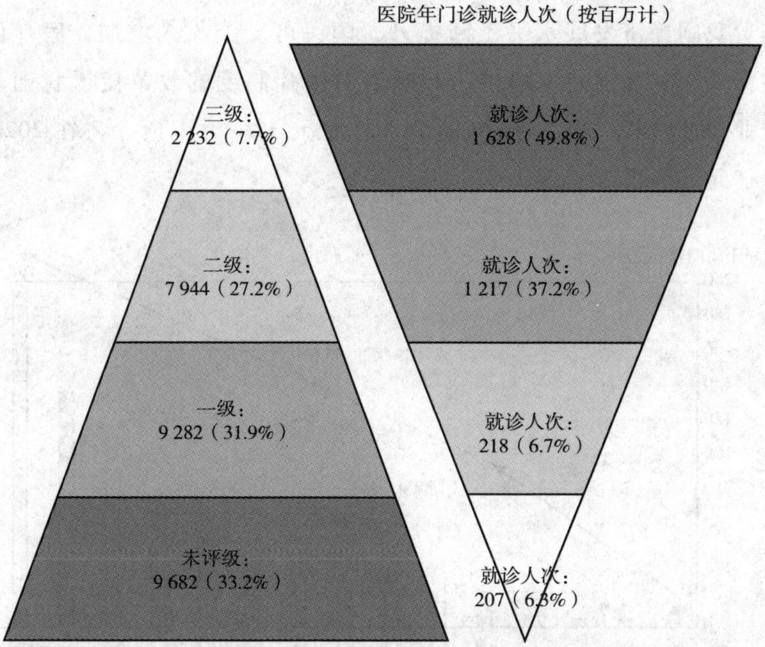

图 2　医疗资源与诊断需求严重倒置（2016 年）

资料来源：弗若斯特沙利文报告。

另一方面，在分级医疗的大趋势下，相比国外完善的“家庭医生 + 社区医院”模式，中国依托物联网基础优势和民众更高的互联网亲密度发展出互联网医疗模式，有望极大地缓解分级医疗体系缺失所带来的社会问题。

▶ 互联网医疗行业急速扩张，相关产业快速增长

分布不均且稀缺的医疗资源不再能满足日益增长的医疗需求，基于人们对医疗服务可获得性和便利性的需求，互联网医疗行业拥有广阔的市场和前景。互联网医疗平台可以远程提供医疗服务，同时确保时效性和便利性，大大改善了医疗服务体验。

我国拥有大量的活跃互联网用户，2016 年的活跃互联网用户有 7 亿人，然而渗透率仅为 53.2%，这预示着互联网医疗需求的巨大增长潜能。同时，我国政府大力推行相关政策，致力于医疗信息化建设，推进分级诊疗、互联网医疗、跨地区医保支付、处方药网售政策等，进一步利好线上问诊、医药电商、慢病管理、精准医疗、医疗大数据等相关子产业的发展。

随着我国经济发展水平不断提升，国民可支配收入增加，医疗健康意识日益提高。互联网技术的进步和政府对医疗制度的改革使得我国互联网医疗行业快速增长，在 2016 年达到 109 亿元人民币，预计将在 2026 年达到 198 亿元人民币（见图 3）。

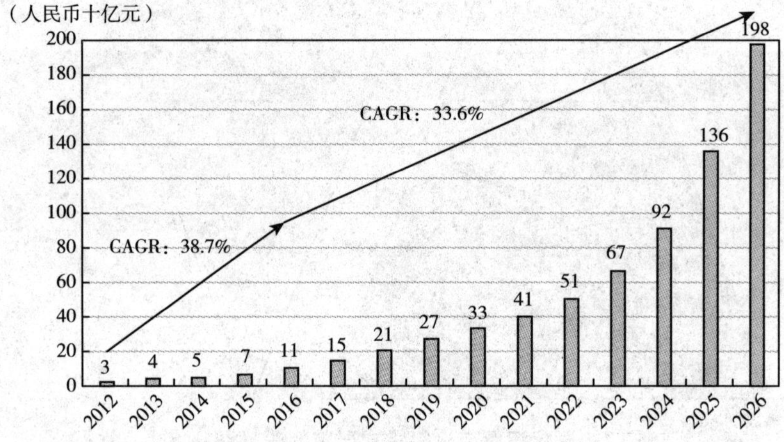

图 3　中国互联网医疗健康市场概况［2012 年至 2026 年（估计）］

随着市场规模的扩大，我国在线咨询量从 2012 年的 0.298 亿万次快速增长到 2016 年的 1.484 亿万次，复合年增长率为 49.4%。在线药品 B2C 业务的交易总额在 2016 年达到 203 亿元人民币。除此之外，在线医疗广告及营销业务也急速增长，在 2016 年达到 12 亿元人民币。

▶ 互联网 + 医疗模式推陈出新，医疗资本市场火热

医疗行业具有庞大规模和需求，随着“互联网 +”的发展，“互联网 + 医疗”模式不断发展，开创了从挂号、诊疗、康复、用药、保险一系列闭环产业，推动了一系列如微医、春雨医生、平安好医生、好大夫、丁香园、阿里健康等企业的发展。投融资方面，2016 年上半年，国内互联网

医疗领域投融资总额达到 39 亿美元。资本在不断加速互联网医疗的布局，推动行业高速发展（见表 1）。

表 1

	阿里健康	微医	平安好医生	丁香园	春雨医生
医生画像		90% 以上是主任医师	10% ~30% 的主任医生	医学生	主要在二甲医院
医生画像	85% 在三甲医院工作	90%以上在三甲医院工作	90%在二甲医院及以下工作		
挂号医院数目（个）	500	3 900	1.5		
日问诊数（次）	<10 000	50 000	400 000	500	300 000
资金支持	阿里巴巴集团 25 亿元	腾讯	平安集团		

▶ 行业门槛高，初创公司大批量死亡

政策利好与资本看重的双重加持使得大量企业一窝蜂地涌入了互联网医疗行业。然而，超过 90% 的互联网医疗手机软件只能提供平台，不能打破大医院的医疗垄断，互联网红利难以实现。2016 年约 20% 的初创企业已不复存在，未来会有更多企业破产或者被并购。

二、“平安好医生”多线发展业务，形成业务闭环

“平安好医生”依托平安集团的资金和客户来源，在 2016 年之前主营

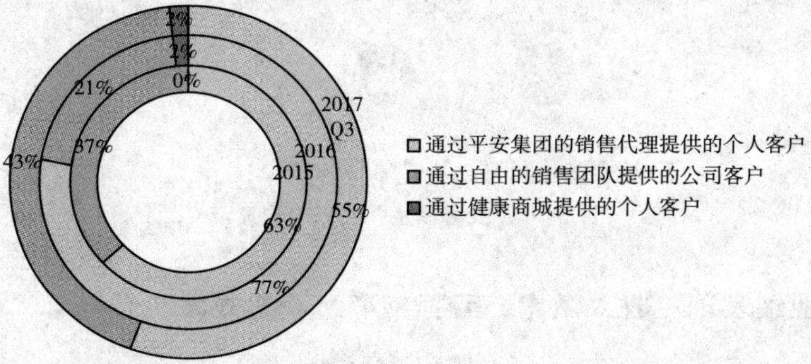

图 4　2015 ~ 2017 Q3 客户来源

医疗保险业务，客户来源大多为平安集团客户，客源稳定，质量优上，支付意愿强，转化率较高。“平安好医生”的五大客户为平安寿险、平安产险、平安银行、平安健康险及平安惠普投资咨询有限公司。

2016 年后，“平安好医生”依托强大的资金来源，开展 BD 业务发展用户基数，但用户留存率较低；后通过医生向病人推荐平台的方式来引流，既帮助医生管理病人，也帮助病人精准寻找医生。之后逐渐发展医美、眼科、咨询问诊等业务。

“平安好医生”主要流量的获取方式是提供优质号源等。目前，平台发展成为一个集挂号、问诊、购药、健康咨询、健康直播为一体的平台，目标是形成一个综合的医疗闭环，用“互联网 +”的模式提高传统线下医疗服务效率，同时实现流量的自然变现（见图 4）。2017 年，“平安好医生”月活跃用户达到 32. 9 百万人，1/3 日活跃用户来自挂号、问诊板块（见图 5）。

图 5 “平安好医生”活跃用户显示

三、业绩表现：收入激增，亏损缩窄，获客成本仍较高

“平安好医生”按业务线划分为家庭医生服务、消费型医疗、健康商

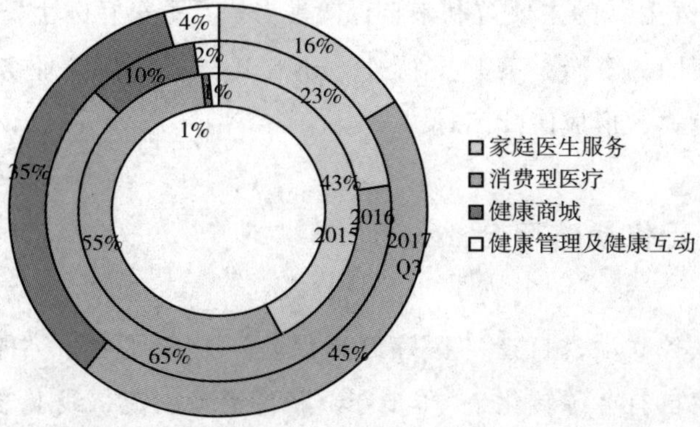

图 6 “平安好医生”2015~2017 Q3 收益明细

城、健康管理及健康互动（见图 6）。在家庭医生服务方面，“平安好医生”的医疗团队除了自有医师外，与大量外部医疗专家签立合约。健康商城业务收益逐年上升，主要通过直销模式销售医疗及健康产品产生收益，也从第三方卖家赚取佣金。

“平安好医生”亏损的主要原因是大量的营销费用和管理费用的支出。互联网行业激烈的竞争使得获客成本大幅上升，而这也是大部分互联网企业亏损的主要原因之一。2015 年到 2016 年的销售及营销费用的增长主要是由于销售团队的扩大及推广费用的增加，获客成本也大幅提升。2017 年三季度销售及营销费用的下降主要是由于对成本的控制带来的推广费用的减少。从财务数据来看，伴随着收入的大幅提升和营销费用的降低，实际亏损额逐步下降（见表 2）。

表 2 “平安好医生”主要财务指标

年份	2015	2016	2017Q3
收入（百万元）	278.7	601.5	1 016.3
增长率（%）	—	115.8	240.4
销售及营销费用（百万元）	178.6	781.1	336.5
占比（%）	64.1	129.9	33.1
管理费用（百万元）	251.5	461.1	480.3
占比（%）	90.2	76.7	47.3
年/期内亏损（百万元）	323.7	758.2	497.4
净利润率（%）	-116.1	-126.1	-48.9

“平安好医生”的主要盈利来自保险业务。“平安好医生”最大的优势除了有平安集团的资金、客户支持外，还有其与医疗保险业务、体检业务结合的创新模式，形成医疗闭环。

四、集团多元化战略配合

多维度业务联动，打造“医疗健康保险”超级平台。“平安好医生”通过平安集团自有客源转化、“步步夺金”等活动引流，线上诊疗引流，获得较大的用户基数。通过“步步夺金”等活动提升日活量，同时提供医美、眼科等相关产业服务，提升其保险销售率。此类模式较为创新，实际推广效果佳，且符合中国目前健康保险量增加的趋势，未来前景广阔。“平安好医生”将保险业务的获客成本降低、吸引更大基数的客户，是未来互联网医疗的又一发展模式。

“平安好医生”“平安医疗科技”“平安壹账通”分别于近日顺利完成定向私募融资。未来，“平安好医生”主要通过医疗健康业务作为流量入口，与“平安医疗科技”的控费服务、精算服务、医保账户服务，“平安壹账通”的金融业务相结合，为客户提供医疗闭环服务。通过“平安好医生”的家庭医生、专科问诊、预约挂号等方式将个人或企业客户导入线上健康服务平台，集合私人诊所、药房、体检中心等多种线下健康服务平台，为客户提供线下医疗服务，实现线上线下业务联通。

主笔：李莹

资料收集：谢若丹、李珊

No. 8

“上上签”获亿元B轮融资，电子签约前景可期

交易简述：

2018年3月5日，电子签约云平台“上上签”宣布完成了1亿元人民币的B轮融资，本轮融资由晨兴资本领投，老股东经纬中国、DCM、顺为资本和WPS全部跟投。本轮融资将用于提升产品和客户服务，同时引入包括区块链技术在内的各项新技术。

一、潜在需求激增叠加政策利好

▶ 电签行业驶入发展快车道

电子合同的推广是普及电子签约的关键前提。数据显示，2015～2016年电子合同签署量增速高达400%，用户数量增长超过350%，企业营业收入增长率达300%，市场规模增长200%。而与这些数据相对应的是，电子合同当前的市场渗透率仅有0.3%，电签市场可挖潜空间巨大（见图1）。“上上签”CEO万敏曾表示，一切有互联网基因的企业，只要涉及法律相关的电子文件、合同签署，都是电子签约平台的潜在用户。

▶ 传统签约方式VS电子签约

传统纸质签约方式下，企业往往要签字、盖章，甚至按手印，而一旦发生合同纠纷，事后还需要付出高昂的鉴定成本，以及面对传统纸质签约

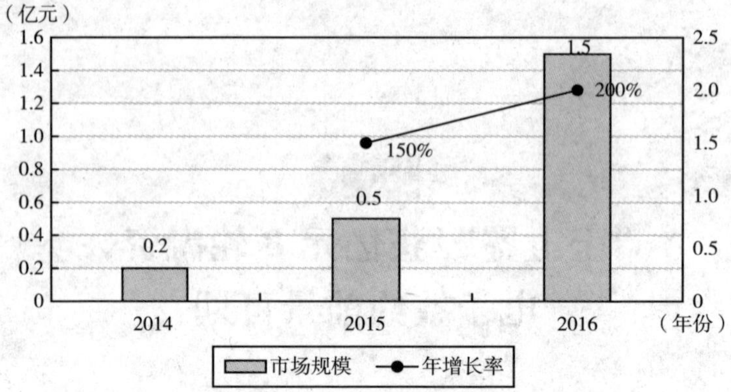

图 1　2014～2016 年第三方电子合同服务平台市场总体规模及年增长率

里文件易篡改丢失的风险。

相较之下，电子签约不仅能帮助企业节约时间、资金成本，同时电子数据证据则是将“举证前置”，即对数据产生现场进行留存和固化，一旦发生纠纷，更容易还原真实现场（见表 1）。

表 1　　传统纸质签约 & 电子签约比较

场景	传统合同签署方式		电子签约方式
B2B & C2C	纸质签署 + 投递成本高效率低	传真、电子邮件证据链最弱一环	随时随地任何终端
B2C	本地服务器单机确认无法律效力	U 盾随身携带过于麻烦	

政策及法律法规出台，为电子签约铺平道路（见图 2）。

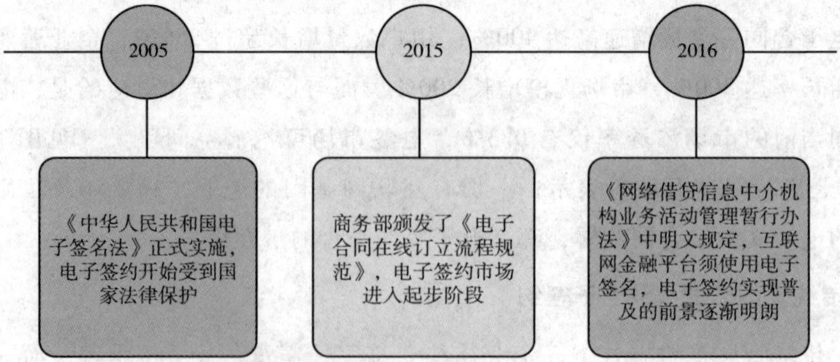

图 2　电子签名相关政策及法规

▶ 业内主要玩家、电子签约实现与收费机制

电子签约领域分为三大玩家阵营：一是以“安心签”“信步云”为代表的国家 CA 认证机构直接推出的电签服务；二是“e 签宝”为代表的老牌电子签章或数据保全企业；三是以“上上签”“法大大”为代表的，出身于 CA 机构，又具有律所、互联网及运营商背景的第三方电子签名服务提供商（见图 3）。

图 3　电子签约领域业内主要玩家

二、电子签约服务实现流程

目前，各大主流电子签约平台主要服务流程分五步，有两种服务模式。

▶ 模式一：各缔约主体在平台实名注册、认证，自动生成相应电子印章；合同发送方在其平台账户上传需要签署的文件，并发送至对方平台账户；签署时将电子印章拖动至签署位置，输入签署密码完成电子签约后，签好的合同将会上传至电子签约云平台储存（见图 4）。

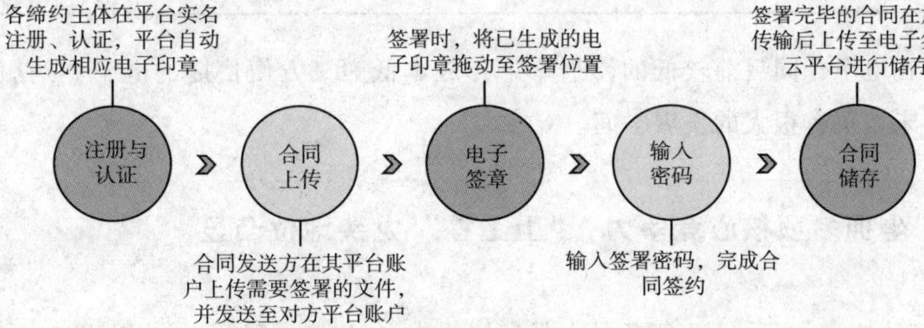

图 4　电子签约平台模式一示意图

▶ 模式二：平台提供 API 接口，将平台产品嵌入用户自有系统中（见

图5)，用户可自行设定合同签署流程，合同将储存在用户内部服务器中。

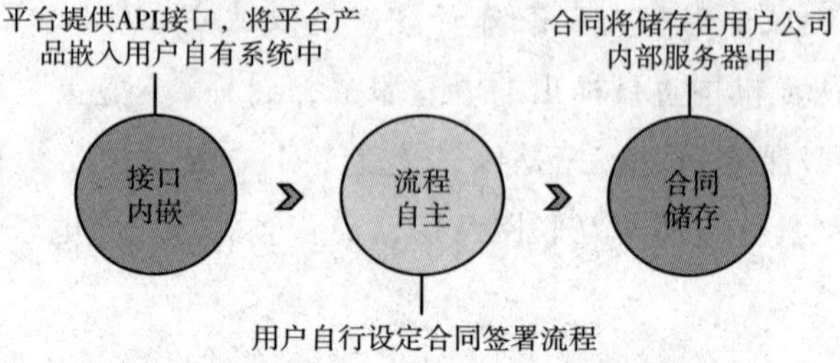

图 5　电子签约平台模式二示意图

三、收费机制

电子签约服务过程中，电签平台只会向合同发送方收取费用。收费标准上，电签平台会根据签署主体性质（对公、对私）提供套餐服务，按签署合同份数计费，单个套餐有效期通常为一年；采取阶梯报价方式，根据合同量大小可提供相应折扣（见表2）。

表2　电子签约平台收费比较

平台	收费方式	对公合同	对私合同
E签宝	按份收费	5元/份，内嵌系统需加收9 800元	
上上签	包年套餐	15～20元/份不等	4～6元/份不等
	内嵌系统	另行计费	
法大大	包年套餐	3～6元/份不等	1～3元/份不等
	内嵌系统	另行计费	

在电子合同目前较低的渗透率下，成本低廉又方便快捷的电子签约服务，未来仍有很大的发展空间。

四、坐拥多项核心竞争力，"上上签"龙头地位凸显

"上上签"于2014年8月1日在杭州成立，是首家通过了ISO27001安全认证、具有公安部三级等保的电子签约云平台，其安全认证级别达到银行标准。据其官网显示，"上上签"旨在帮助用户获取具有法律效力的电子

签名，用最轻松的方式解决互联网在线服务的交签约问题，提供合同完整生命周期的优质服务。

一般而言，合法性、真实性、安全性、稳定性、易用性和场景丰富程度，都属于电子签约云平台的“核心竞争力”——“上上签”在上述指标中的表现均属行业领先（见图6）。

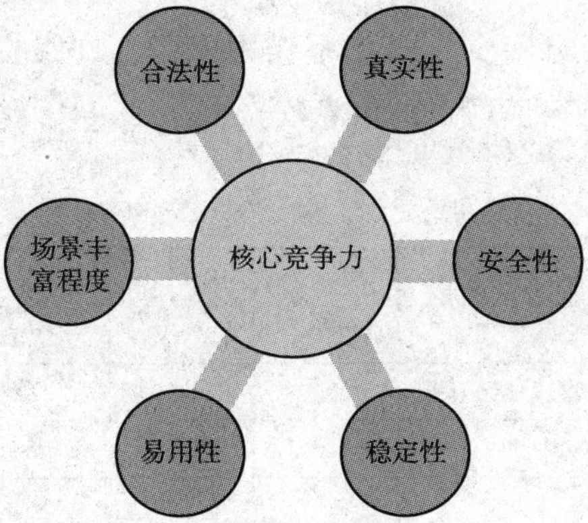

图6　电子签约的核心竞争力

▶ 合法性：“上上签”服务流程符合《电子签名法》监管要求，用户须实名认证；平台借助CA数字证书+时间戳，提供完整证据链，更在业内独家实现与国家公证处系统的全流程集成，为用户的每一份电子合同提供国家公证级别的法律证据（见表3）。

表3　　各电子签约平台的认证比较

		法大大	中国云签	文签	上上签	e签宝
实名认证	个人认证	身份证/银行卡/eID/支付宝	身份证/银行卡/eID	身份证	身份证/银行卡/人脸识别/手机号	身份证
	企业认证	√	√	√	√	√
数字证书		√	√	√	√	√
签署验证		人脸识别/短信验证	人脸识别/短信验证	短信验证/签署口令/拍照	人脸识别/短信验证/签署密码/拍照/指纹签署	签署密码

资料来源：企业服务汇。

▶ 真实性：通过“上上签”SHA－256 散列技术验证的文件无法被修改，使用户能够验证文件的真实性和无篡改。

▶ 安全性：“上上签”是全面符合金融级安全方案标准的电子缔约云平台，上传平台的所有文档都使用 AES 标准的 256 位 SSL 加密文件传输，以防止篡改，保证真实性和有效性；同时，“上上签”在业内率先采用“电子签名安全模型”，合同数据以碎片化形式随机存储在云端，建立了一套科学有效的组织信息安全管理体系作为保障，并提供数据安全险和合同失效险，最大程度地保证用户的信息安全（见表 4）。

表 4

		法大大	中国云签	文签	上上签	e 签宝
平台信息安全认证	信息安全等级保护	三级	三级	三级	三级	三级
	信息安全管理体系认证	√	√	√	√	√
数据传输安全	网站 SSL 证书	OV SSL	OV SSL	EV SSL	OV SSL	OV SSL
数据备份存储		√	√	√	√	√

资料来源：企业服务汇。

▶ 稳定性：“上上签”建立了“同城双活”“异地容灾”“两地三中心”等机制，能承受大用户量、大数据量的同时访问，并保持着业内最长的无宕机纪录（见图 7）。

▶ 易用性：“上上签”全面支持最新 iOS8、Android4. 0＋移动客户端操

图 7

作系统、iPad、iPhone、Android 平板电脑和 Android 手机，登录终端选择多样，易用性强。

▶ 场景丰富程度：“上上签”已在租房、大宗商品交易、互联网金融、内部管理、上下游管理等应用场景与蘑菇租房、找钢网、手机贷、玖富、货车帮等知名企业用户开展广泛合作，未来更会向一切具有互联网基因的行业拓展。

五、竞品对比与分析

▶ 拥抱区块链，强强联手高筑技术壁垒

2017 年 3 月，“上上签”与领先的区块链技术公司 Bitfury 达成战略合作，共同开发基于区块链底层技术的电子合同产品，促进分布式记账、智能合约等区块链技术的应用，提供更好及更高安全级别的合同签署和存储产品。

对于电子签名来说，确保有效性和安全性是第一要务，如何通过技术手段，将合同内容、签署人、时间进行固化，保证合同的法律效应是关键。区块链技术去中心化、防篡改的特性恰好可以解决这些问题。区块链作为一种底层技术，配合现有的环节，将在提升电子签名的安全等级的同时，降低成本、节约时间。

▶ 电子签约大势所趋，制约因素不容忽视

- 互联网 + 大时代，电子签约迈向广泛应用：目前，国内互联网基础设施建设日臻完善，“互联网 +”模式渗透到各行各业，电子签约更能满足各领域创新业务（如供应链业务）涌现的需求。

- 电子签约内容保障、环保优势：电子签约解决了合同签署过程中诸如签署地点选择、合同内容篡改、合同储存与防丢失等一系列流程问题，未来必将应用到更广泛的工作与生活场景当中。

此外，在国家陆续出台相关政策，力推无纸化办公以及加大对企业偷逃漏税打击力度的背景下，电子签约的环保及税收透明属性顺应了政策导向。

• 制约因素仍存，政策面因素成关键：当下，制约电子签约普及的因素主要在于市场接受度低、电签平台质量良莠不齐。相当部分的政府办事机关并不承认电子签署的文件，或者执行繁琐的验证流程，企业主体双方订立合同时，出于稳妥及习惯的考虑，传统的纸质签名也处于绝对优先地位；同时，良好的市场前景促使各类电签平台层出不穷，电子签约的合法性、安全性无法得到有效保障。

电子签约能否真正实现推广应用，政府在政策层面的持续引导和鼓励是重中之重。前期的一系列相关政策很大程度上只解决了电子签约的合法性问题，实施对电子签约印花税减免、给予电子签约相应补贴、在政府办事系统全面接受甚至优先受理电子签约合同等激励措施，才能使各签约主体尤其是企业主体，更有动力由传统签约转向电子签约，推动电子签约成为主流。

六、交易延伸

▶ WPS 连续两轮加码上上签，双方达成战略合作

除了各大私募股权资本，国内领先的办公集成系统提供商 WPS 也积极布局电子签约赛道，冀望打通产业链条，实现业务转型升级。WPS 首次作为跟投方参与了“上上签”的数千万元 A + 轮融资，本次 B 轮融资继续跟投。“上上签”成为唯一集成在 WPS 软件中的电子签约云平台。WPS 方面表示其正在不断探索由工具型向服务化的转型，以满足用户在不同办公场景下的需求，与“上上签”的合作能为用户带来更优质的电子签约体验。

相关资料见表 5。

表 5　　第一梯队玩家比较

平台名称	E 签宝	上上签	法大大
成立时间	2002 年	2014 年	2014 年
用户数量	数百万	数千万	数千万
合同签署量	日签合同量超 200 万份；累计签署合同量超 3 亿份	日签合同量 600 万份，累计签署合同量数亿份	日均合同量 140 万份；总累计签署合同量超 2 亿份

续表

平台名称	E 签宝	上上签	法大大
营收状况	2017 年实现盈亏平衡	2017 年前三季度营收达到数千万元	2016、2017 年营业收入分别同比增长 500%、300%
核心竞争力	盲数字水印技术、多时间戳证据固化技术、区块链保全技术、原文沙箱保护技术、场景式保全技术、隐私签名技术	• 集成极为丰富的 API 接口，为目前国内唯一支持全平台的电子签约云平台； • 业内独家和公证处全流程集成，双重法律保障； • 合同数据碎片化储存技术	• 区块链存证； • 军用标准加密文件； • 公证处、司法鉴定中心等众多权威机构背书； • 海量模板，在线编辑合同
用户行业分布	医疗、政务、互联网金融；互联网金融用户占比约 40%，用户的行业分布较为平衡	互联网金融、住房租赁、大宗商品交易、企业服务、商业银行等	金融、旅游、O2O、B2B、人力资源、物流、制造与零售等企业及个人用户
战略合作方	广州仲裁委员会、中国政法大学、浙江省信息安全行业、国家版权局……	苹果、微软、WPS、Intel、金蝶云之家、东方公证处、亿方云、够快……	阿里巴巴、微软（中国）、统一集团、携程、同程旅游、众安保险、美团网、龙湖地产、神州数码、51社保、金蝶云之家、枳木盒、投哪网、珍爱网

主笔：陈昊

资料收集：郭天艺、袁望舒

想成为《投融资观察》报告创作团队的一员吗？微信扫描本书第381页二维码，现在就加入我们吧！

No. 9

北醒光子，做机器的眼睛

交易简述：

2018年2月28日，固态激光雷达公司“北醒光子”获得凯辉汽车基金B1轮投资。北醒光子专注于固态激光雷达的研发和制造，目前已完成产品的量产，并具备完整的知识产权和认证，融资资金将主要用于企业加速固态激光雷达技术研发和车规级产品落地量产。

一、激光雷达全球规模迎来快速增长

高盛报告显示，全球激光雷达市场预计将在2020年达到18.11亿美元，2040年达到934亿美元（见图1）。

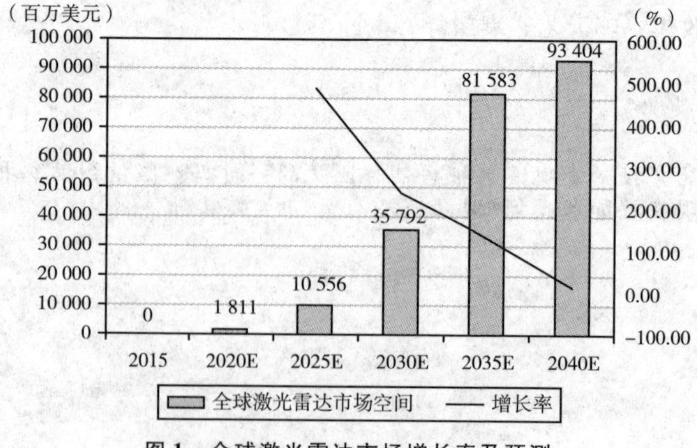

图1　全球激光雷达市场增长率及预测

资本市场上，激光雷达也成为科技圈争相布局的领域，从 2011 年到 2016 年 3 月，全球激光雷达领域的融资总额超过 30 亿元人民币，中国资本市场也对其表现出了极大兴趣（见表 1）。

表 1　2017 年全球十大激光雷达企业融资概览

时间	公司	投资方	投资金额	轮次
2017. 04	饮冰科技	苏州汽车研究院	数百万元人民币	天使轮
2017. 05	禾赛科技	将门创投、磐古创投、远瞻资本	1. 1 亿元人民币	A 轮
2017. 07	思岚科技	国科瑞华、国中创投、信中利	1. 5 亿元人民币	—
2017. 08	Oryx Vision	Third Point Ventures、WRV	5 000 万美元	B 轮
2017. 09	Nnoviz Technologies	Delphi Automotive、Magna International、360 Capital Partners、Glory Ventures、Naver	6 500 万美元	B 轮
2017. 09	LeddarTech	欧司朗、德尔福、麦格纳	1. 01 亿美元	C 轮
2017. 12	数字绿土	国科投资	未透露	B 轮
2017. 12	镭神智能	达晨创投	未透露	B 轮
2017. 12	北科天绘	云晖资本领投、StarVC	过亿元人民币	A + 轮
2017. 12	Ouster	Cox Enterprises、Fontinalis Partners、Amity Ventures、Constellation Technology Ventures、Tao Capital Partners、Carthona Capital	2 700 万美元	A 轮

激光雷达（Light Detection And Ranging，LiDAR）是在短时间内向周围环境发射大量光子，通过测量反射回来光子的飞行时间（Time of Flight，TOF），计算与周围物体的距离，被用于无人机、自动驾驶汽车、机器人等的感知阶段。相比传统雷达，激光直线传播，方向性好，光束非常窄，弥散性非常低，因此精度很高。自然界中能对激光雷达起干扰作用的信号源不多，因此激光雷达抗有源干扰的能力很强（见图 2）。

纵观各家公司产品，激光雷达按有无机械旋转部件分为机械激光雷达和固态激光雷达。机械激光雷达带有控制激光发射角度的旋转部件；而固态激光雷达则依靠电子部件来控制激光发射角度，无须机械旋转部件。随着无人车、无人机、机器人行业的发展，这些行业对雷达有了新的需求。而固态激光雷达，可以解决机械扫描式激光雷达结构笨重、信号接收比低以及安全系数差的技术问题，因此是未来激光雷达的发展趋势（见图 3）。

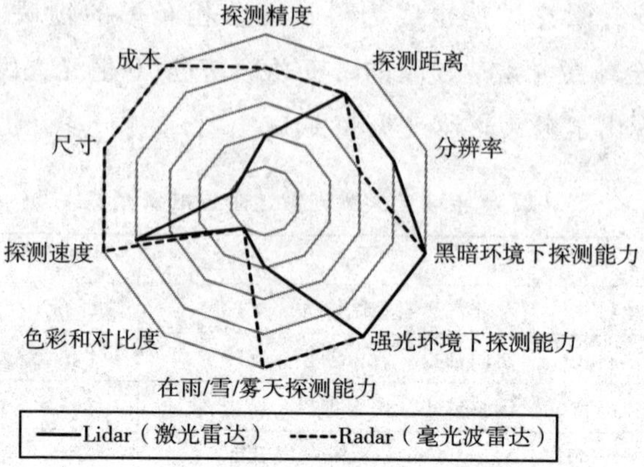

图 2　激光雷达与传统雷达参数对比

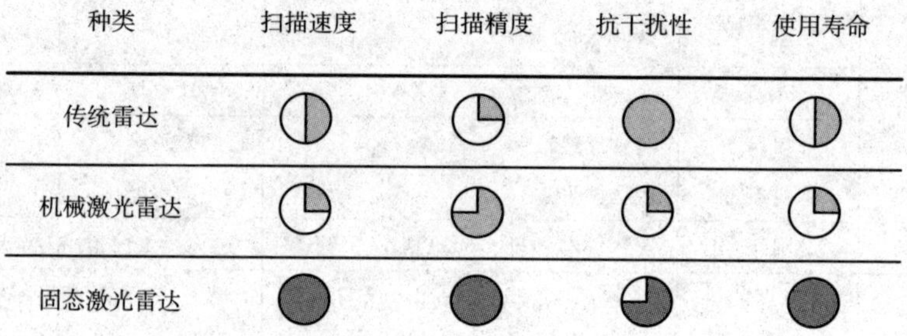

图 3　传统雷达、机械激光雷达与固态激光雷达性能对比

二、北醒光子——走在行业前沿的固态激光雷达厂商

北醒光子的主要产品线可以分成无人机定高雷达 、小型避障雷达和多线长距雷达。这些产品在室外对阳光有很好的抗性，并采用红外 LED 作为光源。从结构形式上，北醒光子主要研发单向雷达和固态全向式雷达。2016 年 10 月，北醒开发的固态激光雷达，获得了奥迪创新实验室大赛“人工智能的应用” 总冠军（见图 4）。

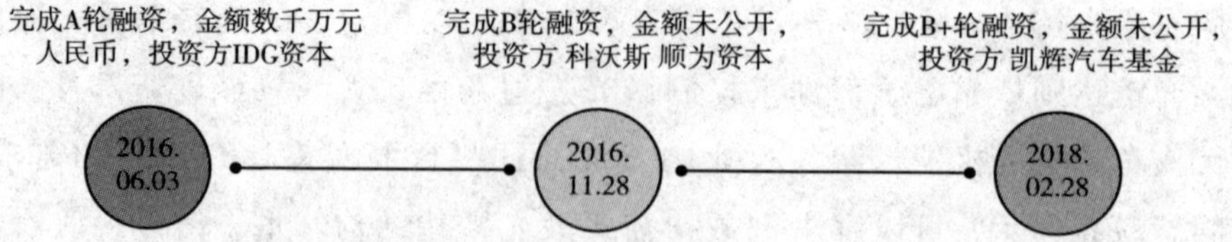

图 4

北醒光子的着眼点：小型化、解捆绑、安全和价格。北醒光子的团队目前着眼于在不降低技术精度的前提下将雷达的尺寸缩小，同时保证其安全性，最终能够将各种复杂场景下位置识别技术的昂贵价格降低至消费级水准。

面对市场上竞品，北醒光子的思路是通过创新设计降低成本，快速占领市场。除了设计创新带来的成本降低，硬件产品量产也能显著降低成本（见图5）。

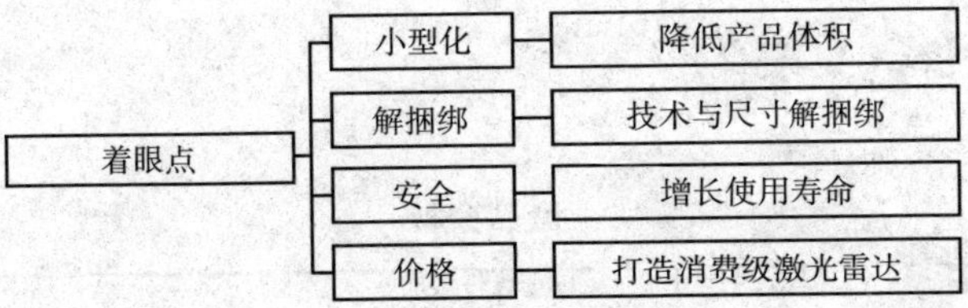

图 5

三、强大的知识产权储备和优异的市场表现

造就其强大的技术与市场壁垒。北醒光子 CEO 李远博士从师于中国发光学奠基人之一的徐叙瑢院士，发表过国际学术论文（SCI）40 余篇。公司核心研发团队来自美国、德国、法国等多所国外大学及清华、北交、北航等多所国内大学。北醒光子目前在国内共拥有 54 项知识产权，远超国外企业知识产权数量（见图 6）。

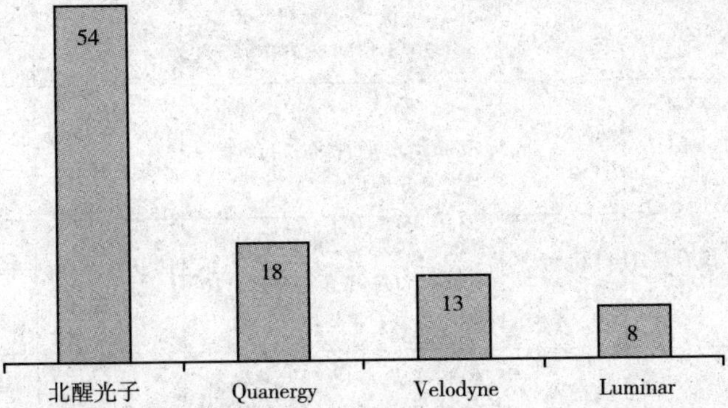

图 6　北醒光子和海外公司的知识产权数量对比

公司生产的用于无人机高度级的雷达精度在厘米级并在2017年实现量产。据称已有大企业签了万件级的订单。其产品可广泛应用于无人驾驶（避障导航）、无人机（农业植保领域）、机器人（智能家居）、AGV（工业领域仓储物流）等领域。

2018年1月9日~12日的国际消费类电子产品展览会（CES）上，北醒光子展示了性能卓越的固态激光雷达，收获了大量订单。目前，北醒光子的固态激光雷达已在全球范围内批量出货，单个售价5 000元人民币。

四、竞品分析（见表2）

表2　竞品分析

公司	产品	类别	基本参数	价格	应用
Velodyne	HDL－64E	机械激光雷达	64线；测距：100~120m；精度：±2cm；水平视角：360度；垂直视角：27度；重量：15KG	8万美元以上	谷歌、百度、Uber无人车（配1台）
	HDL－32E	机械激光雷达	32线；测距：80~100m；精度：±2cm；水平视角：360度；垂直视角：±20度；重量：1KG	2万美元	福特流动版蒙迪欧无人车（配1台）
	VLP－16	机械激光雷达	16线；测距：100m；精度：±3cm；水平视角：360度；垂直视角：±15度；重量：0.83KG	7 999美元	福特Fusion Hybrid（配2台）
	Ultra Puck Auto	混合固态激光雷达	32线；测距：200m；计划2020年量产，定价500美元，2025年降至200美元	250~500美元	—
Ibeo	Lux 8L	机械激光雷达	8线；测距：200m；精度：10cm；水平视角：110度；垂直：6.4度	15万~25万元人民币	—
	Lux 4L	机械激光雷达	4线；测距：200m；精度：4cm；水平视角：85~110度；垂直：3.2度	10万~15万元人民币	日产（配6LEAF个）
	miniLux	机械激光雷达	水平视角：180°；车辆检测距高：40m；行人检测距离：15m	—	—

续表

公司	产品	类别	基本参数	价格	应用
Ibeo	Ibeo 和 Valeo 合作的 Scala	混合固态激光雷达	4 线，水平视角：145 度 质量：0.51KG 尺寸：108 × 100 × 60mm 2010 年和法雷奥合作开始量产，用于汽车紧急制动系统	—	奥迪 A7 Piloted Driving
Quanergy	S3	固态激光雷达	8 线，探测距离：10cm ~ 150m 扫描频率：30Hz 视角：180 度 尺寸：90 × 60 × 60mm	100 ~ 250 美元	德尔福无人车（配 4 个）、奔驰无人车（配 3 个）
北醒光子	CE30	固态激光雷达	探测距离：0.1 ~ 30m 水平视角：132 度 垂直视角：9 度 尺寸：83 × 57 × 54mm 重量：0.22KG	5 000 元人民币	辅助/无人驾驶、智能仓储、AGV、工业自动化

注：4 线、8 线、16 线、64 线指的是一个激光雷达发射出去的激光线数。发射出去的激光线数越多，返回的数据就越多。

五、携手凯辉，占据车企合作入口

凯辉汽车基金背后的 LP 是全球 500 强企业、世界领先的汽车零部件供应商之一法雷奥集团和聚焦培育新兴产业的专业政府引导基金长江产业基金。法雷奥是一家专业致力于汽车零部件、系统、模块的设计、开发、生产及销售的工业集团，是世界领先的汽车零部件供应商之一，在汽车动力总成、节能减排和电子新能源等方面有独特的经验与技术优势，且曾经与加拿大激光雷达厂商 LeddaTech 合作生产低成本车用固态激光雷达，与 Ibeo 合作生产混合固态激光雷达。由此可期，法雷奥将与北醒光子进行深度合作并带来丰富的经验和技术。凯辉汽车基金一直在汽车智能化领域发力，包括无人驾驶、车联网技术、HMI 人机交互技术等细分领域。在未来，汽车的维修、保养、分时租赁、汽车金融等相关企业都有可能成为凯辉汽车基金的关注点；并且具有核心软件竞争力的初创公司也将成为重点关注对象。凯辉将继续通过自己的生态网络，推动北醒光子和更多的世界知名汽车厂商之间的进一步合作，帮助企业继续巩固和发展其在行业的优势地位。

六、无人驾驶应用落地前路漫漫

多领域布局或将为持久战供给充足弹药。随着人们对安全、舒适的驾驶体验的不断追求，自动驾驶成为汽车的新方向。但就目前的情况来看，无人驾驶在中国乃至全球的全面实现，仍在技术及社会环境方面面临较大挑战。

技术方面，国内技术仍然与国外技术存在差距且国际社会尚未接受国内的技术检验标准，前沿技术出海目前来看仍难以实现；国内方面，目前中国汽车市场仍以第一代汽车用户为主，从司机驾驶习惯、道路硬件条件及法律法规对权责认定等方面来看，自动驾驶在国内的全面实现仍需时日。

对于北醒光子来说，未来汽车在高级辅助驾驶或者短距离辅助驾驶等功能的实现上，依赖之前积累的科研基础，其有望在整体增长的红利中从市场上分一杯羹。尽管高级辅助驾驶（ADAS）技术有催化汽车行业革命性增长的潜力，但就目前来看渗透率仍然很低，我国 ADAS 的渗透率在 2% ~ 5%，目前很多技术仍在调试阶段，且很多功能仅渗透了高端车型。

表 3　　激光雷达的主要应用方向

激光雷达的主要应用方向	
无人机	无人机激光雷达使用了高精度激光扫描仪、GPS 及惯性导航系统（INS）。这三者组合可以实现精确的 3D 绘图，使其可以直接穿过干扰物，实现详细地形图的构建
机器人	以扫地机器人为例，同品牌的激光导航扫地机器人，比普通机器人价格高出 80% ~ 150%，配备了激光导航的扫地机器人的清洁效率和质量均有较大提高
AGV	AGV 目前被广泛应用于汽车、仓储等行业的仓库搬运环节。未来三年受仓储物流自动化需求的推动，行业将进入快速发展期，带动激光雷达的发展
辅助驾驶	在自动驾驶领域中，激光雷达则是目前各大涉足辅助驾驶的车企（百度、谷歌、福特等）的最佳传感器解决方案
大气监测	激光雷达通过测量大气中存在的少量颗粒的后向散射，能检测风速、紊流等，测量在飞机后微爆风切变和尾流速度，可用于机场，提高安全性
水下探物	成像激光雷达的每个激光脉冲覆盖面积大，因此其搜索效率远远高于非成像激光雷达。成像激光雷达可以显示水下目标的形状等特征，更加便于识别目标

因此，激光雷达企业可以放眼于自动驾驶领域之外，在其他应用场景进行布局，如无人机、机器人、AGV、大气监测、水下探物等（见表3）。激光雷达技术本身在未来还有广阔的应用空间，企业也可以累计重组的资本、技术和渠道实力，为在激光雷达市场的长线发展奠定基础。

主笔：党莺歌

资料收集：何旭东、杨婷

想成为《投融资观察》报告创作团队的一员吗？微信扫描本书第381页二维码，现在就加入我们吧！

No. 10

麾下再入海益科技，京东金融致力于打造金融科技闭环

交易简述：

2018年3月14日安徽海益信息科技有限公司（海益科技）完成总额数千万元人民币的A轮融资，投资方为京东金融。交易完成后，双方将在FICC投资交易领域探索创新型的科技服务模式，为金融机构客户在固定收益类资产、大宗商品、外汇等资产交易层面提供更优的服务体验。

一、中国互联网金融市场

▶ 移动支付渗透率全球领先

美国国际贸易署（ITA）发布的《2016顶尖金融科技市场报告》认为，中国金融科技市场总体发展居全球第二位（见图1）。2013～2016年，网络信贷、网络资管和电子支付的用户渗透率均呈显著上升趋势，尤其在电子支付领域，以支付宝和微信支付为代表的移动支付工具迅速发展，截至2017年底，微信支付用户已达到8亿（见图2）。

▶ 互联网理财市场有较大发展空间

理财保险业务需求旺盛。据中国互联网络信息中心发布的数据，截至2016年6月，互联网理财用户规模为1.01亿人，网络用户中互联网理财

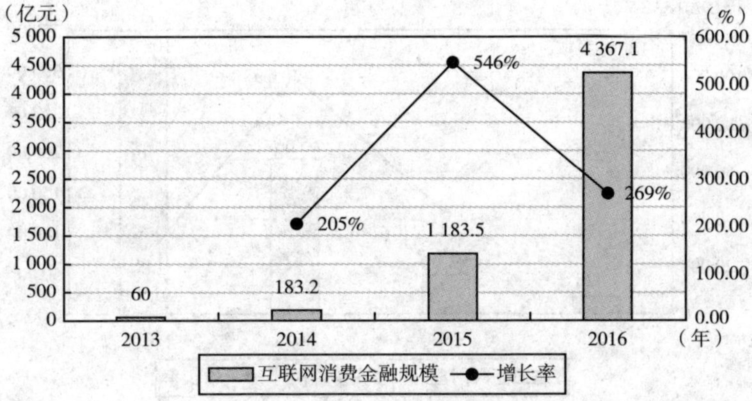

图 1　互联网消费金融规模及增长率

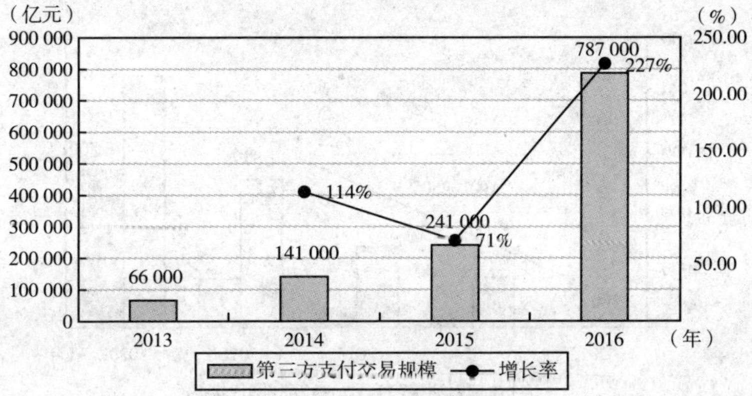

图 2　第三方支付交易规模及增长率

用户使用率为 14.3%。未来随着更多“90 后”走入职场，不断积累财富，理财需求将日益旺盛，互联网理财规模将会不断提高，行业有较大发展空间（见图 3）。

2015 年开展互联网保险业务的保险公司数量达到 110 家，占全行业保险公司的 74%。理财险保险总规模由 2013 年的 300 亿元快速增长至 2016 年的 12 830 亿元，预计 2020 年互联网代销规模将达到 1.38 万亿元（见图 4）。

▶ 我国信贷结构待优化，互联网金融有望异军突起

统计显示，我国仍有 59% 的人未申请过线上或是线下贷款，这一比例

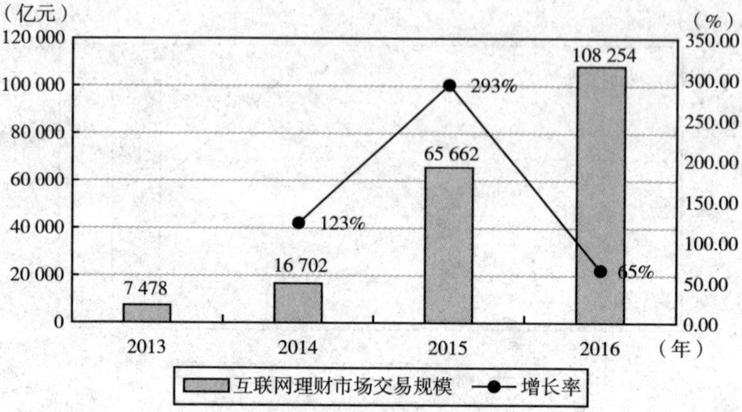

图 3　互联网理财市场交易规模及增长率

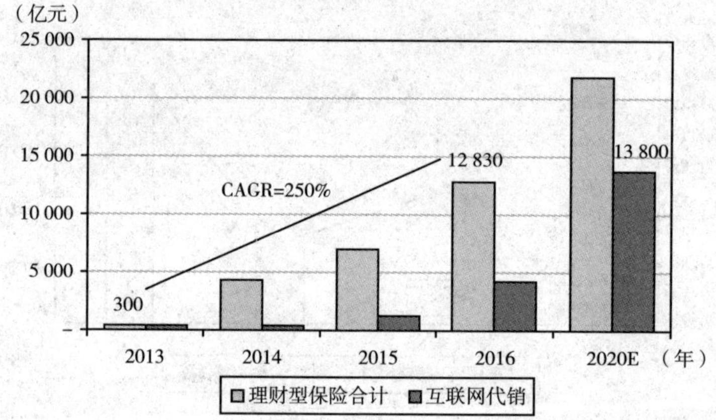

图 4　互联网理财型保险合计、互联网代销规模

远高于世界发达国家平均水平。对于中国这个世界第二大经济体而言，这个贷款渗透率明显过低。据统计，2015 年我国消费信贷规模为 19 万亿元，同比增长 23%。但是从信贷结构来看，我国 2015 年的消费信贷占总的信贷规模的比重仅为 20%，远低于欧美国家水平。

《2015 中国信用卡报告》统计显示，2015 年我国的信用卡累计发卡量为 4. 32 亿张，发卡账户总量为 2 亿人。由此可见，我国目前信贷结构有待优化，消费信贷的比重还有很大提升空间，互联网消费金融在未来还有巨大的发展潜力和空间。

相关资料见图 5 和图 6。

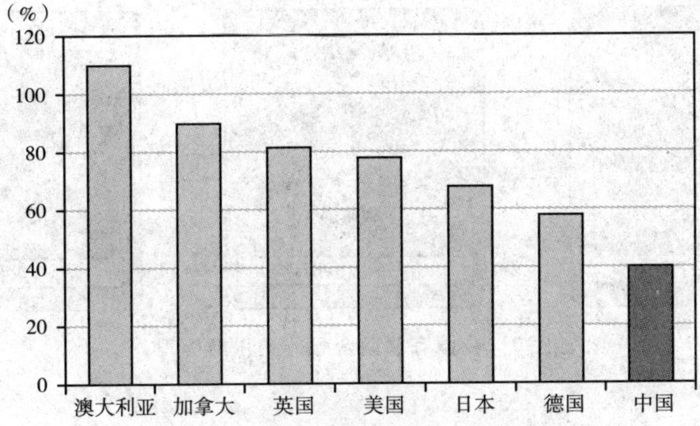

图 5　世界各国居民负债水平

资料来源：国泰君安证券研究所。

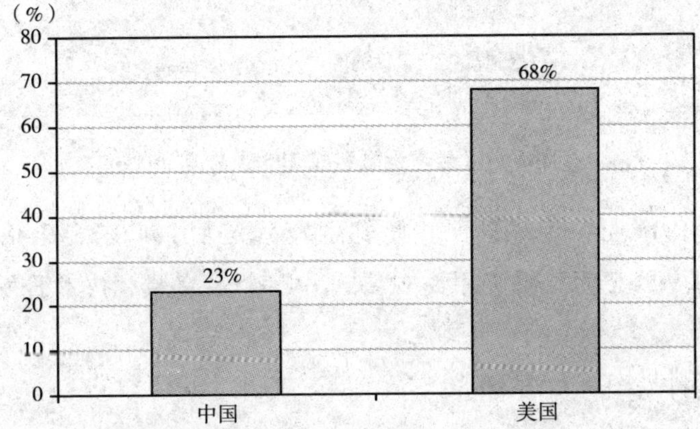

图 6　消费贷渗透率（剔除房贷的消费信贷/社会零售总额）

二、我国现已进入金融科技阶段

▶ Fintech 有望成为未来互联网金融主旋律

目前我国互联网金融迈入金融科技阶段，多种科技手段被全面应用于支付清算、借贷融资、财富管理、零售银行、保险、交易结算等金融服务（见图7）。

2017 年毕马威咨询公司发布的《全球金融科技 100 强》报告排名前十的企业中，中国公司有 5 家，占据半壁江山（见图 8）。

▶ 京东金融——金融科技标杆龙头，剑指千亿市值

京东金融 3 月 13 日已经启动新一轮 130 亿元的融资，领投方包括中

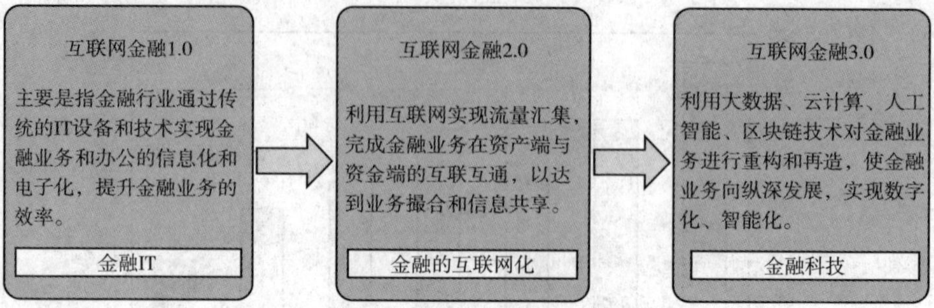

图 7　我国互联网金融行业发展历程

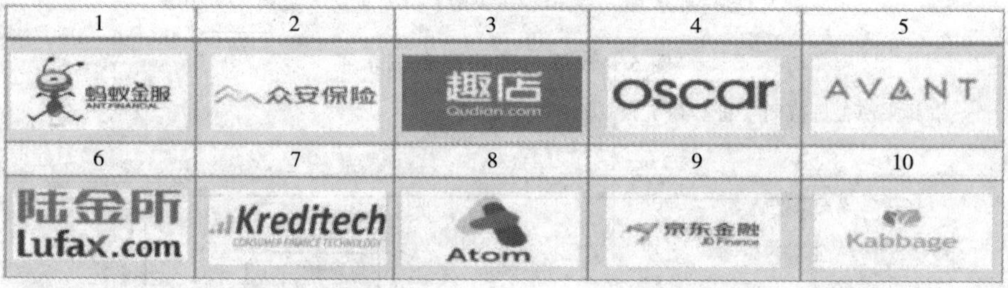

图 8　《全球金融科技 100 强》前十

金、中粮等，额度约 100 亿元。此轮融资落定后，京东金融估值将达到 1 650 亿 ~ 1 900 亿元，融资用途主要为并购金融牌照、技术研发和市场投入等。

相关资料见图 9 和图 10。

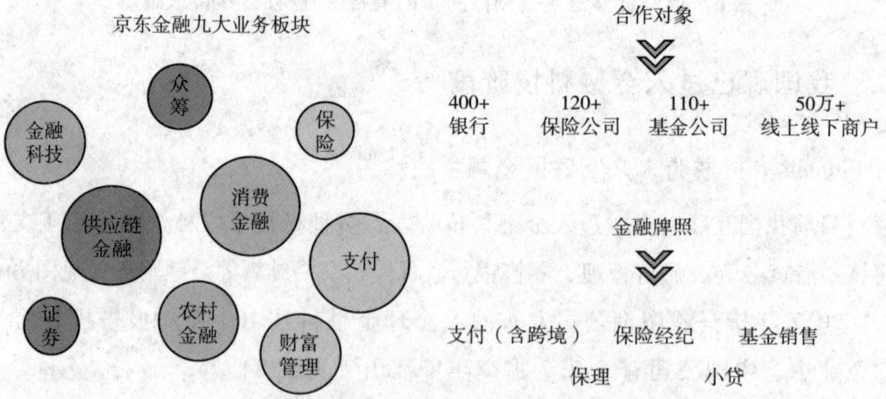

图 9　京东金融业务

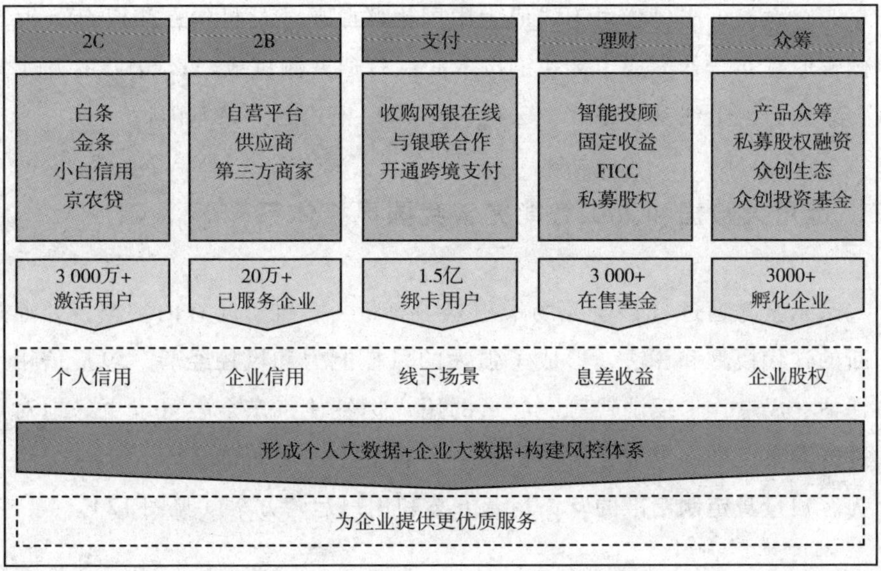

图 10　京东金融服务生态

▶ 与传统金融机构深度合作，积极布局线下交易场景

京东金融从自身用户群体出发，拓展出了诸多消费应用场景，“白条”与线下实体店的交易场景，同时加强与多家金融机构开展战略合作，共同布局金融交易场景，构建“银行 +”业务的综合性互联网金融服务模式，将场景布局与金融科学技术的运用有机结合（见图 11）。

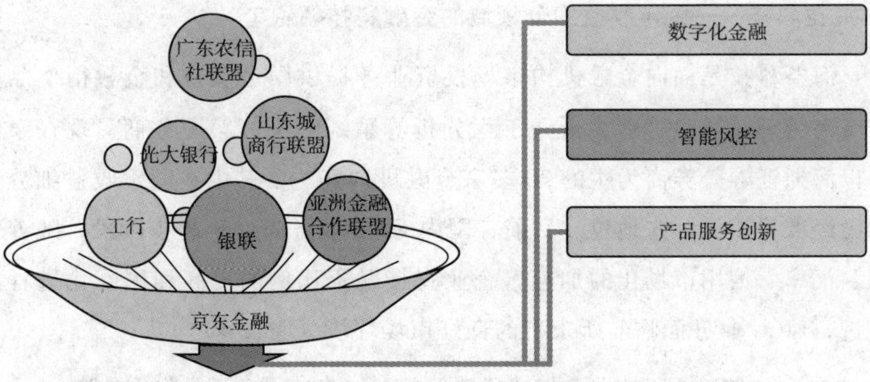

图 11　京东金融“银行 +”业务服务模式

2017 年 1 月 4 日，中国银联与京东金融在京签署战略合作协议，并宣

布京东金融旗下支付公司正式成为中国银联收单成员机构；2017 年 5 月与中国银联宣布合作完成了区块链技术底层打通并测试成功；2017 年 7 月 19 日，京东金融上线基于银联“云闪付”NFC 模式的“京东闪付”。

三、运用大数据和人工智能完善我国风控体系

京东金融通过自营业务场景积累了海量、多维、动态的数据，并通过不断的迭代模型和算法，形成了强大的风控能力和风控经验，包括信用风险评估、反欺诈、反洗钱等。海量的用户标签使京东金融可以更好地对用户进行洞察，准确地描述用户的偏好，再加上人工智能技术，京东金融可以为客户量身定制精准的营销运营方案和用户运营方案（见图 12）。

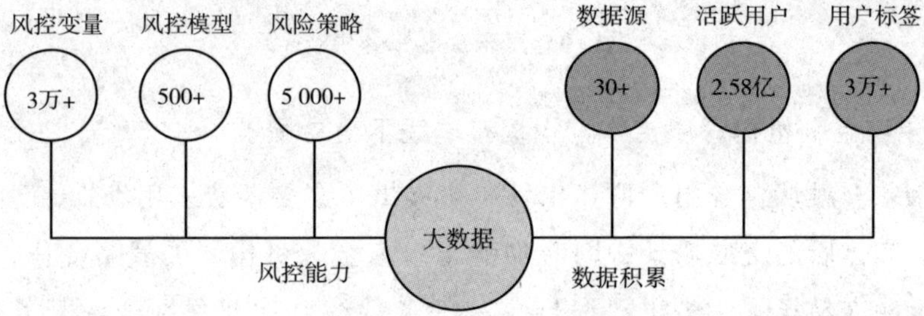

图 12　京东金融的大数据能力

▶ 海益科技——固定收益细分领域的金融科技领跑者

海益科技是面向金融机构市场投资业务提供固定收益和金融衍生品投资交易管理、风险管理、金融工程分析等系统解决方案服务商，现在全国有以海通证券等券商为主的 30 多家金融机构客户，其中在固定收益细分市场已经取得市场领先地位。目前，国内 FICC 业务尚处于起步阶段，随着利率、汇率、信用市场化的加速，企业直接融资比例的提高和国际化进程的推进，FICC 业务面临前所未有的良好市场环境（见图 13）。

▶ 京东金融与海益科技业务模式优势互补，未来将进入更快发展轨道

与海益科技合作是京东金融完善一体化服务进程迈出的重要一步，海益科技现有的业务专注于 FICC，服务于金融机构中间市场。而京东金融的

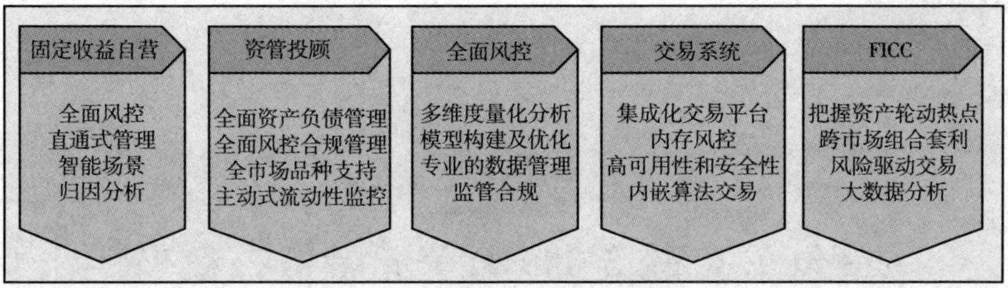

图 13　海益科技业务概览及特点

强项在于信贷、理财和支付这些直接面向终端客户的服务。京东金融与海益科技在销售渠道方面将实现资源共享，在各自的业务领域优先采用对方的技术和服务。

四、延伸阅读

3 月 20 日，Wecash 闪银奇异已完成 1.6 亿美元（约 10.1 亿元人民币）D 轮融资，由 ORIX Asia Capital 和 SEA Group 领投，SIG、Sagamore、Forebright、领沨资本以及弘道资本跟投。Wecash 闪银是一家专门提供信用决策的大数据服务评估商，它依托数据挖掘分析和机器学习技术，通过身份识别结合个人社交行为及信息，实现快速精准的个人信用在线评估。基于该评估结果，撮合个人用户和机构快速完成交易，帮助个人享受到更便捷的资金借贷、消费分期等金融服务。目前国内征信行业尚处于市场化起步阶段，潜在市场容量相对较大。

主笔：党莺歌

资料收集：何旭东、杨婷

想成为《投融资观察》报告创作团队的一员吗？微信扫描本书第381页二维码，现在就加入我们吧！

No. 11

皇包车C轮5 000万美元融资，稳坐“海外中文包车游”头把交椅

2018年3月1日，皇包车旅行完成5 000万美元C轮融资，由红杉资本中国基金领投，经纬中国、和谐资本、个人投资者邵亦波跟投。易凯资本在本次融资交易中担任皇包车旅行的独家财务顾问。皇包车旅行CEO潘飞表示，融资完成后，资金将用于品牌投入、人才招募以及目的地资源池建设等。

境外游市场大局已定，皇包车精准切入旅游目的地的增值服务环节。皇包车的运营模式及核心竞争力使其区别于其他同类平台。公司仍面临司导（司机兼导游）供给难保证、受制于当地法律法规、用户黏性差等风险，也拥有消费升级趋势、海外游+线上出行市场高速增长等机遇。

一、出境游与海外出行用车规模双增长，互联网海外出行平台渐受青睐

2010～2017年中国互联网旅游交易规模复合增长率达41.98%，2017年在线旅游渗透率达到18.7%。而得益于互联网旅游市场整体规模的增长和居民消费水平的不断提高，出境游市场也呈现出高速增长趋势，互联网海外出行平台的知名度和接受度迅速扩大（见图1）。

而海外出行用车规模的增长则源于海外出行市场的扩大及在线交通费用占比的提升。2017年中国海外出行市场规模达到3 540万人次，从2013年到2017年市场年复合增长率达14%（见图2）。

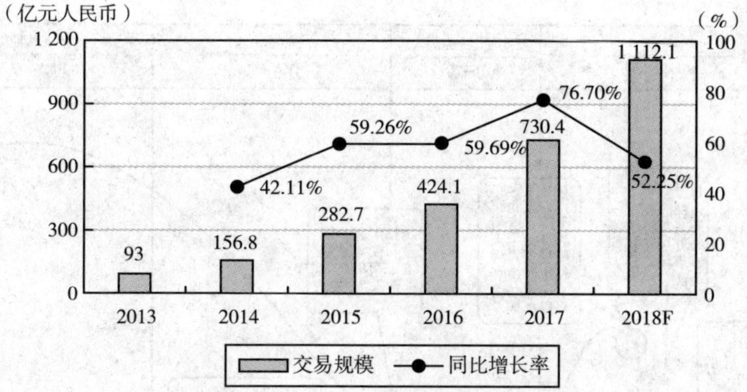

图1　中国互联网出境游市场交易规模变化

部分援引：易观。

图2　中国海外出行用车市场交易规模变化

2015年起，在线交通市场占中国在线旅游整体市场比例超过70%，2016年达到72.8%，游客在交通出行方面的花费不断增加，对互联网出行平台的依赖不断加深（见图3）。

二、境外游市场大局已定，皇包车精准切入细分领域

整个境外游产业从需求端来看，可以分为交通、住宿和增值服务三个环节。交通和住宿领域已经被OTA平台、传统旅行社以及与其合作的航司、酒店所牢牢把控（见图4）。

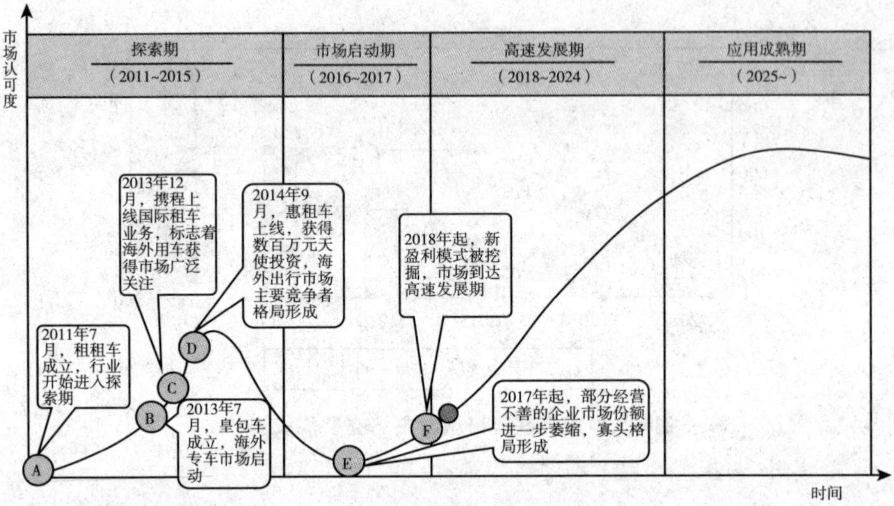

图 3　中国海外出行市场 AMC 模型

资料来源：易观数据库。

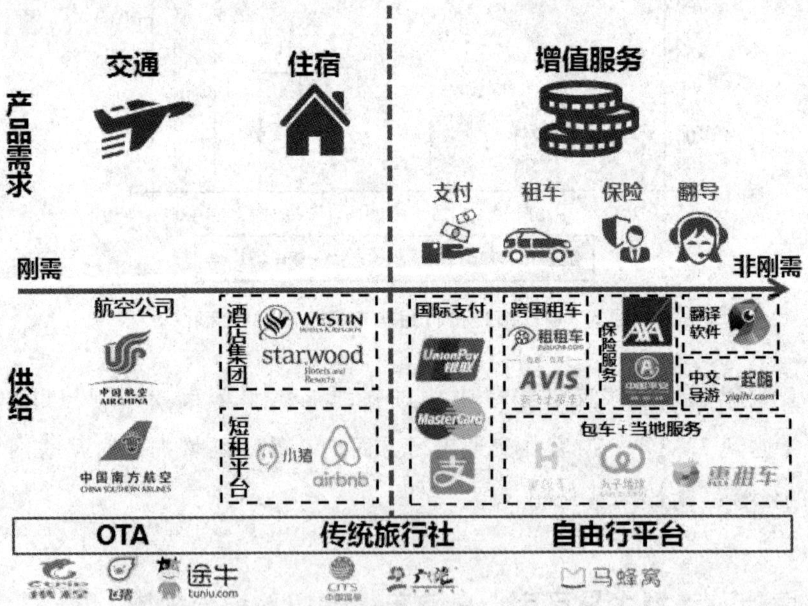

图 4　中国海外旅游市场产业链图谱

而皇包车的潜在机会则蕴藏在旅游目的地的增值服务实现环节。大型 OTA 平台及旅行社垄断了大部分增值服务的信息提供及支付环节，但增值服务的实现还是主要依靠当地商综、游乐园及传统地接社。

三、皇包车运营模式与核心竞争力

▶ 商业模式

皇包车平台专注于境外华人司导（司机兼导游）包车游的预订及后续服务，通过连接在境外旅游目的地有出行需求的中国游客与熟悉当地环境且有闲置车辆的海外华人，为中国出境游用户提供华人司导包车游服务，让海外华人司导获得额外收入（见图 5）。

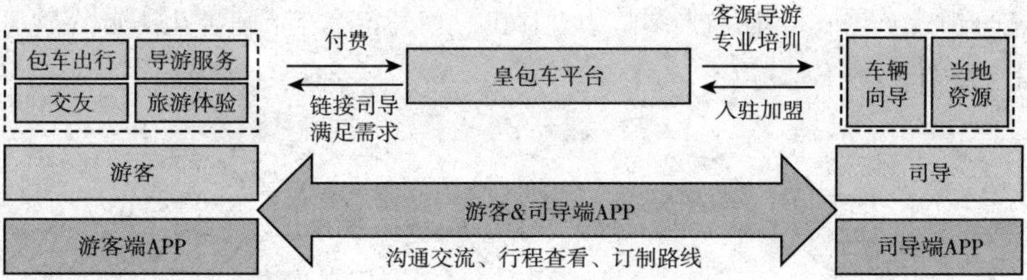

图 5　皇包车模式图

▶ 收费机制

同一目的地和服务品种（如包车游）的对外销售价格通常是统一的，客户向皇包车平台支付后，平台再根据不同司导的级别进行不同幅度的抽成，最后生成司导接单价格并将订单派发至司导账户，由司导决定是否接单。

▶ 核心竞争力：覆盖区域广，华人司导多 + 完善的平台保障体系

境外自由行，游客通常最关注以下问题：语言不通——出行中的语言障碍导致在当地沟通不畅，甚至影响到旅行的品质和体验；出行困难——在境外，公共交通需要自己去寻找站点、转车过程复杂且费用昂贵；目的地服务质量——良莠不齐的服务直接影响旅行体验。安全顾虑——在异国他乡，是否有完善的保险保障是所有游客的关注点。

皇包车广阔的覆盖区域与旗下众多的华人司导为自由行旅客解决了在境外的语言和出行问题，而其完善的平台保障体系则最大限度地减轻了用

户对服务质量及安全方面的顾虑。

皇包车旅行目前拥有超过 10 万名注册司导，可提供全球 90 多个国家、1 600 多个城市、300 多个机场的中文包车游服务，包含机场接送、按天包车、按线路包车和单次接送等。截至 2017 年 11 月底，皇包车旅行已累计服务超过 600 万中国出境游人次。

领先的中文司导数量与质量是皇包车区别于其他同类平台的核心竞争力之一。皇包车对司导群体的源头把控、培训提升以及奖惩机制尤为重视。皇包车平台上所有的司导均拥有 3 年以上驾龄，5 年以上旅居海外经历，100% 实名认证，并且都已通过安全驾驶技能评估、景点知识培训和服务规范培训（见图 6）。他们大多是华人移民、国外留学生和研究生，近八成司导拥有本科以上学历。

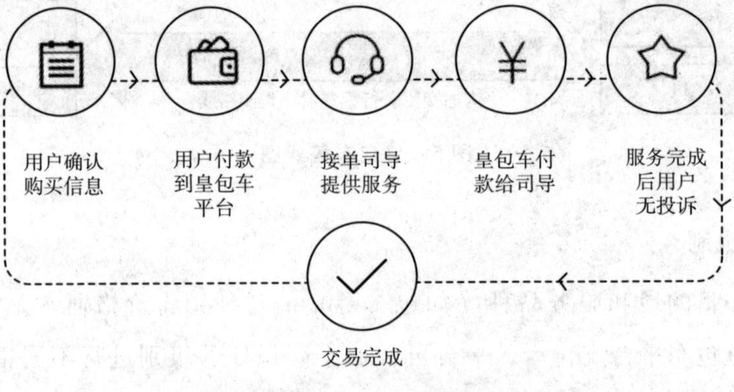

图 6　皇包车担保交易流程

皇包车对上岗的司导还有特权级别、12 分处罚、客人评价这三类管控机制，分数过低的司导，皇包车平台将会与其解除合作。在出行保险方面，皇包车会在用户完成下单后随单赠送固定险种。

▶ 皇包车 + 租租车：两强联手打造海外目的地出行生态圈

2017 年 5 月，中国最大的海外租车平台“租租车”与全球中文包车游司导预订及服务平台皇包车达成战略合作。“租租车”是目前中国境外自驾游租车行业中的绝对龙头，其在境外租车的市场份额达 76.2%，业务覆盖了 200 多个国家、6 万家门店。而作为首个中文境外租车平台，“租租车”

在公司产品上更是创造了诸多行业之最，如 7 ×24 小时中英文客服、中国境外车险、国际驾照认证等均为行业首创。

皇包车的优势在人，租租车的优势则在车，双方将对现有海外交通出行产业资源进行整合，共同促成海外交通出行服务产品的组合，一同挖掘更为丰富的用车品类，为用户海外交通出行服务需求提供更多选择。

四、皇包车投资分析：风险与机遇并存（见图 7）

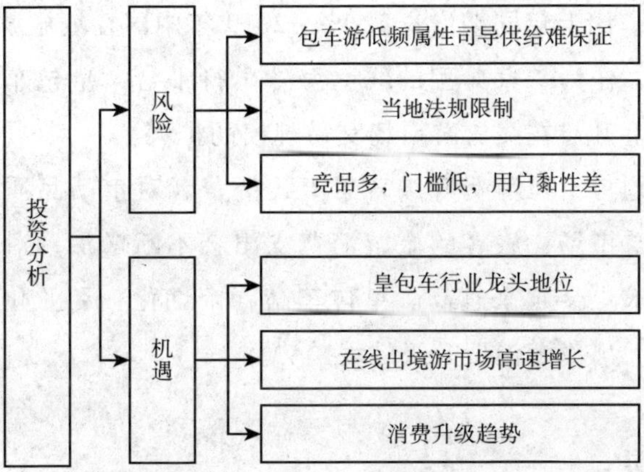

图 7

► 风险

包车游低频属性，司导供给难保证。需求端方面，线下跟团游依然是主流，这部分客户对于包租车基本没有需求；供给方面，皇包车中活跃司导的比例并不乐观，相当部分的注册司导只是兼职，投入的时间精力都无法保证。

受制于当地法律法规，政策前景尚不明朗。在绝大多数国家和地区，营运车牌与非营运车牌是严格区分的。如日本、西班牙和法国警察都曾在机场对缺乏正规营运资质的司机进行围堵，而被抓到的司机则要面临高额的罚款，一些用车公司也曾遭到部分国家当地旅游协会的抵制。

同类竞品多，进入门槛低，用户黏性差。皇包车目前面临着“惠租车”“玩自地球”等众多同质平台的冲击，且行业本身进入门槛低，大型 OTA 平台若加入竞争，将对其生存空间造成进一步挤压。同时，皇包车面对着忠诚度极低的供需两端用户：用户同时挂多个平台、追补贴等是普遍现象、黏性较差。

▶ 机遇

皇包车行业龙头地位。当行业集中度进一步提升时，海外包车游这个赛道很可能会出现个别头部公司——而皇包车就是红杉、经纬等知名机构集体押注的潜在行业寡头。而作为行业龙头，皇包车的投资退出前景良好。

海外游 + 线上出行市场高速增长。2017 年全年，中国公民出境旅游 13 051 万人次，比上年同期增长 7.0%；2019 年中国在线旅游市场交易规模或将超万亿元。作为一家典型的线上海外出行平台，皇包车必将受益于境外旅游人次的上升与在线旅游市场交易规模的扩大。

消费升级趋势。在消费升级背景下，消费者对生活品质的要求越来越高，反映在旅游市场，旅客的旅游消费支出会不断增加，对住宿和旅行服务的个性化要求也会越来越高。皇包车高度个性化、专业化、便捷化的服务特点也迎合了出境游消费升级的大趋势。

主笔：陈昊

资料收集：胡雨荷、陈昕悦

No. 12

国内数字货币凛冬已至，“币看”（BitKan）打造内容付费社区能否成功

交易概述

2017 年 4 月 4 日，数字货币资讯平台“币看”（BitKan）获得 B 轮融资，金额为 1 000 万美元。本轮融资由中云辉资本领投，IDG 资本和比特大陆（BITMAIN）跟投。融资方式为股权融资。此次 B 轮融资将用于“币看”产品和品牌的进一步全球化发展，以及数字货币内容社区“K 站”的产品研发、推广和公司运营。

一、严厉打击 ICO，区块链保护与监督机制不断完善

回顾中国的数字货币发展历程，“9・4 事件”无疑是一个分水岭。2017 年 9 月 4 日，央行、网信办、工信部、国家工商总局、原中国银监会、中国证监会、原中国保监会七部门出手正式叫停 ICO 融资。任何组织和个人不得非法从事代币发行融资活动，各类代币发行融资活动应当立即停止。

“9・4 事件”之后，国内的 ICO 暂停了一段时间，交易所也纷纷转战海外。而原先疯狂的代币投机热潮也偃旗息鼓。对于经历了由热到冷的“币民”来说，对 ICO 的风险也开始有所认识。

因“9・4 事件”，比特币价格出现显著下跌，然而平和的表象却掩盖了一些事实：逐利的狂热从未消失，而只是不断换成新的形式（见图 1）。在 10 月下旬比特币开始暴涨以后，数字货币热度重新复苏，诞生了三种新

的“玩法”：分叉币、私募代投和区块链炒作，并在2017年12月达到最高点，大量“空气币”的产生形成了ICO泡沫。概念炒作迹象愈演愈烈。对此，上海证券交易所对相关概念股采取停牌问询、停牌冷却、澄清说明等分类监管措施。消息发出后，区块链概念普遍走低，警示市场应理性筛选出真正的优质项目。相关资料见图2。

图1　“比特币”近期走势

然而，监管政策针对ICO融资模式的叫停，并非对区块链在初创企业融资应用的否定，也并非对区块链及数字货币等金融科技的否定。短期来看，可能导致ICO有关行业的创新企业融资放缓，但从长远看来，此次监管收紧能够及时防止资金流向非法集资项目和传销诈骗项目，警示普通投资者审慎投资，防范市场过热引发金融风险。

图2　中国区块链相关政策

在防范风险的同时，业界也广泛呼吁防止矫枉过正的现象，对于正常的学术研究和理性探讨，应该给予足够的空间，同时积极应对交易所关闭后，大量交易转入场外交易、地下交易的新形势、新问题。

二、比特币工具开发

▶“币看”转型升级，打造内容付费社区“K 站”

“币看”（BitKan）成立于 2012 年，是一家专注于数字货币资讯的网站（见图 3）。旗下主打产品是“币看”（BitKan）手机应用，多年来稳定提供行业资讯、实时行情、挖矿监控、钱包等基础功能（见图 4）。

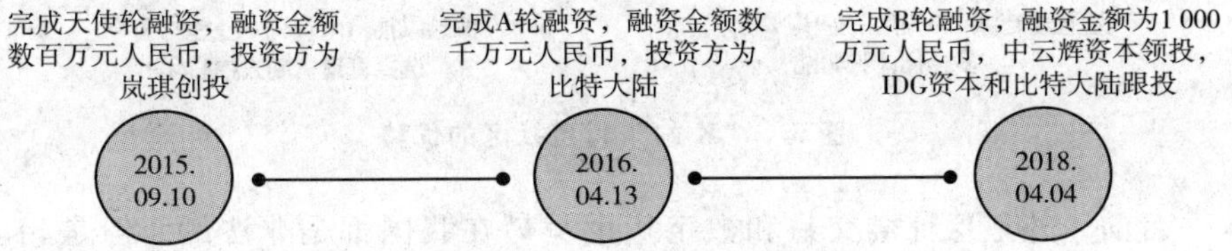

图 3 “币看”融资历程

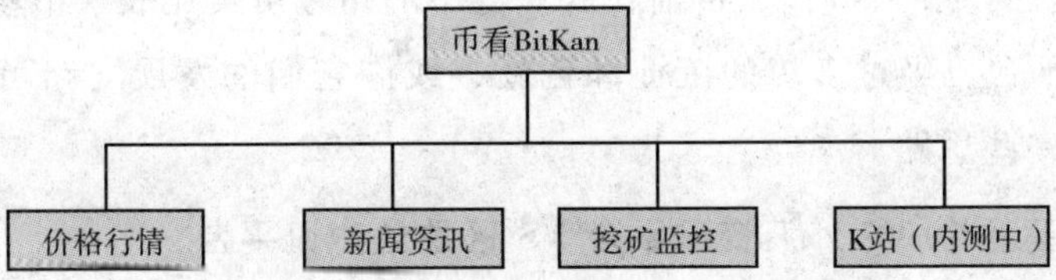

图 4 “币看”APP 业务功能

币看团队一直以小而美著称，被比特币圈内人士称为“华为帮”。团队从成立伊始，由 4 位工作经验在 10 年以上的前华为员工组成。“币看”不仅在移动端显示行情方面拔得头筹，聚合显示国内外几十家比特币交易所实时行情服务，如 BITSTAMP、OKCoin、火币、chbtc 等；还将资讯、评论、交易等内容进行了深度整合，与巴比特、比特币之家、CoinDesk、NEWS-BTC、CoinNewsAsia 等著名比特币资讯网站合作。

“币看”（BitKan）将在 2018 年推出垂直于数字货币行业及区块链领域的内容付费社区“K 站”，该产品将会集成于现有数百万垂直用户软件 BitKan App 中。产品内测上线时间为 2018 年 4 月，目前正开启招募“全球社群官”计划，同时“币看”（BitKan）亦以非 ICO 方式推出平台代币——

KAN。而 K 站的诞生也将丰富“币看”的盈利模式，例如提供优质付费内容，承接海外 PR 项目等。较于市场其他社区产品，“币看”的“K 站”将会为数字货币行业垂直社区运营带来图 5 所示的转型与升级。

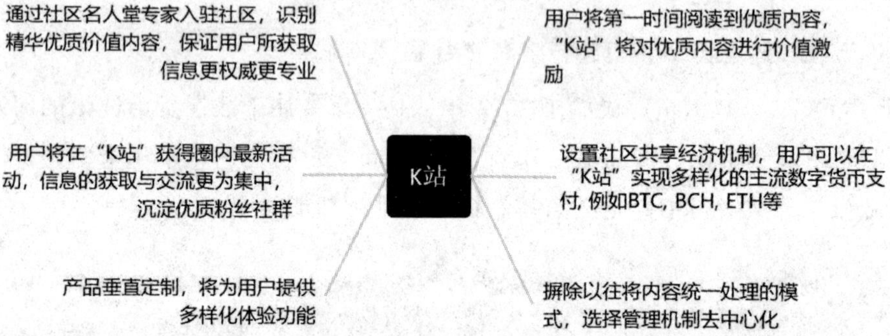

图 5　“K 站”付费社区的优势

目前，外汇保证金交易和数字货币交易在我国都是非法的，但是相应的信息数据平台却遍地开花，同样作为金融数据服务提供商，两者有诸多可比之处。同时，“币看”目前在区块链中的角色可类比股票市场中的各大行情资讯平台，经过多年的沉淀和创新，或许它们的发展之路可以为“币看”提供一些思路。

► 证券资讯平台 VS 外汇资讯平台 VS 区块链资讯平台

目前社交渠道日趋多样化，传统平台如微信、Twitter 和 Facebook 借助用户基数等优势，仍然占据不少数字货币的内容交流份额。另一方面，新兴的即时通讯（IM）软件，如国外的 Telegram 和国内的 Beechat 也颇受虚拟货币和区块链爱好者的青睐。另外还有一批像 Steemit 和币乎这样基于区块链的社区，通过激励机制来鼓励用户进行内容分享。正如当时“同花顺”、“东方财富”和“大智慧”之间如火如荼的大战，“币看”也很有可能会迎来一批强有力的竞争对手，要想成为比特币信息提供平台的龙头，“币看”需要发展出自己的差异化特征（见表 1）。

在互联网高速发展之后，外汇交易市场发展壮大，资讯信息平台的功能也日趋多样，满足了投资者的多种需求。“币看”目前的资讯信息较为全面，Wind 金融终端关于比特币的资讯近半数都来自“币看”的平台，然而其在定制化服务和创新科技等方面还是一片空白，这要求“币看”多借鉴各大资讯平台和付费社区的经验，使平台功能日趋完善。

表 1　　三种平台业务种类及盈利模式对比

		区块链资讯平台	股票资讯平台	外汇资讯平台
B 端	广告及互联网推广导流		√	√
	整合经纪商开户入口收取手续费		由合作券商收取	√
	沙龙等付费合作项目		由公募/私募举办	√
	为海外项目提供 PR 解决方案	√		
	软件及数据服务系统销售		√	√
C 端	外汇、证券等交易手续费、佣金		由合作券商收取	√
	基金代销		√	
	金融数据、信息付费	√	√	√
	专家咨询、指导		由券商投顾收取	√
	智能理财产品销售		√	√
	衍生产品与服务	√	√	√

与传统 IPO 相比，ICO 乱象丛生，市场还不够成熟，项目鱼龙混杂，缺乏专业的团队在其中承担“信息中介”的角色，而“币看”想打造的正是这样一个信息精确、内容优质的有效平台，同时承接一部分海外 ICO 公关路演的业务。

▶ ICO 与 IPO

ICO（Initial Coin Offering）意为首次代币发行，本质是一种产品众筹，是项目对构建基于区块链的产品或服务的承诺。区块链项目完成之前，通过公开售卖部分平台的 Token 募集资金用于创始团队的开发工作。

区块链项目通过项目披露、市值管理即可在平台上获得大量资金。一些在传统投资逻辑上不太看好的项目，通过大笔资产和迅速在市场上引起的热点招募到更优质的人才，加速项目愿景的实现。

综上，ICO 的价值有三点：

（1）打破地域限制。项目的募资无地域限制，全球各地投资者均可进行投资。

（2）项目资金不受限。项目发展初期的资金不再受限于第三方金融机构，可以更多地把精力放在项目运营上，也无须与此类机构分享收益。

（3）融资精力得到释放。项目方可以把精力更多放在项目运营上，而非放在融资的谈判上。

相比之下，它的风险也非常明显：

（1）项目估值不定。ICO 项目本身的估值不确定，大部分项目面临破发的问题。

（2）资方议价能力弱。ICO 项目信息披露少，基本靠团队自觉，投资者与项目方议价能力弱。

（3）监管真空。ICO 处于监管的真空状态，政策和法律难以保证投资者的权益。

（4）项目风险极大。项目失败风险大，很多项目的商业模式难以实现，普通投资者无法辨别，但是能很轻松融资成功。项目“跑路”风险极大，通过 ICO“圈钱”的项目不在少数。

相关资料见图 6 至图 9。

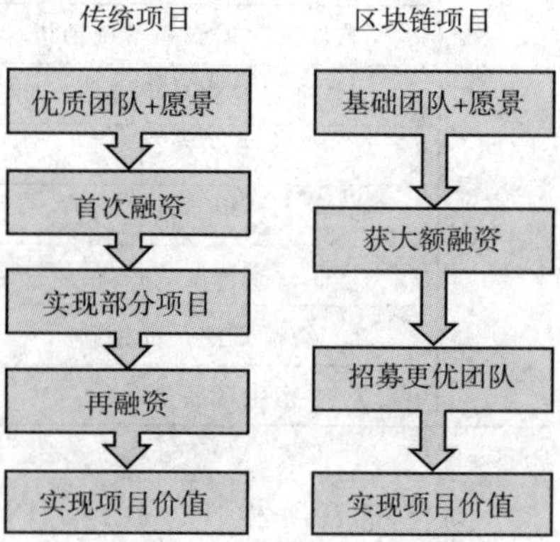

图 6　传统项目与区块链项目对比

	IPO	ICO
发行主体	法人	不一定为实体法人，也可能是非实体企业的团队乃至个人
出资形式	法定货币	发行人发行的数字代币
行业	各个行业	区块链行业
融资范围	一国或一地区	全球
投资者参与目的	股权的获得以及在二级市场上的溢价转让	数字资产或虚拟货币增值
决策权	根据股份比例享有决策权	无，只有反馈信息的权利
中介服务机构	证券经纪商、会计师事务所等	无法定中介机构

图 7　IPO 与 ICO 对比

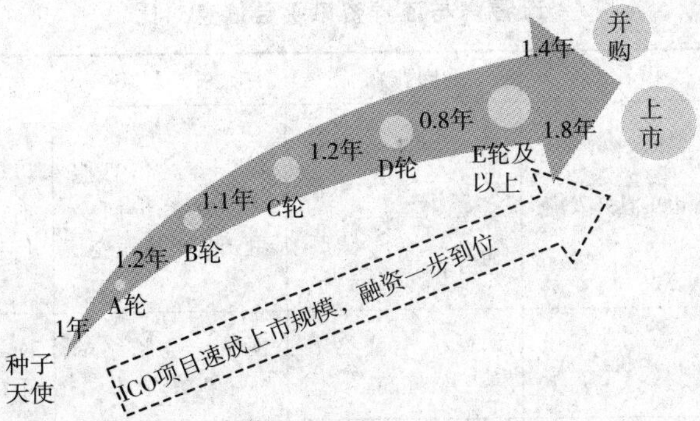

图 8　传统项目各轮次间平均所需时间及 ICO 对比

资料来源：鲸准数据。

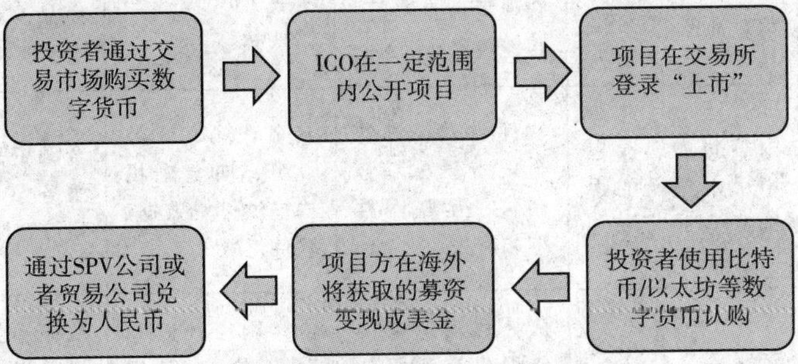

图 9　ICO 中资金流动示意图

三、前景展望

目前，数字货币市场出现了大量空气币和虚假项目，充斥着毫无干货的白皮书和不实的报道。投资者在这一新兴市场所面对的信息不对称问题并未缓解，甚至较以往的金融领域更为严重，用户获取行业信息的成本越来越高。因此，不够有序、有效的市场催生了“K 站”，它有望推动更高质量内容的产生，例如中国加密货币市场的投资策略，以应对“虚假 ICO 白皮书和骗局”的环境（见表 2、表 3）。

表 2　“币看”与证券资讯平台信息对比

	币看	同花顺	东方财富	大智慧
定位	比特币工具开发商	第三方证券服务平台，围绕平台开发各类增值业务	提供金融信息服务，并逐步向金融销售渠道蜕变	以软件平台为载体向投资者提供金融信息服务
使用终端	网站 + 手机终端	网站 + 电脑终端 + 手机终端	网站 + 电脑终端 + 手机终端	网站 + 电脑终端 + 手机终端
竞争优势	海外布局优势凸显	移动端活跃用户最多	多个平台的流量优势	凭借传统业务积累大量用户
业务拓展	“K 站”高端付费信息社区	基金代销、人工智能类信息产品、智能投顾	基金代销、互联网证券	互联网彩票、大宗商品交易、贵金属交易
盈利模式	内容付费、钱包中币币兑换的手续费	软件付费、付费金融资讯、基金销售、互联网推广和广告	基金代销、证券业务、向金融机构提供付费数据、软件付费	金融资讯数据终端服务系统、证券公司综合服务系统
前期发展	提供数字货币交易服务	依托移动运营网络提供金融服务信息	依靠网络社区和财经信息积累用户	从证券投资咨询扩展到提供金融信息服务
未来战略	邀请全球区块链及数字货币领域的专家、优质自媒体加入社区	大力发展 B 端金融信息服务，打造差异化 C 端平台	转型财富管理，增强用户黏性	向提供金融、数据、交易、信息服务等平台型公司转型

表 3　“币看”与外汇交易平台的信息对比

	币看	老虎外汇	和讯外汇	汇通网
能否交易	否	是（可交易 7 种外汇）	否	否
使用终端	网站 + 手机终端	手机终端	网站	网站 + 手机终端
行情数据	16 个币种，平均 35 个市场上的实时数据、K 线图	7 种外汇实时数据、K 线图	67 种外汇（包括指数等）实时数据、K 线图	44 种外汇实时数据、K 线图

续表

	币看	老虎外汇	和讯外汇	汇通网
财经日历	无	信息较少，只有重大事件及少数指数	信息较少，只有重大事件及少数指数	信息丰富，各国数据，重大事件，央行动态等
新闻资讯	日更160条左右	无	日更18条左右	24小时不间断快讯更新
观点评价	无	每日更新独家汇评	专家观点+机构看市	每日更新分析师观点
在线答疑	无	无	无	专家答疑指导
互动论坛	无	无	有	有
在线课程	无	定期讲座	专题直播	系列课程
线下活动	无	无	线下沙龙	无
创新功能	“K站”高端付费信息社区	独创复制跟单系统，一键复制高手操作	推出EA智能产品，也可根据客户需求进行订制	开设经纪商频道，可直接申请开户、代理

主笔：党莺歌

资料收集：吕文凯、邓青云

想成为《投融资观察》报告创作团队的一员吗？微信扫描本书第381页二维码，现在就加入我们吧！

No. 13

省心宝 B 轮融资，发力汽车零售渠道数字化升级

2018 年 4 月 3 日，汽车电商新零售平台“省心宝汽车”正式宣布完成 B 轮融资。本轮融资由太盟投资集团领投，金额近 2 亿元人民币。本轮融资完成后，太盟投资集团成为仅次于管理层的第二大股东，太盟投资集团旗下先锋太盟融资租赁 CEO 韩勇出任省心宝汽车董事长（见图 1）。

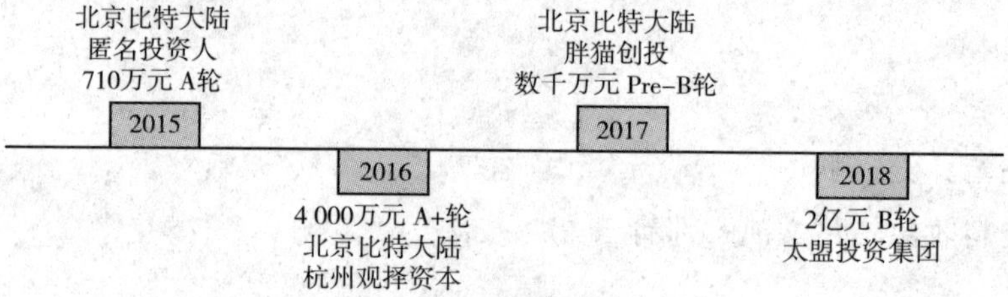

图 1　省心宝融资历程

▶ 主机厂新车销售总体增长放缓，三线、四线、五线城市及县乡市场潜力巨大

由于面临结构性产能过剩、需求增速放缓，以及监管成本负担加重等问题，中国乘用车销量增速在近年来有加速放缓的趋势。而在中国车市的巨大基数效应下，各车企并不愿轻易降低产量，甚至有部分选择继续扩大产能，在需求增速放缓的大背景下，总体销量在短期内恐难见起色（见图 2 和图 3）。

一线、二线城市购车需求已趋饱和，而三线、四线、五线城市车市的爆发却才刚刚开始。在城镇化水平不断提高、人均可支配收入不断提升与消费升级的大背景下，庞大的城市基数和潜在购车人群代表着未来三线、四线、五线广阔的购车市场。

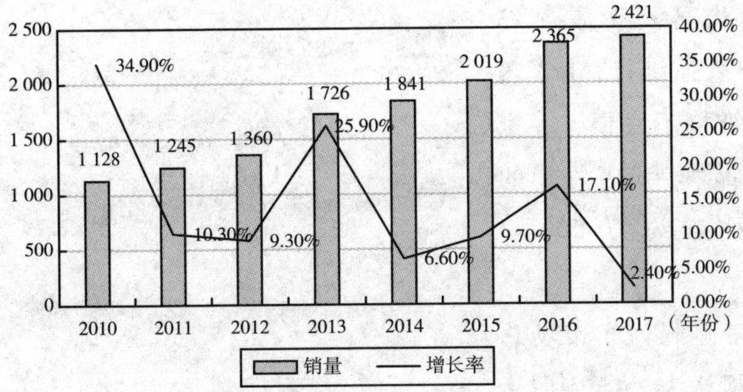

图 2　中国各主机厂乘用车历年总销量走势

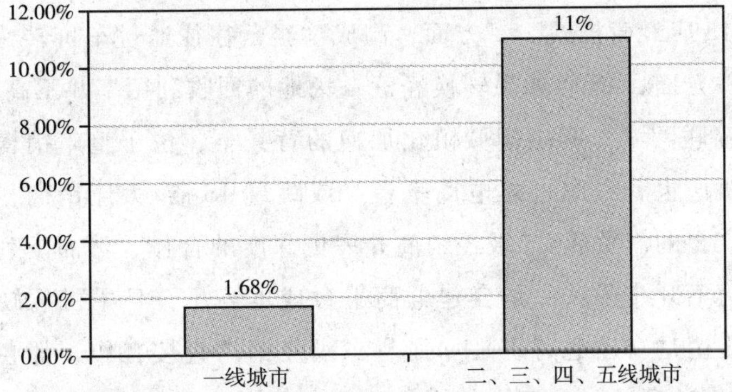

图 3　2015 年中国汽车分区域销量增长率

资料来源：环球汽车网。

▶ 市场前景虽广，各方困扰仍存

由于 4S 店建设成本高，三线、四线、五线市场采用“4S + S”模式，以实现销售渠道的快速铺开，并满足中低档汽车消费者的需求。具体来说，以一家品牌 4S 店为区域中心，在低一级城区大量开设销售相关品牌的汽贸加盟店，建立配套的售后服务体系，从而在大幅降低营运成本与维持基本服务能力的同时，触达更多用户。

然而，虽然市场前景广阔，在“4S + S”模式下，主机厂、各大经销商 4S 店、二级经销商汽贸店和三线、四线、五线城镇消费者也面临着各自的困扰。

4S 店的运作资金在 1 000 万 ~3 000 万元，初期投资金额巨大。经销商如要维持运转，日常流动资金则需要 1 500 万 ~2 000 万元。而目前国内汽车 4S

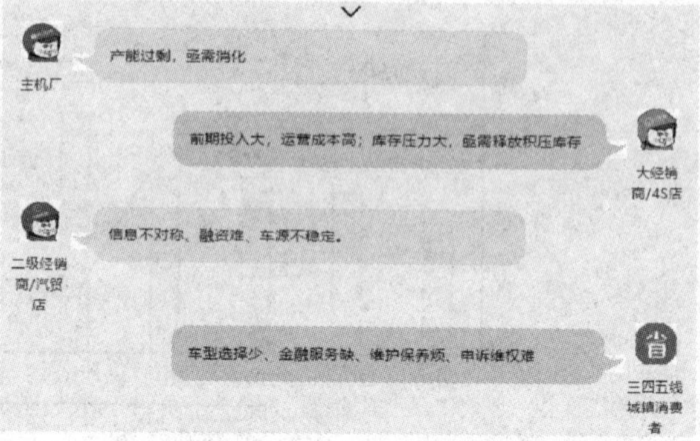

店的经营状况大致是：1/3亏损，1/3勉强维持，1/3盈利。想要维持不亏损，一家经营高档品牌4S店每年的售车盈亏点约为500～600辆。

北京亚运村汽车市场总经理迟亦枫认为，4S店属于高成本运营的模式，四位一体的模式往往适合经营豪华车，而中低档车不适宜采用4S店经营模式。一方面，高成本经营往往通过车价转嫁到消费者身上；另一方面，4S店如果转换经营，场地的回收利用率并不高。

在“互联网+”和中国城镇化加速的背景下，位于整车销售产业链最上游的主机厂也有考虑自建电商平台，或跳过4S店/大经销商，与在三四五线市场广布的汽贸店/二级经销商开展更深度的合作，然而下列原因让主机厂迟迟迈不开步子：一是自建电商平台成本高昂，且主机厂缺乏相关经验；二是无论是自建电商还是加强与二级经销的直接合作，都会损害大经销商和4S店的利益，破坏它们多年积累打造的分销网络，而4S店最初又是主机厂号召大量建设的，因此主机厂很难平息大经销商和4S店的情绪。

各市场参与主体各自的痛点都给了“省心宝”充分的改造空间来连接汽车交易、汽车物流、汽车金融、汽车保险等多个环节，进而打通汽车B端市场，并间接服务C端市场。这个所谓的B端包含两个重要角色，即上游供货的主机厂、4S店和下游二级经销商。

当大多数汽车电商都在讲B2C的故事时，“省心宝”却坚持要为全国数十万家二级经销商提供更好的服务。省心宝创始人刘毅表示，长期以来，在三线及以下的城市和地区，消费者购买车辆及相应的售后服务主要依赖于二级经销商，没有了这重保障，消费者在线购车的可能性基本为零。

▶ 省心宝：服务广大二级经销商，助力主机厂实现渠道下沉

“省心宝”汽车是一家专注于三线、四线、五线城市以及县乡市场的汽车电商平台，创始团队从重庆起家，在西南部地区根基深厚。

“省心宝”专注做渠道，通过链接主机厂和部分4S店，给三线、四线、

五线城市及县城的二级汽贸经销商提供赋能，包括车源、金融或者系统运营管理以及集客导流（见图4）。

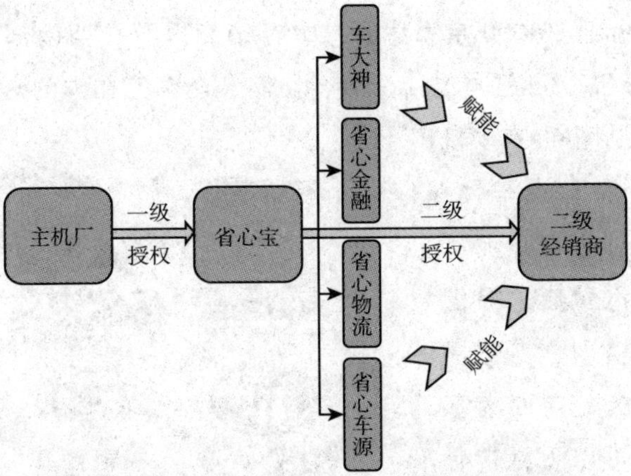

图4　省心宝、主机厂与二级经销商关系图

同时，基于大数据的企业服务将成为未来的发展重点，“省心宝”通过开发“车大神”和物流等 SaaS 系统，挖掘数据中的信息推动行业发展，为处于各小市场的二级经销商提供市场趋势、管理方法、营销策略及决策参考等方面的建议（见图5）。

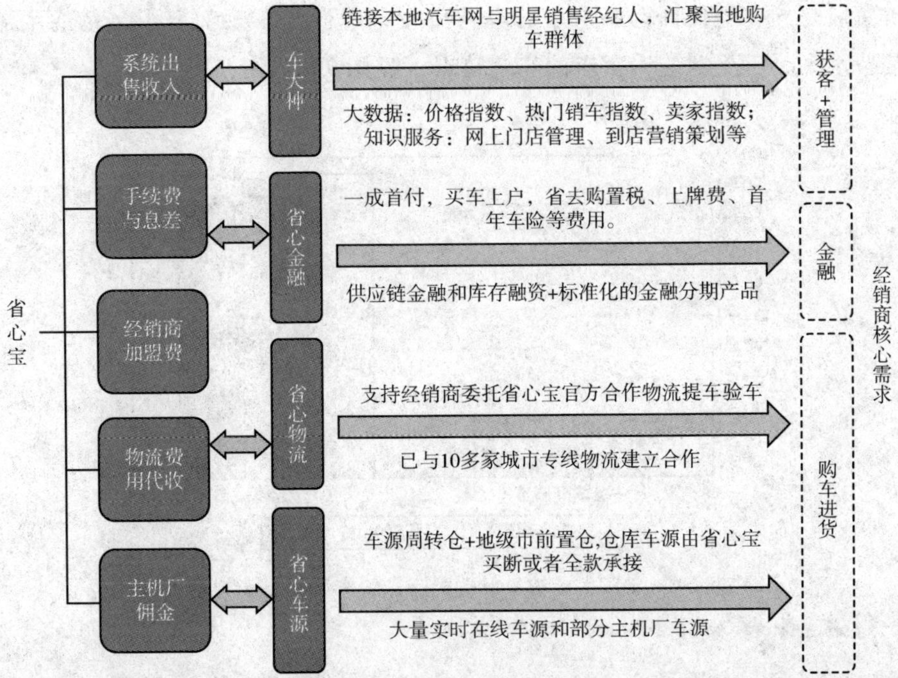

图5　省心宝“赋能”经销商

► 一线、二线城市高端品牌 4S 店增长乏力，省心宝赋能三线、四线、五线城市汽贸店强势崛起

凭借着平台上 70 000 余家注册二级经销商以及在西南部地区深厚的经销网络，“省心宝”目前与包括奇瑞、长安、众泰等在内的六家主机厂达成了授权合作（见图 6）。主机厂不仅给“省心宝”汽车授权，还将授权赋予与“省心宝”合作的县城加盟汽贸店，提供装修指导、业务培训、零配件供应等一系列服务，在西南部不少县城里已经可以看见带有车企品牌和“省心宝”电商体验店 VI 形象的汽贸店。

图 6　省心宝签约主机厂

“省心宝”对于合作的主机厂品牌有着自己的考虑，主要选择畅销的新国产汽车品牌，价位集中在 5 万元至 15 万元的中低档区间。三线、四线、五线城市及乡镇是众多“省心宝”加盟二级经销商赖以生存的广阔市场，汽贸店是这些经销商普遍采用的经营单元，中低档车型契合了市场的主流消费水平，也更适应汽贸店的经营特点（见图 7）。

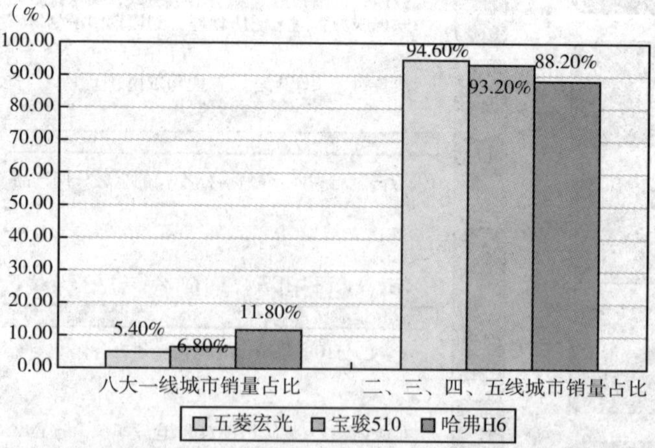

图 7　2016 年三大畅销中低档国产品牌车各级市场销量占比

资料来源：东方头条 – 车漫部落。

▶ 汽车电商市场竞争激励，省心宝突围前路漫漫（见表 1）

表 1　竞品分析

平台	成立时间	融资情况	规模	核心优势	省心宝优势对比
卖好车	2014.08.05	C 轮	• 已经在全国建立起三百多个仓库，基本形成覆盖全国的汽车仓储物流网络	• 汽车流通服务提供商； • 国内首家 4PL 整车物流解决方案	• 与两江美联物流达成战略合作
车镇	2015.04.17	B 轮	• 整合了超过全国 60% 的上下游车商； • 车镇平台汽车经销商认证注册量达到 7.3 万家，在线实时车源 53.2 万辆，2017 年撮合交易 43.5 万辆，撮合交易额逾 1 000 亿元	• “车链云”汽车金融科技平台，连接银行、小贷、信托、ABS 云等资金渠道，帮助中小汽车经销商解决融资难题	• 供应链金融和库存融资； • 为一车购加盟商提供了标准化的金融分期产品
牛牛汽车	2014.09.24	B 轮	• 已经与 20 多家汽车厂商达成深度合作； • 覆盖并渗透至全国 80% 的三四线及以下城市汽车综合展厅； • 2017 年撮合了 40 万台新车交易	• 10% 自营业务； • 运用大数据，对车源做价格和利润的敏感性分析，实现科学的采销决策	• 暂无相关技术披露
车源宝	2016.08.19	A 轮	• 金牌寻车服务内测 3 个月期间，已经成功销售 3 074 辆新车，交易金额达 4 个多亿； • 平台累计车源过百万，实时在线车源 200 000 +	• 自采车源 + 全国数千家供货商精选提供海量车源； • 金牌寻车如何解决虚假车源、信用交易、找车效率低的问题； • 基于自有大数据和智能算法的“车源热点地图”	• 通过庞大的客户积累，直接从主机厂获得授权
弹个车	2016.11.15	D 轮	• 汽车直租产业链业务覆盖全国 187 个城市、2 000 余个车商代理	• “一成首付 先用后买”的弹性购车金融服务方案吸引了大量的消费者	• 省心宝目前也已开放“一成首付”服务，授信额度 50 亿元

当前汽车 B2B 电商平台竞争激烈，业内众多玩家已完成了 B 轮、C 轮甚至是 D 轮融资，针对上游主机厂、车源与下游经销商的争夺也日趋白热化。“省心宝”最大优势是其在三线、四线、五线城市及县乡地区的深耕积累和其对大数据技术的开发应用。但由于行业门槛不高，“省心宝”面临着现存其他大平台以及诸如“车置宝”“惠买车”等新型汽车电商的冲击。此外，“省心宝”目前获得的主机厂授权数量并不多，诸多热销的中低档车型如上汽通用五菱、比亚迪、吉利等仍未授权“省心宝”，这意味着“省心宝”旗下的加盟经销商很可能继续受上游 4S 店和主机厂掣肘。在同质化严重的竞争中保持自己的优势和市场份额，“省心宝”任重而道远。

▶ 积极布局汽车行业，推动汽车全产业链下沉——太盟的投资逻辑

太盟投资集团曾先后投资先锋太盟融资租赁、美车堂汽车美容、新奇特汽车服务、车置宝等企业，对汽车领域的赛道投资有着独特卓越的见解。集团旗下先锋太盟 CEO 韩勇拥有多年汽车金融领域实战经验，此番出任“省心宝”汽车董事长，将为“省心宝”带去先锋太盟的资金优势、对渠道的深刻理解以及优秀的风险把控能力。

省心宝在三线、四线、五线市场广布的二级经销商网络，让先锋太盟的汽车金融业务打入更广的乡镇市场，触及更多的 B 端和 C 端用户，快速培育客户群体，实现业务渠道下沉。同时，汽车金融的发展又会反向助推汽车新零售在乡镇市场的铺开，让消费者和加盟经销商获得更好的购车/卖车体验。

在汽车金融业务开展的过程中，无论是贷款购车还是汽车金融租赁，车作为“流动的固定资产”，增加了放贷公司或租赁公司追索车辆、防控风险的难度。“省心宝”在三线、四线、五线城市及县乡地区拥有数量庞大的加盟经销商，渠道覆盖面够广、下沉度够深，再叠加本地信用约束，在助力汽车金融公司业务下沉的同时，大大提升了其风控流程的触达度和有效度，也大大降低了风控成本（见图 8）。

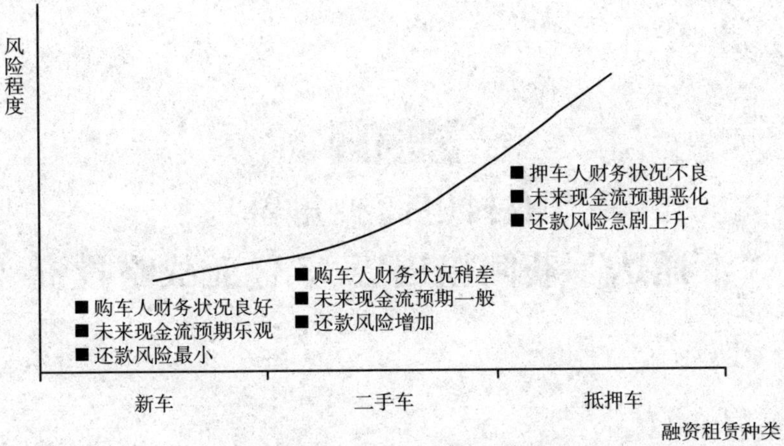

图 8　购车种类与风险程度关系图

“省心宝”与“先锋太盟”将联合多方渠道资源，打造更多创新型汽车供应链和零售金融产品，让传统汽车交易与汽车消费金融更加深度融合，为“省心宝”的加盟经销商体系高度赋能并提供持续不断的金融创新支持。

主笔：陈昊

资料收集：史雨洁、李明坤

想成为《投融资观察》报告创作团队的一员吗？微信扫描本书第381页二维码，现在就加入我们吧！

No. 14

农村电商独角兽
“汇通达”获阿里巴巴 45 亿元战略投资

2018 年 4 月 17 日，在南京举办的“2018 新零售·中国农村商业新生态紫金峰会”现场，阿里巴巴集团、五星控股集团联合宣布达成战略合作：阿里巴巴将向五星控股集团旗下汇通达公司投资 45 亿元人民币。双方将全面开启通过“新零售”赋能农村经济实体的深度实践，共建农村商业新生态、助力乡村振兴国家战略。

一、释放农村消费潜力，电商或将成为农村经济引擎

近几年来，农村居民人均可支配收入不断上升，且增速一直高于城镇居民可支配收入的增速（见图 1）。农村网民规模持续增长，截至 2017 年 6

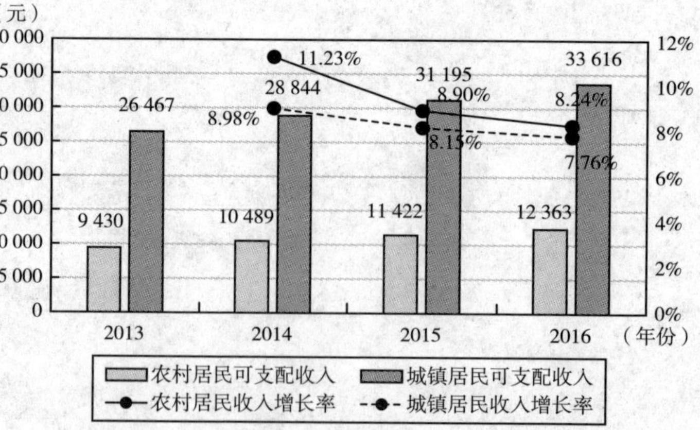

图 1　农村居民和城镇居民可支配收入比较

月，我国农村网民规模为 2.01 亿，预计 2018 年中国农村网民规模将达 2.4 亿人。农村互联网的普及率也在逐年增高，截至 2017 年 6 月，农村互联网普及率上升至 34%（见图 2）。

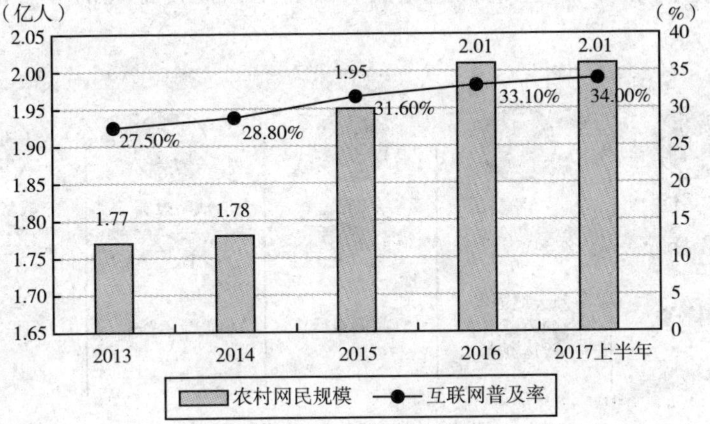

图 2　农村互联网普及率

农民的消费升级与不断上升的互联网普及率为农村电商的发展提供了温床，2017 年全国农村实现网络零售额 12 448.8 亿元人民币，同比增长 39.1%。截至 2017 年底，农村网店达到 985.6 万家，较 2016 年增加 169.3 万家，同比增长 20.7%，带动就业人数超过 2 800 万人（见图 3）。

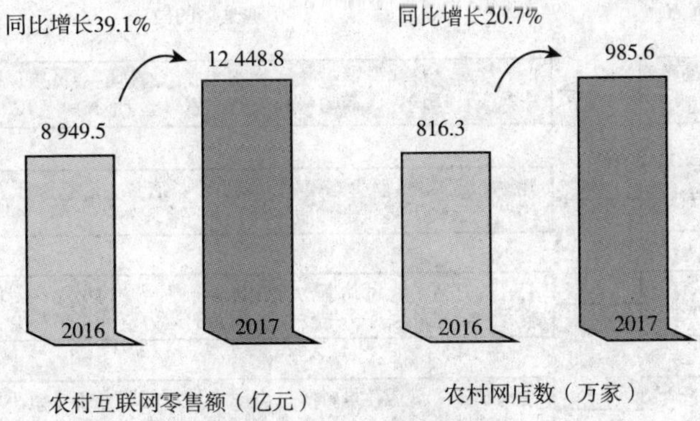

图 3　农村互联网普及度

二、汇通达——农村电商行业的“独角兽”

“汇通达”于 2010 年 12 月在南京成立，目前已经覆盖了 18 个省份、

15 000 多个乡镇，累计发展并服务 8 万多家乡镇夫妻老婆店（汇通达会员店），带动 40 多万农民创业、就业，服务网络惠及 6 700 万户农民家庭，覆盖 2 亿农村人口。自成立以来，“汇通达”年年实现规模盈利，并保持规模年均 60% 以上的高速增长，成为中国规模最大的涉农电商企业（见图 4）。

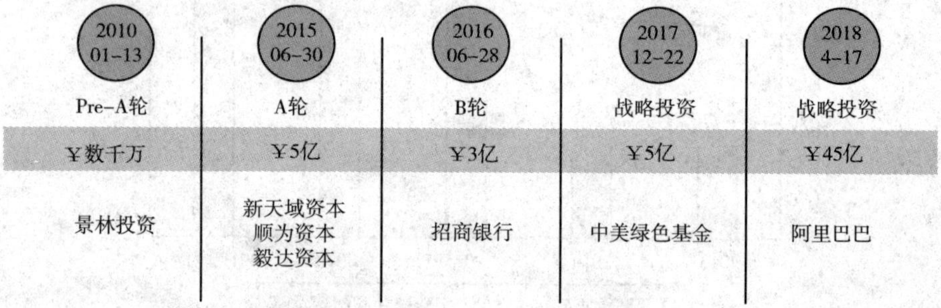

图 4 “汇通达”融资历程

“汇通达”CEO 徐秀贤认为，许多电商在农村表现出水土不服、浅尝辄止的原因，主要还是对农村市场和农民消费认识不深，简单地把城市电商的模式复制到农村。对“汇通达”而言，农村电商是起点，其终极目标是建设智慧新农村（见图 5）。

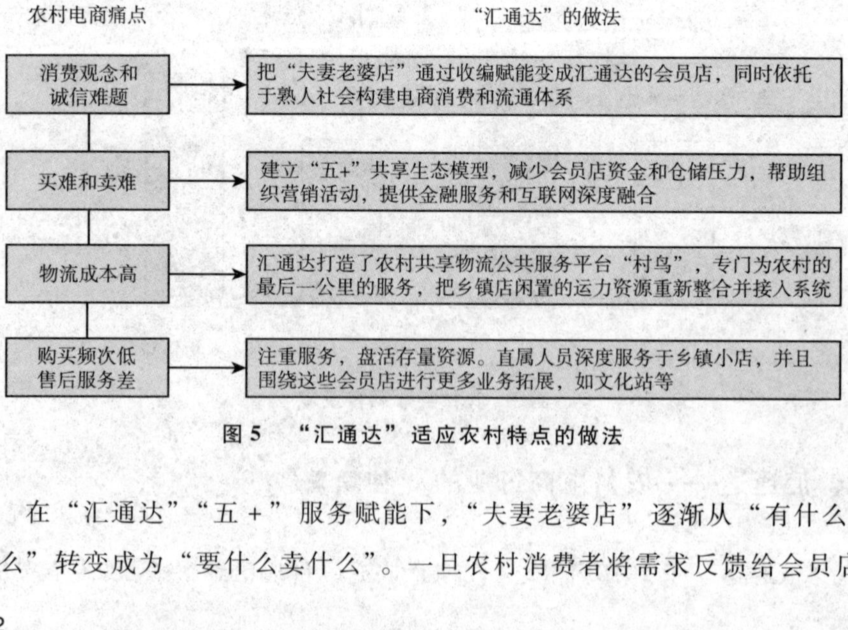

图 5 “汇通达”适应农村特点的做法

在“汇通达”“五 +”服务赋能下，“夫妻老婆店”逐渐从“有什么卖什么”转变成为“要什么卖什么”。一旦农村消费者将需求反馈给会员店，会员店通过“工具+”将这一需求传递给平台，而平台则“商品+”或者“金融+”分配资源，帮助会员店满足消费者需求。多个会员店之间的需求重合达到一定程度，平台甚至会寻求与供应链的合作，从而稳定的满足消费需求。在这样的良性循环下，消费者往往对会员店形成“高度黏性”，一个具有本土特色的小生态圈应运建立（见图 6）。

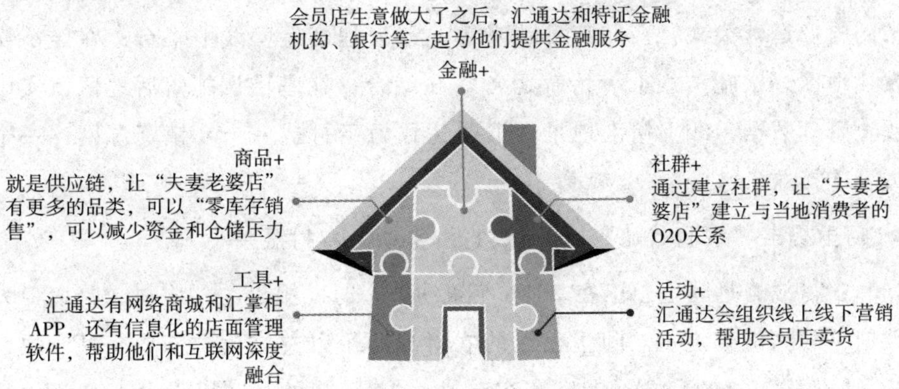

图 6　汇通达“五+”会员店模式

▶ 汇通达创新商业模式，充当“产业路由器”（见图 7）

想要在偌大的农村市场分羹，不仅要提升平台的竞争力，最重要的是考验对农村市场的认知能力和对农村消费心理的洞察力，来更好地满足农村用户的需求。“汇通达”从农村流通的特性出发，将供应链和乡镇零售店高效地连接起来，通过构建“区域服务平台”，带动乡镇夫妻老婆店加入会员体系。以“互联网+农村”的平台价值对乡镇夫妻老婆店进行“赋能”，

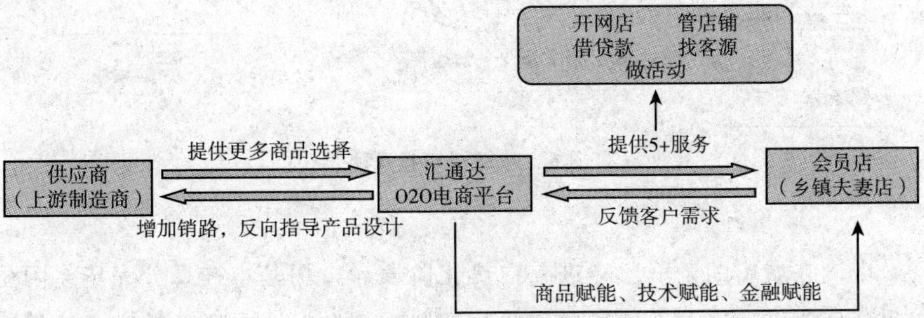

图 7　汇通达商业模式

提供信息化技术、互联网手段及先进的管理理念、模式，有效提升其商品、营销、管理、资金、服务等方面的能力，建成集电商运营、信息共享、商品买卖、物流集散为一体的本土化、全渠道、生态化农村电商。而夫妻店能给“汇通达”带来海量的数据信息、线下流量入口，同时作为商业的毛细血管将影响力渗透到农村经济的血脉中。

根据各地农村互联网发展状况不同，“汇通达”制定匹配了符合当地实情的电商运营模式：在经济发达乡镇，最大程度运营线上平台；在经济次发达地区，实施“线上＋传统运营”相结合；在基础设施落后地区，实施线上管理数据，线下精准地推。汇通达致力于打造一个乡镇资源网，一个城乡连接器。

▶ 阿里提出“农村战略”，通过农村淘宝助力乡村振兴

农村战略是阿里巴巴在 2014 年纽约上市时，提出的“农村、跨境、大数据”三大战略之一。阿里巴巴的农村战略可以总结为“双核＋N”的架构，“双核”指的是农村淘宝和淘宝村，“N”指的是阿里平台上多元化的涉农业务，如特色中国、淘宝农业、淘宝大学、喵鲜生、淘宝农资、满天星、产业带等（见图 8）。

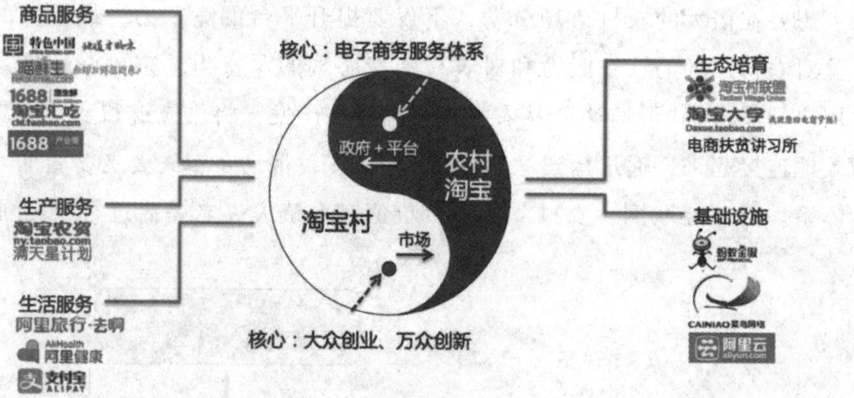

图 8　阿里“农村战略”

资料来源：阿里研究院。

电商在城市的竞争已经进入白热化阶段，市场基本被瓜分完毕，阿里等电商巨头已经进入流量和盈利的瓶颈期，开发新的市场是解决现状的唯

一途径，农村市场人口众多，开放潜能巨大，因此农村电商将成为电商发展新蓝海。京东家电2018年把京东家电专卖店开到15 000家，覆盖全国100%县城，销售额要比2017年提高5倍。如此不惜血本拓展线下渠道，尤其是计划无死角覆盖农村市场，显然是看中消费升级催化下的农村市场巨大潜力。

截至2017年，全国共有2 118个淘宝村和242个淘宝镇，其中在国家级贫困县有33个淘宝村，省级贫困县有近400个淘宝村。而阿里巴巴主要是通过举办县长电商研修班、培养人才服务商和拓展“农村淘宝合伙人”的模式，为“淘宝村”的建立提供支持（见图9）。

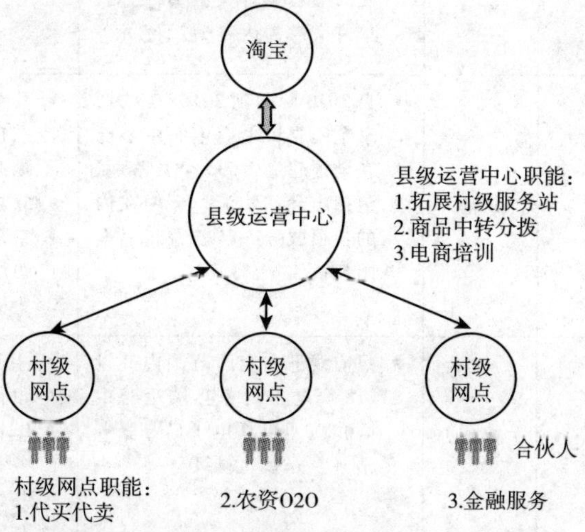

图9 “淘宝村”的建立

▶ 阿里意欲通过投资“汇通达”补齐农村电商短板

农村电商巨大的市场前景不仅吸引了无数创业者投身其中，也使得全国各地涌现出了数百家农村电商平台，诸如村村乐、赶街网、乐村淘、淘实惠、卖货郎、穗片土货等众多农村电商平台纷纷发展起来。而“汇通达”不仅仅是一个农村电商平台，甚至是一个农村版的“58同城”和“互金平台”。阿里巴巴的优势在于丰富的业务以及新零售基础设施，而“汇通达”的优势在于强大的会员店渠道体系，两者可以实现优势互补和板块填补（见表1）。

表 1　　农村电商平台对比

平台	成立时间	融资情况	规模	核心优势
汇通达 HUITONGDA	2008.01	战略融资	• 目前已经覆盖了 18 个省份、15 000多个乡镇，累计发展并服务 80 000 多家乡镇夫妻老婆店	• 解决乡镇商家痛点的 5 + 服务； • 高物流配送，高售后服务，高体验需求； • 通过构建“区域服务平台”，带动乡镇夫妻老婆店加入会员体系
淘实惠	2013.05.02	战略融资	• 淘实惠农村电商已覆盖全国 23 个省、300 多个县、30 000 多个村、近亿农民。截至 2016 年 3 月底，淘实惠平台交易额已累计突破 20 亿元、单月交易额达到 6.72 亿元	• 县域自生态模式； • 共享经济模式
京东	2007.04.04	B 轮	• 自 2013 年起到 2016 年 9 月，京东的农村电商生态中心已在全国超过 1 500 个县落地，包括电商、物流、金融在内的各项服务，已覆盖超过全国超过 42 个行政村	• 县级运营中心：由京东自主经营，总部直接派人到各个县域成立县级运营中心； • 京东帮：在 4 ~6 线县级城市及农村消费者集中的市场招募商户
	2014.11.13	A 轮	• 目前线下在全国范围内开设 218 个电子商务县域运营中心和 28 500 个电子商务服务站（乡、镇、村级）	• 主张本地人做本地电商； • B2R 和 B2C 双系统服务三农，资源、渠道共建共享
苏宁易购 suning.com	1996.05.15	战略融资	• 截至目前，苏宁易购线上已有 150 家中华特色馆开馆，线下建成 1 011 家易购直营店、10 000 多个苏宁授权服务站及代理点，网络已覆盖全国超过 1 000 个县、5 000 个镇、50 000 个村	• “五当”模式； • “三位一体”构架； • “三创一扶”
	2013 年	新三板	• 目前平台已经覆盖 20 个省、705 个县，建立 90 000 多家线下体验店，商城会员近 10 万	• 依靠中国现有的村镇小卖铺搭建村店体系，入驻管理村； • 将村镇小卖铺升级改造为农村电商线下体验店

除了技术优势互补和业务规模拓展之外，阿里投资“汇通达”还解决了自己在拓展农村市场时遇到的难题。阿里在布局乡镇和农村区域时，其实还是把自身在城市的业务结构“物理性”地移植到农村，这一模式在面临截然不同于城市的农村生态时，多少有些“水土不服”。针对农村淘宝遇到的诸多问题，汇通达则给出了解决方案（见表2）。

表2　农村淘宝和“汇通达”比较

农村淘宝	汇通达
轻模式，更偏重快消品和服装	重模式，主销3C家电、农资配件等，更符合农民的需求
主要渠道为县、村	优势在于乡镇一级，可掌握更多话语权
因其线上下单、线下收货的特点带来了质量和售后问题	可使农民直接进入会员店选购，并提供更多服务
在互联网初级用户中存在信任问题	通过农民熟悉的夫妻老婆店增强了交易过程中的诚信
在渠道下沉中忽略了“人”的因素，农村团队管理尚不完善	主要以服务为主，帮助村民之间打通“乡情关系网”，更易建立口碑

三、农村电商未来展望

阿里巴巴“农村淘宝”等项目，进一步推动了农村电子商务发展，村民足不出户也能购物。本身农村电商的初衷是让工业品下乡，农产品进城，实现良性流通，但现实却并非如此。通过“农村淘宝”，工业品下乡的渠道更加通畅了，但农资板块的销量并不乐观，平均单店月销量不到100。其实，对于农民而言，真正需要解决的问题不是从口袋里掏钱去购买商品，而是让自家的农产品也能通过互联网飞入城市各地，让自身的钱袋鼓起来（见图10）。

2017年农产品电商零售交易额达到2 500亿元，农业部在《全国农产品加工业与农村一、二、三产业融合发展规划（2016—2020年）》中的目标提到：到2020年农产品电子商务交易额要达到8 000亿元，年均增速保持在40%左右，而这两年交易额增速明显放缓，说明农产品上行现已进入瓶颈期。

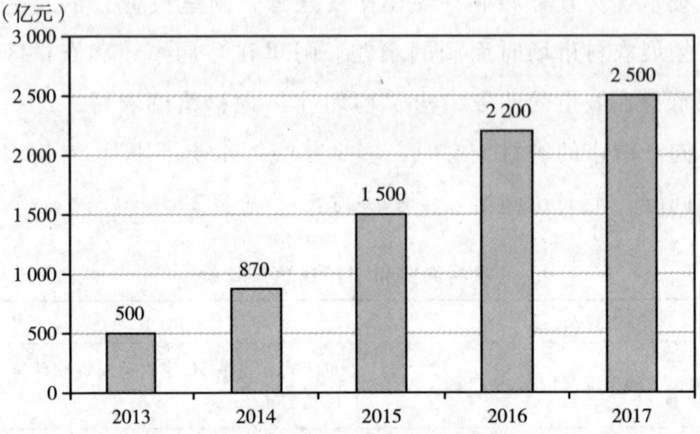

图 10　农产品电商交易额

而农产品上行和工业品下行的逻辑完全不同，农产品规模化、标准化缺失较为严重，大部分农产品的“三品一标”不齐全。目前大多数农产品都是手工作坊式的生产方式，如果匆忙做出来，必然导致品质下降。此外，农村电商基础设施差，人才匮乏也影响了农产品的上行。因此，任何巨头要想铺开农村市场，必须站在农民角度帮助他们打开农产品的互联网市场，可以给予一定的流量政策倾斜或者开辟专门的电子商务园区等，设计完善的上行方案，而不仅仅局限于一村一县。

主笔：党莺歌

资料收集：史雨洁、李明坤

想成为《投融资观察》报告创作团队的一员吗？微信扫描本书第381页二维码，现在就加入我们吧！

No. 15

Video + +获 3.49 亿元新一轮融资，AI 赋能场景化视频营销

交易概览：

2018 年 4 月 16 日，AI + 视频营销服务商 Video + +（极链科技）正式对外宣布获得由阿里巴巴、云锋基金、Face + +（旷视科技）领投，国投、头头是道跟投的 3.49 亿元融资，目前资金已全部到位。Video + +表示，本轮融资将用于其在 AI + 文娱产业的商业化布局，持续孵化出视频 AI 游戏、视频搜索等更多视频商业化业务矩阵。

一、在线视频市场持续扩大，网络视频广告顺势而上

得益于移动端用户流量的增长与核心在线视频平台商业化的进一步加强，在线网络视频市场快速发展，预计到 2020 年，92% 的互联网流量入口都将来源于视频（见图 1）。

据《2017 中国网络视听发展研究报告》披露，2017 年我国网络视频用户规模达到了 5.65 亿人，用户使用率为 75.2%，网络视频成为网络娱乐领域用户使用率最高的应用（见图 2）。

2017 年中国网络视频市场规模达到 935.2 亿元，预计到 2018 年规模将超千亿元。在此背景下，网络视频广告的市场规模也总体保持增长，2017 全年达到约 445 亿元。

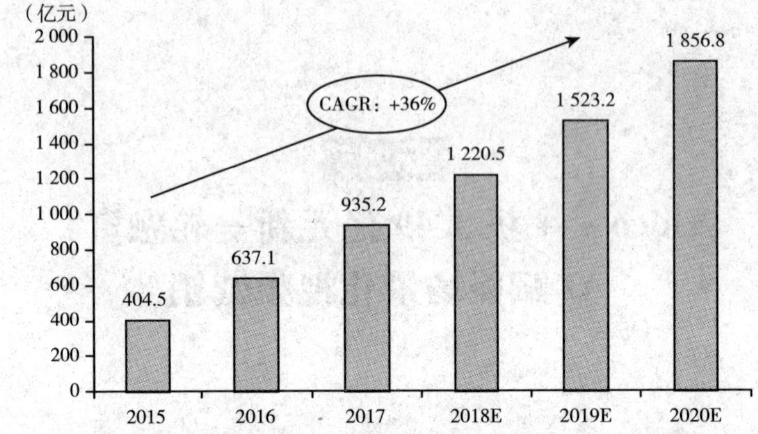

图 1　中国网络视频市场规模变化

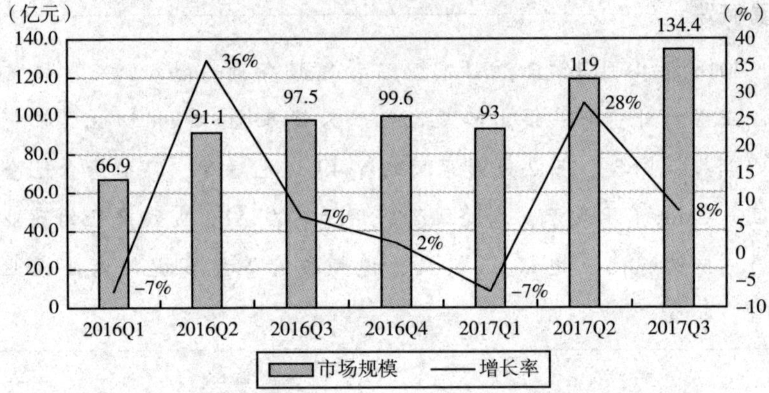

图 2　2016Q1～2017Q3 中国网络视频广告市场规模变化

资料来源：易观。

二、互联网基础设施日渐成熟，视频营销时代拉开序幕

广告主追求的是广告内容传达到受众端的有效性，而互联网信息传导效果大致遵循以下规律：视频→图片/音频→文字。随着互联网基础设施（带宽提速）与移动端设备（智能手机）的普及与成熟，视频广告成为互联网广告市场的主流。

在微博/微信的图文情景下，微播易通过链接广告主和网红博主/圈主，提升了广告营销效率，为包括宝洁、华为、vivo、三星、苏宁易购等在内的 30 多万广告主提供优质的社媒营销服务，并曾于 2015 年获得 C 轮 3. 2 亿元融资。随着视频营销时代的来临，简单链接供需两端的发展空间已经不大，如何利用好网络视频更丰富的信息承载能力，运用前沿技术增强视频营销的互动性，也已成为市场共识（见图 3）。

图 3　中国互联网广告演进及代表玩家

三、视频广告营销逐渐升级，呼唤更精准的视频广告投放模式①

广告收入是网络视频行业收入的中流砥柱，而视频广告营销的逐渐升级使广告主的投放决策也不再仅仅是蜻蜓点水、浮于表面的简单植入。在这样的背景下，产业链相关企业开始着眼于为广告主提供更多元的内容营销形式、更高的广告投放效率以及更精准的广告投放策略，视频的商业价值被进一步挖掘（见表 1）。

表 1　互联网视频广告投放模式对比

投放模式	模式简述	场景匹配度	受众匹配度	成本	核心优势	劣势
基于视频 IP 流量 + 调性投放	广告主基于视频 IP 总体流量及其调性进行投放	广告与视频调性大致相符，但无法做到场景与广告内容精准匹配	与目标受众群体大致相符，但无法精确到个人需求	非常高昂	流量集中，不断重复记忆点；广告内容与视频调性相符	成本高昂；无法做到精准投放

① 部分内容参考搜狐网、亿欧网。

续表

投放模式	模式简述	场景匹配度	受众匹配度	成本	核心优势	劣势
DSP	DSP 通过广告交易平台对每个曝光单独购买，依托于大数据，根据人群具体需求不同定向投放	无法做到广告内容与场景氛围相匹配	广告内容与用户个体精确匹配，投其所好	成本较低，性价比高	性价比高；可做到一定程度的精准投放	无法做到广告内容与场景氛围相匹配
ASMP	利用 AI 能力把已累计的海量视频内容结构化，再以视觉识别为基础，跨平台地检索出最适合广告投放的场景，实现批量投放	消费级场景与广告自动匹配，精确度高，易利用用户的代入感激发其购买欲，交互性强	与目标受众群体大致相符	目前成本较高，但随着大规模应用会逐渐降低	消费级场景与广告自动匹配，精确度高，点击率超过业内平均水平 7 倍；广告自动投放，省时省成本。性价比高	无法对用户个体需求精准投放

目前主流的视频广告投放方式停留在捆绑大 IP 或是 DSP（Demand - Side Platform，根据个体用户浏览偏好投放），但是目前两种方式都已经遇到了各自的瓶颈：捆绑大 IP 的方式虽然保证了流量曝光，但是天价的赞助费与其对应的效果拉低了性价比；而 DSP 投放虽然打着“猜你所想”这样看似智能的噱头，但是也只有用户标签一个维度，无法精准定位场景。

四、Video + +：专注 AI + 场景化视频营销，坐拥“三大业务矩阵 + 六大核心产品”

Video + +2014 年 10 月成立于上海，是一家专注于消费级视频的 AI 科技公司，为众多视频平台提供 AI、电商、互动娱乐、情景广告、视频搜索、视频头条等集成技术解决方案，在视频互动、视频情景营销和视频电商市场占有绝对领先的市场地位。

▶ 三大业务矩阵

Video + 目前形成了三大业务矩阵：视频 AI 广告、视频电商与互动娱乐，其中视频 AI 广告是 Video + + 目前最主要的业务构成和收入来源，而电商、互娱则是未来的业务增长引擎（见图 4）。

图 4　三大业务矩阵

资料来源：Video + + 官网。

凭借着上述三大业务矩阵，Video + + 通过链接 B 端有营销/渠道需求的广告主、供应商和有渠道/流量输出的视频平台，给 C 端的用户带来颠覆性的视频观看体验，打造了 AI + 场景化视频营销的商业闭环（见图 5）。

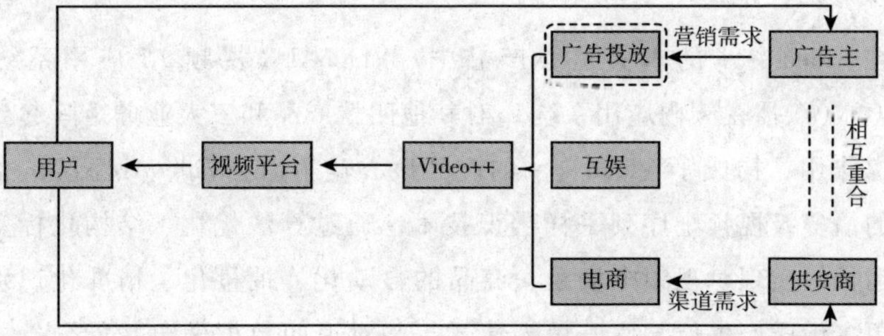

图 5　Video + + 商业闭环

在其主营业务视频 AI 广告板块，为了解决当前互联网广告投放模式存在的弊端，Video + + 推出了 ASMP 模式，全称 AI Scene Marketing Platform，即基于 AI 的视频营销，为视频广告投放、变现引领了新方向。为广告主找到产品的关联场景，不但达到了品牌曝光的目的，强相关场景也加深了品牌印象。在 ASMP 模式下，Video + + 利用 AI 能力把已累计的海量视频内容结构化，进而把用户可能感兴趣的场景，物体等跟广告产品进行关联。同时，进一步结合广告客户的需求，在特定的视频场景激发用户的情感共鸣，最大化地做到转换率的有效提升，扩大广告主的收益（见图6）。

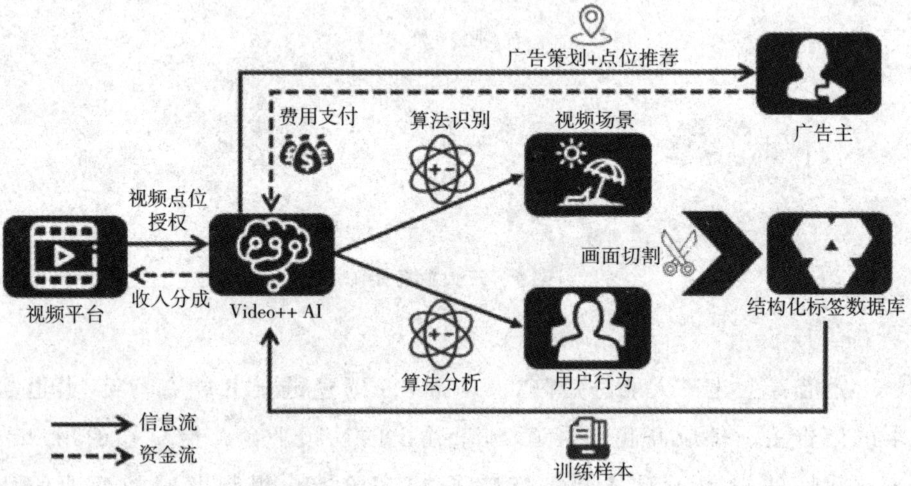

图6　Video + + ASMP 业务模式图

▶ 六大核心产品

在 Video + + 的六大核心产品中，VideoAi（视频 AI 应用系统）和 VideoOS（点播视频内应用系统）对其他四款产品和三大业务矩阵起到了关键支撑作用，构成了 Video + + 的产品核心竞争力。VideoAi 系统具备国内唯一的消费级视频全序列采样辨识技术，通过算法优化、结构化标签、工程化运行等实现对视频中场景、商品的自动化、批量化、精准化识别，挖掘出更多优质广告位与广告植入情景，并对返回数据做出智能分析，提升营销效率和优化投放效果。如果说 VideoAi 是整个产品体系的“眼睛”和“大脑”，那么 VideoOS 就是业务实现的“触手”。该系统是国内首款点播视频智能互动操作系统，提供视频内多种形式的互动应用，如互动红包、话题投票、商品购物、品牌抽奖等，为场景化视频营销提供了丰富的工具选择（见图7）。

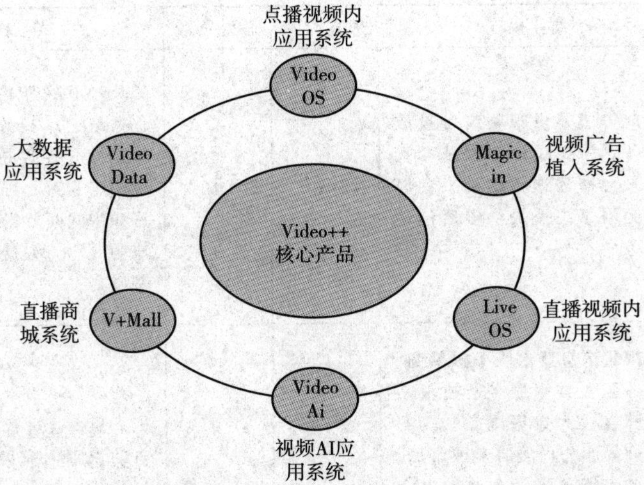

图 7　Video + + 的核心产品

▶ 合作平台多，覆盖用户广

目前，Video + + 每月为 16 829 家视频平台提供 101 亿次服务，覆盖全国 65% 头部流量视频平台，每月覆盖独立用户 4. 2 亿，近 30 天视频播放量 19. 5 亿（见图 8）。

图 8　Video + + 合作伙伴（部分）

资料来源：Video + + 官网。

▶ 竞品分析

在视频 AI 技术服务/广告植入这个细分领域中，掌握核心技术的头部玩家数量并不多，而众多视频平台与广告主的需求量基数庞大且增速不减，这有利于第一阵营玩家在业务持续增长的支撑下不断高筑各自的技术壁垒（见表 2）。

表 2　　Video + +竞品分析表

公司	商业模式	成立时间	总融资额	核心技术
Video ++	为广告主提供视频广告投放服务、为在线视频网站和直播平台搭建视频电商平台以及为网络主播提供整套包装服务	2014 年	8.4 亿元	Video OS 视频内智能互动操作系统，以视频 AI 为基础，采用核心控件拼装的模块化应用（视频小程序），解决了视频中的商业场景创建问题，成为视频 AI 技术商业化的基础
影普科技	可视化信息技术服务提供商。业务涵盖技术服务、技术系统开发、大数据服务、广告代理等。公司面向全国市场，与各大视频平台和制作方合作，为众多互联网客户、视频平台客户、影视内容客户、广告代理客户等提供技术、信息服务、数据服务、代理营销服务	2009 年	近 9 亿元	植入易：通过智能扫描视频，自动识别出有效广告位，并批量植入广告； Video 易：将视频内容融合大数据，将内容变成互动化商业产品
Cinsay（美国）	为 B 端客户提供视频电商销售渠道，为视频网站或其他视频供应商提供视频电商销售系统，使得整个交易过程在页面中完成	/	/	Cinsay 提供的视频智能电商平台即为其核心技术，使得客户在观看的同时即可下单购买产品

五、未来趋势：发力视频电商，拓宽营收来源

Video + +推出的一站式视频电商系统。在不打扰用户观看，不跳转外链的基础上，进行非常轻量化的操作购买流程，所有的互动都在视频内完成，视频进度不会受到干扰（见表 3）。用户可直接在视频内完成从阅读详情页—加入购物车—订单—支付的购物流程，这样高度的轻量化操作，能够真正刺激用户消费，对比电商导流的转化率更高，为平台实现电商销售闭环（见图 9）。

表 3　　各类电商对比

电商形式	定义	代表企业	活跃用户	使用场景	生命周期	交易规模
视频电商	视频电商由视频内容吸引流量，通过展示商品在视频场景中的应用，吸引消费者在线上完成交易	芒果 tv	11 亿（视频网站）	通过观看知名 IP 的视频、直播，更贴近实际地感受商品的应用场景，完成商品的购买	起步期	/
综合电商	综合电商是融合了社交、内容等元素的综合电商平台，是电商巨头对传统模式改良后的新形式	淘宝、京东、唯品会	6 亿	通过定向搜索、社交分享、直播互动购买商品	成熟期	约 6 万亿元
社交电商	社交电商是基于人际关系网络，利用互联网社交工具，从事商品或服务销售的经营行为	小红书、蘑菇街、美丽说	1 亿	通过社交网络，熟人或真人分享推荐，购买商品	成长期	3 287 亿元
电视购物	电视购物针对的主要群体是 55 ~ 65 岁的中老年人，通过在电视中播放产品的营销广告，吸引用户通过电话下单	中视购物、好易购、快乐购	/	受众观看电视上主持人的产品展示后，通过电话下单后完成商品的购买	衰退期	366 亿元

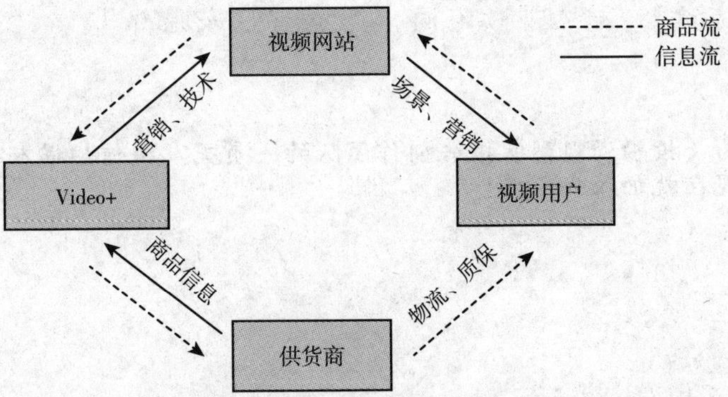

图 9　Video + +视频电商生态闭环

六、投资分析——阿里巴巴、旷世科技

▶ 加强 AI 技术积累与人才贮备，构建 AI 业务协同生态

阿里巴巴：阿里在 AI 领域的投资布局，一直采用“技术/人才驱动 + 场景化应用”的战略路线。阿里投资的 AI 企业都存在一些共性——即典型的技术驱动公司，创业团队的成员也大多是 AI 领域的顶尖技术人才，具备扎实的专业能力。Video + + 创始人金证济苍拥有在哈佛研读数学与计算机的背景，团队内部还拥有中科院、华为的技术人才，符合了阿里对技术和人才的高标准严要求；阿里同时也看重被投企业将 AI 技术应用到商业场景中的能力，强调 AI 技术与商业场景的结合。Video + + 着力打造的“AI + 场景化视频营销”，正切中了阿里完善其 AI 商业生态的需求。

旷世科技：此次入股 Video + +，双方在资本和技术上达成合作。旷世对未来 AI + 广告场景提供了技术赋能，也表现出了对电商智能化引流的期待——Video + + 重点发展的视频电商有望成为未来新零售的重要流量入口。目前，旷视已经和多家新零售品牌达成深度合作，用智能感知终端设备在线下革新了消费者的体验，刷脸到店、会员识别与刷脸支付等产品都得以广泛应用。

主笔：陈昊

资料收集：葛笑宇、李冰鑫

想成为《投融资观察》报告创作团队的一员吗？微信扫描本书第381页二维码，现在就加入我们吧！

No. 16

装备 AI 武器，看百度如何打好智能金融的牌

2018 年，FinTech 领域连续完成两笔融资交易：

2018 年 4 月 29 日，百度宣布旗下金融服务事业群组正式完成拆分融资协议签署，拆分后百度金融将启用全新品牌“度小满金融”，实现独立运营。“度小满金融”本轮融资额超 19 亿美元，TPG、凯雷投资集团领投，泰康集团、农银国际等跟投。

5 月 7 日，“什马金融”宣布完成 C 轮融资。本次融资金额累计高达 3 亿元，铜板街、华创资本、汉能创投领投，宜信财富跟投，信中利资本持续加投。本轮融资将用于升级战略拓展品类，继续深耕农村出行市场。

一、度小满金融 & 什马金融——商业模式简析

▶ 度小满金融：建立智能金融生态，拓展消费金融场景

百度金融业务始于 2013 年，在 2015 年 12 月整合组成金融服务事业群组（FSG），并上升至百度战略级位置，由百度高级副总裁朱光全面负责，利用人工智能技术在金融领域布局。作为百度面向企业及市场的金融赋能平台，“度小满金融”将 ABC（AI、Big Data、Cloud Computing）作为其差异化竞争、快速切入企业级市场的利刃。在 AI 与产业相结合的趋势下，赋能垂直行业合作伙伴，纵深化打造行业影响力（见图 1）。

在中国，消费信贷领域发展空间巨大，但有局部领域已是蓝海，目前竞争最为激烈的就是短期小额信贷。百度通过搜索引擎挖掘精准数

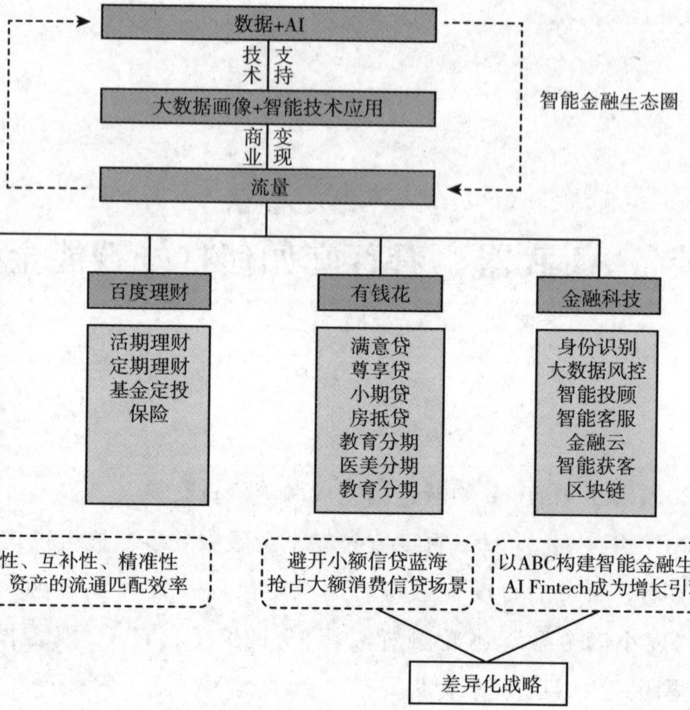

图1　度小满金融商业模式

据，窥探出消费升级的细分领域，将重心放在服务行业的大额消费分期上，在家装、医美、教育等领域不断发力，和众多平台达成战略合作（见图2）。

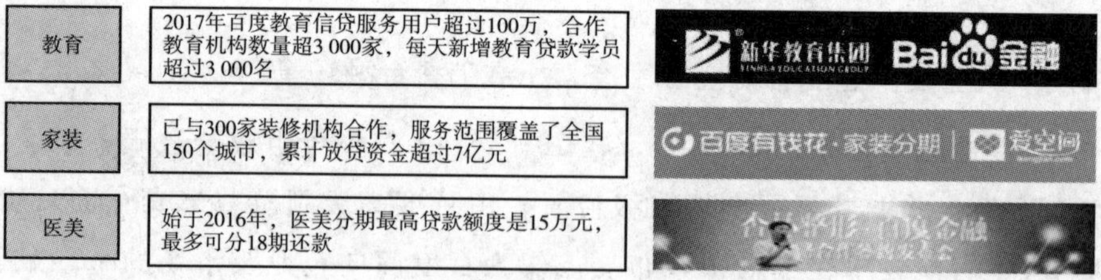

图2　度小满金融拓展的消费金融场景

▶ 什马金融：打通农村电动车产业链，提供配套信贷服务

什马金融是一家农村交通信贷服务提供商，面向中低端收入用户和小微商户，凭信用模型提供贷款服务，以自有电动车渠道为切入点，主要推

出面向消费者的普惠金融产品“什马分期”、面向商户及供应链上游配套厂的信用资金周转产品“信用袋”（见图3）。

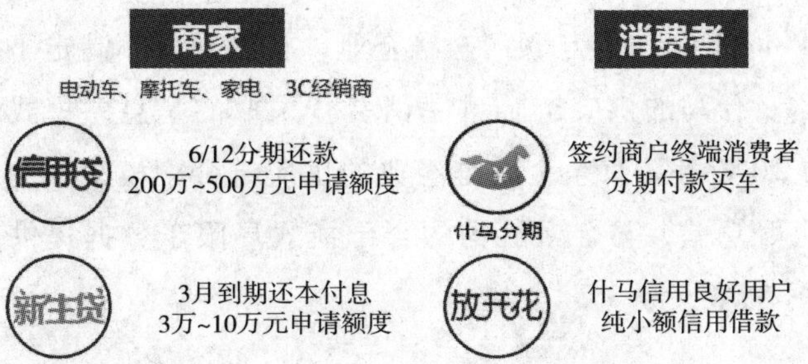

图3　什马金融主要产品介绍

农村市场的特殊性导致农村金融企业难以通过直接单一的金融供给打入市场，而电动车是乡镇的一种高频消费，且赊销关系是普遍存在的，售后服务使得消费者与门店老板之间关系更加密切，因此什马金融选择以电动车作为切入点。在业务模式布局方面，什马金融选择的是纵深布局的生态圈式打法：抓住最优质的头部经销商，并与其形成良好稳固的合作关系，最终渗透到终端消费者处。以此打通产业链的各个环节，由上自下、环环相扣（见图4）。

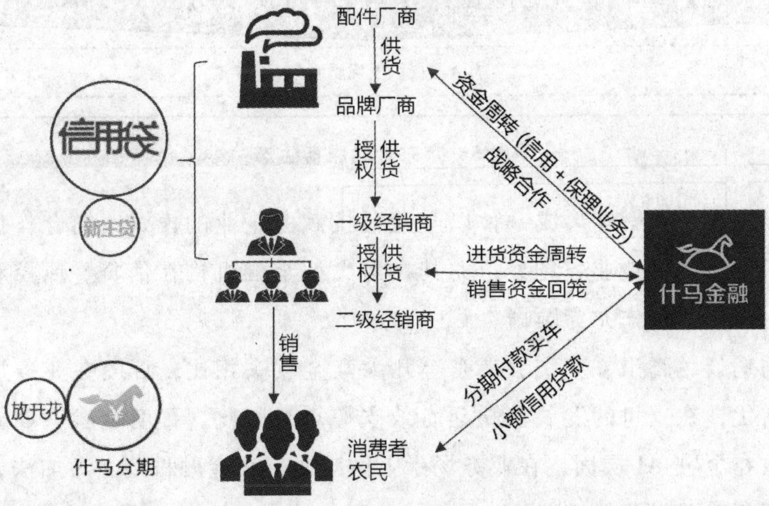

图4　什马金融商业模式

二、度小满致力于技术输出，赋能金融机构

同样是 Fintech 公司、互联网金融企业，什马和度小满走了截然不同的两条发展道路。什马的供应链金融 + 消费贷采取的是息差模式，类似京东金融的 2C 和 2B 业务。京东金融是经典的供应链金融模式，主要盈利来源就是通过平台赚息差，与金融机构的合作模式局限于数据提供和简单的业务拓展（见图 5）。

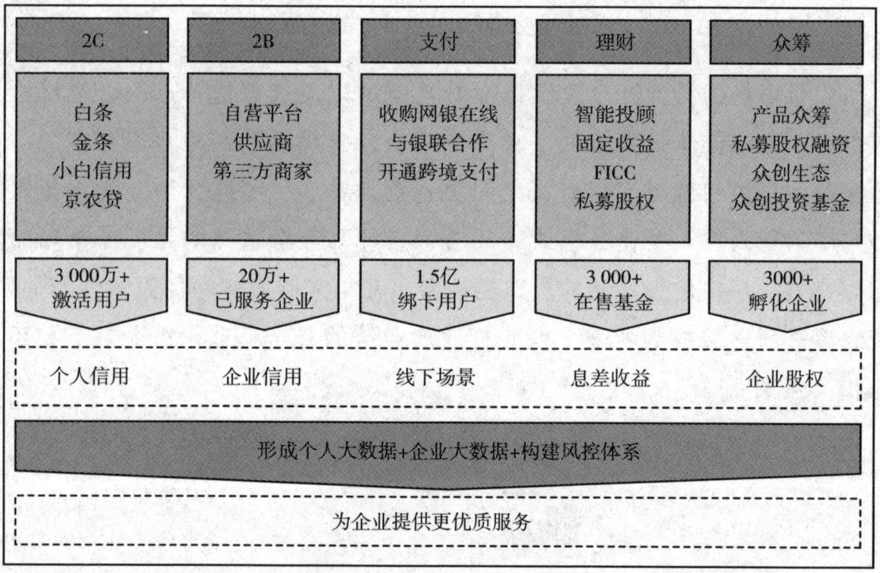

图 5　京东金融服务生态

而度小满金融则形成一种以金融科技赋能企业的模式，向合作伙伴提供技术工具，创造业务场景，尤其在与大型金融机构在信贷、风控和客户服务等方面的合作尤为顺畅。

与蚂蚁、腾讯、苏宁、京东等几大互金巨头相比，百度在业务场景上并不占优，在支付的发展上缺乏有效支撑点。因此，百度金融一成立就将重心放在金融 AI 层面，在业务场景上做减法，在金融科技上做加法，开始走一条相对差异化的道路。

表1 竞品比较

对比科目	蚂蚁金服	腾讯金融	京东金融	度小满金融
公司估值	9 000亿元人民币	8 400亿元人民币	1 650亿元人民币	240亿元人民币
用户覆盖	5.2亿 ●	8亿 ●	3.6亿 ●	1.9亿 ●
营收/利润	利润约131亿元 ●	营收433.38亿元 ●	营收103.3亿元 ●	盈利
融资情况	2015～2018年，五轮融资，共计数百亿（>450亿元）人民币	2016年，微众银行融资12亿元人民币	2016～2018年，三轮融资，共计约335亿元人民币	2018年，分拆后首轮融资，融资金额超19亿美元
业务布局	支付宝、蚂蚁财富（余额宝、定期理财、存金宝、基金等）、芝麻信用、网商银行、蚂蚁金融云。拥有第三方支付、银行、保险、基金、小贷、基金经纪、保险经纪、征信（试点）及金交所等牌照和业务资质	支付（QQ钱包、微信支付、财付通），理财（理财通、腾讯微黄金），证券（腾讯微证券），金融创新服务（腾讯金融云、信用卡还款、腾讯征信、手机充值、一生宝、腾讯区块链）	企业金融、消费金融、众筹、财富管理、支付、保险、证券、农村金融、金融科技和海外事业等十一大业务板块	布局支付（百度钱包）、消费信贷（有钱花）、企业贷款、理财（百度理财）、资产管理、银行、保险、证券、金融科技等业务
优势	• 不断构建金融生态圈，拥有多款爆款产品和满足监管要求的牌照，成为综合的金融服务平台； • 支付宝在第三方移动支付市场份额领先，占有50%以上	• 微信支付带来大量活跃用户； • 资产规模大，理财通1月末资产管理规模3 000亿元，微粒贷2017年末贷款余额逾1 000亿元	• 京东金融立足于自身的电商和零售业务，强化供应链金融服务，让产品从生产到销售的全流程都能获得资金加持； • 依靠科技来为金融行业提供服务	• 基于百度Ai生态的布局，度小满金融拥有“般若”大数据风控平台、“磐石”反欺诈产品服务体系、ABS智能管理系统，在技术上拥有更大优势
劣势	• 业务焦点仍旧是为个人客户提供理财产品，缺乏成熟的行业用户	• 金融业务部没有单独分拆，难以全面发挥各业务、平台之间的协同效应	• 缺失重要的银行、证券、个人征信和消费金融等牌照，京东的牌照数量要落后于BAT旗下的金融公司	• 相较于蚂蚁金服、京东金融，度小满金融起步较晚，也缺乏有竞争力的产品

百度产品广泛的覆盖和纵深，以及百度在深度学习和人工智能技术的优势让它既拥有丰富的数据，也能高效地处理数据。度小满金融承载了百度金融大脑 90 多项人工智能能力，在语音交互、图像识别、自然语言处理等方面均达到世界级水平，并且在部分业务场景中已经实现落地。

三、百度在金融科技领域的先行实践

百度金融科技通过行业领先的人工智能及大数据能力为互联网金融机构的账户安全、贷前审批、贷中复查、贷后监控等业务场景提供整体解决方案，有效提升互联网金融机构信用贷款业务审批效率及对不良资产的风险控制能力。目前已为宜人贷、真融宝、维信金科等多家行业头部机构提供服务。百度利用自身完善的 ABC 技术，探索出赋能金融机构的合作模式，目前已经面向商业银行的信贷部门和保险公司开发出了智能风控和智能保顾的产品体系（见图 6 和图 7）。

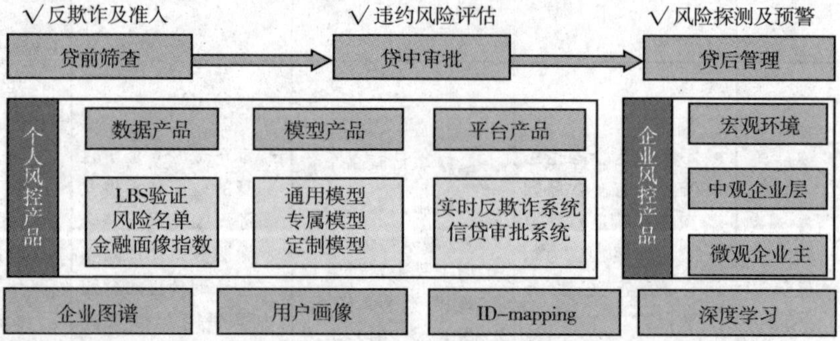

图 6　在银行信贷中的智能风控应用

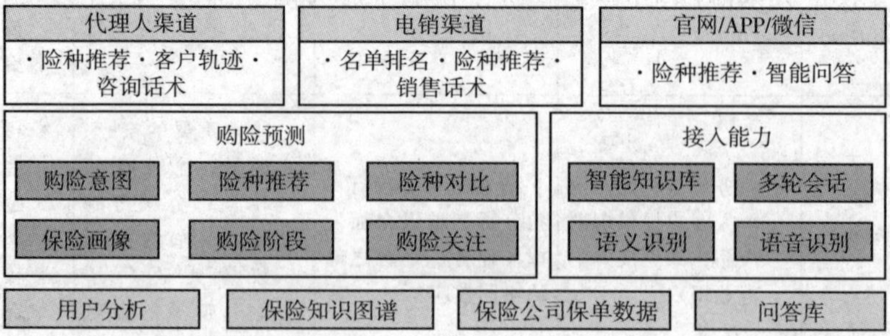

图 7　在保险公司中的智能保顾应用

百度金融科技为银行机构提供多业务方向一体化解决方案。其中，与中国农业银行围绕金融科技领域开展战略合作，包括共建金融大脑以及在客户画像、精准营销、客户信用评价、风险监控等方面的具体应用，并围绕金融产品和渠道用户等领域展开全面合作，通过 AI Fintech 的联合创新，践行普惠金融（见图 8）。

图 8　百度与农行携手共建智能银行

四、互联网金融公司估值探讨

互联网金融企业有很多并没有实现盈利，不适用传统的 PE、EV/EBITDA 估值方法。同时，该类企业的收入概念比传统企业更难以界定，收入又包含极高毛利的佣金收入或息差收入，因而简单用 PS 来计算企业价值可能也会造成一定的误差（见表 2）。那么投资机构是如何来估值的呢？

表 2　几家互联网金融企业的估值

公司	蚂蚁金服	腾讯金融	京东金融
估值（人民币）	9 000 亿元	8 400 亿元	1 650 亿元

这里以供应链金融/消费贷模式的企业为例，讨论一些比较可行且获得多数机构认可的估值方法。对于供应链金融企业，可以采用业务保有量估值法。业务保有量可通过平台的 GMV 和业务渗透率得到，平均息差和业务保有量相乘即可得到企业的净收益。对于消费贷模式的金融平台，可以采用 P/OL（Price/Outstanding Loan）估值方法，对标主要竞争对手，参考它们的 P/OL 倍数（最新估值/贷款余额），再将自己企业的贷款余额代入即可估算出估值。这些估值方法并不是独立存在的，多数时候一个交易可能会采取多种估值方法，互相佐证和支撑估值的合理性（见图 9）。

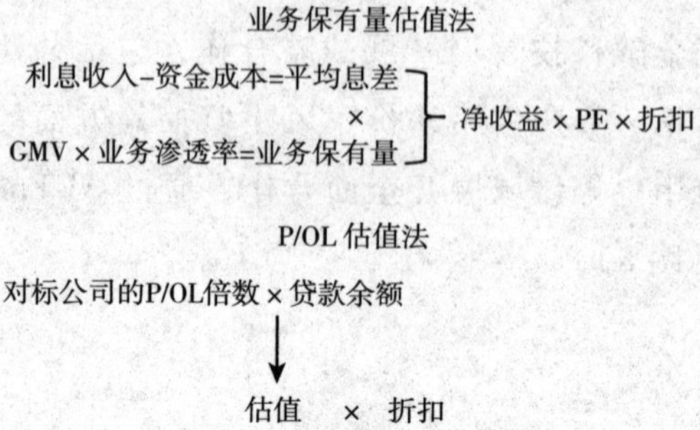

图9　两种估值方法图示

主笔：党莺歌

资料收集：刘欣冉、胡安琪、廖旖旎、陈璐

想成为《投融资观察》报告创作团队的一员吗？微信扫描本书第381页二维码，现在就加入我们吧！

No. 17

优必选科技获8.2亿美元C轮融资，全球第一AI机器人独角兽腾空而出

2018年5月3日，优必选科技宣布完成8.2亿美元C轮融资，刷新了全球AI领域的单轮融资纪录，融资后公司估值达50亿美元。本轮融资由腾讯领投，资金将主要用于研发投入、市场与品牌拓展、优秀人才引进三个方面。

一、“优必选”赶超“商汤科技”，晋升全球最热AI“独角兽”

2018年4月“商汤科技”6亿美元C轮的余波还未散尽，不到1个月的时间内，“优必选科技”破纪录的单轮8.2亿美元融资又让人工智能领域为之澎湃。

如果忽略新媒体属性更强的今日头条，根据CB Insights最新公布的全球AI百强榜，优必选已超越商汤科技，成为全球范围内累计融资额和估值最高的AI独角兽（见表1）。

本轮融资由腾讯领投1.2亿美元，中国工商银行、海尔、民生证券、澳洲电信（Telstra）、居然之家、泰国正大集团、民生银行、宜信集团、中广核、铁投集团、松禾资本等跟投。此外，优必选B轮领投方鼎晖资本也追加投资。

表 1　全球人工智能 TOP10 名单（按融资额）

排名	企业名称	总融资额（百万美元）	分类	国家
1	北京字节跳动科技（今日头条）	3 105	新闻 & 媒体	中国
2	优必选科技	1 341	机器人	中国
3	商汤科技	1 237	跨行业应用	中国
4	Affirm	725	金融科技 & 保险	美国
5	旷视科技	608	跨行业应用	中国
6	Upstart	585	金融科技 & 保险	美国
7	Flatiron Health	313	医疗健康	美国
8	Zoox	290	汽车科技	美国
9	CrowdStrike	281	信息安全	美国
10	ZestFinance	268	金融科技 & 保险	美国

二、AI 行业动能重组，“优必选”全面布局 AI 生态链

随着中国 AI 市场规模的不断扩大，中国 AI 投融资的规模和投资笔数涨势迅猛，分别由 2013 年的不足 150 亿元与不足 50 笔，增长至 2017 年超过 1 700 亿元与超过 300 笔，中国人工智能行业的发展潜力与动能仍十分充足（见图 1）。

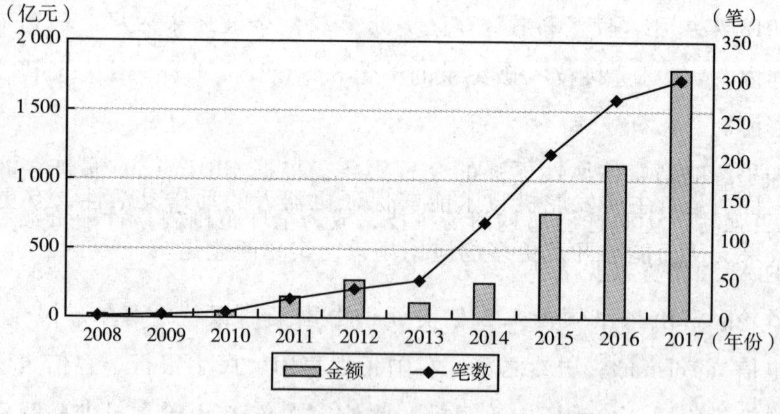

图 1　中国人工智能领域投融资规模和笔数

资料来源：2017 年中国人工智能产业数据报告。

在人工智能的整个产业生态链中，芯片、云计算、语音识别、计算机视觉等底层技术，为智能驾驶、智能教育、AR/VR、智能安防、智能医疗

等 AI 应用场景提供了支撑，而以优必选为代表的智能机器人则对上述应用场景进行了功能整合，并与上述应用场景与功能一起，为 B 端与 C 端用户提供 AI 服务（见图 2）。

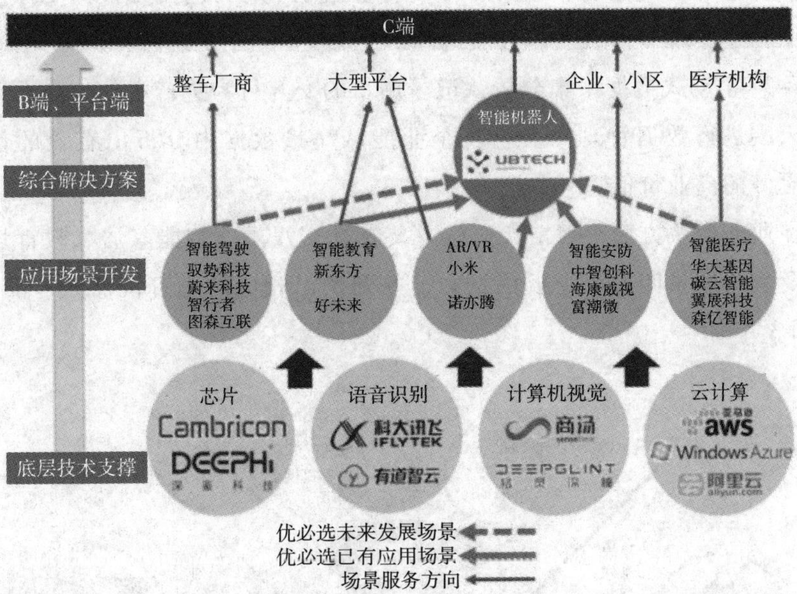

图 2　人工智能产业生态链

三、凭借技术优势，优必选拓展四大业务板块

优必选在人形机器人伺服舵机与步态运动控制算法技术上有较明显的优势，特别是自主研发舵机技术能够保证机器人的动作灵活性，有更好的拟人效果，从而能够开发更多的应用场景，实现商业化。

更通俗地说说，与市面上大多数“脑袋 + 圆桶身躯”的机器人产品相比，优必选在机器人的关节与身体结构的制造工艺上下了很大功夫。

优必选的核心技术主要有以下四方面：

（1）伺服舵机技术：自主研发专业伺服舵机，舵机间的时间差为 0.01s，同时支持轮模式及角度模式，支持 360° 旋转运动，动作精度达 1°，实现更多拟人动作与功能场景。

（2）多维态人机交互体验：通过文字、语音、视觉、动作、环境等多种感官进行人机交互，充分模拟人与人之间的交互方式，识别 17 种特色的中文方言，使得人机交互更加流畅。

（3）精准人脸识别与避障系统：识别准确率达 98%，大幅度提升了用户体验，并可以对性别、年龄等深度信息进行初步识别与判读。实时定位与地图构建实现多方位立体导航避障。

（4）主动式数据采集分析：记录用户的交互行为进行主动的数据采集，并在云端进行数据管理与分析；企业能从海量数据中分析出有效的信息，获得更好的商业价值。

在业务模块方面，目前优必选主要在社交娱乐、智能家居、教育培训、商务及公共场景四大市场板块发力，并开发出相应的主打机器人产品系列（见图 3）。

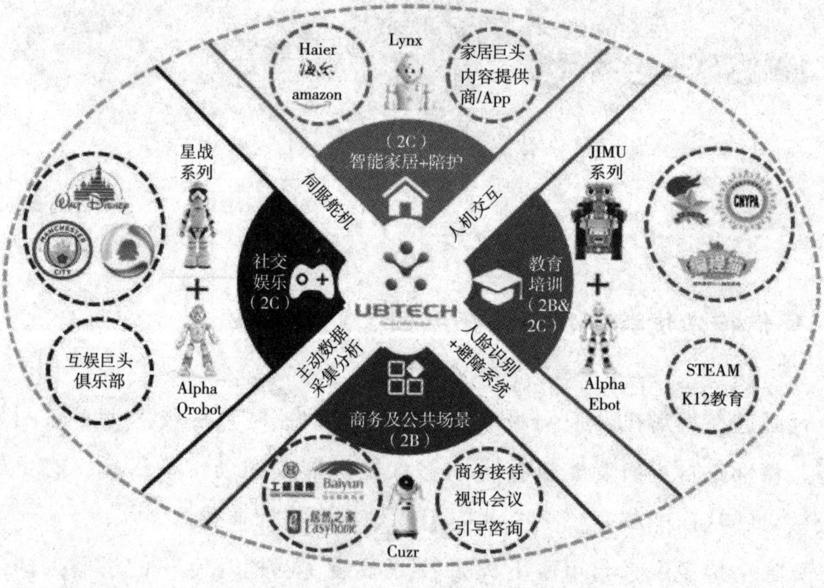

图 3　优必选核心技术与业务模块图

▶ 社交娱乐（主打产品：STARWAR 系列 + Alpha 系列）：在泛文娱领域，优必选分别与腾讯、迪士尼、曼城俱乐部等内容方合作推出了智能娱乐机器人 Alpha Qrobot、Alpha 系列足球机器人、Starwar 系列机器人，将 AI 技术与社交、娱乐和体育结合，为用户带来全新的互动娱乐体验。

▶ 居家陪伴（主打产品：Lynx）：在智能家居与陪护领域，优必选和亚马逊联合推出了全新的人形家庭陪护机器人。Lynx 身上既有优必选屡获殊荣的专利机器人技术，又有亚马逊 Alexa 的自动语音识别、自然语言理解和搜索能力，给用户带来了全新的人机交互体验。

▶ 教育培训（主打产品：JIMU 系列 + Alpha 系列）：在教育培训领域，优必选推出的 JIMU 系列机器人旨在搭建一个 STEM 教育平台，培养青少年的创造力和跨学科综合运用知识解决问题的能力，目前已与共青团中央直属的若干机构达成战略合作，并成为苹果公司编程学习应用 Swift Playgrounds 在中国唯一的合作伙伴。而在与腾讯联合推出的智能教育机器人 Alpha Ebot 中，优必选与腾讯的软硬件优势得到深度挖掘与融合，为孩子带来了全新的学习体验。

商务及公共场景（主打产品：CRUZR）：为了满足商务及公共场景中对自动化及效率提升的要求，优必选推出了一款基于云平台的、为全球企业和公共领域提供服务的智能人形机器人——Cruzr。据悉，Cruzr 可在机场、银行、会议现场、展览馆、购物中心、写字楼等场景为 B 端用户提供引导、接待、咨询、巡逻安防及视讯助手等服务，目前已与工商银行、居然之家、博鳌论坛、广州白云机场、广州海关等开展合作。

四、竞品分析（见表 2）

市面上的竞品大多存在应用场景单一或核心技术不突出的缺陷，而优必选在形成多样化产品线且保持应用场景扩展潜力的同时，在舵机与算法的技术研发领域构建起了很高的技术竞争壁垒。

五、优必选定位：技术突破与商业化落地并重

当前在全球范围内，机器人领域的玩家大致可分为两种类型：一种是以波士顿动力公司（Boston Dynamics）为代表的，专注做超可动/高精尖机器人（如最近推出的四足机器狗）的技术突破型企业；另一种则是以福玛特、科沃斯等为代表的，专注于机器人商业化、应用化（如扫地机器人）的商业落地型企业。

表 2　　竞品分析

公司		成立时间	代表产品	核心技术	发展信息
UBTECH	优必选	2012 年	Alpha 系列：用于教育和娱乐领域，可编程的家庭人形机器人，较好地实现了人机交互的功能，使孩子们在传统课堂教育之外，拓宽孩子们的视野，多方面多角度的发展	1. 伺服舵机技术与步态运动控制算法：模仿人类运动，支持 360°旋转运动； 2. 主动式数据采集分析：记录用户的交互行为进行主动的数据采集，在云端进行数据管理与分析； 3. 人脸识别与避障系统：对性别、年龄等深度信息进行初步识别与判读，实时定位与地图构建实现多方位立体导航避障	2016 年登上春晚广东分会场，名声大噪 2016 年底优必选成为苹果在推广 STEAM 教育方面的合作伙伴，成为为数不多可进驻 Apple Store 的中国品牌
Baidu百度	百度	2000 年	小度机器人：能够自然流畅地与用户进行信息、服务、情感等多方面的交流	DuerOS 对话式人工智能系统：集成了语音识别、图像识别、自然语言处理、用户画像等世界领先的技术能力	2017 年 4 月 7 日，《最强大脑》小度和人类脑力选手代表队共同成为“脑王” 2014 年 9 月 16 日，首次亮相《芝麻开门》节目
HANSON ROBOTICS	汉森机器人	2012 年	Sophia：拥有橡胶皮肤，能够表现出超过 62 种面部表情，并与人进行眼神接触	1. 应用纳米技术，模仿体表结构和人脸部所有的肌肉； 2. 人工通用智能，对外界信息进行解释，包括对它本身的表情进行编写，智能可累积和成长	2018 年 3 月 21 日，Sophia 参加联合国可持续发展目标亚洲和太平洋地区创新大会 2017 年，沙特阿拉伯宣布将赋予 Sophia 公民身份
SONY	索尼	1946 年	Aibo：人工智能电子宠物狗，具有吸引人的眼睛和调皮可爱的动作，灵活的肢体和丰富的细节	1. 一轴、二轴制动器。其身体可以沿着 22 个轴灵活移动，并做出流畅自然的移动动作； 2. 深度学习技术，检测并分析声音和图像，对主人的情感做出相应的回应，形成丰富的个性	AIBO 是 SONY 公司于 1999 年首次推出的电子机器宠物，已经多次更新换代。AIBO 拥有独特先进的自我学习及成长本能，配合了人工智能的科技，朝提供生活娱乐的方向发展

续表

公司		成立时间	代表产品	核心技术	发展信息
YOGO ROBOT	YOGO 机器人	2016 年	go 系列：商用服务机器人，产品可广泛应用在酒店、商超、医院、机场等场景，执行引导、递送等任务	1. 室内全局定位技术，定位精度达到厘米甚至毫米级别； 2. 智能路径规划和导航技术，混合式路径规划和时间轴记忆功能，机器人能够选择最优路径，在最短的时间内到达目的地	2017 年 10 月，荣获第十二届中外酒店白金奖——最佳酒店机器人供应商 2017 年 3 月，正式推出酒店服务机器人品牌 Mingo，亮相上海国际酒店用品展览会

在这样的行业生态之下，优必选要维持智能机器人的龙头地位、撑住 50 亿美元的估值，未来究竟是主攻技术，还是专注商业化呢？目前看来，优必选走的是一条结合的路线：不刻意追求全面的尖端技术，而是技术突破与商业化落地并重，在形成有核心竞争力的技术壁垒和打造出行业领先的硬件基础后，积极寻求多场景、大规模的商业化落地（见图 4）。

图 4　机器人企业分类图谱

正如优必选 CEO 周剑所言：“科技企业必须做到 COO 养 CTO，这样企业才能健康发展。”科技企业的商业化起步越早、进度越快，与其合作的各场景方厂商就能更快、更多地占领应用端市场份额，形成一个良性的闭环。我们有理由期待，优必选将构建起“硬件 + 软件 + 服务 + 内容”的机器人生态圈，成为人工智能和人形机器人行业的领导者。

主笔：陈昊

资料收集：杨雨凡、吴嘉彤

想成为《投融资观察》报告创作团队的一员吗？微信扫描本书第381页二维码，现在就加入我们吧！

No. 18

3.5 亿新纪录——高盛寄望瑞派宠物复制 VCA 的北美成功故事

2018 年 5 月 25 日，瑞派宠物宣布完成 3.5 亿元战略融资，刷新了中国连锁宠物医院领域的单笔融资纪录。本轮融资由美国高盛集团、华泰新产业基金、天津瑞济生物联合参与投资，资金将主要用于：瑞派连锁宠物医院的门店拓展、运营、升级；瑞派学院建设；高端人才引进；关键技术的研发——从产、学、研、用四个角度全面提升瑞派宠物的综合实力。

一、中国养宠家庭数量连年攀升，带动国内宠物产业迅猛发展

中国养宠家庭正在增多，2017 年已达 5 912 万户，占全国家庭总数的 17%，比 2016 年提升 2 个百分点（见图 1）。一个业界公认的“分水岭”

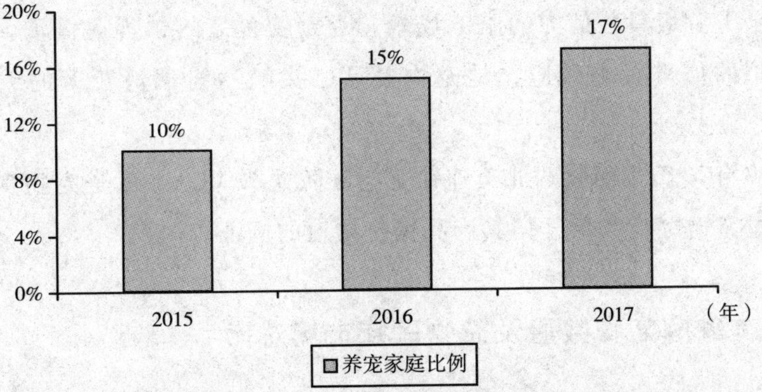

图 1　养宠中国家庭比例变化

是，在人均国民生产总值超过 3 000 美元后，养宠家庭的比例将大幅度提升——中国的很多地区已经具备这一条件。

据统计，2017 年我国宠物市场规模已达到 1 340 亿元，预计在 2010—2020 年间将保持 18.8% 的年复合增长率，到 2020 年时市场规模预计将达到 1 885 亿元（见图 2）。

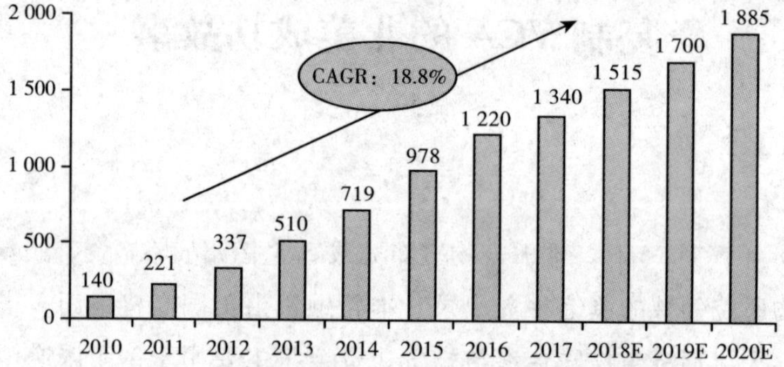

图 2　中国宠物市场规模增长情况及预测

资料来源：《2017 年宠物行业分析报告》、天风证券研究所等。

二、连锁宠物医院：一门好生意，更是产业巨头优质渠道资源

从图 3 所示宠物行业产业链条中可以清晰看出，包括宠物医疗在内的众多下游服务场景，都对应着上游的各类宠物产品/用品生产行业，而这其中品牌化、规模化程度最高的当属宠物食品产业。宠物连锁医疗机构，作为产业链下游最具公信力的服务场景，为宠物食品的销售提供了大型商超无法比拟的信誉背书效应，是宠物食品巨头触达终端消费者的天然优质渠道。

2017 年玛氏集团收购北美连锁宠物医院龙头 VCA，就是宠物食品产业巨头通过宠物医疗场景开拓其产品销售渠道的例证。

三、中美家庭宠物数量及宠物医疗市场对比

美国作为全球规模最大、最成熟的单一国家宠物市场，在养宠家庭占

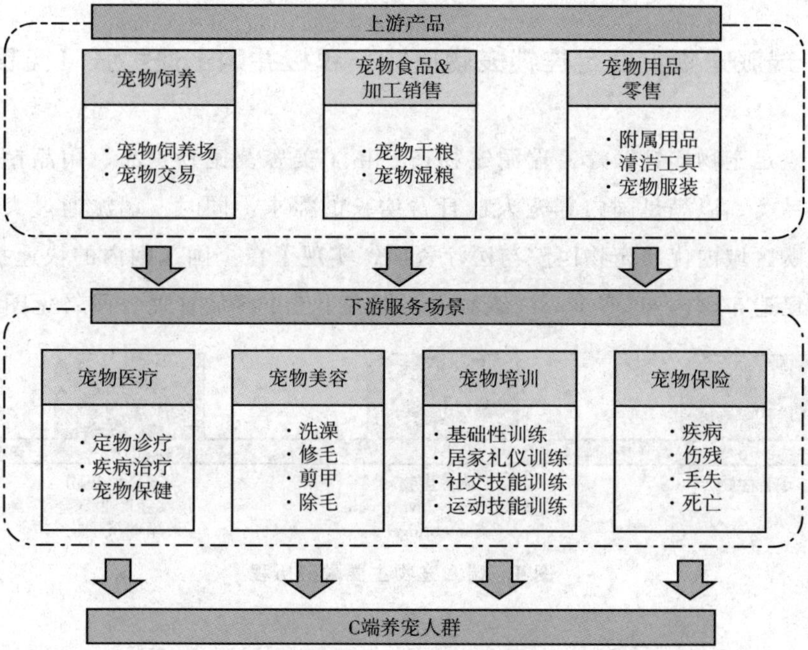

图 3　宠物行业产业链简图

比、宠物医疗市场规模、连锁宠物医院占比份额等关键指标上均遥遥领先；中国宠物市场潜在体量虽大，但是各关键比率指标与美国市场相比，差距巨大，且部分指标，如宠物就医率，在近期内提升空间十分有限，因此巨大的市场潜力并不能直接兑现（见表 1）。

表 1　　中国和美国宠物市场比较

	中国市场	美国市场
宠物猫狗总数（亿只）	0.9	1.84
养宠家庭数（个）	59 120 000	70 970 000
养宠家庭占比（%）	17	68
宠物就医率	很低	很高
宠物医疗市场规模（亿元）	175	1 200
宠物医疗行业占比（%）	27	50
连锁宠物医院占比份额（%）	10	25

四、瑞派宠物：立足连锁宠物医疗，积极并购迅速扩张（见图4）

立足宠物连锁医疗，瑞派宠物还开拓了美容及宠物食品、用品销售等业务品类，以满足国内养宠人群日益增长的需求。同时，瑞派通过大量兼并收购区域内优质宠物医院与医疗资源，实现了在全国范围内的快速扩张，门店已遍布国内40多个一二线城市，拥有十三个区域管理公司（见图5）。

图4　瑞派宠物主要融资历程

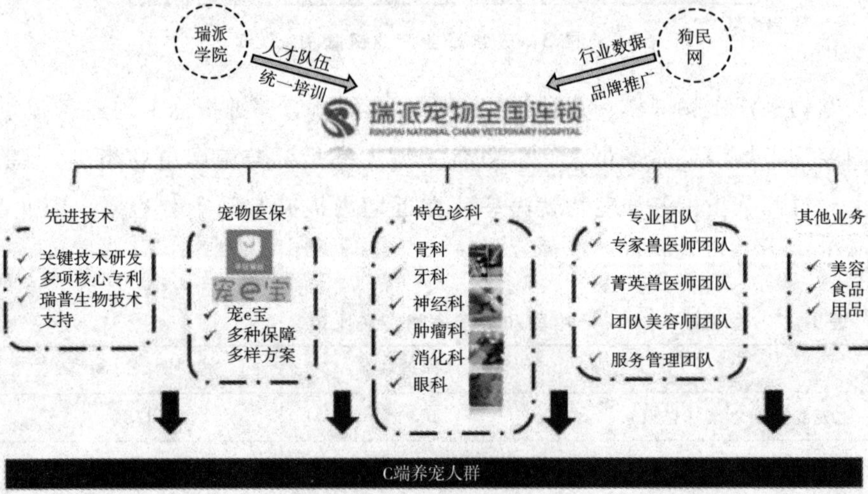

图5　瑞派宠物业务模式图

▶ 玛氏集团 + VCA vs 瑞普生物 + 瑞派宠物

2017年1月11日，食品巨头玛氏宣布以91亿美元全资收购北美宠物保健公司VCA。收购完成后，VCA将作为玛氏宠物护理事业部中一个独立分离的业务单元，VCA原高管团队、商业模式和战略目标均保持不变。VCA加入后，宠物保健部门占玛氏年营收比重将超过50%；2017年5月18

日，瑞普生物以 4 500 万元自有资金增资瑞派宠物，增资后持有瑞派宠物 15.54% 的股权。

上述两个案例均为“上市公司 + 宠医连锁”的组合，交易发生年份也相同，因此我们对其进行平行比较，以理解国内外在宠物连锁医疗、宠物产业协同方面的共性与差异。

▶ 规模 及 Sample Store 对比

与 VCA 相比，瑞派无论是在员工人数、门店总数、接诊量、年营收等总量指标，还是在单店营收、单店面积、单店员工数、单店医生数等单店指标方面，都存在着相当大的差距。两者的差距还体现在高毛利的医疗实验室业务上——VCA 拥有 61 个宠物医疗实验室，提供宠物基因测序、疑难杂症治疗等高端诊疗服务，毛利率超过 50%；而瑞派在这一方面的业务量目前几乎为零。与此同时，由于中国市场巨大的人力成本优势，瑞派宠物在单店毛利率无明显优势的情况下，在单店净利率上实现了对瑞派宠物的反超（见表 2）。

表 2　　VCA VS 瑞派宠物——经营数据比较

	VCA	瑞派宠物
总员工数（人）	25 000 +	3 000 +
门店总数（家）	800	300
年接诊量（万例）	800 +	200 +
年兽医培训数（人）	200 ~ 300	39 个“瑞派班”
医疗实验室数（人），毛利率	61，45% ~ 55%	0，0%
全年营收（2016 年度）（美元）	2 516 860 000	14 361 292 537
单店年营收（$ / ¥）	1M ~ 3M $	30W ~ 70W ¥
单店面积（m^2）	370 ~ 560	300 ~ 400
单店员工数（人）	20 ~ 30	8 ~ 10
单店宠物医生数（人）	3 ~ 5	2 ~ 3
单店平均毛利率（%）	15 ~ 20	N/A
单店平均净利率（%）	9	15

注：可能未推销总部费用。

五、协同效应对比

▶ 玛氏集团 + VCA：玛氏收购 VCA 后，玛氏旗下的宝路（Pedigree）狗粮、伟嘉（Whiskas）及希宝（Sheba）猫粮等著名宠物食品品牌未来有望出现在 VCA 遍布北美的 800 家门店里。

对于 VCA 而言，玛氏旗下全球领先的犬类 DNA 检测机构 Wisdom Panel、宠物科技公司 WHISTLE 等技术资源，都将为 VCA 在高端宠物诊疗、宠物医疗实验室等方面的业务开拓提供强有力的支撑。

▶ 瑞普生物 + 瑞派宠物：瑞普生物与瑞派宠物的合作强化了两者的协同关系。瑞普在资本、医药/诊疗资源与市场渠道方面的平台优势，能为瑞派的宠物诊疗业务赋能；同时瑞派线下宠物医院的扩张，将为瑞普开辟更大的市场空间，提供更广阔的产品销售渠道。

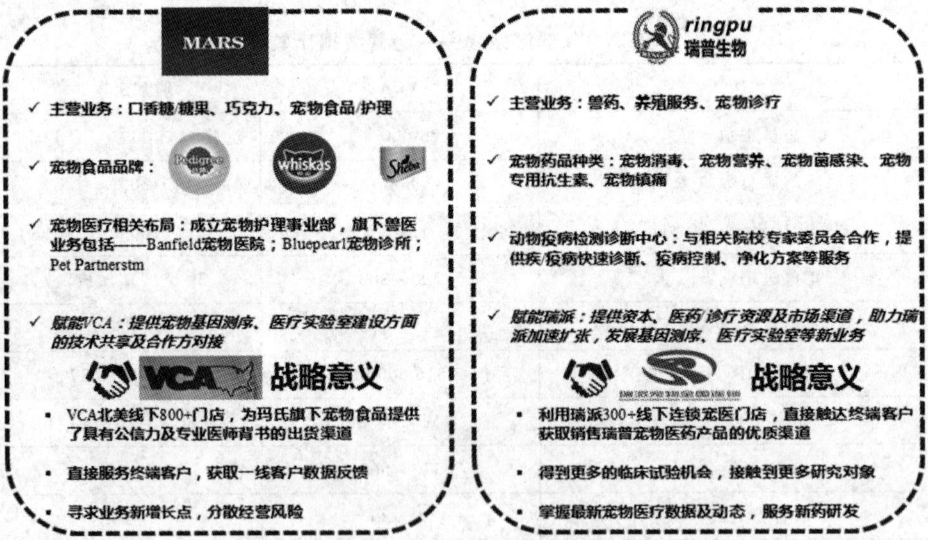

图6 玛氏、瑞普生物简介与收购宠医连锁战略意义

六、竞品分析

如果说 VCA 是瑞派远在天边的追赶目标，那么仅有一字之差的瑞鹏宠物就是瑞派近在咫尺的强劲对手。瑞鹏是国内目前唯一一家挂牌新三板的连锁宠医企业，在宠物医疗领域已深耕二十载。与瑞派通过收购兼并实现迅速扩张不同，瑞鹏主要采取自营开设的方式稳步扩张，并采用“中心医院 + 专科医院 + 社区医院”的布局模式，实现成本结构最优化——在资本涌入、宠医行业收购兼并交易价格攀升的大背景下，“降速保质”与“控成本”策略使瑞鹏的业务发展保持了稳健性（见表 3）。

表 3　　公司情况比较

	公司名称	成立时间	核心业务	增长驱动因素	发展信息
瑞派宠物全国连锁	瑞派宠物	2012 年	动物诊疗；宠物医院的咨询及经营管理；宠物用品的销售及生产；宠物食品、医疗设备的销售	多地区并购、快速扩张，获取地区优势；连锁医院咨询、运营、管理能力；技术团队、人才团队建设机制	2018 年 5 月，瑞派宠物获得 3.5 亿融资，刷新国内连锁医院单笔融资记录。瑞派宠物目前在中国拥有共十三个管理公司，遍布 40 个城市，超过 300 家医院，全年接诊量超过 200 万例。与国内 51 家高校开展战略合作工作，建立“瑞派班” 39 个
瑞鹏宠物医院 Ruipeng Pet Hospital	瑞鹏宠物	1998 年	宠物医疗保健、美容造型、留置护理（寄养）、洗浴、SPA、食品及用品	医疗美容双核发展，同时布局宠物用品广场；医院定位较高，各类服务、设备完善、技术先进	2017 年，瑞鹏股份获得 2.46 亿元战略投资。瑞鹏股份在全国自营和参股有转诊中心、各类专科医院及社区医院共计 200 多家，覆盖北京、上海、广州等 20 多个核心城市，年接诊宠物超过 80 万例。设立瑞鹏学院、维特国际兽医学院和维特线上学院，以培养行业专业和高端人才

续表

	公司名称	成立时间	核心业务	增长驱动因素	发展信息
	VCA	1986 年	宠物医院：治疗宠物、售卖药物、疫苗接种等 实验室服务：提供检测和咨询服务	多地区布局、医疗人员规模大；动物实验室毛利率高，技术先进、设备完善，培养专业人员能力强	2017 年被食品巨头玛氏收购。VCA 在美国的 43 个州和加拿大 5 个省拥有近 800 家连锁宠物医院。它在美国和加拿大还拥有约 61 家诊断实验室，为超过17 000 家宠物医院、大学以及政府机构提供血液、组织和尿样的检测服务

七、瑞派宠物发展前景：前路漫漫，未来可期

根据瑞派宠物官网介绍，其愿景是成为国际领军宠物诊疗集团——而与 VCA 相比，瑞派的经营体量、标准化程度还远远不够，需要持续扩大规模、提高采购、人才培养、市场营销的标准化程度、提升服务质量。

对标 VCA，瑞派需要持续创新业务模式，在提供基本的宠物诊疗服务以外，在技术资源丰富、消费意识领先的一二线城市，重点开发宠物医疗实验室，顺应中国在宠物市场的消费升级趋势。

同时，瑞派应积极与上游宠物用品生产企业，以及下游的其他宠物周边服务提供商开展接洽，寻找业务合作和产业协同的机会（见图 7）。

图 7　瑞派宠物未来发展重点

扩大规模、创新业务模式，寻找产业协同，这三点最终服务于瑞派宠物品牌价值的建立，让瑞派实现标准化、稳定的高质量宠物医疗服务（见图 8）。

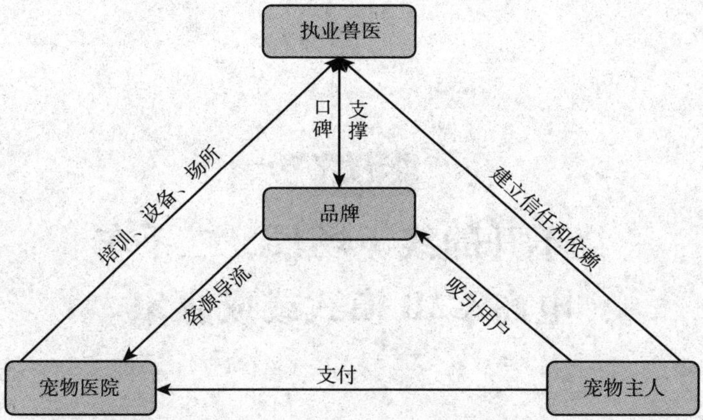

图 8　品牌在宠物医疗产业链中的核心作用

随着宠物医疗的发展，宠物主人由兽医依赖逐步过渡到品牌依赖。在宠物的体检、保健和常见疾病的诊断等基础诊疗方面，宠物医生的差异化不明显，因此宠医品牌在养宠人群心中将占据更重要的位置，成为宠物主人消费时首先考虑的因素。

品牌的建立与整体服务质量密切相关。对于诊疗效果好、服务标准规范的大型连锁诊疗机构，宠物主人在首次就诊体验后，更容易建立信赖关系，形成用户黏性，成为连锁宠物医院的忠实客户。

在大数据及人工智能渗透和普及的大趋势下，客户数据的沉淀（包括基本客户与宠物信息、临床数据等）对于未来相关宠物产品研发、产品投放和市场推广具有重要的指导意义，而宠医门店的品牌效应和布局范围将直接影响客户数据收集的效度。

随着市场教育程度不断提升，随着养宠群体认品牌、认连锁意识的增强，再加上高盛对 VCA 的投资与运作经验，我们有理由期待瑞派将继续集中产业和资本优势，在宠物产业的并购整合、标准化与品牌化建设、跨境合作等方面加大步伐，成为中国宠物医疗连锁第一品牌。

主笔：陈昊

资料收集：杨雨凡、吴嘉彤

想成为《投融资观察》报告创作团队的一员吗？微信扫描本书第381页二维码，现在就加入我们吧！

No. 19

绕不开的线下场景，二手车电商 C2B 模式或成赢家

2018 年 6 月 6 日，二手车 C2B 电商网站车置宝宣布完成 8 亿元人民币 D 轮融资，由盈港资本领投，PAG（太盟投资集团）、毅达资本等追加投资。同样是二手车 C2B 电商的天天拍车在同一天宣布其获得 1 亿美元的 D1 轮融资，投资方为汽车之家。至此，专注二手车 C2B 赛道的两家公司均已完成新一轮输血。

近年来二手车电商市场竞争异常激烈，在这样激烈的竞争下，我们也不禁发问：二手车电商究竟是怎样一门生意？盈利的路又在何方？

一、二手车市场万亿潜能，电商市场迅速增长

2017 年我国新车市场销量增速只有 3%，而二手车市场的交易规模却以 19% 的速度增长到了 8 000 亿元，成为我国汽车销售增长的主要驱动力。但目前我国二手车与新车的销量比数约为 0.4，远低于美国成熟市场的 3.3，二手车市场仍有巨大潜能。随着消费者对二手车接受程度提高，“限迁”政策逐渐取消，二手车行业将迎来快速发展（见图 1）。

在二手车市场中，车辆可以通过三个渠道进行销售：传统经销商销售、电商销售和私人转让。其中，私人交易模式的交易量较小；电商渠道近年发展迅速，渗透率由 2013 年的 2.6% 稳步增长到了 2017 年的 17.6%，多家电商还在大量地投放广告，渗透率在未来还会继续提高；但从市场的情况来看，现在超过 80% 的交易仍是由传统线下的经销商来完成。由于汽车行业较强的线下属性，加上二手车电商的品控还不成熟，传统经销商交易仍

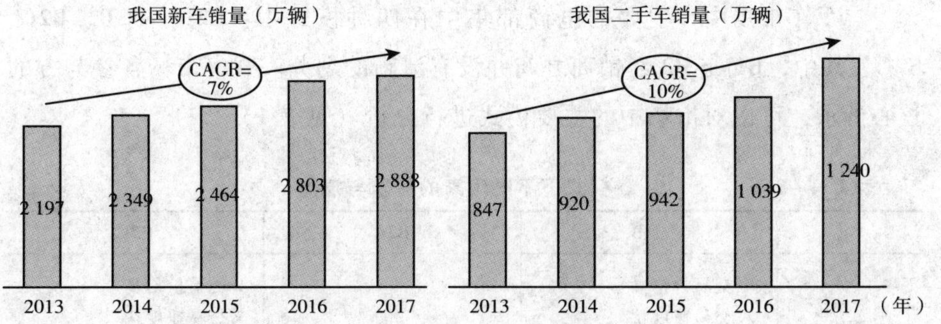

图 1　我国新车和二手车销量

资料来源：商务部。

然会是二手车交易的主流方式（见图 2）。

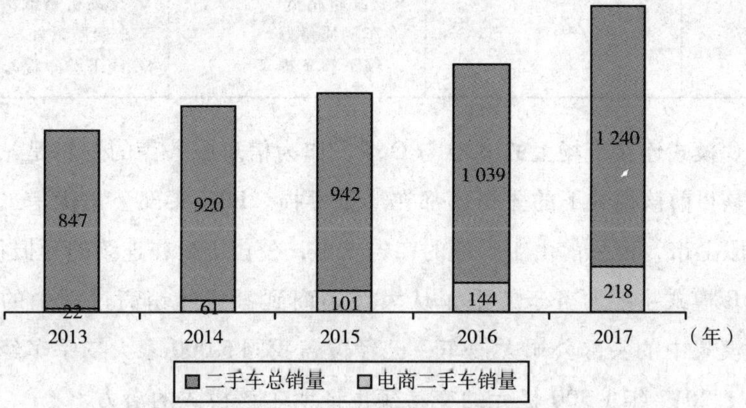

图 2　我国二手车近年分渠道销量（万辆）

资料来源：易观。

二、各模式头部公司已经显露，行业流量可观但盈利堪忧

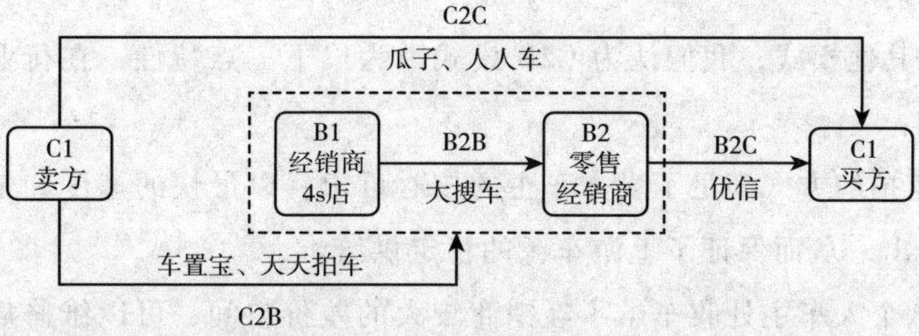

图 3　C2C 模式图

二手车市场中，主要的电商都集中在四种模式中：C2B、B2B、B2C、C2C。其中，B1 与 B2 经销商之间并没有清晰的划分。观察市场各参与方的核心诉求，可以对市场中的主要模式进行分析（见表 1）。

表 1　各模式下不同玩家的需求与痛点

	C2B	B2C	C2C
C 端卖方	√ 交易价格高 √ 交易速度快 √ 交易安全省心	—	× 交易价格高 × 交易速度快 × 交易安全省心
B 端经销商	√ 车源足够广 √ 差价空间大	√ 盈利空间大 √ 交易数量大	—
C 端买方	—	× 交易价格低 √ 车辆质量好 √ 线下验车提车	√ 交易价格低 × 车辆质量好 √ 线下验车提车

B2C 模式连接市场上的 B 端与 C 端，作为信息服务商的逻辑是站得住脚的，但是目前该模式下的公司还都在严重亏损。B2C 头部公司优信二手车即将在美股上市，但目前由于巨额的广告支出，公司仍处在连续的亏损状态。

B2B 模式主要服务于二手车从大经销商到零售经销商过程中的流通环节。该模式中的头部公司大搜车，已经覆盖我国 5 000 家大二手车经销商中的 80%，2017 年 1 500 亿元的交易额也证明了该模式的潜力。

C2C 模式链接个人车主和个人买家，从交易中收取服务费。其线下看车的模式限制了其交易速度，难以从 C2B 模式中抢占车源，用烧钱撑起来的成交量还无法证明它是一个长期可行的商业模式。可以说 C2C 模式还完全没有跑通，未来这个模式中会不会有公司能坚持下来也未可知（见表 2）。

对比其他模式，我们认为 C2B 模式因为以下三点特性，在行业中优于其他模式：

- 竞拍的方式满足了卖方车主的核心诉求：以最快的速度和最高的价格把车卖出，从而保证了上游车源的稳定供给。
- 从个人车主处收车给了经销商较大的差价空间，可以维修后卖出赚取差价。

表 2 公司对比

	瓜子	车置宝	优信	大搜车
成立时间	2015 年 11 月	2012 年 10 月	2011 年 8 月	2012 年 11 月
商业模式	C2C	C2B	主营 B2C	主营 B2B
历史总融资	16.6 亿美元	23.18 亿元人民币	9.6 亿美元	6.35 亿美元
战略投资人	腾讯	太盟投资集团	百度、腾讯	阿里巴巴 神州租车
覆盖城市	200 余个	200 个车源城市，300 个经销商城市	约 400 个	200 余个
金融服务渗透率	18%	50%	6.6%	未透露
规模数据	单月成交 4 万辆左右	近两年每年以 400% 速度增长	2017 年交易额为 434 亿元	2017 年平台交易额约 1 500 亿元
财务状况	2017 年未能盈利，亏损数据未透露	已实现全面盈利	2017 年营业收入 19.5 亿元，净亏损 27.48 亿元	2017 年未能盈利，具体数据未透露

- 目前由经销商向客户进行线下销售的模式仍然为二手车市场的主流，并且由 B 端经销商向 C 端买方销售，车源充足且质量控制远好于 C2C 模式，健康的生态可以保证 B 端的稳定需求。

三、车置宝与天天拍车已成为 C2B 赛道头部公司，发展前景可期

目前二手车 C2B 电商赛道中，专注于 C2B 业务的公司只有车置宝和天天拍车两家存活，曾经的二手车 C2B 老牌企业开新二手车在 2016 年底被车来车往合并，后者于 2017 年 9 月宣布破产。市场中其他参与者主要是优信、大搜车等其他赛道企业的 C2B 业务分部。

在二手车 C2B 电商赛道中，车置宝和天天拍车都在全国范围进行竞拍，满足车主和经销商的需求，进而吸引更多用户。这样的逻辑造就了这个市场中的马太效应。作为头部公司的车置宝和天天拍车可以在发展的过程中自然地巩固自己的地位，两巨头 + 零散竞争者的行业格局也将随之稳定（见表 3）。

表 3　　公司对比

	车置宝	天天拍车
成立时间	2012 年 10 月	2014 年 4 月
历史总融资	23.18 亿元人民币	约 3 亿美元（部分融资未透露）
战略投资人	太盟投资集团	汽车之家、易车、腾讯
覆盖城市	200 个车源城市，300 个经销商城市，全国 75% 二手车经销商	已在全国超过 40 个城市开设线下交易服务中心
金融服务	为经销商提供的无抵押信用贷款产品，目前渗透率为 50%	为经销商提供无抵押、无担保的贷款产品，目前渗透率未公布
规模数据	近两年每年以 400% 速度增长	保持着 200% 的增速
财务状况	全国全面盈利	上海、苏州、南京等店单店盈利

对比车置宝和天天拍车，车置宝拥有先发优势且规模已经足够大，而且是二手车电商市场中唯一宣布全面盈利的企业。分布于全国各地的经销商是车置宝目前的盈利基础，65% 的异地交易让车置宝从地源差价中获取丰厚利润；覆盖率远超行业平均水平的金融服务，也为车置宝带来了不少利润。身处行业中，车置宝的主要竞争力在于行业数据的积累，应用这些数据可以对所有环节进行数据化管理，从而提高交易速度，这也为车置宝建立了很高的竞争壁垒。有着先发优势和规模效应，且已经筑起竞争壁垒、实现全面盈利的车置宝，无疑已经是 C2B 市场中的翘楚。

天天拍车成立晚于车置宝，目前规模还不能与车置宝相抗衡，车置宝建立起的竞争壁垒天天拍车也无法在短时间内打破，但天天拍车正在效仿车置宝，利用异地差价提升交易量和自己的盈利能力，建立数据化管理系统等。加上天天拍车的巨大流量入口，其也可以在现有基础上快速发展，巩固自己在 C2B 电商行业中的地位。

四、盈利模式被验证可行，但未来趋势仍需注意

目前 C2B 电商的盈利主要来自四个方面：贸易差价、地源差价、金融服务、售后服务（见图 4）。利用这四个盈利点，C2B 电商率先跑通盈利模式，证明了 C2B 模式的可行性。这让市场对于车置宝和天天拍车的短期前

景有着较高的期望。但车置宝和天天拍车目前都有部分收入是来自二手车的地源差价，且其中车置宝的盈利主要来自地源差价。

图 4　C2B 电商盈利点

就长远来看，随着时代的进步，信息不对称的鸿沟一定是会减小的，而异地差价这种利用信息不对称赚取溢价的模式也将会逐渐失效。届时企业就需要适应行业变革，提升金融服务或其他增值服务的收入比例来保证盈利能力，才能在市场中继续生存下去。

主笔： 牛浃宇

资料收集： 陈琦林、牛浃宇

想成为《投融资观察》报告创作团队的一员吗？微信扫描本书第381页二维码，现在就加入我们吧！

No. 20

宝宝树获阿里战略投资，从社区电商到共建母婴生态圈

2018 年 6 月 4 日，宝宝树宣布与阿里巴巴集团达成资本战略合作，新一轮融资后宝宝树估值达约 140 亿元人民币。

同时双方将开展在电商、C2M（Customer to Maker）、广告营销、知识付费、新零售、线上线下母婴场景等多个层面的大规模深层合作。

一、“全面二孩”政策 + 消费升级，引爆母婴市场需求

2016 年 1 月 1 日“全面二孩”政策正式实施后，新生人口数量及其增长率显著提高。数据显示，2018 年末中国母婴家庭群体规模将达到 2.86 亿元，相比 2010 年增长 21.2%。2018 年中国母婴市场规模有望突破 3 万亿元（见图 1）。

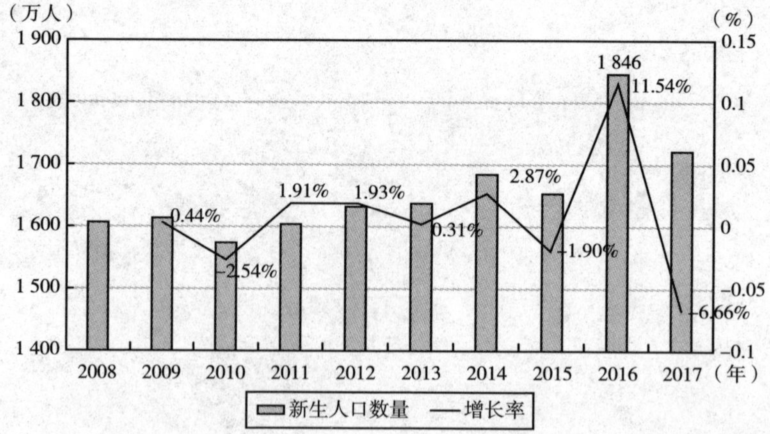

图 1　2008 ~ 2017 年中国新生人口数量及增速

资料来源：国家统计局。

同时，人均收入水平提高推动消费需求增加。随着生活水平的改善，年轻家庭消费行为及理念的进一步升级，母婴市场的产品及服务需求将持续攀升（见图 2）。

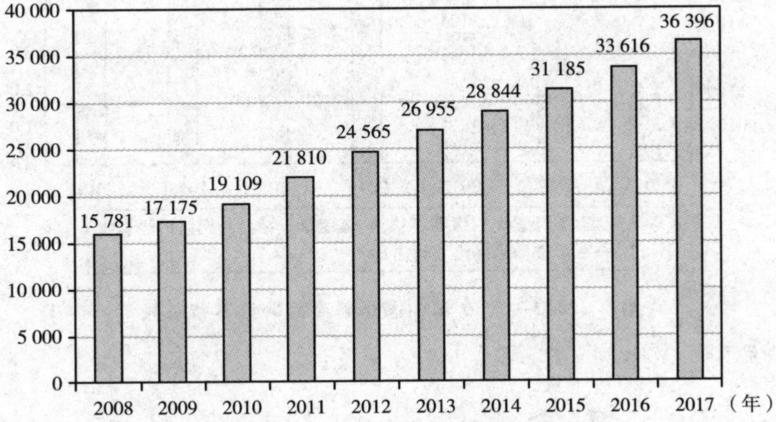

图 2　2008～2017 年中国城镇人均可支配收入

资料来源：国家统计局。

二、母婴成网购重要品类，互联网母婴产业加速整合、融合发展

2017 年中国母婴商品网络零售总额约 3 877.5 亿元，环比增长 32.3%，约占全年网络零售总额的 5.4%，预计 2019 年母婴商品网络零售总额将约占网络零售总额的 6.9%（见图 3）。

同时，互联网母婴市场产业上下游加速整合，目前市场上已经没有单纯的母婴社区/孕育工具或母婴电商平台，围绕母婴用户购买力强、对品质要求高，爱社交和跟随，对内容需求量大的特质，母婴行业呈现融合发展的局面（见图 4）。

三、母婴电商：商品零售＋用户服务双管齐下，电商＋社区协同发展

电商行业中的两大核心驱动力：一为标准化的商品；二为非标准化的服

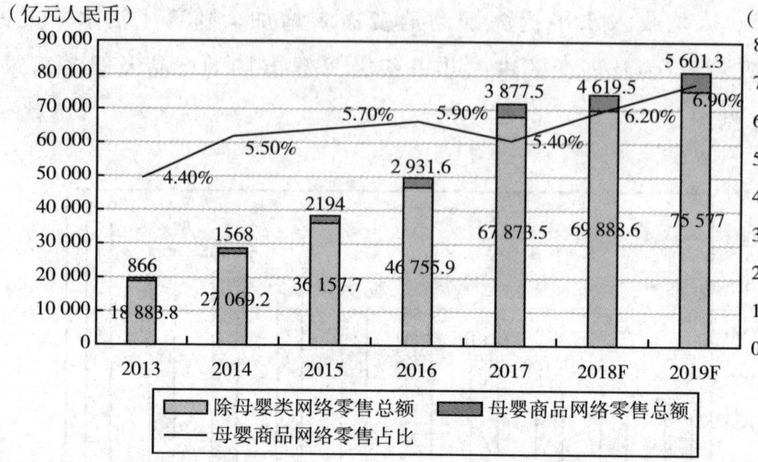

图 3　2013～2019 年中国母婴商品网络零售总额

资料来源：易观。

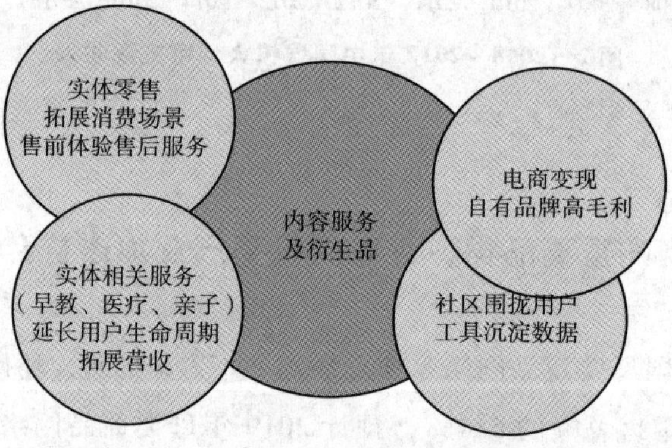

图 4　母婴行业业务形态概览图

务。因此传统电商企业一般可以分为商品零售与生活服务提供两大类。商品零售的几大突出优势是可控性强、易形成规模，但同时也造成平台缺乏差异化竞争优势、价格透明度高、利润空间小。随着标准化商品的电子商务化程度和水平日益提高，标准化电商红利逐渐耗尽，互联网电商的发展契机传导到了服务类电商，传统商业活动的逻辑也从以往的产品起点，变化为社群起点。

母婴市场与这种商业逻辑有着天然的契合，知识获取、情感交流是母婴用户的刚需，大部分母婴电商用户会受到用户评价、论坛推荐等的影响，最终导向具体的母婴商品。即从寻找需要的，到发现想要的。

因此，母婴社区/社群建设已成母婴行业标配，母婴电商将传统的商品零售和服务提供融为一体，优劣互补。同时，在服务端，母婴又与教育、医疗大健康等有着紧密的联系，拓展空间巨大；而妈妈群体天然的圈子效应，进一步推动了母婴电商的社群经济效应，形成电商＋社区协同发展的新业态（见图5）。

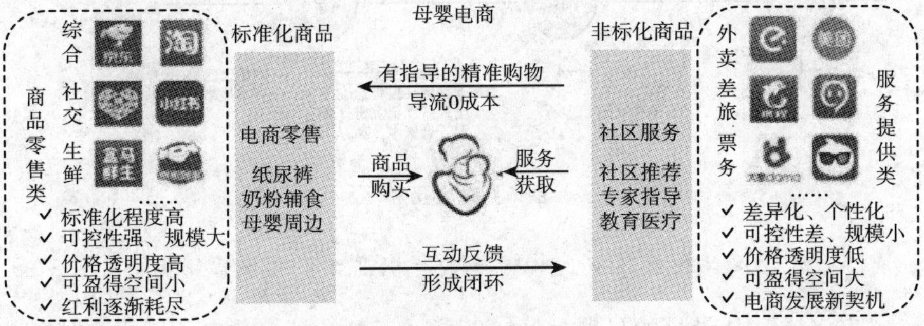

图5　母婴电商的运行

四、“宝宝树”：十一年磨一剑，一路与强者同行

“宝宝树”创立于2007年，从PC时代的母婴社区起家，逐渐发展壮大，成为母婴家庭服务领域的头部平台。过去的十多年中国互联网经历了从PC时代到移动互联网时代的巨大转型，经历了社区、O2O、网红经济、内容电商、知识付费等无数个热点，每一个热点的背后都是一次行业变迁。“宝宝树”精准捕捉到中国互联网发展过程中的几次重大变革：从PC端向移动端迁移，从工具端向社群迁移，从社群向社群＋电商迁移，持续创新，不断壮大。

阿里入局前，“宝宝树”获得了复星集团、聚美优品、好未来教育集团等战略领投方的青睐。

2014年，好未来集团斥资1.5亿元战略投资“宝宝树”，意在实现从孕育阶段至中小学时期的战略接轨；2015年，聚美优品向宝宝树投资约合2.5亿美元，以最大程度开放跨境母婴的优质货源和仓储物流系统，帮助其打造电商；2016年复星集团战略投资后，两家企业在投资、C2M、大健康等领域不断展开业务合作，宝宝树近年力推的健康知识付费＋医疗服务的业务更成功打通了复星旗下众多专业医疗资源。

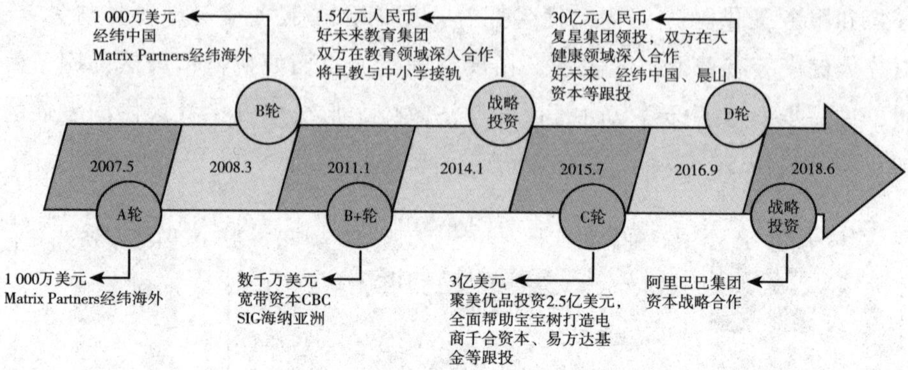

图 6　融资历程

流量入口级社区 + 大数据技术与挖掘 = 可变现营销闭环

“宝宝树”从最早的母婴社区、互联网工具、社会化电商，再到伴随中国家庭消费升级的 C2M、大健康等商业模块升级，以内容、产品、商业、教育四大业务板块，全面覆盖年轻家庭学习知识、交流经验、记录成长、购买好物四大核心需求，为大数据分析提供了全面的应用场景，成为垄断级家庭产业流量入口平台。

目前，“宝宝树”注册用户达 1 600 万，月独立访问用户数量达 5 500 万，覆盖 8 成从孕期到 6 岁孩子的中国互联网妈妈，2018 年 1 月的活跃用户占所有母婴类 APP 的首位。

在此基础上，宝宝树依托社区建立的用户信任、近乎行业垄断级别的用户数据和应用场景，借力大数据技术深度洞察用户习惯和需求，进行“千人千面”精准智能匹配和推荐，形成营销闭环（见图 7）。

五、自主投资跳脱局限，着眼泛母婴需求

事实上，“宝宝树”近年来一直致力于跳脱最初母婴社区的局限，着眼于随着早期用户年龄增长而出现的年轻家庭“泛母婴”需求，以用户数据为导向，一系列自主投资都聚焦于消费升级中的家庭产业，进一步提高内容质量、完善社区生态，同时布局教育、线下零售等领域，向家庭综合服务平台升级（见图 8）。

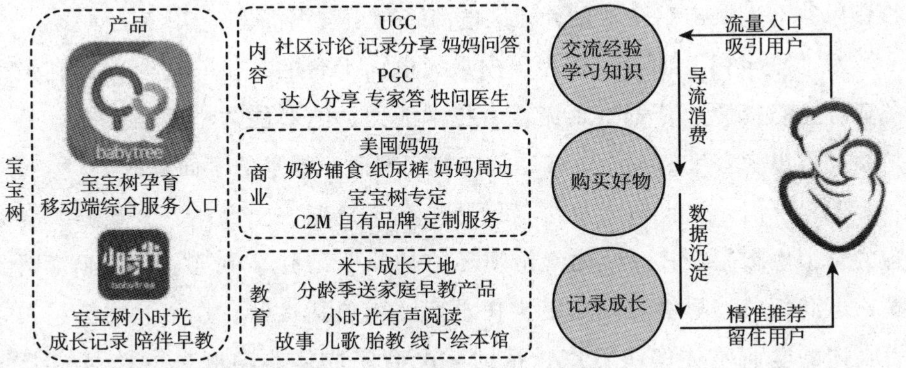

图 7 “宝宝树”营销闭环

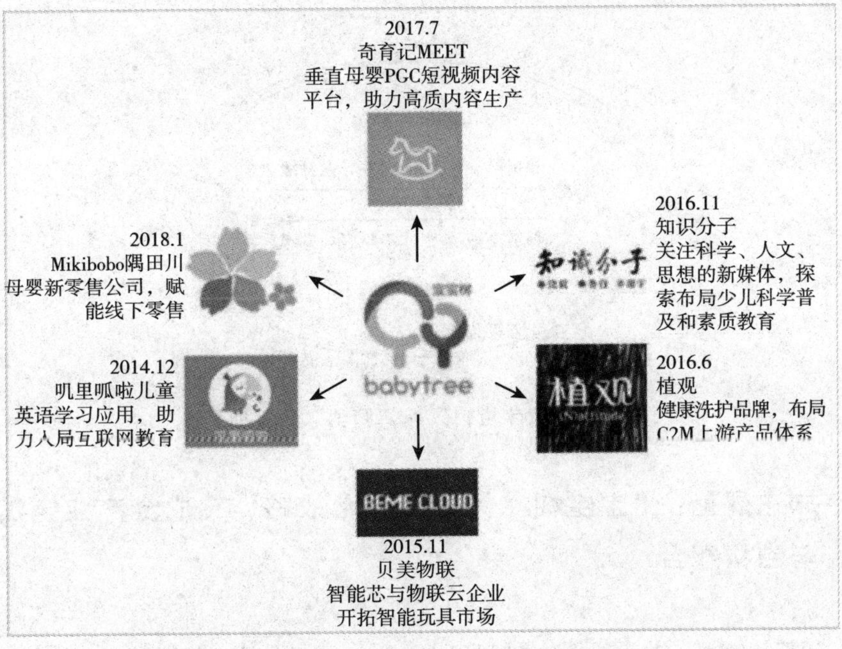

图 8 “宝宝树”的拓展

六、高位牵手阿里，联手打造全球母婴消费服务生态圈

对阿里而言，“宝宝树”经过多年探索已形成相对完整的社区生态。此次阿里投资便是看中其“流量池”效应，意在运用它对精准用户的吸引力，强化流量入口优势，同时加强自身在社交电商领域布局，从内容导向消费升级，以对抗京东、拼多多等依然停留在产品导向阶段的电商平台，这一

投资思路与近期出手全球最大社区电商平台小红书如出一辙。

对“宝宝树”而言，作为国内最大电商平台的阿里，在全球拥有强大的业务生态资源，其资本、流量、技术能力、电商能力、营销生态、服务体系都可以为宝宝树赋能，帮助宝宝树实现商业能量的全面释放。

营销层面，宝宝树未来可借助阿里在全链路、全媒体、全数据、全渠道的营销生态，在其社会化营销闭环的基础上，引爆年轻家庭产业营销变革；电商领域，阿里可以向宝宝树电商注入包括运营、技术、物流、人才等在内的电商整体解决方案，帮助其电商完成体验与服务的跨越式升级（见图 9）。

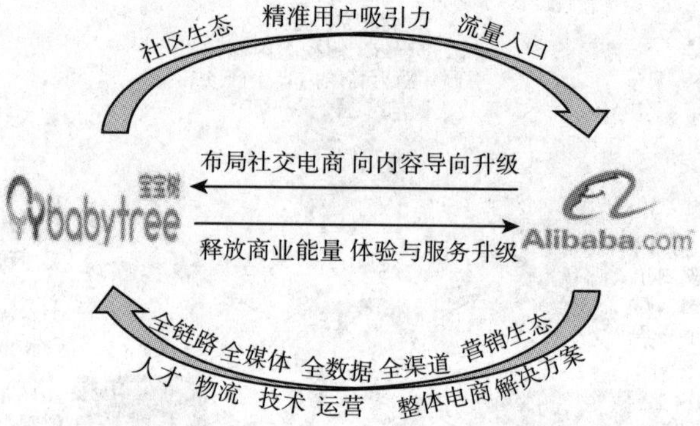

图 9 “宝宝树”和“阿里”的互助

七、未来展望：“宝宝树 +”开放平台战略，完成全产业链赋能与结构整合

2017 年底，“宝宝树”在其 IGO（Innovate · Grow · Open）大会上宣布：作为中国年轻家庭领军企业，“宝宝树”将继续以内容、产品、商业、教育四大业务板块，打造“宝宝树 +”开放平台战略。

透过该战略，“宝宝树”将延续其以社区带电商的模式：社区方面上线“宝树号”及大健康系列产品，进一步扩大社区的流量导入、消费导出能力；电商方面则在 C2M 定制化零售及教育服务提供等方面发力，以中国年轻家庭的消费升级为支点，完成全产业链的赋能与结构整合（见图 10）。

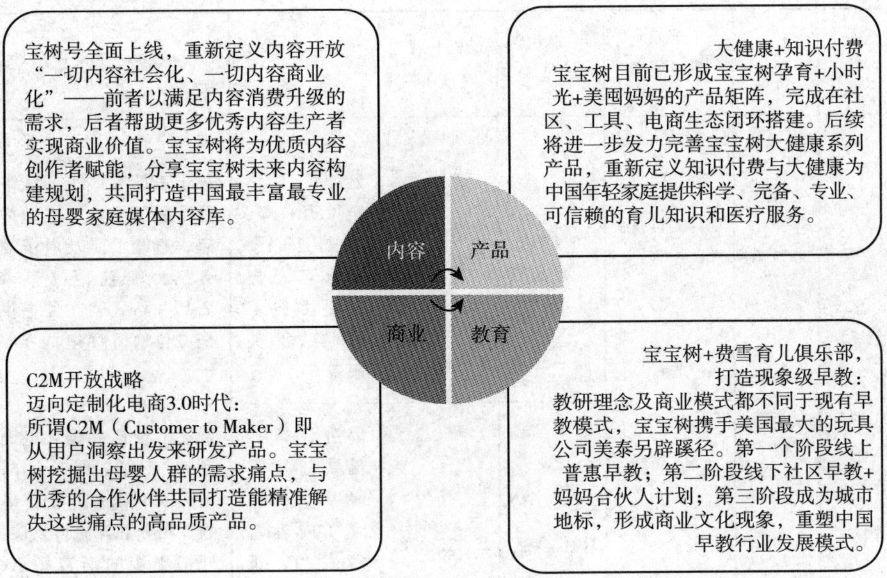

图 10 “宝宝树”模式

八、竞品分析

“宝宝树”此轮融资前，“孩子王”以估值 15.82 亿美元排在其之前；“蜜芽宝贝”与“贝贝网”均估值 10 亿美元。此轮融资后，“宝宝树”在垂直母婴领域估值拔得头筹，行业逐渐呈现以“宝宝树”“孩子王”“贝贝网”和“蜜芽”为主的“四国演义”，头部效应加剧（见表 1）。

表 1　母婴领域主要公司比较

	成立时间	融资情况	估值	APP 下载量（次）*	特点	业务及产品
babytree	2007.03	2018.06.04 战略投资亿元及以上	22 亿美元	14 471 328	社区带电商内容生态刺激衍生消费，消费场景覆盖知识付费、商品零售、教育等	宝宝树生态涵盖社区、电商、教育、健康等多个母婴相关领域，精准满足妈妈用户和年轻家庭对于知识获取、交流交友、记录成长以及消费购物的需求。

续表

	成立时间	融资情况	估值	APP下载量（次）*	特点	业务及产品
kidswant 孩子王	2009.01	2016.12.09 新三板未透露	15.85亿美元	2 345 120	线下向线上延伸；全渠道布局，优势互补，实体店可提供更多线下母婴相关服务	孩子王拥有线上、线下两个服务平台，连锁门店、直购手册及电子商务三大渠道，主要从事商品一站式购物并提供全方位增值服务
蜜芽 mia.com	2011.10	2016.10.38 E轮 1亿美元	10亿美元	5 222 878	以进口折扣母婴商品零售切入，后续在内容营销发力，正逐步向综合服务提供商转型	蜜芽不仅拥有线上电商业务，还通过线下合作，向教育、医疗、旅游等领域跨业纵深融合发展，开拓更多的消费场景，从自营进口母婴商品限时特卖电商逐步向综合婴童服务商进化
贝贝网	2014.05	2016.6.16 D轮 1亿美元	10亿美元	—	以母婴相关非标品切入，坚持商品零售，扩充品类，自营与平台并重	贝贝由非标品的童装童鞋品类切入逐渐加入奶粉尿裤等标品自营，拓展跨境电商，坚持平台和自营并重不断扩充品类，正在建立一个可控的开放性的母婴特卖平台，且开始着手布局金融

激烈的市场竞争下，各厂商都在围绕用户需求进行跨界融合发展、内容创新、渠道拓展及自主品牌研发等，以打造自身竞争壁垒。

未来，母婴生态市场布局将成为各大母婴厂商关注的焦点，并不断向早教、医疗、亲子等细分领域衍生，如何挖掘自身资源、构筑产品生态并发挥协同作用是当前互联网母婴厂商需要解决的关键问题。

同时，实现线上线下资源整合、优势互补以完成新零售业态布局；由单一的妈妈人群向泛母婴用户人群辐射，都将成为行业新风向。“宝宝树”要想常青，必须继续完善其生态布局，充分利用目前积累的大量用户数据，以大数据为指导，以社区带电商，重点打造优势业务，同时落实战略升级目标，抢占优质线下资源，赢得新零售线上线下布局优势。

主笔：胡安琪

资料收集：戴家俊、何佳怡

想成为《投融资观察》报告创作团队的一员吗？微信扫描本书第381页二维码，现在就加入我们吧！

No. 21

小红书不“小”，估值30亿美元的社区故事

2018年6月1日，海外购物分享社区电商小红书完成D轮超过3亿美元融资，估值超过30亿美元。本轮融资由阿里巴巴领投。此外，金沙江创投、腾讯投资、纪源资本、元生资本、天图投资、真格基金、K11郑志刚在内的新老投资人全部参与了此轮融资的跟投。据悉，小红书此轮募集的资金将主要用于扩大和升级团队，继续加大在产品技术方面的投入，尤其是算法分发方面的基础设施建设，为用户规模的不断增长做更好的储备。

从2013年的8月创立至今的5年间，小红书从只服务于香港购物的女性的冷启动阶段，用户客群逐渐扩大，变为服务对海外购买感兴趣的女性用户，再扩展为服务足不出户买跨境商品的网购用户，最后小红书演变为今天的生活方式分享平台。小红书的客群越来越多元化，社区也越来越大（见图1）。

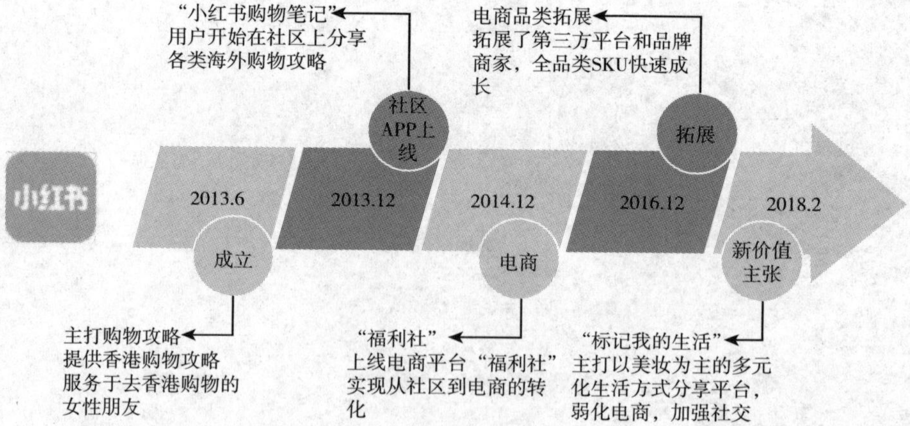

图1　小红书用户发展历程

一、UGC社区运营，构建内容护城河

本轮融资小红书受到如此多的资本方青睐，其背后的核心就是小红书自身的UGC社区内容和生产社区内容中年轻用户群体的消费力量。

小红书社区上的“笔记”内容以美妆、护肤、服饰为主流，涵盖健身、旅游、读书等多种类型的tag，形式有图文和短视频。笔记从早期“分享”美妆、个护等实物，到如今“标记”美食、旅行等泛生活方式，这种集晒生活、商品测评、种草等功能于一体的社区形态对于年轻女性用户颇具黏性。目前，小红书社区上月活跃用户数已经超过3 000万人。

二、谁在创造内容：“90后”新锐女孩

小红书的主要用户是来自一二线发达城市，爱美、追求精致生活的“90后”年轻女孩。这些追求生活品质的女孩，对于彩妆、服饰等一系列产品的消费欲强，消费能力高，正是小红书对应垂直领域的目标客户（见图2）。

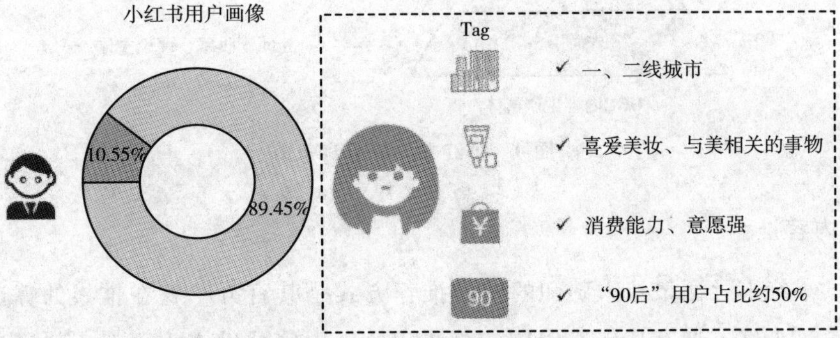

图2　社区运营的核心：原创内容的生产与分发机制

说到社区就不能不提到小红书的社区运营战略，小红书的社区运营构成了一个用户内部留存的闭环，而其中的关键环节正是内容生产和内容推荐（见图3）。

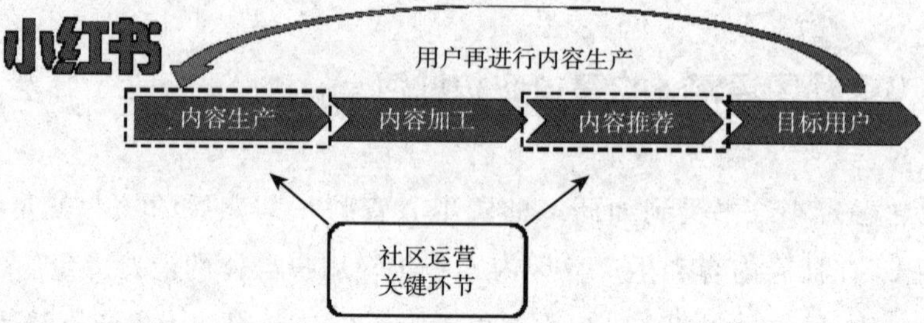

图 3

▶ 内容生产

小红书的一般用户构成了内容生产的主体，同时也是评论、收藏、转发、互动等社区基本事项的主力军；而达人用户则是小红书优质内容的生产者，中坚力量；官方用户是二次内容加工生产的主力；明星用户发布的笔记借助影响力获取大量粉丝。这些优质的生产者和他们所在平台生产出的内容是别的竞争者所无法抄袭的小红书的核心竞争力（见图 4）。

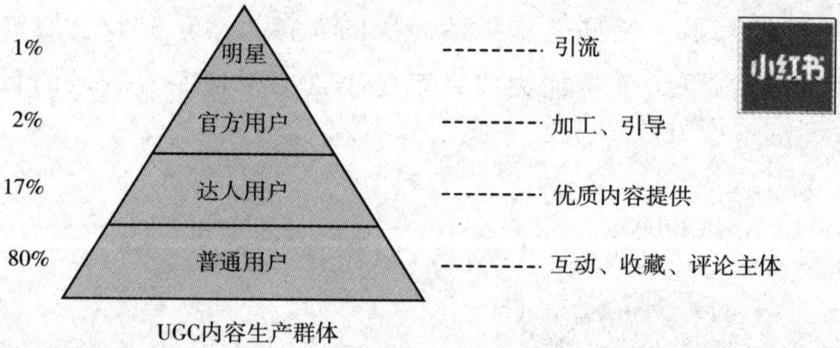

图 4　小红书的核心竞争力

▶ 内容推荐

小红书社区最让人熟知的内容推荐方式是其官方一直在推崇的算法式推荐。小红书拥有从硅谷回国的算法团队，内容分发实力不亚于抖音。当用户在平台上留下足够多的浏览数据后，小红书会根据用户的喜好推荐不同的内容，或是推荐相似内容以此增加用户留存。与此同时，小红书的算法分发也决定了不同类型用户笔记的首页露出，加强了社区对 KOL 的掌控力度。

三、从社区笔记到垂直社交电商的业务闭环

▶ 从笔记“种草”到“拔草”的流量变现

在 2018 年之前，各类媒体报道小红书时总是会指出小红书不同于一般社区 feed 信息流从广告主手中获取盈利的模式，是一个从试用者笔记“种草”到社区用户讨论，再到顾客“拔草”下单，最后回到笔记“种草”的商业闭环，是非常成功的流量变现（见图 5）。然而，事情真的有这么顺利吗？

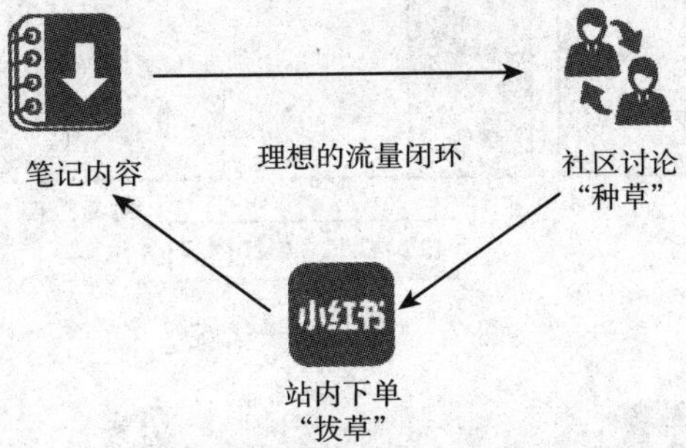

图 5　报道的商业模型

▶ 真相：电商业务体量小，供应链能力弱

从图 6、图 7 中可以看出，小红书与天猫国际、网易考拉等真正意义上

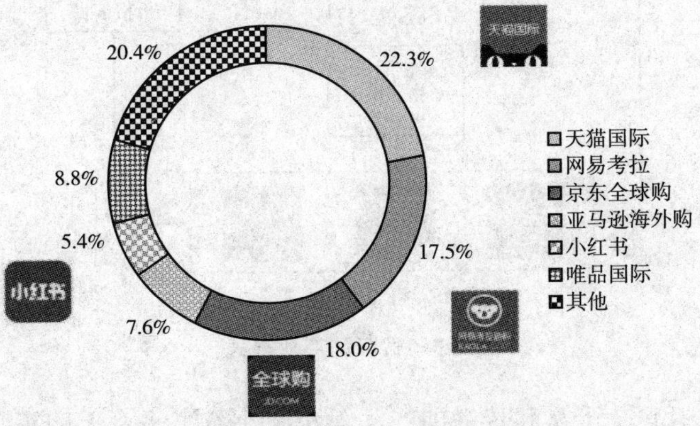

图 6　2017Q2 跨境电商市场销售额占比

的跨境电商相比，自身的销售体量非常小，仅占市场的 5.4%。再对比市场份额和 DAU 的体量可以发现，尽管小红书 APP 的 DAU 是网易考拉的约 3.5 倍，然而，小红书的市场份额仅为网易考拉的不到 1/3，可以非常清楚地说明小红书的社区与电商能力并不匹配，从“拔草”到“种草”的业务闭环只是一个理想状态（见图 8）。

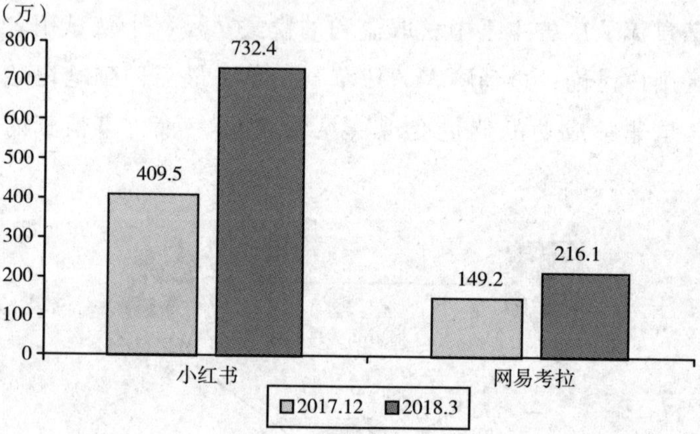

图 7　DAU 增长情况

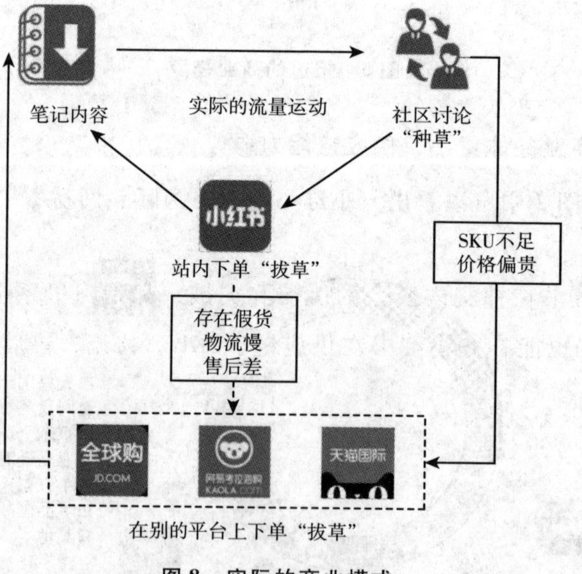

图 8　实际的商业模式

大量在社区上分享和传播的产品无法在小红书平台上购买，用户需要前往天猫、京东、网易考拉等供应链和仓储能力较强的其他网站购买。小红书采用这种以社区内容为中心的电商模式就意味着平台的 SKU 和 GMV 增长明显慢于其用户增长。

因此，在采购、议价能力、供应链管理和售后客户服务等方面，目前还没有看到小红书平台的规模效应。有客户反馈在小红书上购买的商品存在物流运输时间长、售后服务困难等情况。很多在小红书商城内能够购买的商品，与天猫、考拉等相比也缺少价格优势。

▶ 获客：明星与综艺带来大量流量

小红书曾通过明星入驻和综艺广告的投放用户数快速增长，由 2017 年度 12 月的 410 万 DAU 快速增长至 2018 年 3 月的 730 万 DAU，目前累计用户已达到 1 亿。

目前小红书上经过身份验证的大小明星超过了 150 位。而对小红书来说，营销真正的爆发点还是赞助综艺节目，它连续成为网络综艺“偶像练习生”和“创造 101”的次席赞助商。据了解，两者的投放金额均在千万元级别。这两档综艺作为上半年的现象级的综艺之一，无论哪个都是超级话题，在网络上非常火爆。从百度指数中可以明显发现在“偶像练习生”和“创造 101”的播出季，小红书的搜索热度暴涨。

▶ 阿里领投：双赢互补

本次领投入局小红书，阿里无非是看重小红书的两大优势：

（1）从流量上考虑，小红书年轻用户群体是阿里系电商正在发力抓住的目标群体；

（2）小红书在社交内容上的沉淀和突破，都是阿里系电商所欠缺的。而阿里的入局也能补齐小红书在供应链、SKU、物流、售后等诸多领域的短板，进而有望达成双赢（见图 9）。

图 9 “阿里”和“小红书”

四、流量与内容的天平：分享型社区绕不开的问题

综上，小红书本质是一个社区为主、电商为辅的结合体。社区目前是未来也将会是小红书的中心和重点。但是在社区的打造和维护上，小红书也面临如下挑战：

▶ 真实性与商业的平衡

社区的关键要素在于需要保证用户社区笔记的真实性。一旦部分笔记缺失了真实性沦为广告，化妆品作为一个用户黏性相对较低的品类，很容易流失用户。

▶ 大量新用户涌入的挑战

明星综艺宣传确实为小红书带来了流量。但大量粉丝涌入会在某种程度上破坏社区原有的氛围。当用户数量上升之后，是否会如同知乎一样内容质量出现明显下降？社区变成了明星卖货、粉丝追捧的地方，原创内容受到挤压，在一定程度上很可能导致社区原有用户群体流失。

▶ 小红书通过明星带来的流量增长究竟能持续多长时间

当这些明星与小红书签约的商业行为结束后，明星带来的粉丝是否会随着明星的离开而转战下一个平台？长期来看，这些流量又具有多强的持续性？这些问题，都需要等待小红书给出答案。

主笔：何艺展

资料收集：贺霖、李明坤

想成为《投融资观察》报告创作团队的一员吗？微信扫描本书第381页二维码，现在就加入我们吧！

No. 22

金融科技服务与投资并重的蚂蚁金服——马云的第二个“帝国”

2018 年 6 月 22 日，中国保险行业信息披露显示，太平洋人寿将对蚂蚁金服进行投资，目前已处于实际出资阶段，金额达 16 亿元。两者之后将加强在互联网保险领域的合作。

一、摩拳擦掌，为 IPO 做好准备

在获得太平洋保险的 16 亿元人民币之前，蚂蚁金服早已获取了一系列巨额融资。2018 年 2 月 1 日，阿里以战略投资者的身份获得蚂蚁金服 33% 的股权，理顺了两者之间的股权关系，为上市做好铺垫。2018 年 6 月 8 日，蚂蚁金服对外公布获得 140 亿美元的新一轮融资，这也是迄今为止最大的一笔私募融资（见图 1）。除融资外，2018 年 4 月 9 日，蚂蚁金服原董事长

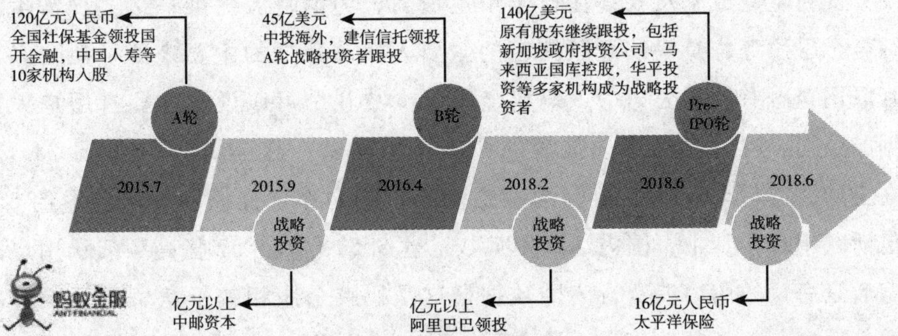

图 1　融资历程

彭蕾卸任，由CEO井贤栋接替职位，尽管蚂蚁金服态度模糊，可以认为，近期的这几轮融资是蚂蚁金服IPO前的最后准备。

二、大数据基础上，层层支持的商业模式

关于蚂蚁金服，人们最熟知的，是呈现在手机上的支付宝应用。然而，支付宝并不等同于整个蚂蚁金服。蚂蚁金服的业务结构是一个四层的业务体系：底层的技术和数据支撑，第二层的体系工具，第三层的产品应用，最顶层的场景流量入口（见图2）。

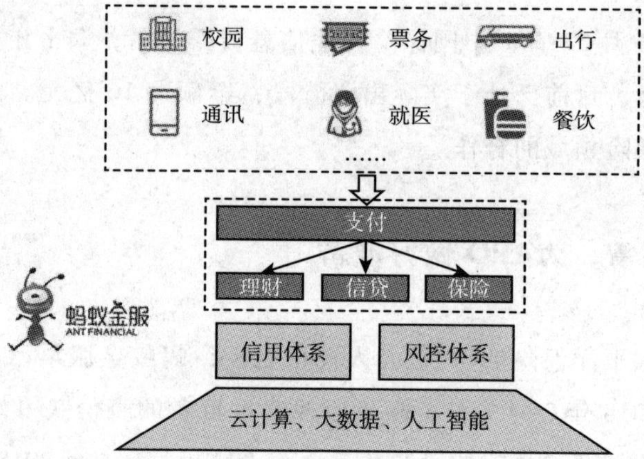

图2　蚂蚁金服体系

▶ 支付：全领域覆盖，流量导入引流

支付宝完成了从衣食住行全渠道覆盖，为消费者提供一站式日常生活综合金融服务，是蚂蚁金服获客的主要入口和数据的主要来源。在众多与互联网金融有关的公司中，蚂蚁金服是少数几个可以说自己拥有用户大数据的公司。阿里巴巴此前披露的业绩报告显示，截至2018年3月31日，在全球，支付宝（蚂蚁金服的主要业务）和合作伙伴们已经服务了约8.7亿活跃用户，其中，国内活跃用户数已达5.52亿。5.52亿高频活跃用户的背后是海量的用户消费行为的数据，这是蚂蚁金服相较于竞争对手极大的竞争壁垒，也是它估值高企的主要原因。与此同时，依托众多的活跃用户，支付宝上的第三方支付还成功为蚂蚁的财管、信贷、保险、信用等多个体

系赋能和导流。

▶ 财管：管理体量已超中国银行

蚂蚁金服的财富管理体量也不容小觑，蚂蚁金服的资产管理规模已超过2.2万亿元人民币（合3 450亿美元），这将使蚂蚁成为世界上最大的消费财富管理平台，其中，余额宝的资产管理规模在2018年6月就已经达到达1.86万亿元人民币，规模已经高于中国银行1.79万亿元人民币的家庭活期存款总额（见图3）。

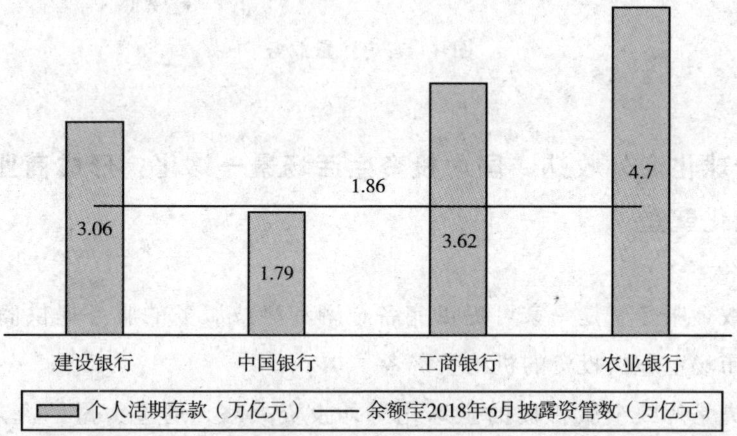

图3　余额宝VS四大行

▶ 信贷：以淘系商家为主构成的优质征信体系

信贷是蚂蚁金服的又一大利器，除去花呗、借呗对于C端客户的信贷支持，信贷服务之于蚂蚁金服更重要的意义是为直属的淘系商户提供信贷支持，便利资金的周转和流通（见图4）。目前，天猫上超过60%、淘宝上40%～50%的商家都在使用支付宝的信贷服务。而在这些商户中，超过80%的信贷使用额度都在数千元之内，加上入驻于天猫、淘宝平台内，信用体系完备，整个信贷过程不需要任何第三方的参与，风险极低。由此形成的淘宝内部封闭的征信体系拥有的是大量传统银行所难以采集到的小B商户的信用数据，银行将不得不与蚂蚁金服开展一系列合作。

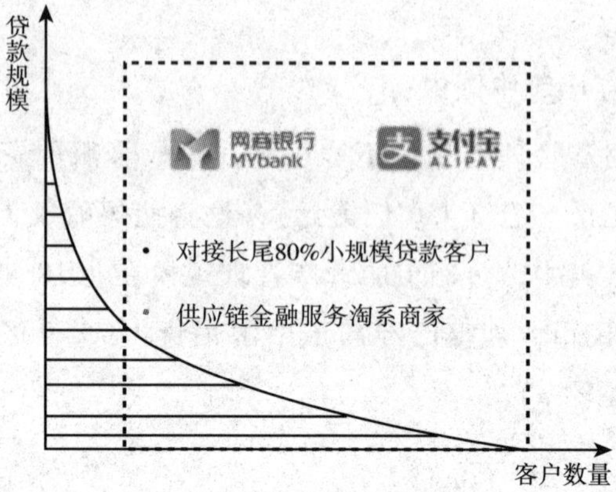

图4　客户数量业务

三、全球化海外收购+国内投资生活场景一体化：形成商业生态，强化壁垒

蚂蚁金服除了是一家可提供完备金融和科技服务的服务提供商，还是一家在市场上积极投资的机构投资者。

首先是蚂蚁金服积极的全球化海外投资战略，通过大量的海外收购，蚂蚁金服日益成为一家全球性企业。

蚂蚁金服进一步加强与阿里系的业务协同。目前已投资韩国互联网银行K－Bank，并在东南亚八国扶持本地支付宝钱包（印度 Paytm、印度尼西亚 Emtek、菲律宾 GCash、泰国 AscendMoney、新加坡 Hellopay、马来西亚 TNG、巴基斯坦 TMB、孟加拉国 Bkash），同时与日本最大电商平台乐天、美国在线支付公司 Stripe、欧洲退税机构瑞士环球蓝联、韩国互联网领军企业 Kakao 达成了战略合作（见图5）。

其次，蚂蚁金服在国内市场上也正积极投资打造自己的生态图谱。2014～2018 年蚂蚁金服在国内进行了超过 66 笔投资，投资对象涉及文化娱乐、企业服务、金融、本地生活、汽车交通、教育和房产服务等领域（见图6）。

这样的投资版图让蚂蚁金服拥有了一个完善的、不仅限于金融科技的商业生态，强化了它的护城河，能够在多元场景上获取各类的消费和支付

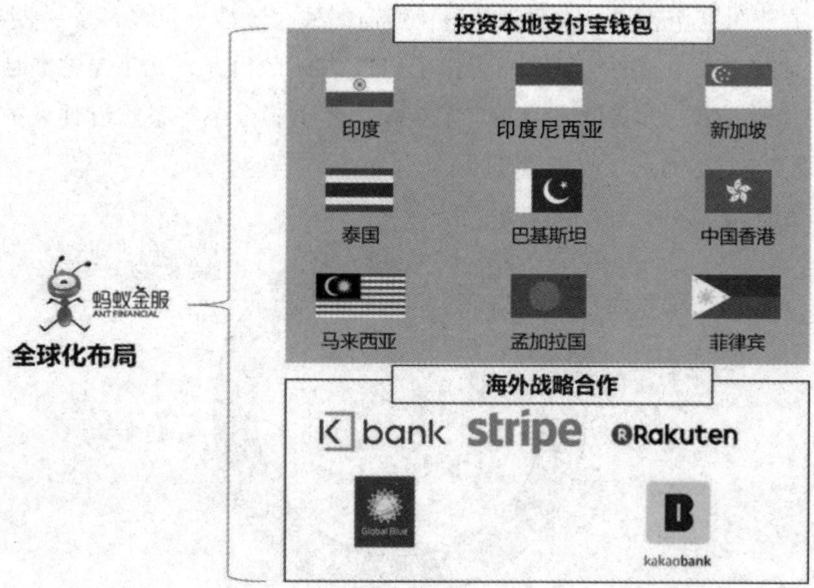

图 5　国际合作

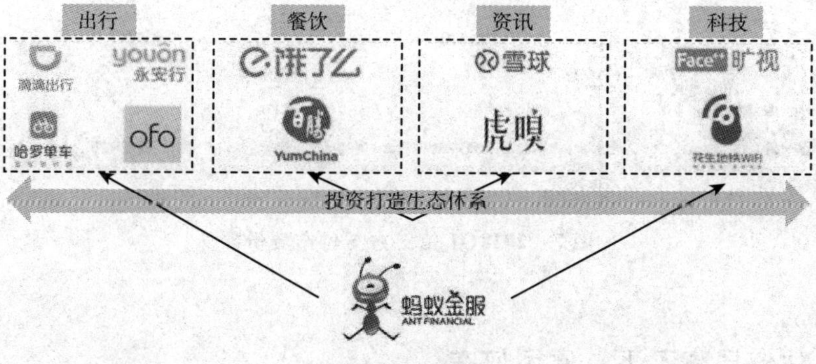

图 6　国内投资

数据，形成自己独特的生态体系，进而很难被复制和超越。

四、竞品比较，业内独一无二的老大

很难说蚂蚁金服有真正意义上的竞争对手，毕竟集支付、理财、信贷、保险、信用五大产品线于一身并且还具有全球 8.7 亿活跃用户的金融服务提供商仅蚂蚁金服一家。与竞争对手相比，蚂蚁的支付产品和理财产品最为突出。

在支付这个入口，仅腾讯的财付通与蚂蚁金服的支付宝可以一较高下，二者加起来在中国的支付市场占据了超过 90% 的份额，几乎是垄断性的存在，其他的第三方支付公司如京东金融、度小满金融等很难有伸展的空间（见图 7）。

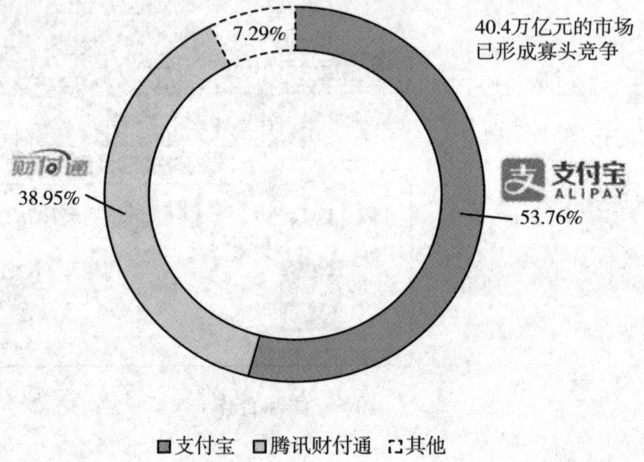

	蚂蚁金服	腾讯金融
支付活跃用户	8.7亿元	8亿元
中国支付市场份额	53.76%	38.95%
支付数据类型	与消费零售、网页浏览有关的数据为主，偏向B端	内容与交互类的社交型消费数据为主
财富管理份额	22 000亿元	3 000亿元

图 7　2018Q1 第三方支付市场份额

五、估值居高不下，原因何在

蚂蚁金服有多贵？目前三家知名投行已经分别给出了自己的专业判断：

三家的估值相差不大，在 1 500 亿 ~ 1 650 亿元，这相当于阿里巴巴母公司刚刚上市时的市值（见图 8）。以最低值来看，蚂蚁金服的估值仅次于当下苹果、谷歌、微软、亚马逊、腾讯、阿里等 8 家世界互联网巨头（见图 9）。蚂蚁金服估值居高不下的逻辑何在？

蚂蚁金服 1 550 亿美元的估值显然高于海外的最大竞争对手——已上市的第三方支付公司 PayPal 1 000 亿美元的市值，并且在未来上市之前仍有 2 ~ 3

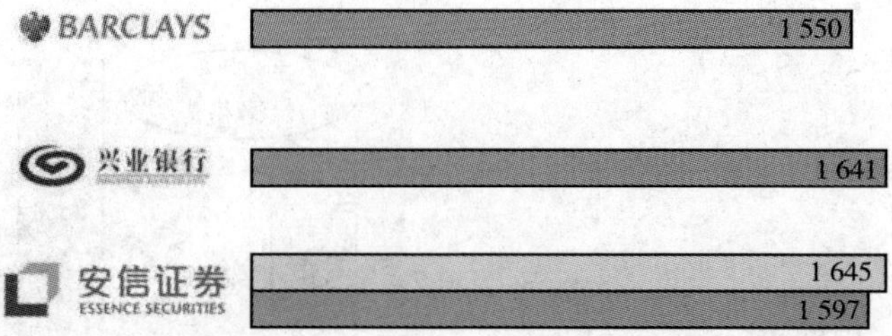

图 8　投行对蚂蚁金服估值（亿美元）

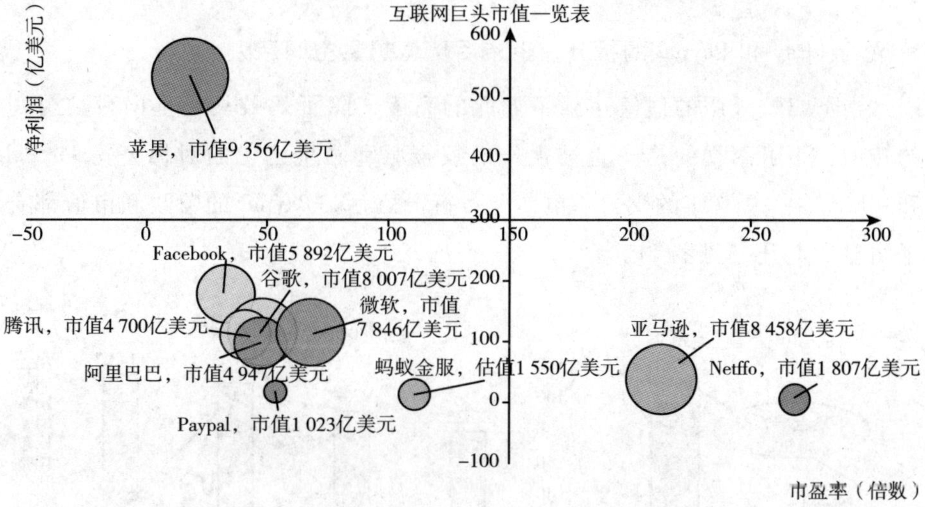

图 9　从金融向科技转型升级带来的更大升值空间

倍增长的可能。它不是一家第三方支付公司，也不是一家单纯的互联网金融公司，而是一家赋能所有金融实体、中小企业甚至中大型企业的金融服务商。一系列金融服务背后的基础是蚂蚁金服的高科技积累。事实上：支付业务净利润率非常低，费率仅 0.5%，金融业务净利润率为 30%，而技术服务的净利润率却高达 60% ~65%（见图 10）。

2015 年时，蚂蚁金服来自技术服务的收入仅占全部收入的 14%，是三项收入中占比最少的。到了 2017 年，该部分收入占比就超越金融服务，占比达到 34%，与第一位的支付收入比例差距逐渐缩小。预计到 2021 年，技术服务收入将上升至蚂蚁金服总收入的 65%，成为收入支柱。

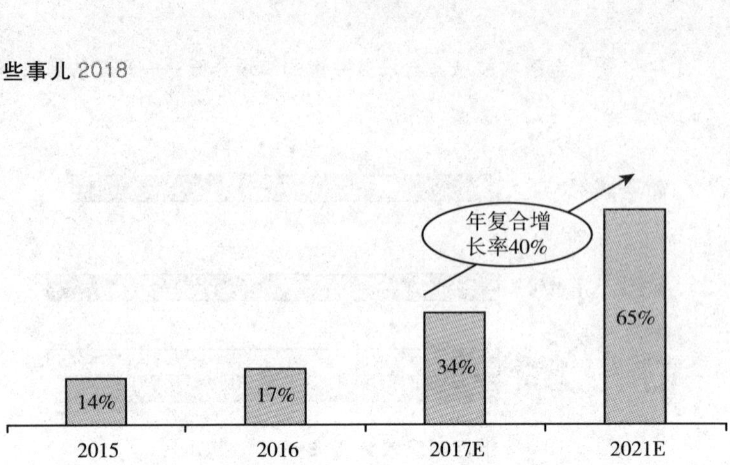

图 10　技术服务占蚂蚁金服总收入比重

▶ 对标 eBay 和 Paypal 的拆分，上市后增值想象空间巨大

当下蚂蚁金服的估值达到了如此的高度，除了蚂蚁战略上向科技公司的转型，不可忽视的是一直被视作蚂蚁金服和阿里巴巴的对标公司 PayPal 和 eBay。在 2015 年的支付与电商业务拆分之后，Paypal 的营收和市值都有了明显的上升（见图 11）。

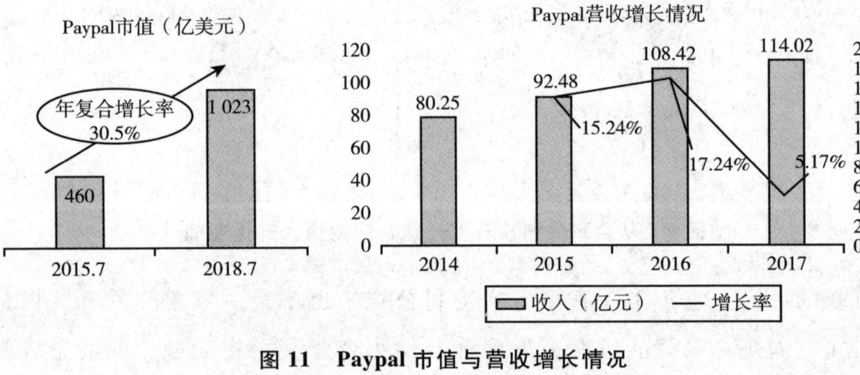

图 11　Paypal 市值与营收增长情况

当下，阿里和蚂蚁拆分已于 2018 年初完成，上市之后蚂蚁的市值也让人充满了想象力，这也是本轮估值高企的原因之一。

▶ 风险：与阿里的关联程度过高，存在一、二级市场倒挂的可能

尽管估值高达 1 550 亿美元，蚂蚁金服的估值仍然可能面临价格上的风险和压力，主要受到两个方面因素的影响。

其一是与阿里巴巴的关联程度过高。尽管根据业内人士的消息，蚂蚁金服仅 7% 的收入直接来自阿里。但是，阿里巴巴对于蚂蚁金服整体收入的

影响是至关重要的，一旦失去阿里巴巴的“背书”，蚂蚁金服将可能失去大量客户。除此以外，蚂蚁金服与阿里巴巴的关联关系，如不详细披露清楚，最后也可能在上市时面临一系列合规问题。

其二是近期一批内地“独角兽”企业存在的一二级市场价格倒挂的情况。2018 年初，坊间流传小米估值接近千亿美元，然而最后小米在香港上市时发行市值仅 490 亿美元，开盘首日即出现破发。且之前在港股上市的平安好医生、众安在线、雷蛇、易鑫集团，目前股价已纷纷跌破发行价，市值大幅缩水。这些案例也极有可能对蚂蚁金服未来的估值带来风险和不确定性。

主笔：何艺展

资料收集：贺霖、李明坤

No. 23

VIPKID 再创在线教育最高融资纪录，5 年行业领跑者如何练就

6 月 22 日，VIPKID 宣布完成 5 亿美元 D + 轮融资，此次融资由全球知名投资管理机构 Coatue、腾讯公司、红杉资本中国基金、云锋基金携手领投，主要用于招聘北美外教、储备技术和产品人才以及全球业务布局三个方面。本轮融资后，VIPKID 估值超过 200 亿元。

VIPKID 成立于 2013 年 10 月，专注于 5 ~ 12 岁少儿英语教育，采用跨时空纯北美外教一对一线上授课模式，运用浸入式教学法，让中国小朋友实现“美国小学在家上”。

一、往期观点回顾

云师兄平台 2017 年 9 月曾对 VIPKID2 亿美元 D 轮融资进行观察报道（见图 1）：

线上与线下的选择问题，长期以来都是 K12 教育模式的困扰，对于 3 ~ 6 岁低龄儿童受众的刚性英语学习需求来说，浸润式线下小课堂教学是市场普遍认可的模式。作为破格者的 VIPKID 反其道行之，主打“1 对 1”在线直播互动课堂，却大获成功。除了移动互联网发展、网上支付习惯养成、新一代家长教育观念改变、“00 后”儿童触网比例高等外部利好因素外，根本在于其极具前瞻性及创造性的商业模式：跨时空共享教育资源，将优质北美外教与中国 1.5 亿儿童连接；建立在高质量内容和独创性自主约课、评价反馈体系基础上的绝佳口碑。

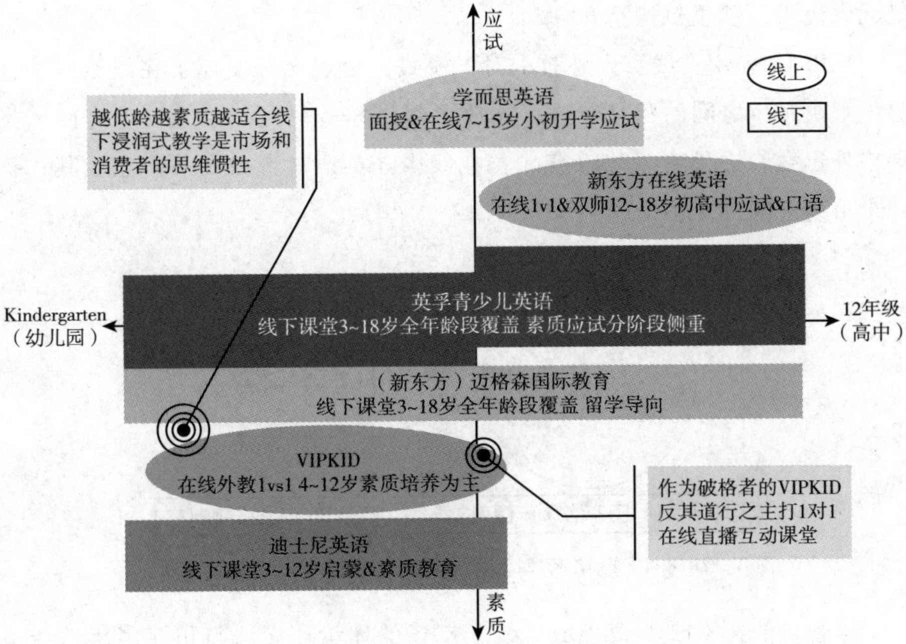

图 1　“2017 第十五期”——高金投融资观察

二、行业定位

► K12 在线英语培训赛道的种子选手

“K12” 全称 “Kindergarten to 12”，意指美国教育体系中的幼儿园到 12 年级，在中国通常指小学到高中学段，也泛指幼儿园到高中。得益于 K12 教育领域庞大的用户基础及新生儿人口红利，中高考、留学申请等人才选拔政策指导下的教育刚需，以及长达 12 年的用户生命周期带来的高续费率，该细分领域已占据整个教育市场 70% ~80% 的份额。

从内容角度，K12 教育可以分为学科辅导、英语学习等细分赛道。其中，英语是最受 K12 用户重视的课外辅导品类，81.4% 的 K12 家长报名了英语培训类课程。

2013 年，伴随着带宽扩容、4G 网络和智能终端的普及，巨头及资本进入，真正意义上的在线教育元年到来，K12 在线英语培训也表现出强劲的发展态势。2013 ~2017 年中国少儿在线英语教育行业累积吸引投资达 61.3

亿元人民币，参投机构达 60 家。

VIPKID 采用在线真人外教 1 对 1 模式，由于充分发挥了在线教育的优势，解决师生之间的及时交流、外教老师供需等问题，备受资本青睐、发展格外迅猛。中科院《2017 年中国在线少儿英语教育白皮书》显示其占据 55% 市场份额（见图 2）。

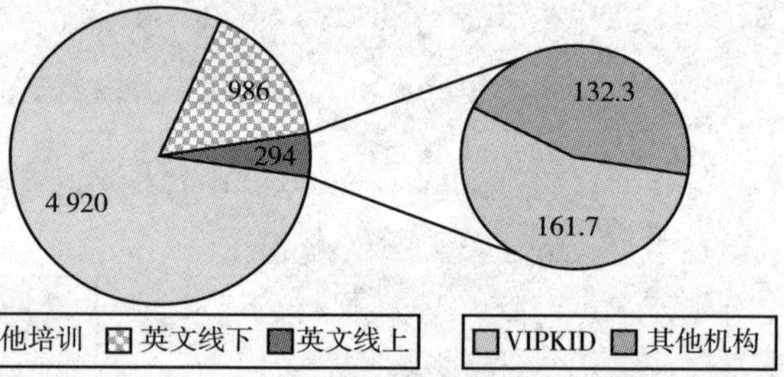

图 2　2018（E）年 K12 教育及其细分领域市场容量（亿元）

尽管目前在 K12 英语领域，线上市场的体量还无法与积淀多年的线下市场相提并论，然而随着线下机构成本结构不合理、辐射半径有限、优质核心资源缺乏、市场格局极度分散等发展瓶颈逐渐显现，其增速必将放缓。加之线上市场“初生牛犊们”来势凶猛，两者最终的市场容量可能相当。再类比线下新东方 + 好未来双巨头的现状，可以期待线上赛道将来也会出现 2 ~ 3 个头部公司，而 VIPKID 无疑是最被看好的种子选手。

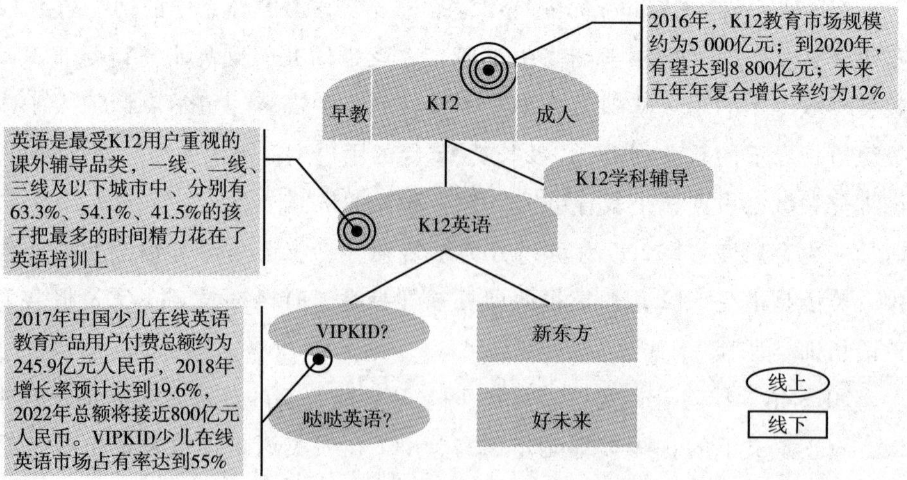

图 3　VIPKID 发展情况

▶ 成立 5 年，飞速发展，领跑赛道

成立 5 年即成为行业领跑者，在教育领域，VIPKID 的发展速度绝无仅有。数据显示，截至目前，VIPKID 平台北美外教数量超过 4 万名，付费学员数量超过 30 万名，遍布全球 35 个国家和地区，客户量增幅近 300%。2017 年 VIPKID 现金销售额达 10 亿美元，财年实际销售收入 2.5 亿美元，年同比增长 300%。VIPKID 在学员规模、营收、行业影响力等方面的成长速度远快于 K12 线下巨头前辈好未来（见图 4）。

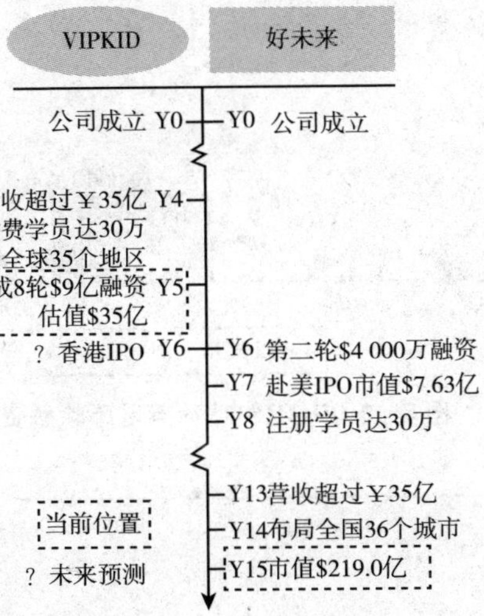

图 4　VIPKID& 好未来比较

这得益于线上模式“更加轻快”的天然优势：线上模式不仅免去了场地租金、水电、门店员工等固定成本；同时，在外教方面免去 Visa、外专证等合规问题纷扰，不受全职、任教时间、地域限制，使得线上机构可聘请的外教基数远大于线下，外教人员流失问题得以缓解、周转率明显降低，企业招募外教以保持现有运营体量的压力显著减少，不需要依赖第三方中介，加之兼职外教佣金本身就低于全职外教，又可以节省一大笔开支。

当然 VIPKID 的飞速发展远不仅仅因为线上模式的自带红利和后发优势，在同时期、同类型的线上少儿英语企业中，也是当之无愧的领跑者，从它成立至今的超强吸金能力中便可见一斑。

从 2013 年成立至今，VIPKID 共获得 8 轮投资，共计 9 亿美元，受到创新工场、经纬中国、红杉资本等多个知名投资机构的青睐，是科比旗下基金在中国战略投资的第二家公司；2018 年上半年中国 K12 教育领域融资总额约为 15 亿美元，VIPKID 一家便拿到市场上 1/3 的融资额，刷新了其 2017 年 8 月以 2 亿美元 D 轮融资创下的全球在线教育领域最高融资纪录（见图 5、图 6）。

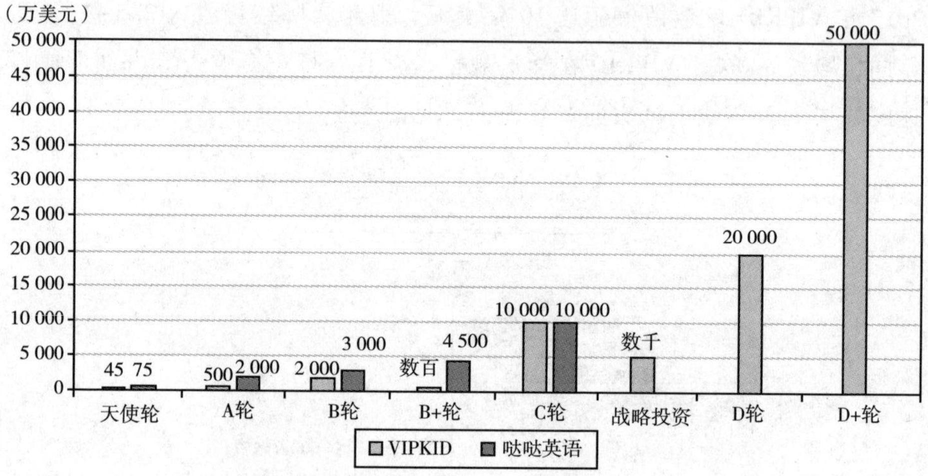

图 5　VIPKID& 哒哒英语历轮融资金额

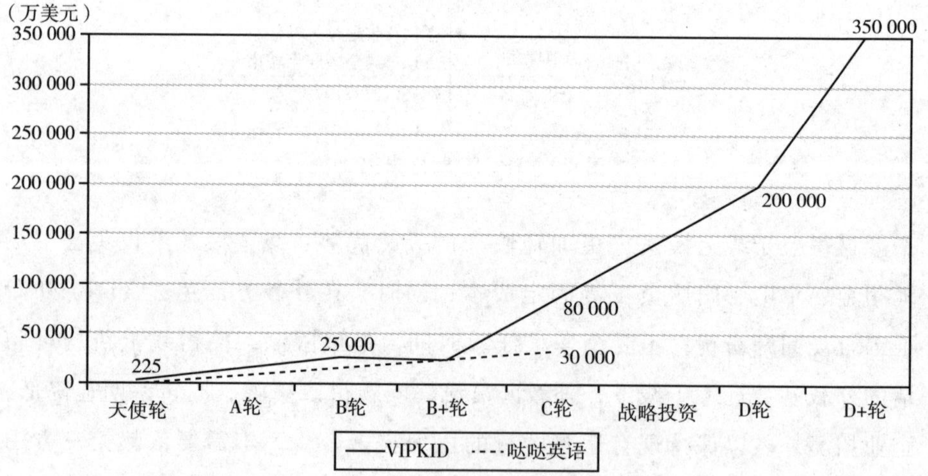

图 6　VIPKID& 哒哒英语历轮融资估值

三、品牌特色助力差异化竞争、双向口碑巩固优势壁垒

VIPKID 一路高歌猛进的背后，是它依靠跨时空共享教育资源的商业模

式、自主约课、评价反馈体系和高质量内容产出在家长、外教中形成的差异化竞争优势与极佳口碑（见图 7）。

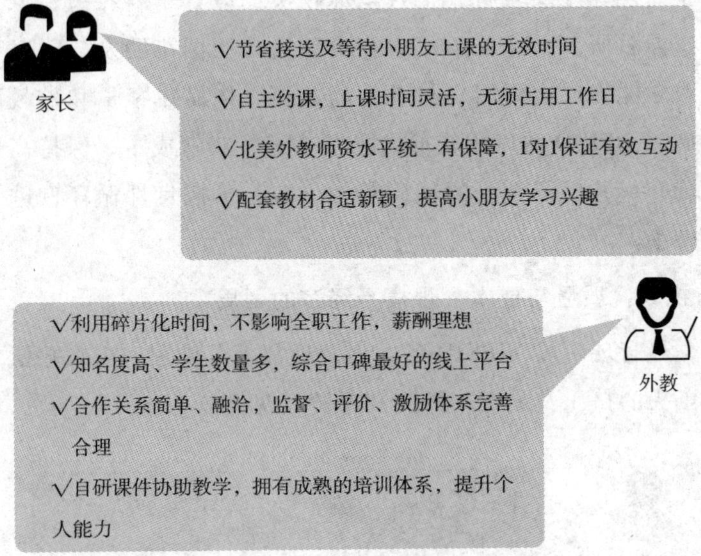

图 7　VIPKID 优势

▶ 共享教育资源实现促进优质北美外教供需平衡

VIPKID 用全球化 + 共享经济的思维构建了一个全新的商业模式：签约北美当地的外教，利用时差，使外教能够在非授课时间为中国小朋友提供课后英语教学。既击中鱼龙混杂的外教市场环境下中国家长的需求痛点，又给众多经验丰富的优质北美老师提供日常工作以外增加收入的有效途径。

▶ 自主约课评价系统提升用户体验、实现外教自适应淘汰制度

与传统固定时间、固定教师授课不同，VIPKID 采用自主约课的方式，用户可根据自身时间灵活安排、参考其他用户评价选择最喜爱的外教进行授课，并在课后对课程效果进行及时反馈。该系统一方面有利于提升家长端的用户体验及满意度；另一方面，配合外教薪水与课时、用户评价直接挂钩的赋薪模式，能够激励外教更加努力地提升教学效果以提高个人薪资，同时淘汰能力、态度不达标的“差评”教师，进一步保障师资质量，良性循环。

▶ 自编教材、自组研究院，发力教研打磨产品质量

VIPKID 拥有超过 200 人的团队负责内容研发，基于美国小学课程体系的标准自主研发课件及教材；整合全球顶尖的教育学科相关专家，成立北美研究院发力教研。以保证学习内容更加适合中国小朋友，同时帮助北美外教提升教学能力，达到用户与平台的共赢。依靠在家长和外教两端形成的良好口碑，VIPKID 得以用较低的成本获客、获师成本，保持高用户续费率、新客转介率并保证充足的优质外教供应，形成良性循环，进一步巩固自身优势壁垒。

▶ 未来与挑战：质量与成本，规模不经济的困局

不过，尽管现阶段 VIPKID 各方面表现都无可挑剔，未来它依然可能面临着线下巨头的挤压及最根本的盈利考验（见图 8）。

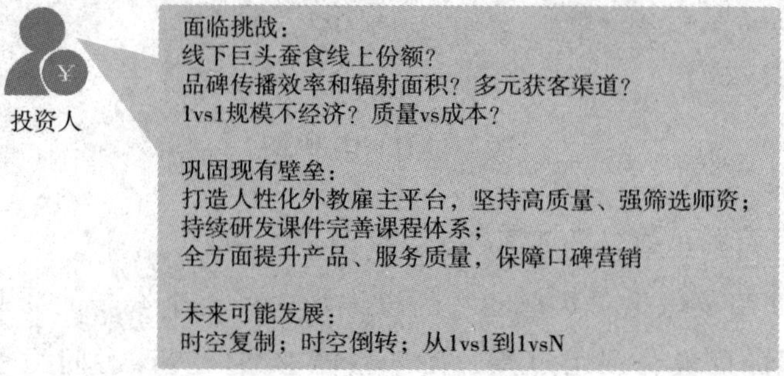

图 8　VIPKID 的挑战

时空复制即将连接中国小朋友与北美外教的模式平面化拓展到更多以英语为第二语言的国家，发挥国际化 + 共享经济的强大可移植能力，开发全球业务；时空倒转即反向化输出，发展教外国人说中文平台。2017 年 8 月 VIPKID 已开始尝试，发布了面向海外儿童的中文学习课程 Lingo Bus，运行 2 个月后，累计学生 1 000 名，对应老师过百人；而从 1vs1 到 1vs 多则是开辟多个层次的用户、增加市场渗透率，降低成本以增加盈利空间的必经之路，质量和成本的平衡取舍至关重要。

至于线下巨头对线上市场的挤压问题，短期内可以明确的几点是：线下依然是刚需，是不可替代的，头部玩家不会轻易放弃积淀多年、正处收割期的现金牛线下市场；这些玩家已经在保持线下为重心的基础上，涉足

线上市场并进行工具类的、以增值线下课堂为目的的尝试。线上市场的待印证属性，线上 & 线下的抗衡在长期势必带来新的整合与格局变动，可以说革命尚未成功，VIPKID 仍需努力。

四、估值探讨：5 年估值破百亿元，Coatue 和腾讯这样的投资里手，买贵了吗

本轮融资后，VIPKID 估值 35 亿美元，成为国内唯一一家估值超过 200 亿元人民币的教育类创业企业，对比早前在美上市的 51talk 的 2 亿美元市值，哒哒英语 2018 年年初 1 亿美元 C 轮融资后 3 亿美元估值，vipjr 及 vipabc 母公司 iTutorGroup 或计划明年赴港/美 IPO 的 20 亿美元估值，着实是来势凶猛、后生可畏。冷静下来不禁要问，市场火爆、资本狂热的背后，VIPKID 真得值 200 亿元人民币吗？

公司名称	市值（百万美元）	2017年实际收入（百万美元）	P/S
好未来	18 662.0	1 715.0	10.88x
新东方	14 314.0	2 232.8	6.41x
51Talk	186.3	125.5	1.48x
远程教育	324.0	134.8	2.40x

以上仅列举部分中国对标公司，省略部分外国机构如Chegg、大峡谷教育

以下统计包括外国机构

中位数	平均值
4.79x	5.49x

VIPKID	1190.0–1370.0	=250.0（2017年实际收入）	×	4.79x – 5.49x
	2874.0–3294.0	=600.0（2018年run rate*）		
	3500.0 ÷	250.0（2017年实际收入）	=	14.00x
		425.0（LTM*2017.7–2018.6）	=	8.24x

*run rate，指用过去一段时间的收入以简单线性变换估计未来一段时间内的收入，如2018一季度实际收入1.5亿美元，则估计全年实际收入1.5×4=6亿美元；
*Last Twelve Months，2017年下半年用全年实际收入2.5亿美元/2估算，2018上半年用run rate一季度1.5亿美元×2估算，即1.25+3=4.25亿美元。

图 9　市值比较

对标已经上市的网络教育平台公司，以价值收入乘数（P/S = 股票当前市值/销售收入）×销售收入计算：VIPKID2017 财年 2.5 亿美元实际收入，公司价值平均在 2.5 ×4.79 = 11.9 亿美元 ~ 2.5 ×5.49 = 13.7 亿美元之间；VIPKID 截止到 2018 年 4 月 run rate 6 亿美元，公司价值平均在 6 ×4.79 = 28.74 亿美元 ~ 6 ×5.49 = 32.94 亿美元之间，本轮估值合理。

从倒推静态市盈率的角度看，以 2017 年实际收入算得乘数 14.00x，以 LTM 算得 8.24x，本轮估值市场给予 VIPKID 的溢价水平远高于同行业其他企业，若考虑未上市私企的流动性折扣实际溢价还将被进一步放大。目前，整个市场对于 VIPKID 新颖的商业模式、已经取得的傲人业绩和未来成长性都相当认可，而 VIPKID 能否在一片叫好声中保持发展势头，持续领跑线上赛道、引领变革，我们拭目以待。

主笔：胡安琪

资料收集：徐梦、侯弈鹏

想成为《投融资观察》报告创作团队的一员吗？微信扫描本书第381页二维码，现在就加入我们吧！

No. 24

腾讯、阿里、万科共同入局，华人文化 400 亿元文娱航母驶向何方

2018 年 7 月 3 日，华人文化集团宣布完成由阿里、腾讯、万科领投，招银国际及其他国际金融机构跟投的近 100 亿元人民币 A 轮融资。此次融资股份占比为 25%，其中，腾讯和阿里为创始老股东，万科集团为新股东，投后估值为 400 亿元人民币。

一、行业背景：文娱创投遇冷，头部效应显现

▶ 一体化发展、线下文娱成行业新趋势

刚刚过去的 2017 年，文娱产业的创投遇冷。受政策等多方因素影响，文娱行业融资事件数在 2017 年出现断崖式下跌，不过，尽管数目腰斩，总金额并未出现大幅下降，华人文化本轮超高额融资也印证了“寒冬”中的资本并未撤离，而是趋向于投入头部企业，马太效应显现。

目前，市场已经形成“内容—渠道—变现”三个层次的完整商业生态闭环，而 IP 无疑是整个生态闭环的核心，IP 在产业链各业态间不断流转、互动、优化，呈现各种内容形式。一个典型 IP 的成长路径包括 IP 源头（文学、漫画）加工孵化→演化发酵、扩大影响力（改编电视剧、电影、动画、综艺）→衍生变现（游戏、衍生品、线下演出、主题乐园）。产业整体呈现资源整合、上下游融合的一体化升级态势。

同时，由于线上产品的互联网渗透率达到瓶颈期，不能满足人们在真实世界的社交需求；线下娱乐形式迭代缓慢，不符合消费升级的大趋势等

原因，近年来线下文娱备受关注，尤其文化地产对延长优质 IP 的生命周期、增强变现能力、全面释放 IP 价值意义重大，多家影视公司、行业巨头争相入局。

消费升级、文娱行业整合升级的大背景下，诸如 BAT 的互联网巨头背靠资金、资源优势，也都纷纷在 2015 年前后争先恐后地开始大文娱生态布局，而此次能够吸引腾讯、阿里联手万科共同入局的华人文化，又是何方神圣？

二、华人文化：基金 + 运营并行的百亿级文娱航母

▶ 发展历程（见图 1）

本轮融资过后华人文化集团估值 400 亿元人民币，其庞大的资产包中究竟装下了哪些增值企业，背后又有怎样的布局逻辑，值得探究。

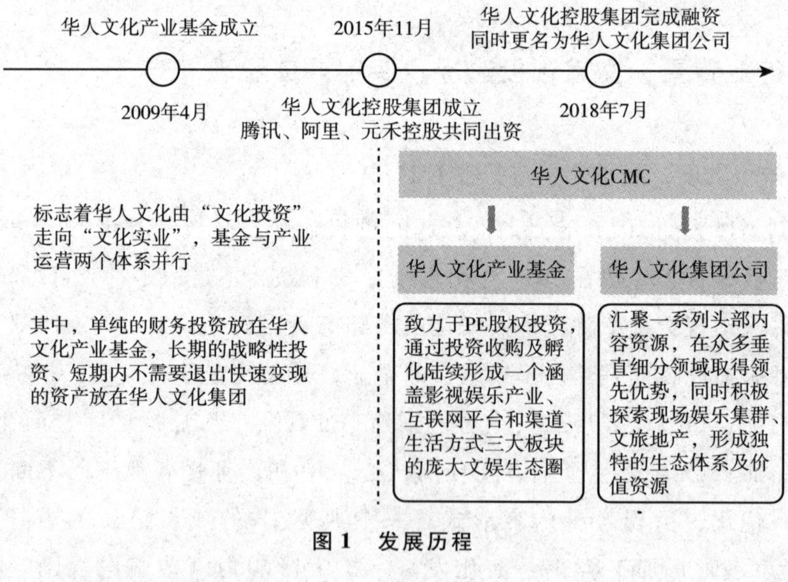

图 1　发展历程

▶ 头部内容资源集团自控自营、积淀雄厚

内容层面，由于影视作品受众范围广、效果优，是放大 IP 影响力环节中的关键，也因此成为华人文化投入最早、布局最多的板块，是集团的产业营运重点（见图 2）。

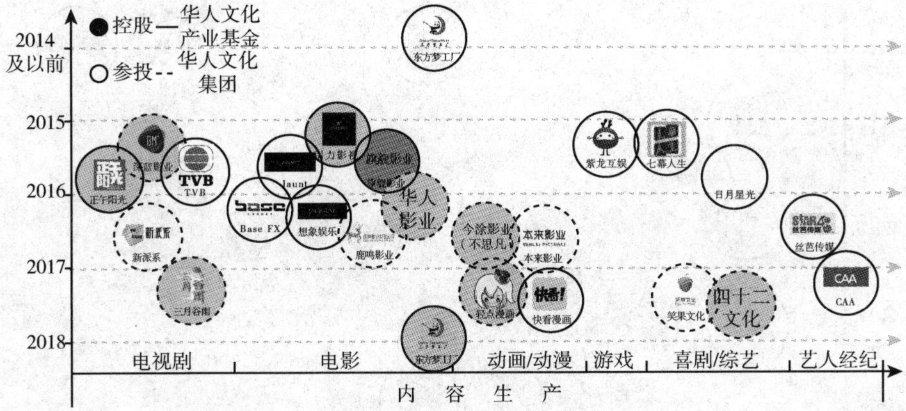

图 2　华人文化内容布局

剧集：

（1）正午阳光——中国顶尖制作公司，连续出品《琅琊榜》《欢乐颂》等现象级爆款之作。

（2）深蓝影业、三月谷雨等——各具特色和实力，《庆余年》等热门 IP 受关注。

电影：

（1）引力影视——中外合拍真人电影，比如《巨齿鲨》。

（2）东方梦工厂　　中外合拍动画电影，包括《功夫熊猫 3》《Abominable》。

（3）华人影业——国产电影的海外发行，经手项目有《战狼 2》《唐人街探案 2》《羞羞的铁拳》《动物世界》等。

（4）产业基金还通过投资与部分上游顶尖的国外技术公司达成合作。

特别值得一提的是，东方梦工厂早期作为中美合资公司，学习了海外动画电影制作技术及管理，有着丰富的头部 IP、衍生资源及运营经验，2018 年年初以华人文化基金为首的中方财团对其全资控股，基金到期退出后不排除集团直接接手的可能性，有望为线下运营输送优质 IP 及衍生资源。而舞台剧、综艺、艺人经纪既是当下热点，也为其后续发力现场娱乐蓄力。

► 宣发造势手法多样以基金投资为主、积极探索（见图 3）

宣发及扩大影响力层面，华人文化目前仍以产业基金投资为主，特别

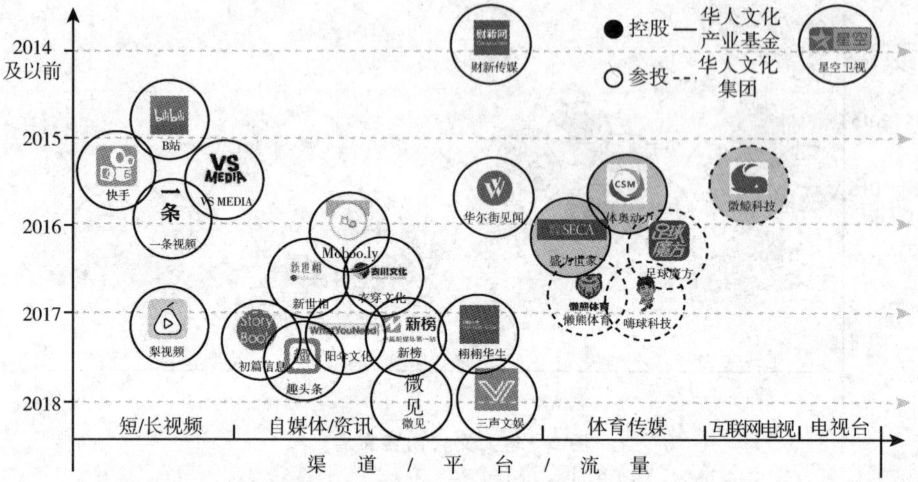

图3　华人文化宣发情况

是近年与腾讯一起合投了多家具有内容生产性质的自媒体，同时对文娱垂直领域的资讯平台也尝试集团控股；而集团旗下微鲸科技，则专注互联网电视，是华人文化影视、游戏、生活娱乐资讯等内容触达消费者的重要终端。

▶ 线下变现运营升级为一级战略、集团重点发力

线下运营层面，配合上游电影制作的内容资源，华人文化集团成立控股票务公司、收购 UME 影院，补全了自身从上游制作到中下游宣发、网络票务、影院的全产业链布局；华人梦想主攻舞台戏剧内容和剧院开发及管理运营，与内容端的 42 文化、七幕人生等协同；联合全国 21 家龙头演出公司成立 CMC live 华人文化演艺公司、并购热播传媒拿下全球最大电音节“EDC 雏菊嘉年华”显示其欲成为中国最大的演艺平台的野心；2014 年起陆续展开的上海梦中心、上海乐高乐园项目，近期拿下奇宝萌兵线下开发版权，分别代表了集团文旅地产业务中大型城市文化旅游综合体、室外主题乐园及主题产业园区、室内娱乐体验场馆的三大方向（见图 4）。

对于华人文化而言，发力线下的战略升级显而易见。在过去几年将大量优质内容纳入自身版图后，把优势 IP 进一步开发和价值提升作为下一个发力点，以追求前期投入的长尾及溢出效应，一切水到渠成（见图 5）。从

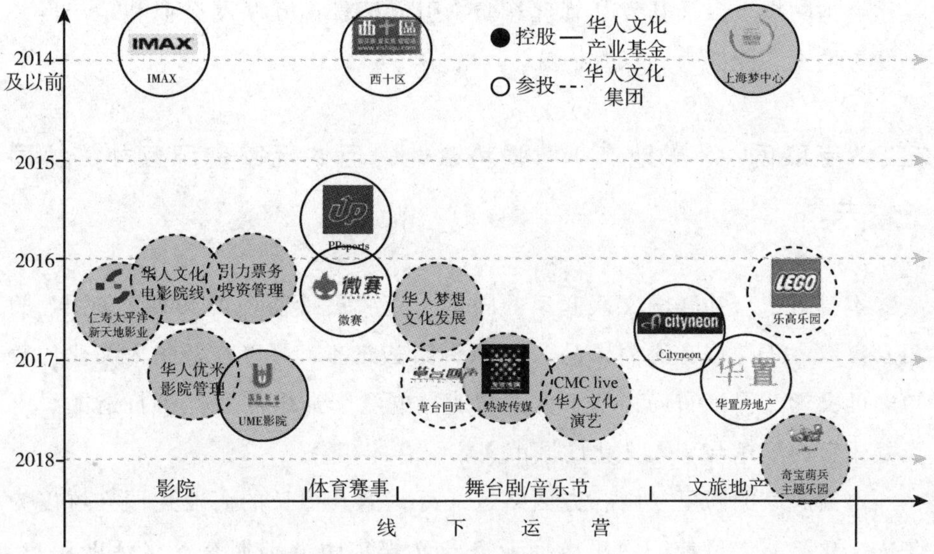

图 4　华人文化发展历程

荧幕转向地产，这个思路某种程度上和迪士尼有相似之处，而迪士尼乐园能够经久不衰的核心还是其上游具有超强生命力、延展性和粉丝吸引力的娱乐 IP。据悉其门票收入仅占乐园总收入的三四成，更多是来自对 IP 衍生品二次消费。上游内容与下游文化地产变现之间，有着近乎共盛共衰的关系。

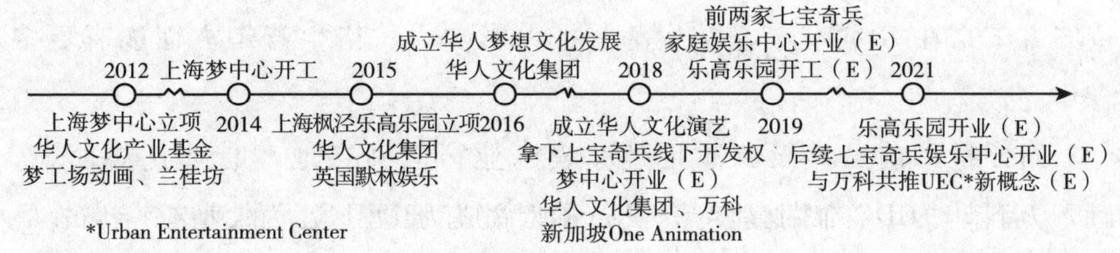

图 5　线下发展

反观华人文化，其头部内容资源丰富但目前以独立无关联、一次性的影视作品为主，同时在宣发造势、触及用户过程中缺少核心渠道、平台的推动，之前也没有独立经营地产项目的经验。

在这样的节骨眼上，更多 IP 源头资源、更大的流量平台加持才能保证其头部内容、IP 的优势，及线下衍生业务的源头活力；同时，文娱地产需要重资本的投入以及开发、管理经验。引入标杆型互联网企业和地产巨头的注资助力，能够为其保驾护航。

三、“互联网 +”“地产 +”强势赋能：巨头玩家资源互补、协同共赢

本身就依靠互联网文娱起家的腾讯一直风头正盛，旗下阅文集团、腾讯动漫致力于挖掘有潜力作品，IP 源头储备充沛，可以弥补华人文化比较单薄的文学、漫画布局；基于自身游戏、电竞、音乐方面优势打造的线下泛娱乐室内场馆与华人文化的城市文旅综合体相合。

电商起家的阿里在内容方面略逊一筹，但其擅长的商业化同样可以为华人文化赋能。目前，阿里电商业务与文娱集团分别拥有 5 亿活跃用户，未来如果通过用户、商业化、内容三环节，完成其电商板块和文娱板块的衔接，在内容营销、衍生品授权等方面的能量不容小觑。其最新收购大麦成立的现场娱乐事业群也与 CMC Live 不谋而合。

同时，腾讯、阿里、华人文化各自在影视剧方面都有较多投入、动作频繁，而腾讯、阿里两大互联网巨头自身的渠道、平台、流量方面的优势与宣发造势经验能够弥补华人文化的短板。据悉，此轮融资结束后不久，腾讯、阿里便联手华人文化入股全球最大广告公司 WPP，可以期待三方未来在 IP 孵化、演化发酵、扩大影响力、衍生营销方面能有更多合作。

而万科早前虽然没有涉足过文娱产业，但其在地产行业优势明显，旗下万科印力专注商业地产开发；同时拥有管理、运营大型综合户外娱乐场馆的经验，能够给华人文化的线下文娱以强大的助推力，而华人文化的内容资源以及行业整合运营能力则是渴望转型为“美好生活服务商”的万科最看重的价值。据悉，此轮融资后华人文化迅速签下新加坡艾美奖提名动画工作室 One Animation 旗下七宝萌兵的 IP 线下开发权，后续将与万科一起在中国内地开发不少于 15 个家庭娱乐中心产品，同时在万科擅长的购物中心、城市综合体项目上也会有更深入合作（见图 6）。

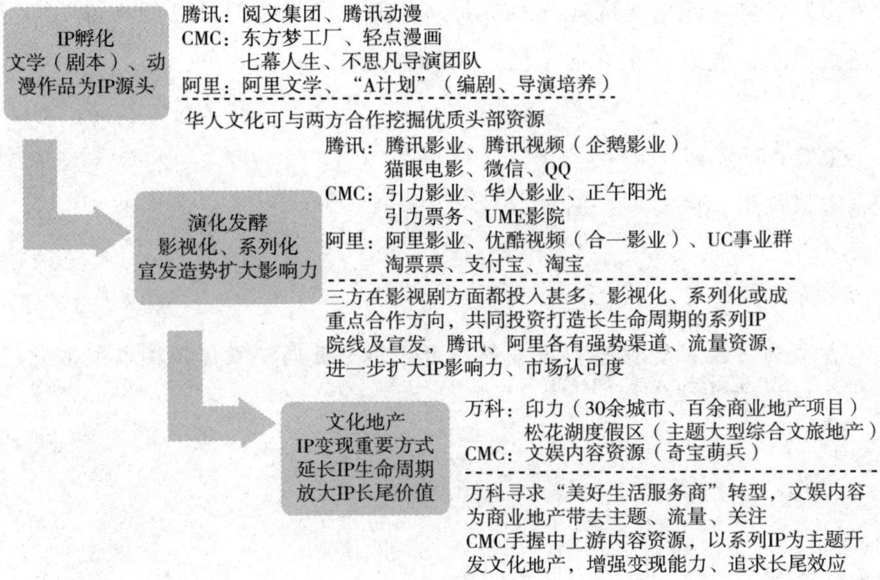

图6　合作脉络

以此，华人文化充当黏合剂，促成强强联合，优势资源互补，实现资本+内容+渠道+企业发展的共赢。

四、风险提示：文化地产高投入、长回报周期，运营成效尚需检验

发力线下固然是华人文化基于市场趋势及自身发展等考量下合理且必要的战略转型，腾讯、阿里、万科的加入也能带来强势助推。不过，反观国内文化地产，核心IP资源缺乏、资金投入量大、回报周期长、收入低于预期且结构单一等潜在风险也不容忽视。尤其在室外主题乐园一块，对内容IP的质量要求更高、资金和运营压力更大、国际主题公园巨头相继布局中国市场也使竞争更加激烈。好在华人文化集团的地产项目目前仍以引进国外IP为主，其直接控制并与万科合作的第一个项目“奇宝萌兵”室内主题乐园，属于低幼化、合家欢方向，亲子经济模式的全家消费虹吸效应使儿童娱乐的坪效高于成人，风险相对较小。然而项目现在仍处在开发期，正式运营成果是喜是忧尚需时间检验。而在控股东方梦工厂、补全IP源头资源短板之后，华人文化能否从IP源头孵化开始，真正打通自身内容生

产 - 宣发造势 - 线下变现运营的布局，在未来带来中国自己的头部 IP 及线下衍生产品，成为“东方迪士尼”，我们拭目以待。

主笔：胡安琪

资料收集：黄羽婷、王博

想成为《投融资观察》报告创作团队的一员吗？微信扫描本书第381页二维码，现在就加入我们吧！

No. 25

千万微商背后的生态服务商，给风口吹风的爱库存和有赞

2018年7月2日消息，爱库存获得5.8亿元人民币B轮融资，就在2018年初，爱库存曾获得来自钟鼎创投的1亿元人民币A轮融资。据悉：本轮融资将主要用于团队建设、服务能力、技术投入三方面的提升。

而此前一天7月1日，有赞与腾讯联合发布“星火计划”，腾讯宣布将要投资有赞1.5亿美元，占其上市公司股本的5%。双方将针对线下门店落地智慧零售，提供“广告扶持+软件服务+运营指导”一站式解决方案，帮助商家实现流量价值最大化。

爱库存和有赞同属于面对千万级微商用户的生态服务提供商，近期资本如此青睐微商的服务提供商，背后的逻辑何在？

一、看起来low的微商，不可轻视的销售体量与增长速度

微商是什么？一提起微商，大家想到的就是在朋友圈里转发各种各样广告宣传销售自身商品的人。而根据官方定义，微商是指企业或个人通过微信、微博等互联网社交平台进行商品线上分销的商业活动的行为主体，这样的微商，产生的交易总额不可小觑。2017年，微商总体规模达到5 826亿元，增长率达到77.96%，这个增长率远远高于电商行业整体增长率39.17%（见图1）。尽管增长速度有所放缓，但预计到2018年社交分销电商的增长率仍将达到47.56%，规模达到8 597亿元。

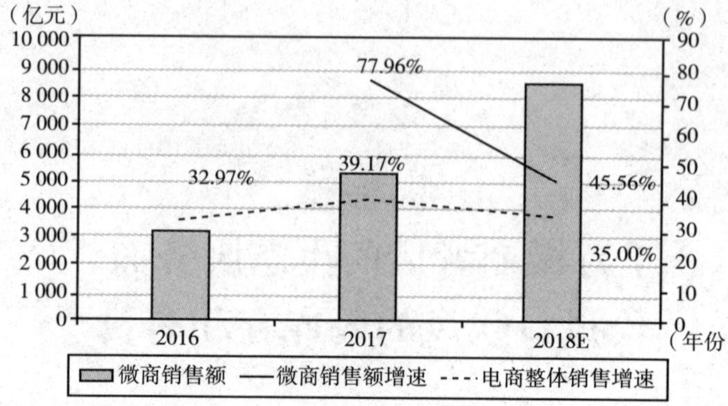

图 1　微商与电商整体增速比较

二、微商崛起

微商发展的速度如此之快，我们不得不思考背后的缘由。自 2015 年开始，微商相较于传统电子商务强势崛起，背后离不开三大因素的推动：一是人们上网工具由 PC 端逐渐向移动端转移，以微信为代表的互联网基础设施得到广泛使用；二是人口红利的进一步变现，四、五、六线城市和乡镇的居民们的购买力变现；三是微商特有的竞争优势（见图 2）。

传统电商	VS	微商
标准化商品	商品	非标准化商品
态度一般	售后服务	态度较好
搜索引擎、网页广告	获客渠道	社交网络、微信小程序
产品需求驱动	驱动方式	社交、信任驱动
中心化，头部效应明显	销售模式	去中心化，分散
高	学习成本	低
高	流量费用	低

图 2　微商和传统电商比较

▶ 传播方式和基础设施的变迁

据统计，近年来人们手中的移动设备数的数目大幅度上升，在渗透率不断提高的背景下，微信一举成为占据人们手机使用时长超过 55% 的霸主级应用。

在信息传播方式由传统搜索引擎和门户网站向微信朋友圈转变的情况下，以淘宝为代表的基于搜索引擎的电商的增长速度不可避免有所下滑。更为重要的是，通过 2015 年春晚的手机摇一摇，微信支付顺利收获大量客群，为体系内广泛的自由交易奠定了坚实的基础。接下来是在 2018 年火爆的微信小程序，完全基于微信平台，用之即来，挥之即去，便利了交易的进行（见图 3）。

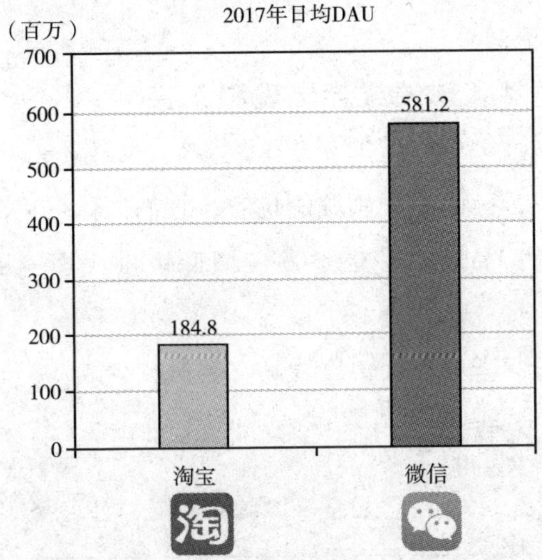

图 3　淘宝和微信 2017 年日均 DAU 比较

▶ 互联网人口消费红利的进一步变现

在互联网发展初期，中国互联网的主要使用者是一二线城市的互联网原住民，而随着互联网手机设备的进一步渗透发展，互联网购物逐渐渗透四、五、六线城市和小镇的人群中，这些人群的购物习惯也深刻影响了当今的购物业态。他们平时的闲暇时间也比较多，能够从事微商兼职工作；习惯熟人社交，平日在微信上花费大量时间交流，也就成为微商的主要参与群体。

▶ 微商自身特有的核心竞争力

对于消费者来说：相比于传统电商，在微商上购物是基于社交与信任驱动而不是产品需求驱动。因此微商作为自身分销渠道的老板，为了提高自身产品的复购率，一般来说在服务态度上明显优于淘宝天猫的专业客服。此外，作为熟人社交的一部分，顾客对于微商的感觉，相较于淘宝店来说，信任感更强。与此同时，在微信这个平台上也更容易购买到难以在淘宝店上购买到的商品，特别是一些游走在灰色边缘的商品。对于供给侧的小微商来说，如果在淘宝上开店，对应着高昂的开店成本和学习成本，更为重要的是获客成本极高。在中心化的天猫、淘宝开店的高成本对于中小电商来说越来越难以接受。

三、C 端成就斐然，B 端或会出现独角兽

从行业切入来看微商细分领域的玩家，它们大体可以分为四类：

品牌分销微商：品牌直接通过发展微商销售代理一层层来销售产品，如韩束等品牌。

个人分销微商：C2C 直接销售货品，数量较少。

图 4　分销服务模式

自营型分销微商：平台直接与相应品牌方合作，从品牌方处拿货，然后通过自媒体、代购、小店主人等一个个小商家接触客户，利用自身流量展示商品并促成交易，如云集微店、好衣库等。

平台型分销微商：由平台和平台上入驻的品牌商家服务消费者。蘑菇街、拼多多都属于这类，它们有多种自主获客方式，比如拼多多的拼团、环球捕手的分销。

当然，还有不可忽视的针对微商提供服务的第三方服务商家，包括有赞、微盟、爱库存等，它们为商家提供开发小程序、运营工具、了解品牌方货源等服务。

如果进一步从服务客群分类，可以将品牌、平台型、个人分销微商归入 2C 端，把自营型微商和第三方服务商归入 2B 端。

其中，依托微信生态，针对 C 端客户的拼多多，2017 年全年 GMV 达到 1 412 亿元、总订单量 43 亿、活跃用户 2.45 亿，已经成为针对 C 端市场的龙头老大，并于 2017 年 7 月 26 日在美国纳斯达克成功上市，那么在微信生态的 B 端上是否也能够跑出一只和拼多多一样体量大小的独角兽呢？在这一年里资本已经向我们做出了预测（见图 5）。

图 5　发展轨迹

有赞和爱库存也正是在这样的背景下收获了资本的青睐。

爱库存和有赞：B 端第三方服务商的机遇，从工具到资源的提供

为什么爱库存和有赞能够收获资本的青睐？原因是，爱库存和有赞都是微商生态体系中的第三方服务提供商，而微商的本质是分销渠道的转变，既然是分销渠道的转变，那么针对大量玩家一拥而上的生态体系提供必要

的工具服务，做风口的鼓风机，就有可能会得到意想不到的收益。

当然，爱库存和有赞，显然不会只满足于为微商提供相应细分领域的工具服务，为了增强自己的核心竞争力，长期来看，爱库存和有赞最终必然往资源控制端扩展，以增加自己在整个体系中的话语权。最终可能会拓展出一个生态体系。

爱库存：供给侧的解决方案提供商

爱库存主打供给侧，一方面帮助品牌厂商清理库存，另一方面帮助微商进行采购库存管理。

对品牌来说，爱库存帮助他们在以较低价格清理库存同时又不损害品牌形象。

对微商来说，爱库存帮助他们解决了从进货到库存最后销售的一系列问题（见图6）。

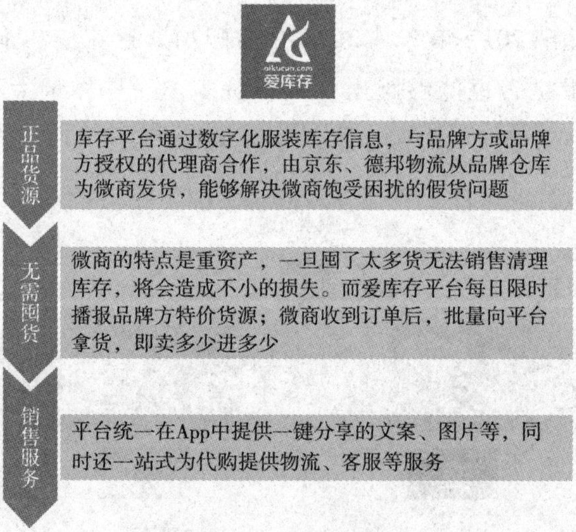

图6　经营特点

盈利模式与情况见图7。

根据公司提供的数据，2017年9月上线至今，平台已有微商超10万，合作品牌近2 000家，7月GMV突破2亿元。

从目前的情况来看，爱库存在自身的供应链体系上仍然存在能力不足的问题，这也是本轮爱库存与君联钟鼎等基金进一步合作的原因。

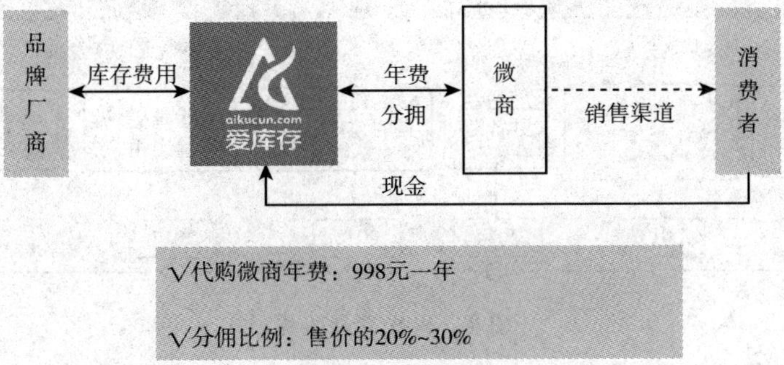

图 7　盈利模式

爱库存未来意在建立包括供应链、批发、线下、出口、自有品牌在内的服务和销售组合，“三步走”往上游拓展，以进一步满足微商的资源需求（见图 8）。

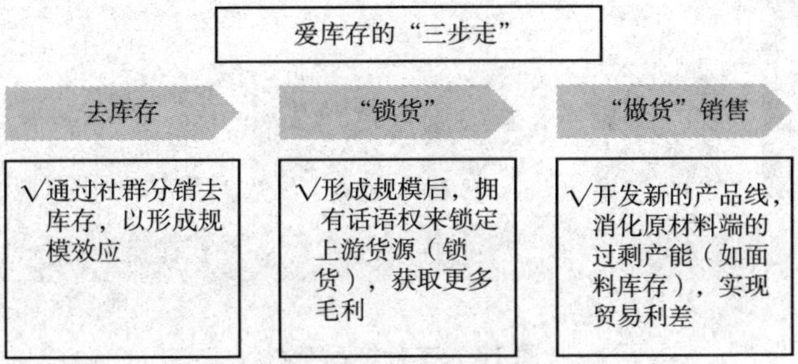

图 8　“三步走”

有赞：需求端零售一体化服务提供

接下来看服务于需求端的有赞。有赞是一家以技术驱动为核心的 2B 电商 SaaS 提供商，为商家提供线上电商平台搭建及新零售一体化服务，也为相应开发者提供一体化平台搭建服务，从而获取客户与渠道。经过多年的积累，目前有赞上已经有超过 300 万商家，涵盖 150 个行业，有超过 2.5 亿商品在有赞的平台上销售，2017 年 GMV 达 243 亿元（见图 9）。

有赞的主要产品构建在微信基础之上，客户包括大客户也包括小客户，场景涵盖线上与线下。有赞帮助大客户和小客户们解决的是两方面的问题，一方面是针对微信销售端的基础设施如商城系统、交易、支付、会员等的智能化设置；另一方面是针对商家获取客户，提供相应的营销手段和获客

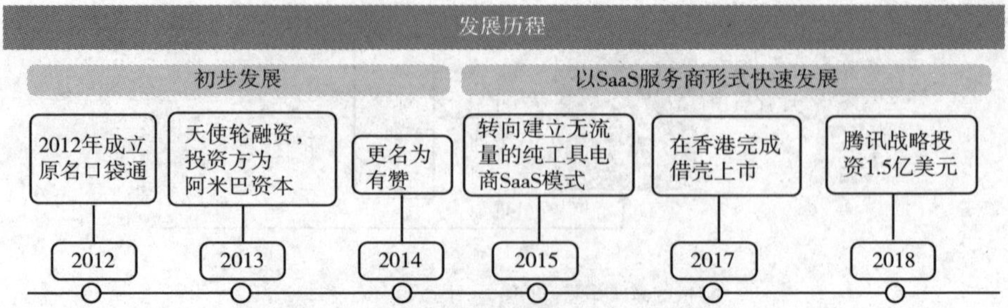

图 9　有赞发展历程

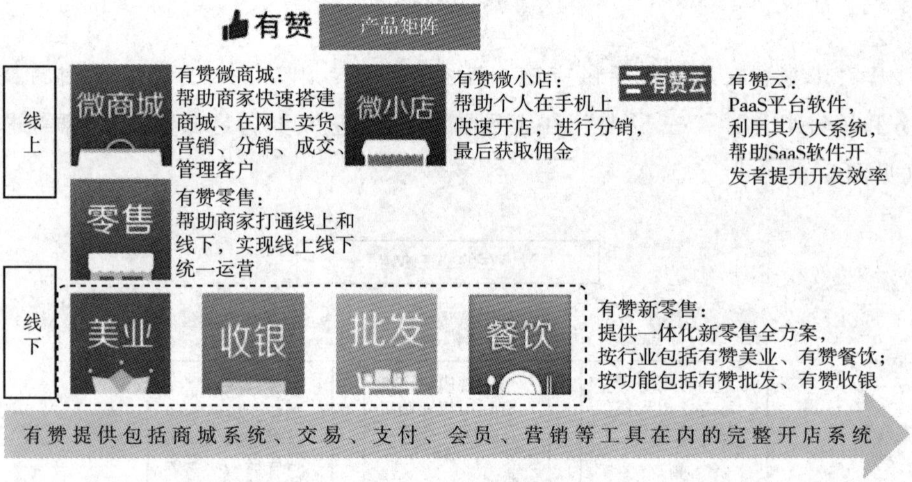

图 10　有赞产品架构

渠道方式。受限于朋友圈去中心化的特点，微商的获客量和销售总是有限的，有赞的服务对他们来说是非常重要的客流来源。

有赞通过年费与系统定制，佣金抽成获取盈利，目前在 2017 年年底已经实现规模化盈利（见图 11）。

尽管已经实现盈利，有赞未来的期待是成为中国的 Shopify，而 Shopify 飞速成长的战略之一在于为大客户提供服务，在不疏远中小商家的前提下，拥抱大客户，单独定制系统让 Shopify 的平均合同价值得到显著上涨，商家赚得越多，Shopify 就能从中得到更高的服务费与续约率。从 2013 年至 2016 年，Shopify 通过为商家服务获得的营收增长率从 20% 上涨至 50%。

而 2017 年 4 月到 6 月，有赞上的品牌商家和门店数的累计占比已经由 76% 上升至 83%，可以想见，在本轮融资过后，有赞将进一步依靠腾讯，

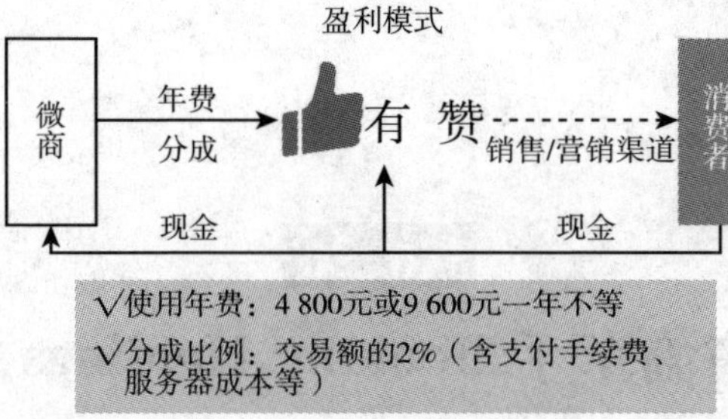

图 11　盈利情况与模式

从自身原有的工具基础出发，加码在微信朋友圈的营销手段与方式，获取更多消费者客户资源，把控更多品牌大客户，从而有效提升营收。

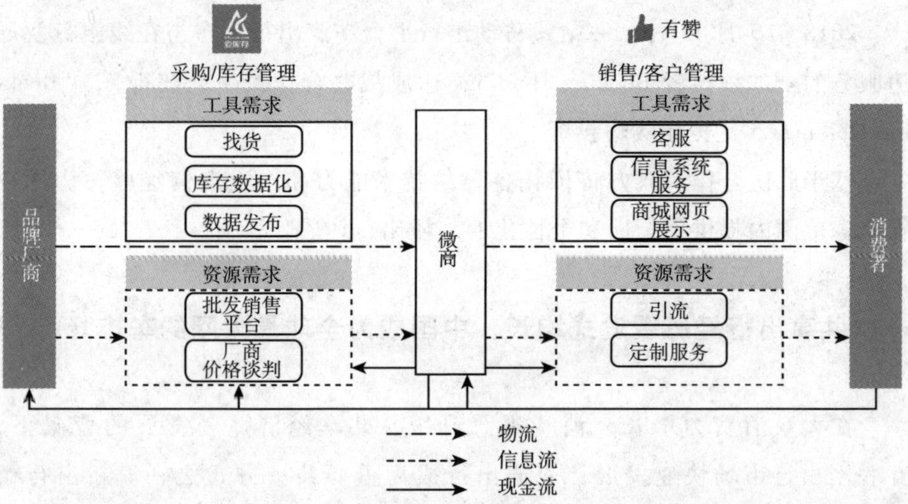

图 12　有赞商家分布

本轮融资是资本对爱库存和有赞未来的进一步加码，给风口提供基础服务的爱库存和有赞未来将如何发展，我们还将拭目以待。

主笔：何艺展

资料收集：班思雅、林炎

想成为《投融资观察》报告创作团队的一员吗？微信扫描本书第381页二维码，现在就加入我们吧！

No. 26

滴滴牵手 Booking Holdings，出行龙头老大 6 年深耕出海之路

2018 年 7 月 17 日，一站式移动出行平台滴滴出行宣布与在线旅行及周边服务的全球领导者 Booking Holdings 达成战略合作关系，获得来自 Booking Holdings 5 亿美元战略投资。

基于此次合作，双方将依托各自的技术能力和本土运营经验，为用户在全球范围内提供更全面和个性化的品质出行体验。

一、共享出行经历爆发式增长，中国成为全球最大网约车市场

在大众消费力增长、消费观念升级、共享经济蓬勃发展的背景下，互联网出行市场快速发展，交通出行成为重要共享方式之一。新出行概念在过去的三年内经历了爆发式增长，并且持续被资本市场看好。2014 年至 2017 年期间，约有 500 亿美元投资涌入出行领域（见图 1）。

不仅是投资人，消费者对于新型出行方式的接纳度也极高。贝恩调查显示，一、二、三线城市的近 2 000 名中国消费者中，60% 的受访者表示得益于新型出行服务，出行频率明显增加。而对于共享单车、网约车这两种发展最快、最为热门的出行方式，分别有 73%、62% 的受访者使用过。

在此背景下，共享单车和网约车的市场规模在过去三年间分别增长了 5 倍和 4 倍。新型出行方式发展带动也使得中国成为全球最大、增长最快的出行市场。据悉，2016 年网约车市场交易总额达到约 230 亿美元，超过世

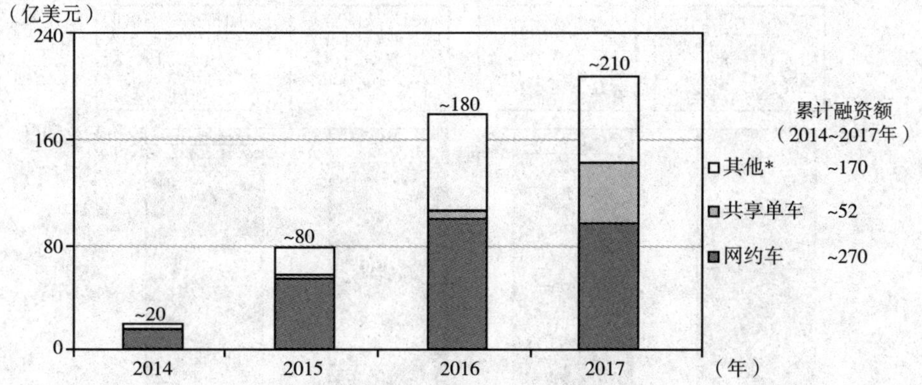

图 1　2014～2017 新出行概念投资额概览

注：＊其他：自动驾驶与车联网、B2C 共享汽车、B2C 及时配送、车辆租赁等

资料来源：IT 桔子、贝恩分析

界其他国家的合计总额（见图 2）。预计从 2015 年到 2020 年，网约车市场的交易总额将增长 11 倍，达到 720 亿美元。

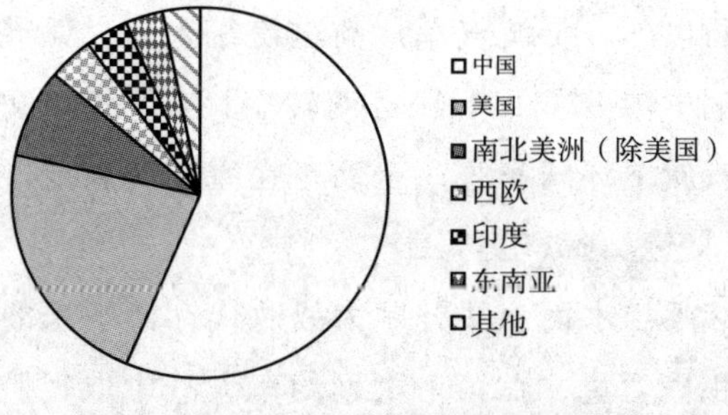

图 2　2016 年全球网约车市场交易总额（亿美元）

资料来源：易观、贝恩分析。

二、前期洗牌合并后，滴滴国内一家独大，新老竞争者欲重燃战火

如此庞大的市场、不断涌入的资本与创业者，自然少不了烽火与硝烟，市场规模的持续扩大下，竞争与市场格局的动荡从未停止。从 2010 共享出行开始起步，经历了群雄并起的激烈补贴竞争与一轮洗牌过后的合并垄断（见图 3）。

自 2015 年合并快的、2016 年收购 Uber 中国业务以来，国内战场一度

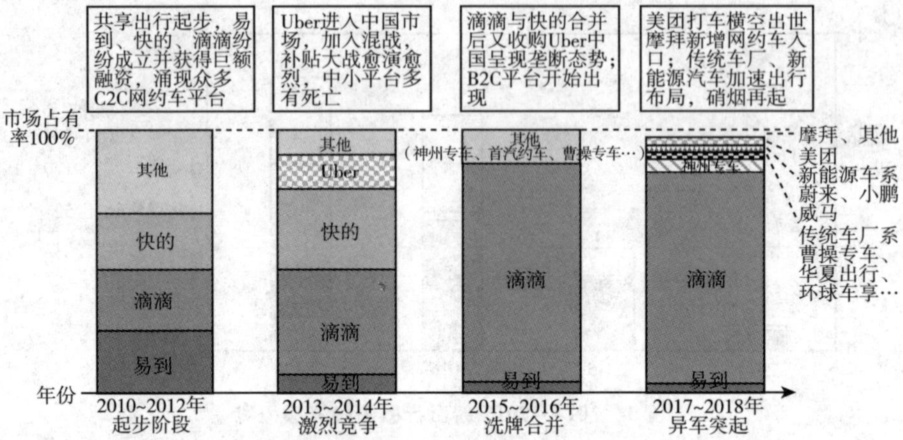

图 3　网约车行业发展历程、格局演变

和平，滴滴的市场份额超过 90%。然而和平的表面下，依然暗流涌动。2017 年 2 月，美团点评在南京试点进入网约车市场；同年 9 月，共享单车平台摩拜与首汽约车、嘀嗒拼车合作，新增网约车入口……除了 C2C 模式的互联网企业威胁以外，传统汽车厂商也纷纷入局，凭借汽车和车主资源在共享出行的浪潮中向 B2C 出行服务商转型：吉利旗下曹操专车、北汽旗下华夏出行、上汽旗下环球车享……而正在崛起的新能源汽车如蔚来、小鹏、威马们，也早已蠢蠢欲动。

潜在对手陆续浮出水面、从补贴大战时代存活下来的中小玩家也在严苛的竞争中不断积攒力量，在第一次网约车大战中取得胜利的滴滴，正在迎来第二次大小巨头的围剿。尽管第一的位置并不容易撼动，但来自第二、第三位的挤压，必然会对其市场渗透率造成影响。危机四伏下，滴滴是否已经做好应战准备？

三、滴滴出行：出行龙头老大，6 年修炼内功、持续深耕

成立于 2012 年的滴滴出行，是中国互联网史上成长最快、融资额打破纪录的公司，成立至今共经历大大小小近 20 轮融资，总融资额超 200 亿美元（见图 4）。本轮融资后估值 600 亿美元，在独角兽企业中排名第二位，仅次于蚂蚁金服。

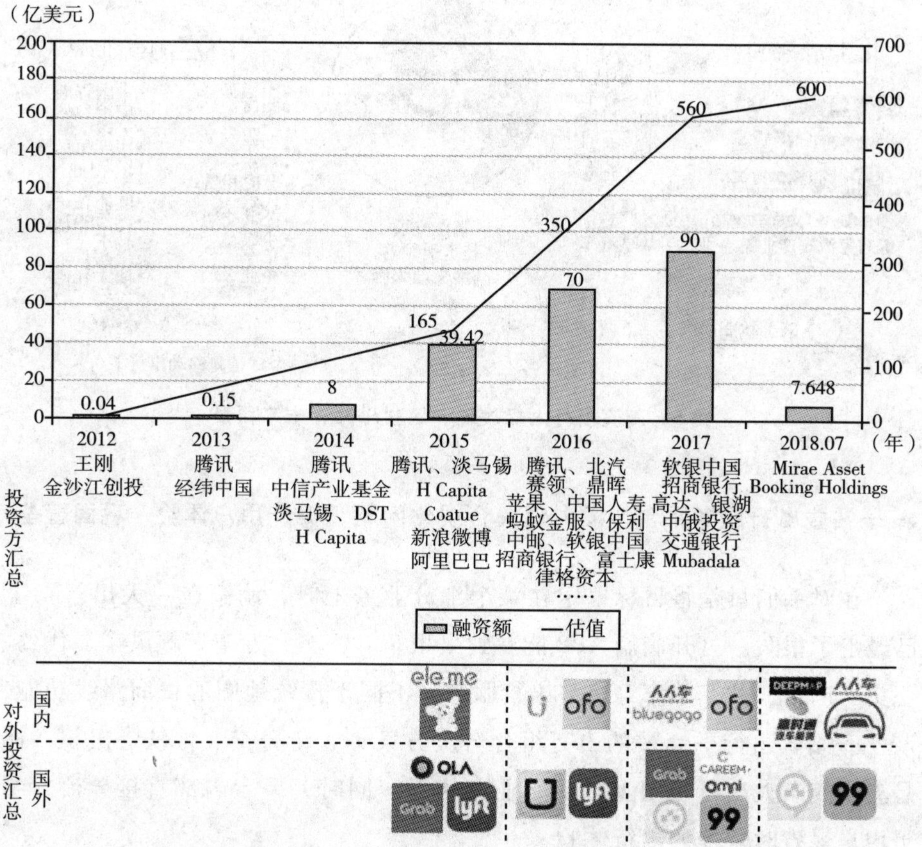

图 4　滴滴历年融资额、估值汇总

6 年间，滴滴不断攻城略地，尤其从 2015 年起，加速完成了从单一业务到出行全版图的一体化平台构建，同时积极布局汽车金融、电商、后市场等，向产业链上游延伸。2018 年年初，滴滴 CEO 程维和总裁柳青联名发布的公司内部信，透露了其“太极战略图”及未来愿景，再一次明确了滴滴在出行领域的深耕思路（见图 5）。首先，面向乘客、司机端，完善“大出行”一体化平台，吸引流量积累用户培养习惯；其次，面向车主、汽车，建立一站式汽车服务平台，在产业链上纵深布局，由轻向重，以期未来向共享新能源汽车运营商转型，重构网约车玩法；同时，利用积淀的交通大数据，发力科研与智慧交通领域，为终极目标自动驾驶蓄力。在此基础上，积极推动国际化战略，走出国门，突破边界。

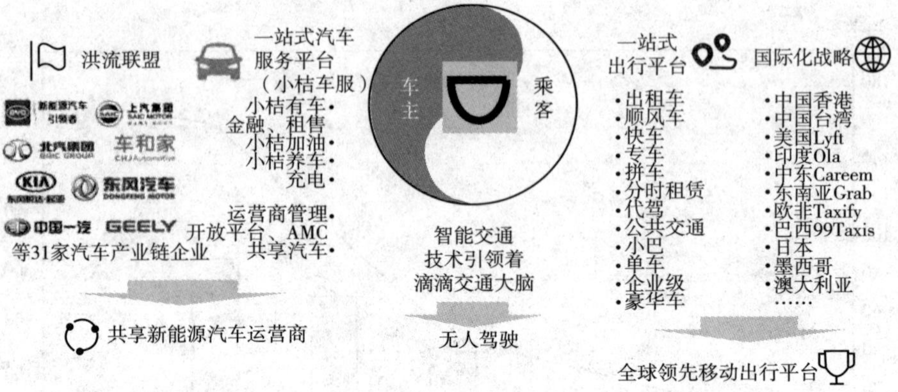

图 5　滴滴出行太极战略、深耕思路、未来愿景

▶ 一站式出行服务平台，发力解决合规化问题、提升用户体验，巩固壁垒

在对手们只是将目标锚定在某个细分业务上时，滴滴在“大出行”上已经走了很久。打开滴滴 APP 能看到出租车、快车、专车、顺风车、代驾、公交、巴士、共享单车等诸多出行服务。不同于传统地图的查询路线功能，该“一站式出行平台”的出行组合解决方案不止于公交、地铁、出租，而是囊括滴滴大出行版图上的所有业务体系。同时，平台内部直接导流，给予用户最省时快捷的出行体验。

2016 年网约车新政出台、监管力度大幅提升之后，市场曾一度唱衰 C2C 模式，然而从滴滴后续快速获取各主要城市网约车经营许可证、在北京不良影响事件曝光后，解约平台现有司机全部重审重签等动作中可以感受到滴滴在合法合规化上的努力与决心。2017 年滴滴更是将“修炼内功”作为战略之首，从单纯的增长指标过渡到安全、体验、效率、增长四个指标，并进行价值观升级，强调“创造用户价值”和“合作共赢”。尽管 C2C 模式存在进入门槛低、难以标准化等天然劣势，但现阶段，其相比 B2C 更具规模性，更能快速解决出行市场供需矛盾。滴滴若能在政府关系、安全性、用户体验方面持续把关，严苛政策带来的不仅只是打压，还有压力下的成长。

▶ 一站式汽车服务平台，产业链纵深布局，推动共享汽车运营商实现

自 2015 年提出洪流战略以来，滴滴一直致力于在服务乘客的一站式出

行平台基础上，进一步建设面向车主的一站式汽车服务平台。就在上周，滴滴旗下汽车服务平台正式升级为“小桔车服”公司，并注资 10 亿美元。目前，小桔车服拥有 3 000 万名车主，年化交易额已突破 600 亿元，覆盖城市 257 个，合作伙伴和渠道商 7 500 余家。滴滴正在谋求上市早已不是秘密，而此时把车服业务拆分出去，也许正是为 IPO 所做的企业重组；同时，拆分出去的车服业务由于自身成长性，更易在一级市场上独立融资，未来如果业绩良好，不排除独立上市的可能性，以配合滴滴讲好 1 + 1 > 2 的故事。

当然，滴滴打通产业链的野心绝不止于汽车后市场。据悉，其与包括北汽、上汽、比亚迪等在内的 31 家汽车产业链企业成立的“洪流联盟”将联合行业协会和企业互相赋能，共同开发新一代为共享而设计的汽车，推动大规模运营，助力滴滴实现成为未来共享新能源汽车最大运营平台的目标，在出行与汽车行业引领新能源化、智能化、共享化的融合变革。

► 智慧交通服务商，发力科研、技术创新，普惠大众出行、剑指无人驾驶

除了构建大出行全版图、全产业链延伸布局以外，智慧交通也成为滴滴近年来第三个着重发力领域。滴滴不止步于连接用户和司机，不仅仅停留在人和车，而是希望渗透到路、灯乃至背后的交通决策体系。2018 年年初发布的智慧交通战略产品“交通大脑”现已在全国 20 多座城市得到应用，将成为解决城市交通问题的突破口，搭建更大、更开放的出行交通生态圈，与政府部门、行业合作伙伴一起用技术力量改善城市交通，普惠大众出行，同时为汽车行业智能无人化变革积蓄力量。

滴滴出行发展至今，国内关注更多的是行业竞争、补贴等问题，但是行业最终会回到本质，回归到技术、创新、变革上面。当后起之秀们依然沉浸在补贴拉客的胶着战时，滴滴在 6 年的沉淀中，可以看得更远、走得更稳。

四、内外兼修，滴滴国际化版图持续扩展，Booking Holdings 助力出海

虽然稳坐国内移动出行第一把交椅，但滴滴显然志不止于此，其国际化步伐一刻未停。2015 年开始，滴滴陆续入股美国 Lyft、印度 Ola、中东

Careem、东南亚 Grab、欧非 Taxify，并收购了巴西的“99 打车”。而 2018 对于滴滴无疑又是国际化战略的突破年：2018 年 1 月，滴滴通过本地代理顺利将出租车和顺风车两项业务在我国台湾落地；2 月，滴滴正式落地我国香港；4 月、5 月分别在墨西哥和澳大利亚上线自有品牌出行业务；7 月，与软银成立合资企业，进入日本出租车市场；同时，在“洪流联盟”逐渐落地的背景下，滴滴也陆续与德国大陆集团等外国车企签订战略合作协议。滴滴的全球协作网络已经囊括全球五大地区的领军企业，触达北美、南美、南亚、东南亚超过 1 000 个城市，超过 50% 的全球人口。

而此次 Booking Holdings 5 亿美元投资，虽然金额对于双方来说都只是“三千弱水之一瓢”，但更重要的是背后的战略协同意义，国际化布局又落一子。通过合作，Booking Holdings 旗下的 APP 将为用户提供滴滴叫车服务接口，而滴滴的乘客也将可以直接通过 Booking. com 或 Agoda 平台预订酒店住宿。据了解，Booking Holdings 是全球最大的在线旅游集团，旗下拥有 Booking. com、Agoda. com 等品牌，并向全球 220 多个国家和地区的客户提供服务。其中，Booking. com 是其最大的品牌，拥有超 150 万处预定房源，每日预定单数超过 100 万。这意味着，在 Booking Holdings 的加持下，滴滴在国际市场将新增巨大流量及潜在用户，进一步扩大辐射范围及国际影响力（见图 6）。

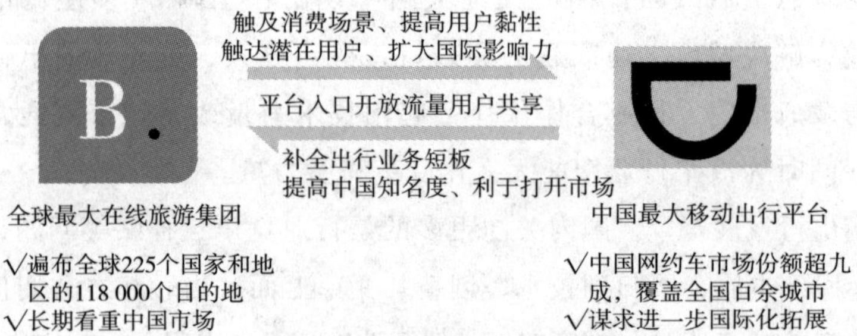

图 6 滴滴的国际影响力

五、未来发展：稳住垂直深耕与纵向拓展的战略步伐，备战出行变革、国际竞争

用 CEO 程维自己的话说，中国在成熟赛道上的公司倾向横向扩张，往

往是因为出不去，而出行是个新行业，有机会去国际市场和 Uber 竞争。比起做一家在国内竞争导向、横向扩张的多元化公司，滴滴更倾向于专注出行、垂直发展，走国际化路线。

这里不得不提一下前段时间轰轰烈烈的美团打车与滴滴外卖之争。其实早在 2015 年，当 Uber 推出 UberEATS 且成效甚好时，滴滴就曾战略投资过“饿了么”，也许正是出于垂直深耕、纵向拓展的战略选择，当时并未真正入局。而美团打车 2017 年 2 月搅局式的横空出世，倒逼滴滴再一次把外卖提上日程。从 Locations Based Service 出发考虑，出行 + 生活服务（餐饮、酒旅等），从行程本身向后延伸到目的地及消费场景，逻辑畅通，某种程度上确实存在协同效应，但是目前滴滴自身的大出行、汽车服务、智慧交通、国际化尚需进一步修炼，出行领域新能源化、智能无人化的变革趋势需要应对，滴滴能否在未来稳住节奏，保持垂直深耕与纵向拓展的战略重点，打赢成为全球领先出行平台的硬仗，我们拭目以待。

主笔：胡安琪

资料收集：黄羽婷、王博

想成为《投融资观察》报告创作团队的一员吗？微信扫描本书第381页二维码，现在就加入我们吧！

No. 27

从 1 000 亿美元估值到 480 亿美元市值，小米的高光时刻与接连挑战

2018 年 7 月 9 日，小米集团在香港主板进行 IPO，成为香港“同股不同权”创新试点的首家上市公司。本次小米的发行价为 17 元港币，发行市值达 484 亿美元。据悉，本次 IPO 后小米会将所筹集资金分为四大部分，30% 用于自身核心产品如智能手机、智能电视、笔记本电脑、智能路由器、智能音箱的开发，30% 用于 IOT、生活消费产品、互联网服务等生态链的开发，30% 用于全球扩张，10% 用于自身的营运资本的开发与使用（见图 1）。

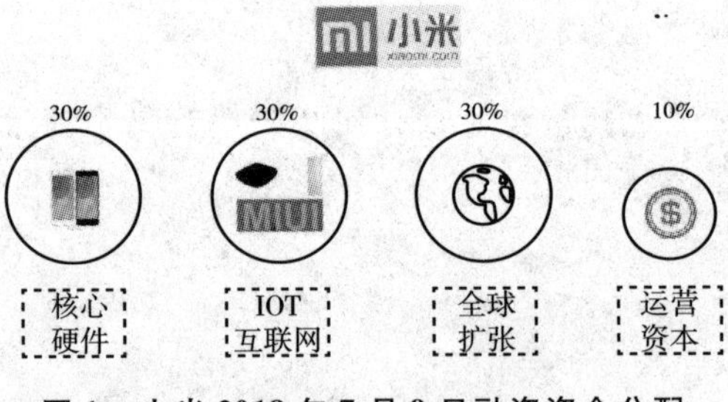

图 1　小米 2018 年 7 月 9 日融资资金分配

值得注意的是，在本轮上市前，小米的估值一度传出 2 000 亿美元的高点，最后却承受压力大幅缩水到 484 亿美元，且上市首日就出现股价破发，其中的缘由让人深思，小米到底具备什么样的能力，又面临什么样的挑战呢？

一、小米“铁人三项”的业务协同

小米最强大的能力就是它自己的“铁人三项”的业务协同（见图 2）。

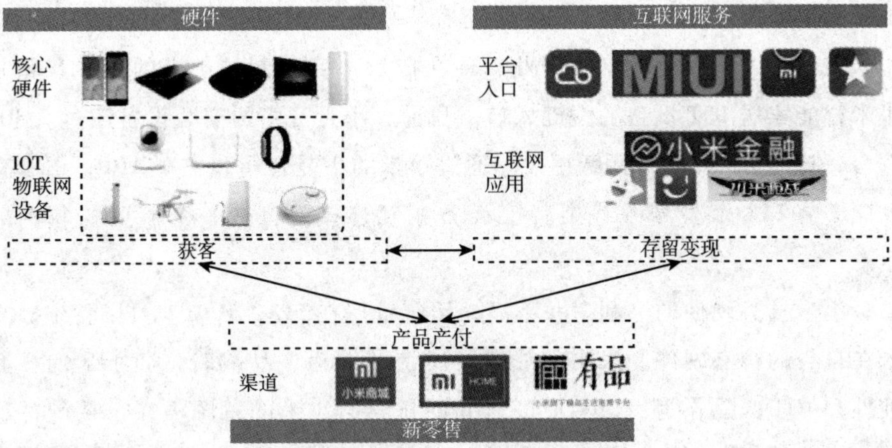

图 2 “铁人三项”商业模式

► 硬件：关键的流量入口

小米的核心硬件包括智能手机、智能电视、笔记本电脑、IOT 设备的入口智能音箱和智能路由器。

其中，小米手机是核心硬件中的核心。根据 IDC 统计，2018 年第一季度小米手机在全球市场的出货量排行第四，在印度市场出货量达到第一。小米手机在 2017 年销量达到了 9 100 万部。显然，手机对小米来说是至关重要的用户流量入口。

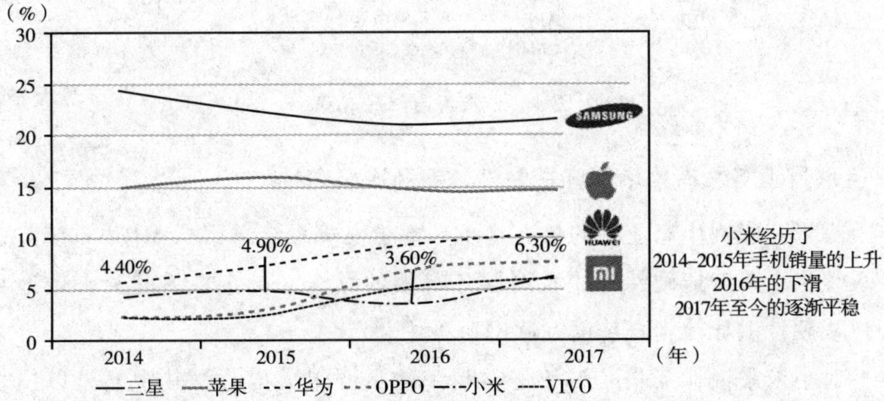

图 3 2014 ~ 2017 全球智能机出货量份额比例变化图

在 IOT 硬件圈层上，小米最初采用的是以智能路由器作为入口，但是由于路由器仅仅只能做到信息的交互而不能实现对所有设备的唤醒与控制，小米转向了人工智能控制。因此，现在依靠语音控制的小米的小爱音箱是小米智能家居 IOT 设备的关键入口。目前，小爱音箱的安装设备超过 2 300 万台，拥有 1 300 万月活跃用户。通过小米的小爱音箱和米家 APP，语音交互能够将 118 个型号的各类智能设备相互连接，打造一个家庭物联网的生态。

小米核心硬件的毛利率并不高，历年维持在 5% ~10%。可以看出，小米在自身的核心硬件上采用的战略是所谓的管道产品战略，即小米的核心硬件和 IOT 产品作为用户和厂商之间的桥梁，小米的意图不在于从硬件的销售中获得超额利润，而是意在通过自身的高性价比设备来获取更多的用户，拿到后续客户在使用过程中的数据，提供更多的增值服务从而获取更高的毛利率（见图 4）。

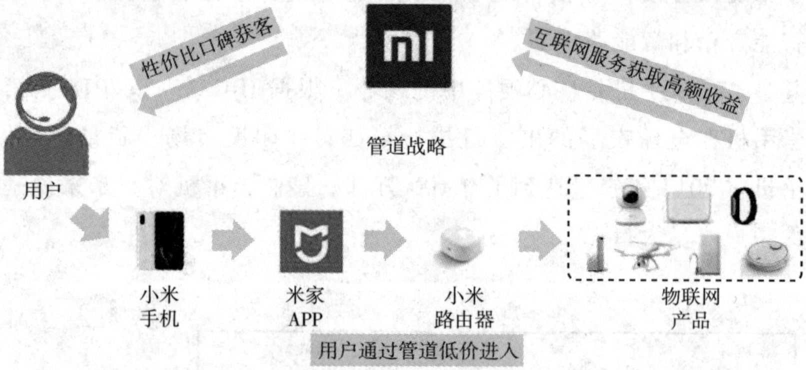

图 4　小米管道产品战略

► 互联网业务：有效增加客户黏性，毛利率极高

小米互联网生态业务的核心是小米基于安卓系统自研的 MIUI 系统。这一系统将小米智能硬件与互联网服务有效的结合与绑定在一起，有效地将用户从硬件上导流到自身的互联网服务中。

对小米来说，互联网服务是它利润的重要组成部分，其中又是以广告和游戏为主。小米的互联网收入有 56 亿元来自广告，25 亿元来自游戏。与硬件相比，小米互联网服务的毛利率极高，2017 年高达 60%，远高于同期的硬件的 8.5%。从总的毛利润来看，小米 2017 年整体毛利润为 151 亿元，

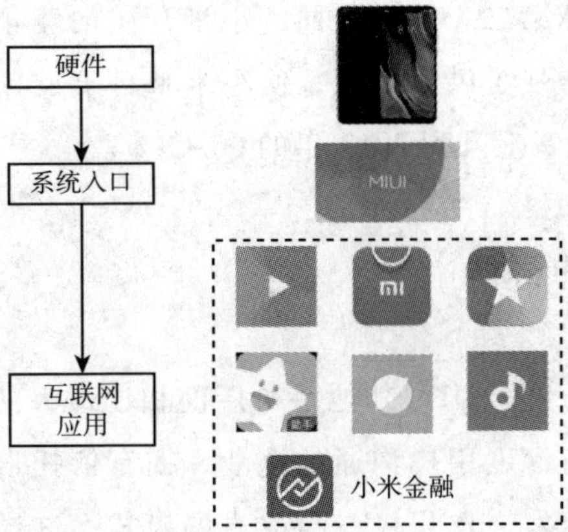

图 5　小米金融

其中硬件销售贡献 90 亿元，60 亿元来自互联网服务业务。近 40% 的互联网服务毛利也是小米敢于自称互联网企业的信心所在。

▶ 新零售：线上 + 线下，打造有效获客渠道

在新零售领域上，小米的布局是线上 + 线下，直营与第三方销售共同驱动的模式。

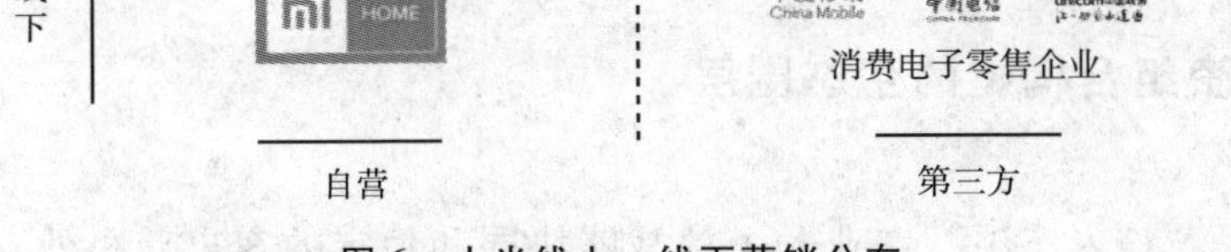

图 6　小米线上 + 线下营销分布

值得一提的是，受限于自身的供应链和渠道能力，小米在 2016 年曾经历了自身智能手机市场份额的下滑。在那之后，小米迅速改变了自身的供应链和渠道。一方面，在线下通过开设小米之家，为米粉们提供产品体验服务，销售小米核心硬件、IOT 智能家居以及小米周边生态圈产品。全国的小米之家截至 2018 年 3 月已达 331 家，坪效高达 27 万元/年，仅次于苹

果旗舰店，位列全球第二。另一方面，小米开始向竞争对手们学习，大幅开拓第三方渠道，增强了供应能力，使小米来自第三方渠道的收入从 2015 年占总收入的 30.49% 上升到 2017 年的 66.69%。

二、忠实狂热用户群体

狂热的“米粉”是小米与其他手机厂商相比最大的核心竞争力。小米是行业中少有的进行深度用户沟通的企业，拥有依托自身的小米互联网模式开发系统，同时让发烧友积极参与改进的模式。这样不仅通过卓越的产品、良好的体验获得了庞大、忠诚的粉丝群体，还配合了 MIUI 系统、MIUI 论坛激发“粉丝文化”，米粉热心用户非常忠诚于小米品牌、积极参与平台建设，并积极为公司产品研发提供建议。优质的客户成为小米能够通过广告和互联网增值服务进行有效变现的基础（见图 7）。

MIUI 米柚

√系统：
积累1.9亿用户，小米手机使用时长超4.5小时

√设备持有
持有5个以上小米设备（不含手机、笔记本）的用户超140万

√论坛
超900万月活用户，贴子累计2.5亿

图 7 小米的“米粉”

三、投资组合构建的生态圈层

除了“铁人三项”在业务上的战略协同和稳定的客户壁垒外，小米通过投资所构建的协同生态圈也是可圈可点。作为市场上的战略投资者，小米的投资主要集中于硬件、文娱、企业服务、本地生活等几个领域，主要意在与自身的核心圈层形成生态协同（见图 8）。

在众多投资中，小米与被投企业形成的生态链最为人所津津乐道，在小米投资或孵化的 210 多家企业中，已有 90 多家成为小米生态圈的一份子。

图 8　部分小米生态圈企业图谱

目前，部分小米生态圈企业成长迅速，有的甚至已经实现上市，为小米带来了不少额外的收益。

四、表现亮眼的海外拓展

在小米的成长战略中，海外获客是一个亮点。在国内市场，小米的用户基数已经较为庞大，新的用户红利将主要来自东南亚等新兴市场。小米将“硬件获客”的模式复制到印度，从 2017 年第四季度到 2018 年第一季度，小米手机一直保持印度市场上占有率第一的地位。2017 年小米海外市

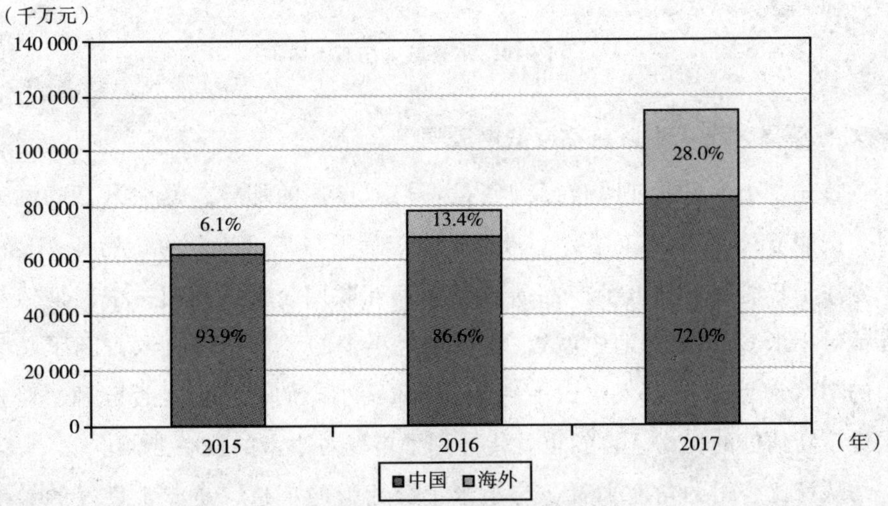

图 9　小米海内外收入情况

场的销售额达到人民币 321 亿元，占收入比重达到 28%。小米这一波在新兴市场的渗透红利才刚刚开始。

五、小米估值高起市值低走的原因

从 2010 年至今 8 年来，小米已经获得 9 轮融资，最近的 F 轮融资在 2014 年，彼时的小米就已经收获了 11.34 亿美元的融资，估值达到了 450 亿美元（见图 10）。之后，在 2018 年年初传出小米即将要上市的消息时，坊间甚至传出了小米 2 000 亿美元估值的消息，已然超过了英伟达的 1 600 亿美元和 Netflix 的 1 500 亿美元市值。尽管过于夸张，但也从侧面说明，对投资者而言，业务能力强大的小米是一个优质标的。但为何小米的估值却在临上市前一路从 1 000 亿美元一路下降到 700 亿美元，再到 550 亿美元，甚至于上市首日破发到 480 亿美元市值呢？

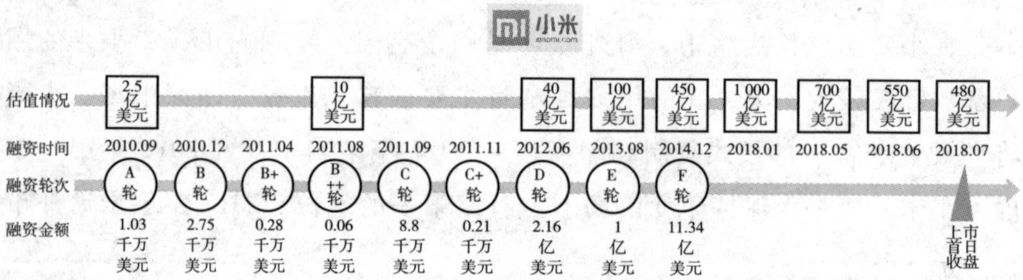

图 10　小米融资历程

▶ 对标苹果，小米难以自称互联网公司

首先，小米需要证明自己到底是不是如自称的那样，是一家互联网公司。按照 CEO 雷军的说法，小米是相当于苹果与腾讯组合的新物种，是一家专注于智能硬件和电子产品研发的移动互联网公司。然而，中国证监会在针对小米 CDR 的质询中就以 2017 年度小米的手机销售收入占到了总收入的 70%，互联网收入仅占不到 9% 来质疑小米的高估值是否合理。监管层对于高估值的忧虑，自然也就传导到了市场对小米的信心上。

从可比公司的角度来看，与小米十分相似的苹果，是非常良好的参考系，它们同时都是在自身体系内，通过硬件驱动服务获利（见图 11）。

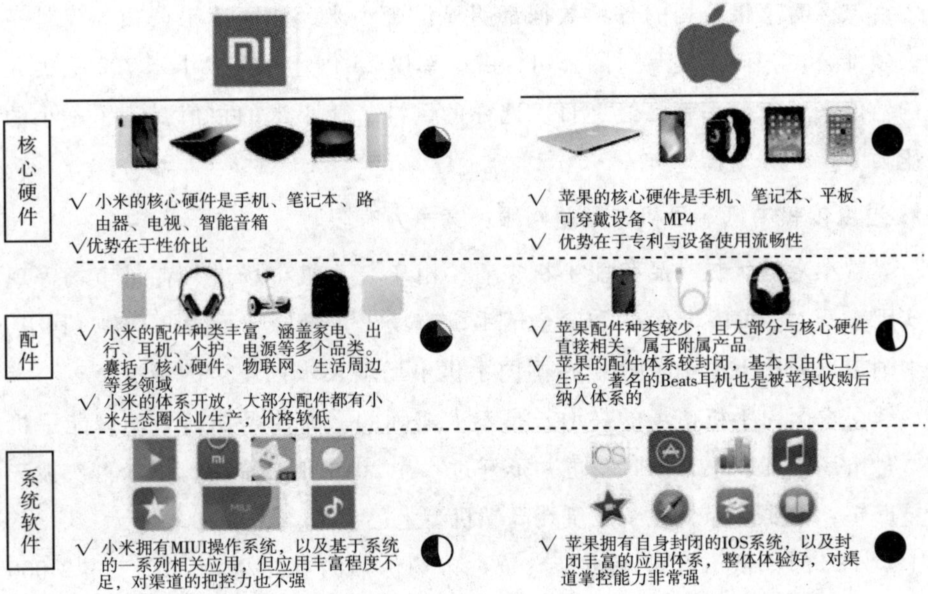

图 11　小米与苹果的比较

接着从财务指标来看，小米 2017 年的总收入和净利润分别是苹果的近 1/12 和近 1/80。并且，苹果 2017 年的互联网服务收入占总收入比例为 13.6%，小米仅 8.6%（见图 12）。

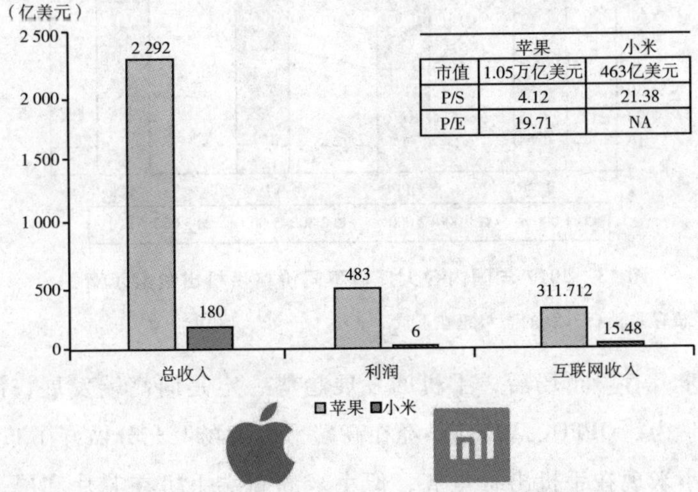

	苹果	小米
市值	1.05万亿美元	463亿美元
P/S	4.12	21.38
P/E	19.71	NA

图 12　苹果与小米 2017 年度财务指标比较

注：小米 2017 年利润为扣除非经常性损益后的净利润。

怎么看苹果公司的各项数据都明显优于小米，然而苹果公司却仅是一家硬件公司，而不是互联网公司，市盈率仅 25 倍，然而以小米 700 亿美元的估值来看市盈率就已经上百。这样的倒挂，使小米的估值受到了不小的压力。

▶ 过度依赖中低端手机，互联网服务竞争力有限

从小米的优势产品智能手机来看，由于受手机市场进入存量市场等现实因素倒逼，2018 年第一季度全球手机市场出货量同比下滑 2.9%，其中，中国市场同比下滑 16.0%。在国内手机市场增长步入尾声的情况下，小米后续谋求国内手机市场的高增长是不太实际的。即使是在新兴的智能手机增量市场印度，小米的日子也并不好过。在 2018 年二季度，小米再次被三星反超，主要原因就在于三星在高端机型上的发力。

小米的中低端智能手机是它抢占市场份额的主要动力，2017 年 2 000 元以下手机出货量已经占到了其总出货量的 89%，占到目前手机总营收的 80%（见图 13）。

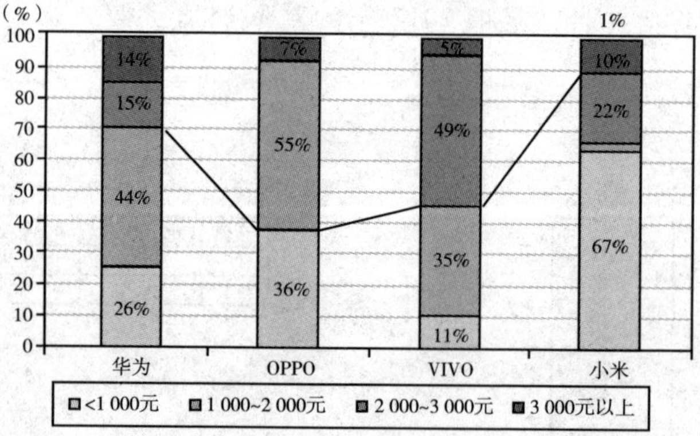

图 13　2017 年国内各大厂商不同价格手机出货量示意图

注：手机存量消费升级的态势正在形成。

然而步入存量市场后，手机的发展趋势一定是向高端发展，而小米的竞争对手华为、OPPO、VIVO 已经在高端手机市场上充分做好了布局。

尽管小米现在手机出货量高，但小米的高端手机在芯片和屏幕上的布局都相对较差，受到供应商供应能力的极大制约，如果不能做出及时的调整，在手机占到总营收 70% 的情况下，未来产品销售出现波动将会对营收

造成不利影响，也会影响投资者的信心。

小米的互联网业务也是前途未卜，两大营收——广告和游戏发行，尽管提供了 60% 的毛利率，但广告对于 OV 这些大厂来说，是本来就有而且也做得不差的业务。而在游戏发行上，小米将一直受到市场占有率到达 70% 的腾讯和网易的夹击，竞争异常激烈。这也是本次估值缩水的重要原因。

不可否认，小米是一只富有成长潜力的小巨头，未来小米能否通过提升自身互联网营收的占比来证明自己是一家真正的互联网公司，讲好自己的估值故事，还将拭目以待。

主笔：何艺展

资料收集：崔倩倩、陈嘉欢

想成为《投融资观察》报告创作团队的一员吗？微信扫描本书第381页二维码，现在就加入我们吧！

No. 28

知乎获 2.7 亿美元 E 轮融资，知识付费、“海盐计划”——商业化快跑中的不忘初心

2018 年 8 月 8 日，知乎在北京发布面向用户和内容创作者的海盐计划，发布会最后，知乎创始人、CEO 周源宣布，知乎完成 2.7 亿美元 E 轮融资。尚城资本领投，腾讯产业共赢基金、高盛集团、今日资本、阳光保险、光源资本跟投。

据悉，本轮资金将用于加速全民知识内容平台的建设，加大在 AI 技术、内容生态、知识服务和商业化等多个维度的投入。

一、市场背景

▶ 2016 年知识付费进入高速发展，用户消费习惯逐渐养成，市场规模持续扩大

随着中国整体经济步入成熟化，更多消费者步入中产阶层以及上层富裕群体，用户对于优质内容付费的认可度和意愿也随之提升。2016 年被称为知识付费元年，行业迈入高速发展期，用户逐渐养成知识付费的消费习惯。

艾瑞咨询数据显示，2017 年，中国知识付费产业规模约为 49.1 亿元，同比增长近 3 倍。短期内伴随着市场教育程度逐步提高、知识内容生产者及愿意付费人群基数不断增长，未来三年知识付费产业规模还将保持较高成长性并持续扩张，2020 年预计达到 235 亿元。相关资料见图 1 和图 2。

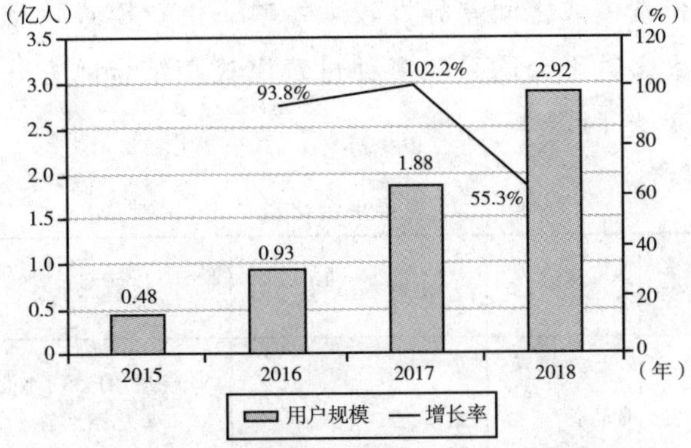

图 1　2015 ~ 2018 中国知识付费用户规模及预测

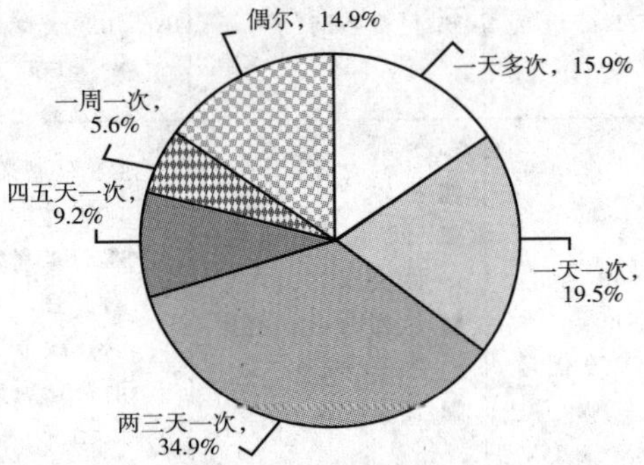

图 2　2018 上半年中国知识付费用户平台平均使用频率

资料来源：艾媒。

▶ 各类知识付费平台涌现，核心付费模式逐步拓展，组合拳打造多元收入结构

知识付费行业的兴起让原知识内容平台在依靠广告支撑盈利的基础上开辟了新的盈利模式（见图 3）。

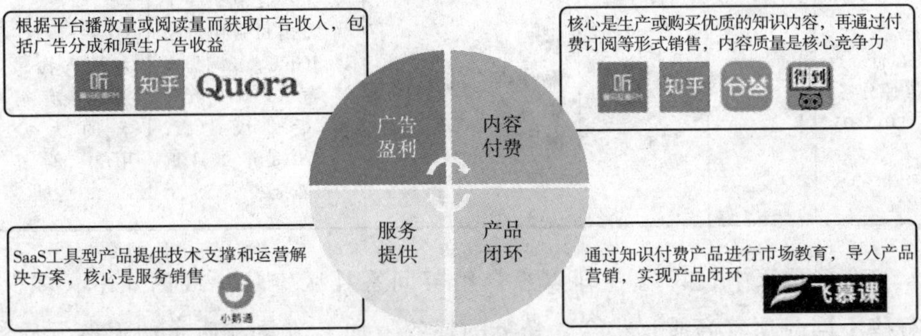

图 3　主要盈利模式

由于内容付费模式之间差异性较大，单一付费模式较难支撑平台的长期发展，因此大多数平台均采取多种付费模式相结合的方式，形成多元化的收入结构（见表1）。

表1　　主要平台比较

名称	月活人数（万人）	融资	收入结构	运营数据	目标群体
知乎 2011.01	2 720	E轮： $2.7 亿元 估值： $22.5 亿元	■ 广告 ■ 知乎 live/私家课 ■ 知乎书店 ■ 付费咨询	√ 注册用户超1.8亿 √ 1.1 亿条回答 √ 超过1.5万个知识服务产品 √ 知乎大学付费人次达600万	定位知识；一、二线城市高知人群
喜马拉雅 2013.03	4 332	E轮： ¥40 亿元 估值： ¥240 亿元	■ 广告 ■ 知识服务：听书/课程 ■ 休闲内容：有声小说/相声 ■ 智能硬件	√ 3.5 亿激活用户 √ 3 000 位知识网红 √ 31 万条付费内容 √ 第二届“123 知识狂欢节”内容消费总额达 1.96 亿元	无特定目标群体；用户多30岁以下
得到 2014.06	324	D轮： 未披露 估值： ¥70 亿元	■ 大师课 & 精品课 ■ 订阅专栏 ■ 每天听本书 ■ 电子书	√ App 总用户数超 2 000 万 √ 付费订阅专栏：累计销售接近 245 万份 √ 每天听本书产品数量超过 2 300 个	有上进心、有志青年
在行一点 （原分答） 2015.05	—	A+轮： ¥数千万 估值： ¥12 亿元	■ 付费问答 ■ 小讲 ■ 课程 ■ 班级	√ 上线之初，一个月内付费用户超 100 万，交易总金额超 1 800 万元 √ 后升级改版，2018 年 2 月重新上线	对某一领域/大V人物感兴趣、有需求的大众用户

众多玩家中，2011 年即以小众精英问答社区定位上线的知乎，多少有些不同。顶着高质、小众、精英的标签，加上流量与质量的天然矛盾，

成立 6 年后才开始商业变现道路并不容易。好在 2016 年知识付费的兴起，给知乎的商业变现带来新的机遇，随着两三年来的探索努力，知乎正在逐渐摆脱“赚钱不道德论”的镣铐，扎根用户、直面质疑，走得愈发坦荡起来。

二、知乎：广告 + 知识付费，“慢”公司的商业化快跑如何稳中求进、不忘初心

▶ 发展历程

知乎团队于 2010 年成立，2011 年应用正式上线，2013 年以前实行邀请码制度，开放注册后由 40 万用户小众社区成长为一个 1.8 亿用户的知识平台，8 年来共获得 6 轮、合计近 5 亿美元融资，本次 E 轮融资过后，估值 24 亿美元（见图 4）。

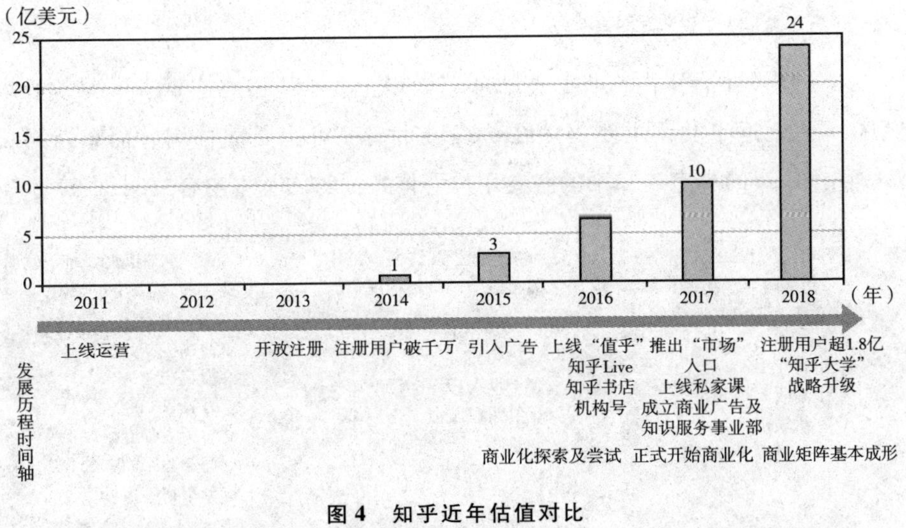

图 4　知乎近年估值对比

资料来源：IT 桔子、艾瑞咨询、网页新闻。

2016 年起估值不断飙升，离不开知乎近年来不断加快的商业化进程。在剖析知乎商业变现路径之前，我们不妨先聚焦知乎的一大“核心资产”——用户，即知乎谋求商业化的对象。

▶ 用户画像：高学历、高收入的一线城市知识型中产（见图 5）

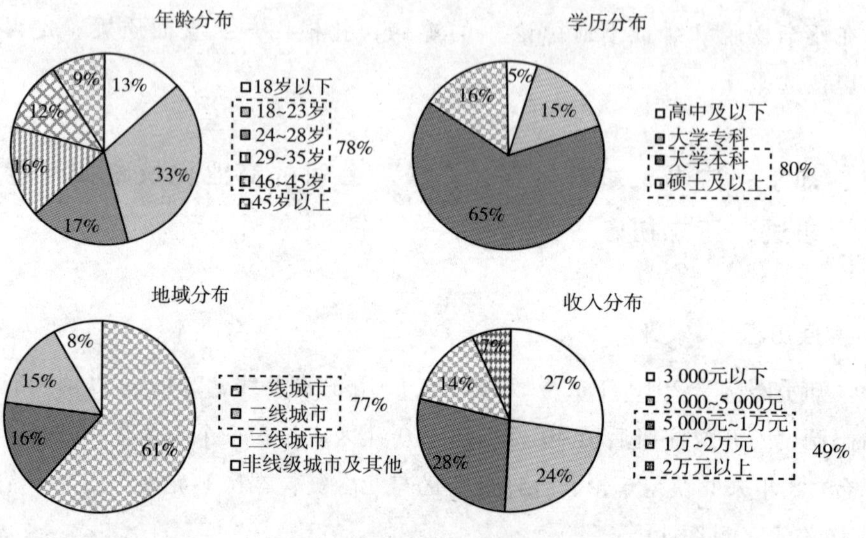

图 5　知乎用户画像

资料来源：艾瑞咨询、网页新闻。

18~45 岁中青年占 70% 以上，本科及以上高学历占比达 80%，月均收入 5 000 元以上近半数，主要集中在一线城市……对比艾瑞咨询、福布斯对白领、中产阶级的界定，知乎的主要用户群体特征与之基本吻合（见图 6）。

知乎用户特征	福布斯中产阶级标准	艾瑞咨询对白领网民界定
√中青年 √中高收入 √一线城市 √本科及以上高学历	√25~45岁 √年收入1万~6万元 √生活在城市 √专业人士；企业家 √有大学学位	√23~40岁 √稳定职业 √月收入3 000元以上 √学历大学专科以上 √商务写字间办公 √分布在一级城市

图 6　用户群体特征比较

资料显示，中产阶级、白领人群往往具有以下几点消费主张：追求生活品质，追求个性化，重视品牌、口碑，易受同龄人圈子、群体意见领袖影响（见图 7）。

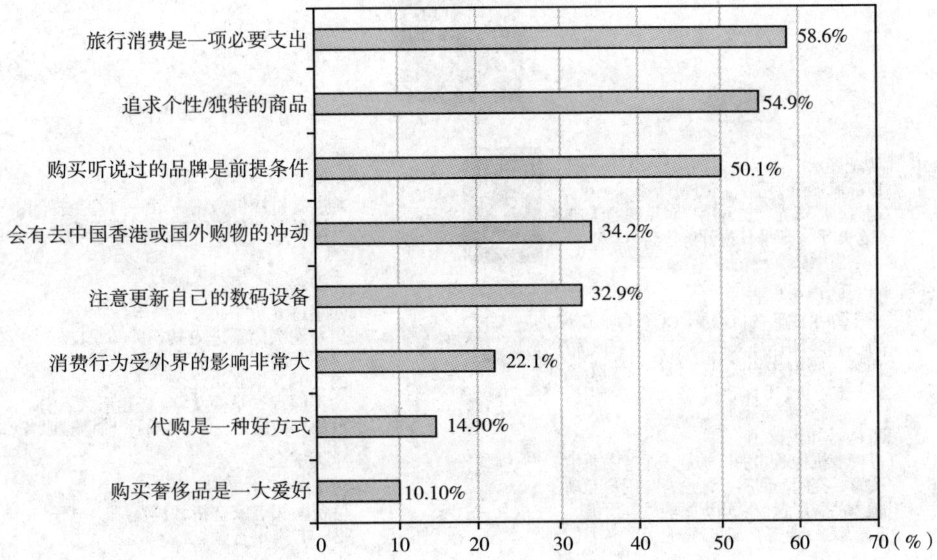

图 7　白领网民消费主张

资料来源：艾瑞咨询。

同时，由于主要生活在一线城市，工作忙碌、自由支配时间少且碎片化，也使得他们更追求效率、更具有目的性。

▶ 商业模式：广告先行，后起之秀知识付费布局加快，两条路径基本成形

针对以上用户特点，知乎自 2015 年开始不断拓展与更新业务。广告层面，2015 年起引入原生广告，2016 年上线机构号、推出“知识营销”，后成立商业广告事业部；知识付费领域，2016 年上线“值乎”、知乎 Live、知乎书店，次年整合推出独立“市场”入口并上线私家课。2018 年 6 月，“知识市场”业务升级为“知乎大学”并成立新的知识服务事业部。至此，知乎谋求商业变现的两条路径基本成形（见图 8）。

▶ 传统展示广告 + 信息流原生广告 + 机构号知识营销，对标 Quora，在传承中创新

广告作为内容产业的天然商业模式，在知识付费模式之前出现，往往是平台的主要收入来源。知乎的信息流原生广告借鉴于国外老牌问答社区 Quora，广告业务是 Quora 目前唯一的收入来源，也从侧面印证了广告的重要性。

图 8　知乎商业变现轨迹

尽管原生广告在中国接受程度有待提升，但这无疑是面向未来的正确方向。消费升级时代，消费者需要更有价值的信息来完成决策，对于高学历、追求高品质知乎用户来说更是如此。知乎广告的关键词定向使其投放人群更为精准，能提高用户寻找信息的效率，有效影响消费决策。目前，知乎投放广告的集中行业也与中产阶级用户私家车、房产拥有率高、在教育、金融、旅游等方面支出增加趋势也较为一致（见图 9 和图 10）。

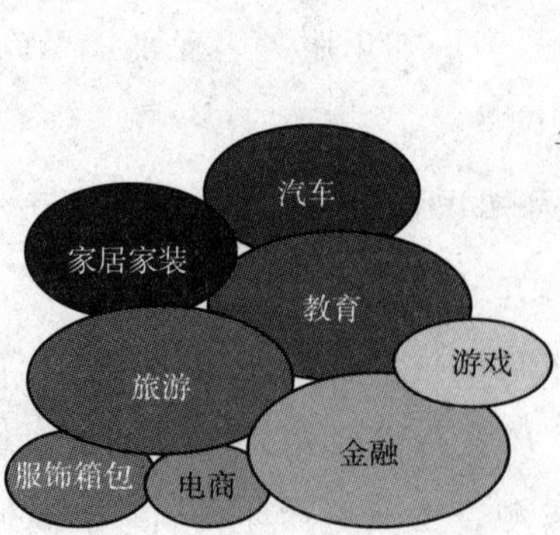

图 9　知乎投放广告主要行业

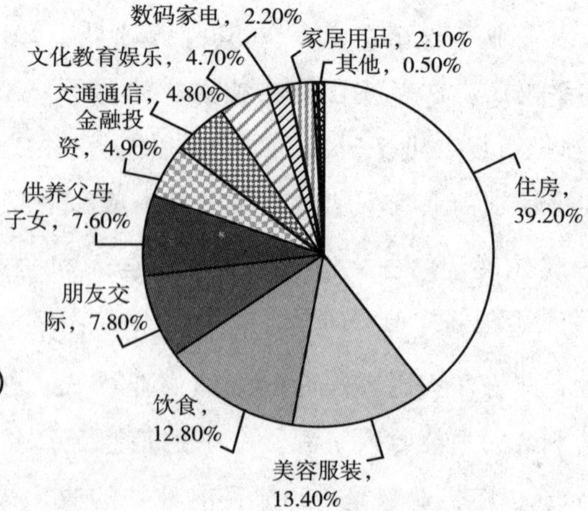

图 10　白领网民各类支出占比

而知乎的机构号及知识营销，则是在原生广告基础上的更进一步，与知乎本身初衷更贴切，以知识增进信任，传递品牌价值，不论是从感性还是理性的角度，都更容易被用户接纳。同时，机构号也丰富了平台的生态，帮助搭建自有广告产品体系，为规模化盈利打下基础。目前，知乎广告业务表现良好，2018 年上半年，营业收入额相比 2017 年同期增长 340%，是现阶段的主要收入来源。

► 广告收入规模存在边界，回归核心用户群体本身，另寻知识付费变现出路

不过，由于信息流广告本质是广告位的投放，位置有限，且有损用户体验，加之知乎的专业性对大众用户吸引力不够，流量方面优势并不明显，其带来的收入规模也许存在边界。保险起见，知乎还需要另寻他法，建立与核心用户群体的直接联系，挖掘消费意愿，释放消费力，使其能够在精英性、社区氛围、内容质量不被过分稀释的前提下，体面地赚钱。

这就需要着眼知乎用户身上的自我实现需求和文化消费了，由于它们大多处于工作中的发展期和黄金期，向上跃升愿望和地位忧虑促使其产生强烈的学习、更新动机。因此，工作之余的自我充值是重要的生活内容。同时，注重个性化互动性、易受同龄人及意见领袖影响又使“与行业资深人士交流”“听精英分享”的形式倍受青睐。当然，职场并不是知乎用户唯一关心的话题，注重生活品质、大多由“80 后”“90 后”构成的他们对日常生活/情感指引、精神文明构建、个人兴趣培养的也给予了很高的关注度。

这样的用户群体天然构成知乎知识付费业务的目标群体，基于用户需求，知乎不断完善形成如今的知识付费业务布局（见表 2）。

表 2　　知乎知识付费业务

<table>
<tr><th colspan="3">产品名称</th><th>形式</th><th>内容范围</th><th>对应用户需求</th></tr>
<tr><td></td><td></td><td>值乎</td><td>文字、语音</td><td>职业提升
生活指引</td><td>个性化即时咨询需求</td></tr>
<tr><td rowspan="5">知乎大学</td><td rowspan="2">课程</td><td>Live</td><td>图文、音频</td><td rowspan="5">通识知识
专业技能
兴趣爱好</td><td>短时、片段式学习需求</td></tr>
<tr><td>私家课</td><td>图文、视频</td><td>长期、系统性的学习需求</td></tr>
<tr><td rowspan="3">读书会</td><td>领读</td><td>音频</td><td>快捷、高效获取书本解析</td></tr>
<tr><td>有声书</td><td>音频</td><td rowspan="2">不同场景下的阅读需求</td></tr>
<tr><td>电子书</td><td>图文</td></tr>
</table>

据官方数据，至2018年上半年，知乎已提供15 000个知识服务产品，生产者达到5 000名；每天有超过100万人次使用知乎大学，付费产品复购率在40%左右。

► 知识付费需以高质内容为保障，“海盐计划”助力维护质量平衡，谋求深远发展

当然，知乎的知识付费业务除了迎合用户需求以外，更是以问答社区为基础，释放积淀的优秀知识生产者及高质量内容的变现能力。优质的内容及其生产者无疑是一个平台最重要的护城河。如今的知乎拥有1.8亿注册用户，随着用户人群的持续扩大，质量稀释、精英客群、出色回答者流失的问题无法避免。在这个节骨眼上发布着眼于解决内容质量和优秀创作者收益问题的“海盐计划”，正体现了知乎直面质疑，维护社区氛围、提高内容质量、守住核心用户群体，以求在知识付费上走得更深更远的决心。

理想状态下，创作者中心可以激励站内内容生产者、吸引站外内容生产者，以形成健康的内容生态；而更良好的内容生态不仅能满足已有核心用户需求，提高其活跃度及粘性，还能吸引更多潜在用户；而“盐值”系统则在增“量”的同时保“质”，引导新成员变为高质量的参与者，进一步巩固、加深知识付费业务的立足基础（见图11）。

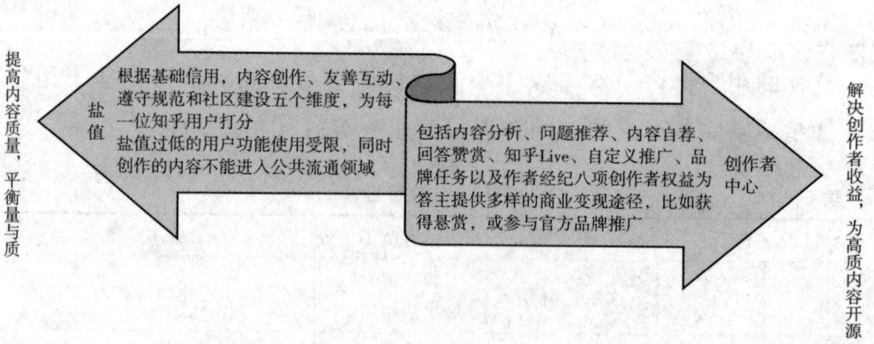

图11　知乎海盐计划

随着知识付费产业进入下半场，尽管供需两端增长将拉动产业规模不断扩大，各路玩家对单个用户注意力时长抢夺也将愈发激烈，未来增速将逐渐放缓，用户将更看重产品单位时间内的知识含金量。长远来看，海盐

计划的实施将有助于知乎把握潜在增长空间，走得更远（见图 12）。

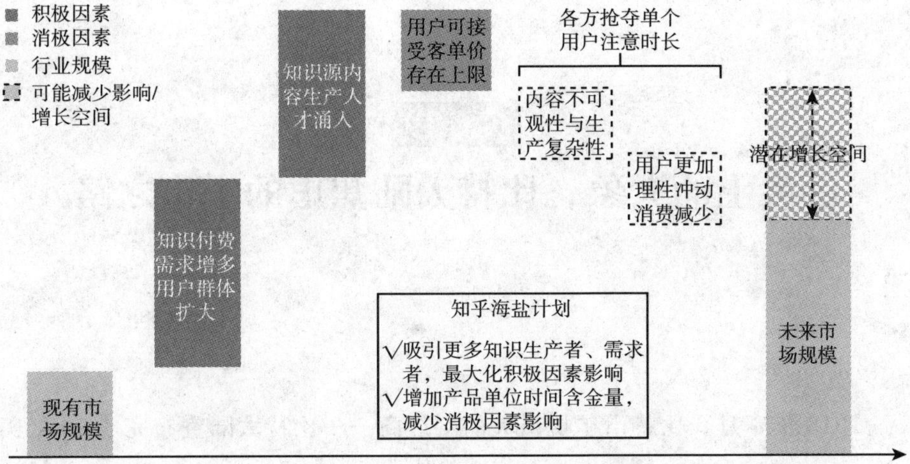

图 12　知乎增长空间

诚然，商业化、用户量扩大带来的质量稀释是知乎从小众精英社区走向全民知识平台过程中不可避免的阵痛，然而开始快跑的知乎，并没有抛弃以前那个“慢”公司“让知识连接一切，满足用户对知识分享和使用各种场景需求”的使命与初心。知乎能否通过海盐计划、通过机构号、知识营销上的更进一步，谋求在广告盈利和保持内容的质量之间更好的平衡点，我们期待知乎的答案。

主笔：胡安琪

资料收集：周小可、汪雨晴、马昱

No. 29

针尖上的大象，比特大陆焦虑的上市之路

2018 年 8 月，比特币矿机最大的生产商——比特大陆宣布完成 10 亿美元 Pre - IPO 轮融资，投后估值 150 亿美元。据比特大陆方面披露，领投方包括软银、腾讯、中金，同时，公司预期于 9 月向港交所递交招股书，申请 IPO。

2018 年 5 月和 6 月，比特币矿机第二和第三大生产商嘉楠耘智和亿邦国际亦分别向港交所递交招股书。

比特大陆紧随竞争对手递交招股书的原因何在，它到底在焦虑什么？

一、比特大陆：横跨区块链与人工智能，两大领域的芯片公司

比特大陆作为一家专注于高速、低功耗定制芯片设计研发的科技公司，共有两大主要业务条线：一部分是围绕比特币与区块链生态的核心业务，内含矿机、矿池、云算力、区块浏览器四大板块；另一部分则是比特大陆围绕人工智能的拓展业务，主要是面向深度学习的 ASIC 超算芯片（见图 1）。

作为一家成立仅五年的公司，比特大陆目前已收获三轮数额不小的融资，其中最近两轮融资分别发生在 2018 年的 7 月和 8 月，分获 4 亿美元和 10 亿美元融资额（见图 2）。

要想了解比特大陆近期收获巨额融资，却又如此焦虑上市的原因，还得从比特大陆的业务来一一拆分解析。首先是比特大陆的核心业务——比特币与区块链。

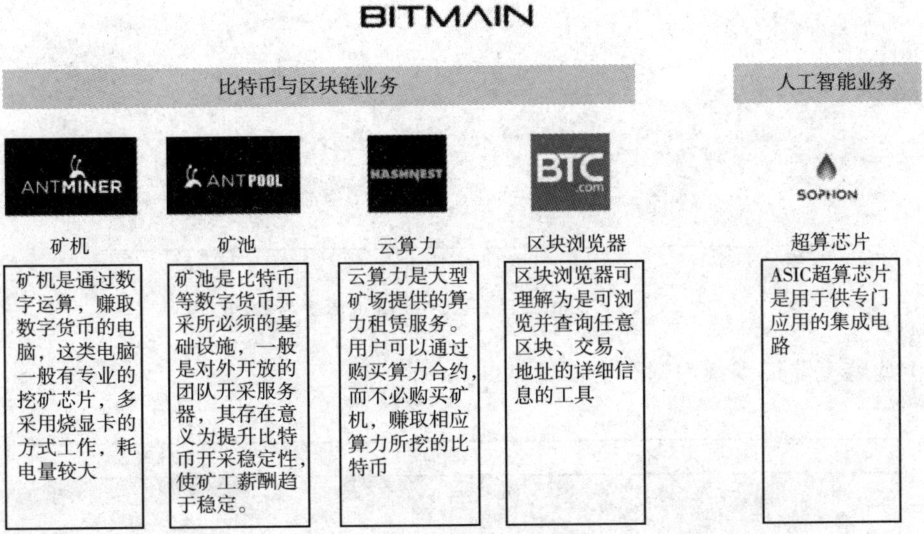

图 1　比特大陆业务版块

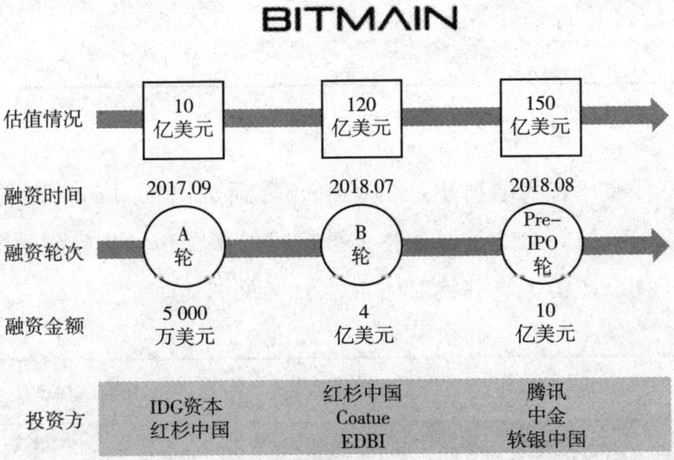

图 2　比特大陆融资情况

注：腾讯与软银否认参与比特大陆 Pre - IPO 轮融资。

比特币生态圈的上游是芯片的设计与制造，中游是矿场云算力与矿池的运营，下游是交易、应用程序（见图 3）。产业的全链条都有比特大陆的参与，堪称是比特币产业的核心玩家。而在整条产业链中，比特大陆的核心中的核心在于它的矿机生产与销售业务。

▶ 光鲜的矿机销售

与其主要竞争对手嘉楠耘智和亿邦国际目前的主流矿机比较，在性能

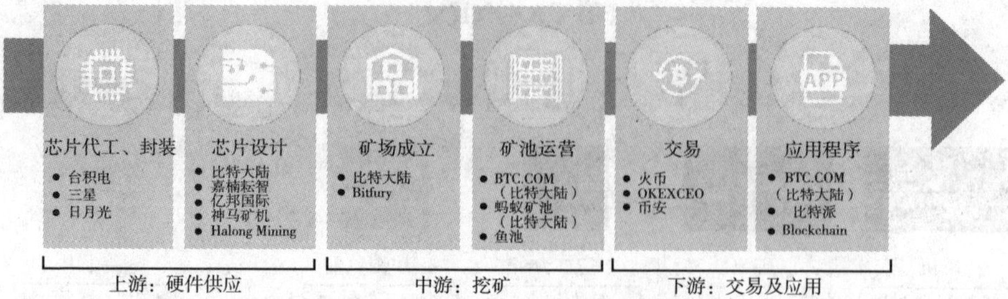

图 3　比特币业务：全产业链价值参与者

上比特大陆可以说占据了全面优势（见图 4）。

	比特大陆			嘉楠耘智		亿邦国际	
矿机名称	蚂蚁矿机 S9j	蚂蚁矿机 S9j	蚂蚁矿机 S9 Hydro	阿瓦隆A841	阿瓦隆A851	翼比特E9i	翼比特E9.3

算力（Th/s）	14.5	14.5	18	13	14.5	13.5	16
算力消耗比（J/Th）	94.14	93.12	96	99.2	100	105	110
官网售价	¥3 550	¥3 550	¥5 600	¥2 888	¥3 199	$745	$950

图 4　主流矿机比较

这也是目前比特大陆所生产的矿机，占到了比特币矿机交付总量份额近七成的原因。按算力统计，比特大陆矿机的市场份额也已经达到了 60%，可以说在比特币矿机上具有绝对的统治力（见图 5）。

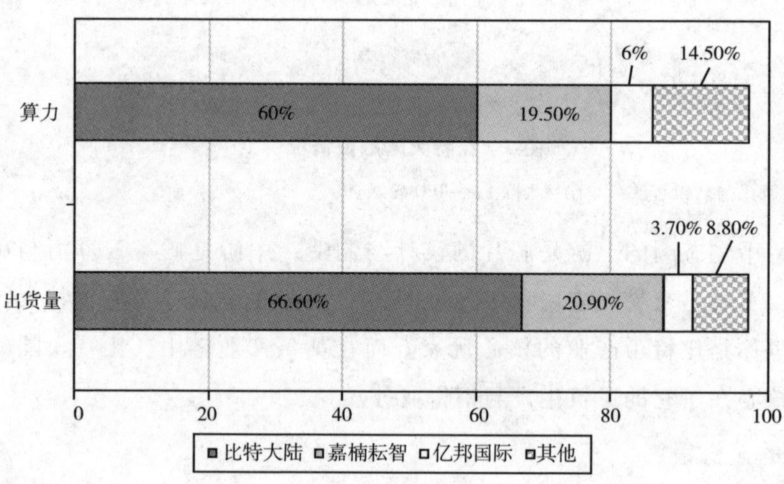

图 5　各大公司 2017 年比特币矿机市场份额图

矿机是比特大陆的主要收入来源，自 2016 年到 2018Q1 比特大陆矿机的收入占总收入比重均超过了 80%，其中 2018Q1 的收入占比更是达到了 97%，远超其他所有业务；同时毛利率也高的惊人：基本维持在 60% 左右（见图 6）。

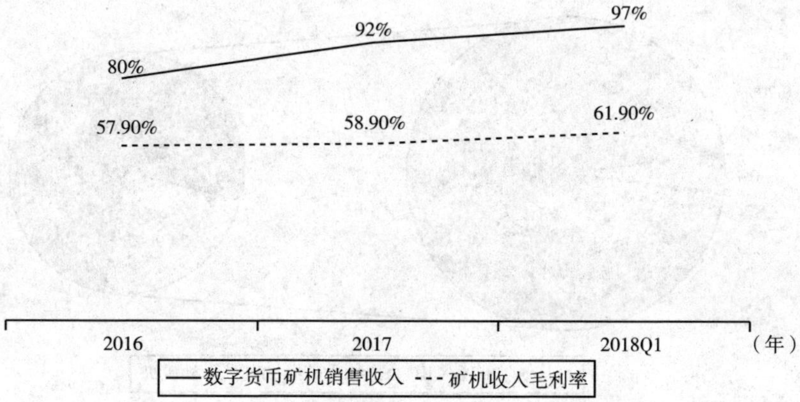

图 6　比特大陆矿机销售收入与毛利率变化情况

比特大陆矿机收入不仅比重大，增长速度也不低。2017 年的矿机销售收入是 2016 年收入的 10 倍以上，仅 2018 年 Q1 就达到了 2017 收入的逾 3/4（见图 7）。

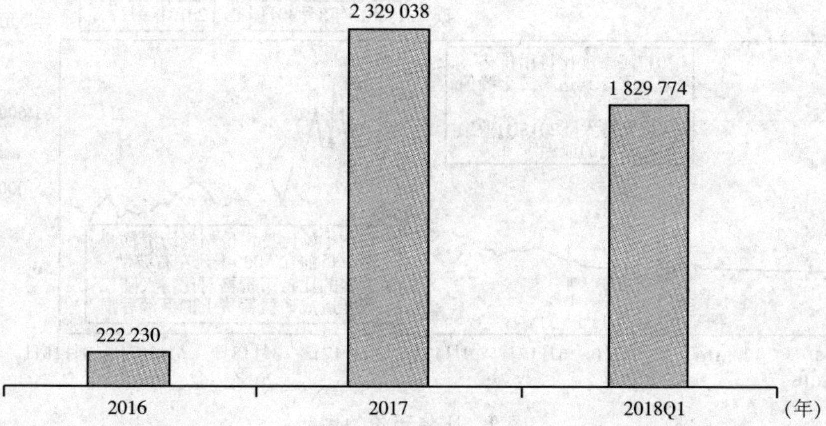

图 7　比特大陆矿机销售收入

▶ 尽管比特大陆的矿机销售如此光鲜，其背后却受到诸多挑战，首要的就是其营收结构单一，且收入受到比特币价格的高度影响。

根据 2018Q1 的数据，比特大陆近 97% 的营业收入来自矿机销售的收入，再对矿机收入进行拆分，其中 2018Q1 超过 71.6% 的总收入来自比特币矿机，营收结构单一，比特大陆高度依赖其矿机销售。

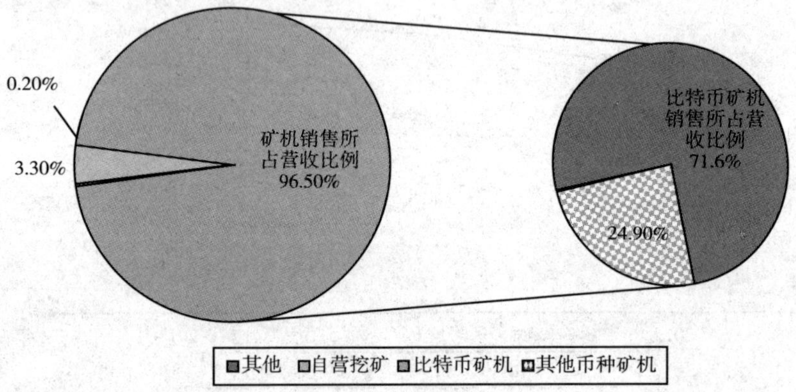

图 8　比特大陆 2018Q1 营业收入结构

而比特币矿机的定价方式是依据一台矿机在生命周期内所能开采到的所有比特币的贴现值。比特币价格的波动将直接影响矿机的价格，从而影响公司的盈利。

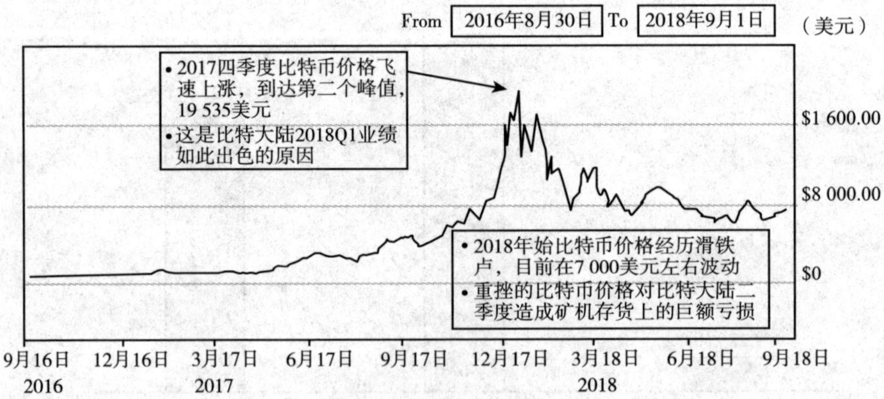

图 9　比特币价格图示

比特大陆矿机的销售受制于上游供应商的芯片供应能力，以期货的形式发售，发货日期往往在下订单付款的 1 ~ 2 个月之后。而 2017 年的 12 月比特币的价格达到了历史最高点，超过 19 000 美元，在 2018 年 2 月急速下跌至 7 000 美元（见图 9）。加上比特大陆迟迟没有发布二季度的财务数据，因此比特大陆 2018 年一季度盈利 12.5 亿美元，有很大程度上受到了 2017 年年末市场乐观情况的影响。而在比特币大幅度下跌的当下，比特大陆二季度财报情况不容乐观。以主力矿机 S9 为例，价格已经由 2017 年末的 6 499 美元大幅下跌至 2018 年 6 月的 649 美元左右，仅 S9 的存货价值损失就达到了 7.5 亿美元。

▶ **更糟糕的是，不仅矿机价格走入下行周期，比特大陆自身矿机芯片研发也进入瓶颈**

矿工们对于矿机设备本就没有忠诚度，他们只在乎算力与功耗比。在 2014 年底到 2015 年年初的比特币价格下跌中，当时作为后来者的比特大陆凭借自己开发的先进芯片带来的充足现金流拖死了比自己先进场的烤猫、ButterflyLabs 和 KNCMiner，凭借更低的功耗和成本压制了嘉楠耘智，最终拿到了行业第一（见图 10）。

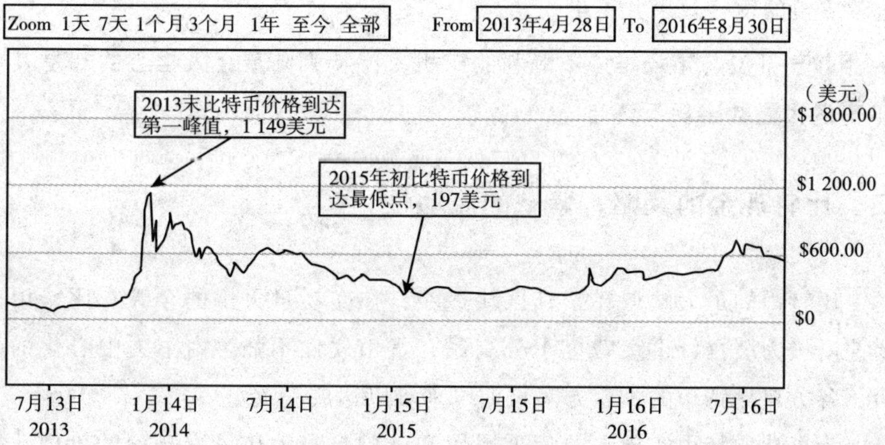

图 10　比特币交易情况

而在币价下跌的当下，嘉楠耘智在 2018 年 8 月 8 日发布了最新的 7nm 芯片，即将量产运用在最新的阿瓦隆 A9 系列矿机上，算力达到了 30TH/s，能耗比只有 60J/TH，各方面指标远远优于比特大陆的蚂蚁矿机 S9。在对手于技术研发上不断取得进展的时候，比特大陆却经历技术上开发上的瓶颈（见图 11）。

图 11　比特大陆的失败

一旦嘉楠耘智的新矿机实现量产，毫无疑问比特大陆的霸主地位也将被颠覆。

▶ 为摆脱对比特币矿机的高度依赖，比特大陆不是没有想过转向其他币种开发矿机，但是效果却不如想象得那么好

2018 年 3 月比特大陆开发的门罗币矿机 X3 就遭到门罗社区的坚决抵制，门罗币当即在 4 月实施了硬分叉，导致比特大陆矿机失效，使其遭遇了第一次产品失败，巨额投入打了水漂。另一款针对以太坊的矿机 E3 于 2018 年 4 月发布，但由于以太坊社区的反对、年初数字货币的价格的暴跌，这款矿机的发行效果并不尽人意。

▶ 相较于开发与市场推广不顺利的矿机，比特大陆最让人担心的却是其持有的大量数字货币资产

三、比特现金的豪赌，紧缺的流动性

比特币的最大缺点在于其区块过小，在交易量大增的今天，比特币交易速度极为缓慢，手续费也十分高昂，货币属性不强。由于去中心化的政策，各方对比特币的扩容方案长期以来难以达成一致。

为了让比特币实现它的货币属性和维护自身大矿场主身份的价值，比特大陆单方面采取了行动，利用其在矿池领域的巨大市场份额占比。比特大陆在 2017 年 8 月推动了比特币的硬分叉，变比特币与比特现金。在比特大陆看来，以其的实力与各方面资源的支持，比特币现金有很大的概率取代比特币成为数字加密行业新的本位币（见图 12）。

从外部公开资料可以看到，为了扶持比特现金，比特大陆可谓是煞费苦心。其将现金中的 15 亿美元全部拿来投资比特现金，两位创始人也从身

	比特币	比特现金
价格	7 193.25美元	615.31美元
市值	1 214.71亿美元	94.23亿美元
全网算力	52.33EH/S	3.78EH/S
区块大小	1MB	8MB
优势	• 第一种数字货币，拥有更高信任度 • 协议维护严格遵循去中心化 • 流通量高	• 流通速度快 • 交易费用低，且固定 • 在场景中可应用性强

图 12　比特币和比特现金

价中拿出 10 亿美元投资比特现金。换而言之，比特大陆几乎是把自己的身家性命都押在了比特现金上。然而比特现金的情况却不尽如人意，用户量不到比特币的 10%，其价值也未超过比特币的 20%。

豪赌投入之后，比特大陆的账上现金情况，可能将没有想象的那么乐观（见图 13）。

图 13　比特大陆资产构成

比特大陆 2018Q1 账上的现金并不多，仅 1 亿美元，而以数字货币为主的其他流动资产的数目是现金的 10 倍。而这部分数字货币资产是以购入的成本来计价的，在数字货币市场大幅度跳水的今天，极有可能在比特大陆的利润表上录得亏损。毫无疑问，比特大陆需要通过上市来筹集更多资金来支持自己对于比特现金的持续投入，同时为自己的人工智能业务提供更多支持。

四、人工智能：摆脱对于传统矿机的依赖

传统矿机作为比特大陆最大的收入来源，受到监管的影响极大，前有央行《防范代币发行融资风险的报告》禁止从事代币发行融资活动，后有 BAT 在近期对各大比特币媒体、交易渠道的封杀。对比特大陆来说，凭借自己在 ASIC 芯片上的优势，切入 AI 芯片领域和智能机器人制造的广阔的市场，既能分散风险，也有可能让比特大陆成为未来中国市场上的芯片巨头之一（见图 14）。

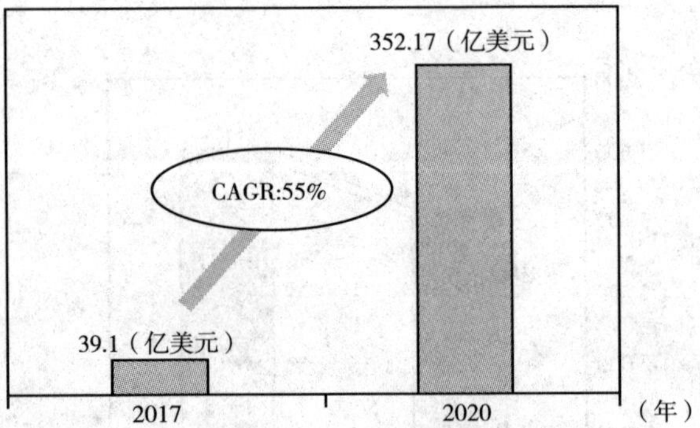

图 14　AI 芯片市场规模

▶ 切入云端芯片市场，面临强大竞争对手

目前比特大陆在人工智能上的核心产品是其自研的算法芯片，共两个型号——BM1680 与 BM1682，专门用于人工智能的深度学习。相较于 BM1680，BM1682 拥有更加强大的深度学习能力，专注于图像与视频处理方向。比特大陆正是以这两款芯片，制作了相关的智能加速卡和智能视频

分析服务器，借此切入安防、互联网、大数据三大应用场景（见图 15）。

然而，在这一领域上，比特大陆再也不是在矿机领域的那个矿霸了，专注在云端推断和训练芯片的比特大陆要面对的是国内的如寒武纪科技这样的独角兽、国外的谷歌、英伟达、英特尔这样的芯片巨头。

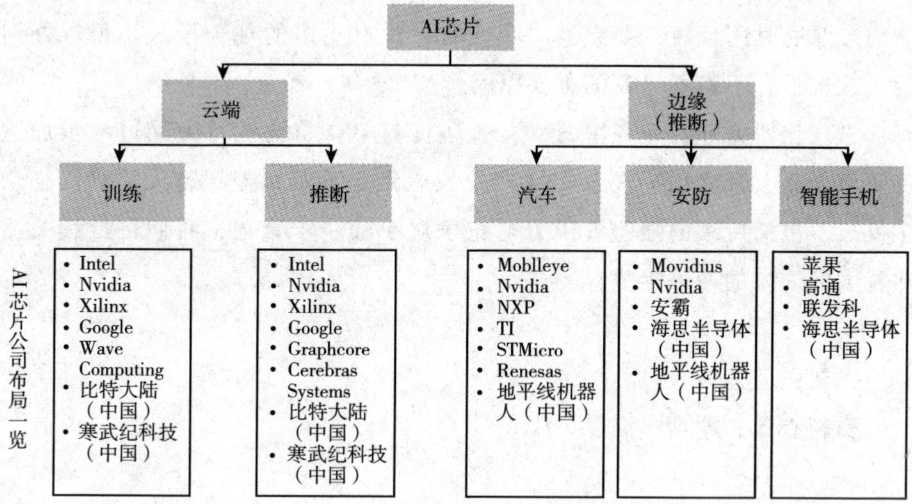

图 15　比特大陆芯片应用场景

在云端推断芯片这一领域上，尽管英伟达、谷歌是目前的龙头老大，但由于不同应用场景的特殊性，依据具体不同的算法优化会带来更高的效率，加上国内对于云端超算芯片自主开发的愈加重视，比特大陆并非没有机会。

▶ 求贤若渴，缺少相关软件人才

显然，作为人工智能市场的新进入者，比特大陆急需相关软硬件人才。据了解，比特大陆已经挖走了知名台厂在华东地区几乎所有的资深硬件工程师。毫无疑问，比特大陆的硬件研发能够达到一流的水平，但在软件人才的储备上，比特大陆仍然存在不足。

ASIC 芯片需要一系列专门的软件配套才能在特定的场景驱动，因此芯片核心竞争力绝不仅仅是这块芯片硬件参数和性能是否优良，还要包括配套软件生态是否完善，用户用起来是否方便。尤其是软件生态的数量，一旦抢占先机，获取大量的用户，身位拉开之后，就形成了自己的护城河。

以比特大陆的竞争对手 Movidious 和英伟达为例，它们软件工程师的数量要远大于芯片工程师，在 Movidious 中这两者的比例甚至可以达到 6:1。从不太需要软件生态的矿机 ASIC 芯片起家的比特大陆在人才储备上还有很长的路要走。

2017 年底才刚刚入局人工智能的比特大陆跟它的竞争对手们比起来，参与产业的时间很短，要想进一步前行，没有更多的现金投入是很难办到的，这也是它不得不 IPO 的重要原因。

纵观比特大陆的业务情况，显然融资与 IPO 将为比特大陆进一步加注新矿机产品、豪赌比特现金、AI 产业投入做足准备，但比特大陆仍面临众多挑战，包括持续的强监管压力与竞争对手的步步紧逼，我们将持续关注比特大陆未来的业务走势。

主笔：何艺展

资料收集：罗珂、高晨、张正贤

想成为《投融资观察》报告创作团队的一员吗？微信扫描本书第381页二维码，现在就加入我们吧！

No. 30

大社交，谁敢动微信的奶酪

2018 年 8 月 28 日，上线仅 7 天的子弹短信宣布完成 1.5 亿元融资，投资方为成为资本和素来以投资“人”著称的高榕资本。同时，子弹短信也在 App Store 排行榜拿到总榜第 1 名的成绩；在此之前的 8 月 21 日，脉脉宣布完成 D 轮 2 亿美元融资，而此轮融资则是全球职场社交领域迄今所获得的最大一笔融资，脉脉也成为职场社交领域首家独角兽。

无论何时我们提起社交，社交领域垄断者微信总是绕不开的一个话题，那么，暗流涌动的社交领域，究竟还有没有突破口？如果我们需要寻找答案，就得从整个社交领域看起。

一、泛社交的产业链

泛社交包括了与社交相关的不同类型产业，包括社交支持工具、数据处理公司等。当我们放大整个产业板块时会发现，传统社交的产物和衍生品：数据和广告，是蕴藏着巨大能量的宝藏，也获得了经营者和投资者越来越多的关注。我们将整个产业链进行分类，可以清晰地看到四个大的板块，而不同板块之间又有交叠（见图 1）。

内容端：如网红、KOL、新闻媒体等内容生产方，主要产出内容，借助产业链中渠道平台发布内容，但其基本不涉及渠道运营和管理。

渠道端：如客户端、集合平台等连接内容与用户的通道，如游戏代理商、经纪公司等，其本身无用户留存或仅有较少的用户留存。

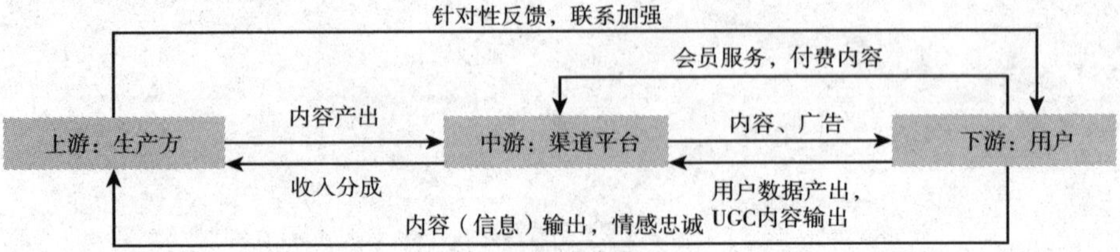

图 1　泛社交产业链

用户端：拥有可基于不同细分领域划分的特定渠道平台使用者的产品，同时他们也一定程度上成为渠道和内容产物的载体，典型如 LinkedIn。

平台端：诸如微信等几乎涉及全产业链的垄断者，也涉及产业链副产，如用户数据等；产业链支持工具，诸如微信支付、小程序等。

其中，渠道平台主要通过抢占用户使用时间实现竞争。另外，微信作为社交领域的垄断者，日均用户使用时间非常高。据微信数据报告，有超过 50% 用户日均使用时长超过 90 分钟。

根据艾瑞咨询 2017 年中国社交应用需求报告：整个产业链以内容生产流动为主要联系纽带，通过资金流动实现互相交流，上中下游之间又相互影响，形成闭环。以中游 + 下游的承载方为代表，可以分离出工具性和内容性两个属性；这两个属性在一定程度上能推广至全产业链。

二、社交产业链上不同部分之间的关系

▶ 微信和它的挑战者们

微信作为毋庸置疑的头部玩家。2018Q1 微信及 WeChat（国际版）合并月活用户达 10.4 亿，同比增长 10.9%，是全国用户量最多的手机 App，其他玩家在规模上已难以望其项背（见图 2）。在其他领域，微信同样以领导者身份存在，占据了大量的用户时间。

而如果我们将产业链上的不同产品，在坐标系中按所占据市场份额，内容属性和工具属性放置如图 3，会发现微信极高的内容性和工具性使其建立起了强大的竞争优势。

就目前的情况来看，想要达到内容属性和工具属性的并重，需要一定的用户数量作为支撑，而其中大多数玩家都选择用不同的策略来找到自己独

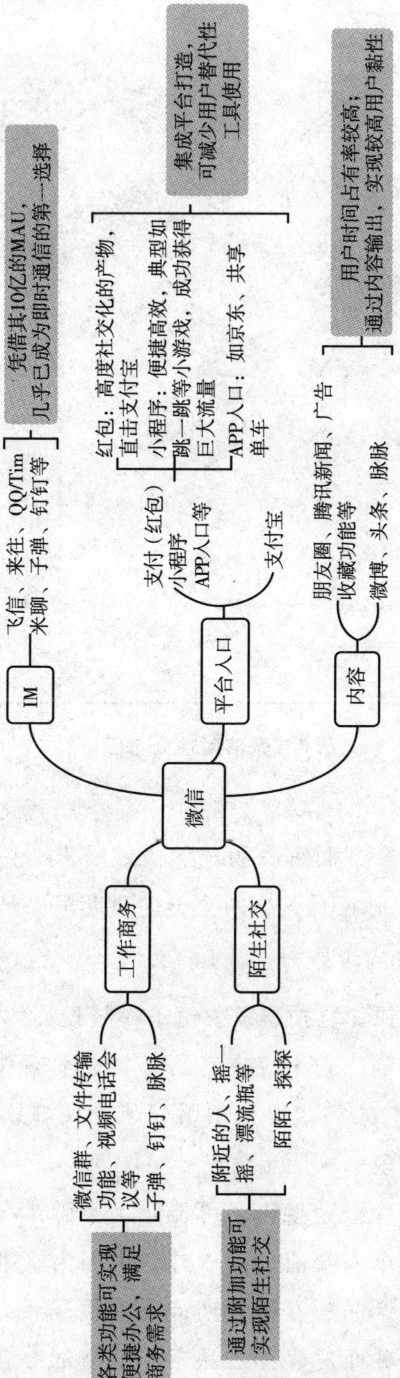
微信
IM
飞信、来往、QQ/Tim
米聊、子弹、钉钉等
凭借其10亿的MAU，
几乎已成为即时通信的第一选择
平台入口
支付（红包）
小程序
APP入口等
支付宝
红包：高度社交化的产物，直击支付宝
小程序：便捷高效，典型如跳一跳等小游戏，成功获得巨大流量
APP入口：如京东、共享单车
集成平台打造，
可减少用户替代性工具使用
内容
朋友圈、腾讯新闻、广告
收藏功能等
微博、头条、脉脉
用户时间占有率较高；
通过内容输出，实现较高用户黏性
工作商务
微信群、文件传输功能、视频电话会议等
子弹、钉钉、脉脉
各类功能可实现便捷办公，满足商务需求
陌生社交
附近的人、摇一摇、漂流瓶等
陌陌、探探
通过附加功能可实现陌生社交

图2　微信扩展

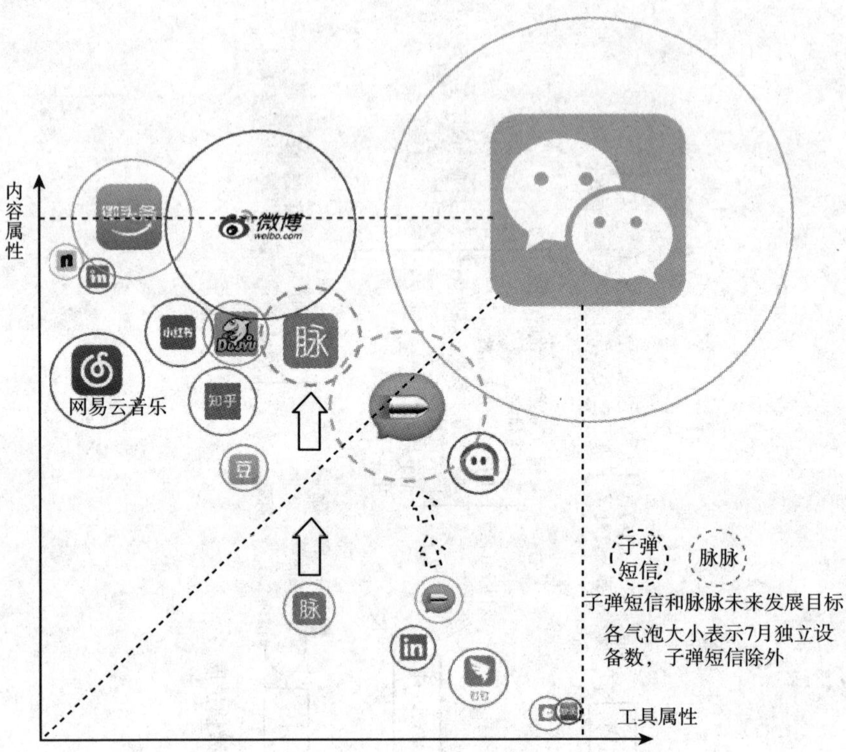

图 3　微信属性分布图

资料来源：艾瑞咨询。

有的客户群体，在某一个方面解决用户的极致需求，再向平衡线靠近（见图 4）。而子弹短信和脉脉正是这样两个不同时期里，具有代表性的公司。

▶ 子弹短信：身份模糊的挑战者

子弹短信是由北京快如科技研发、锤子科技投资的一款即时通信 APP，其最大的亮点是高效沟通。它不仅支持语音、文本输入，同时还支持“语音输入、文字输出”。它的第二次亮相引起了全民狂欢，不仅 APP 下载量霸榜，更是短时间内实现 1.5 亿元融资（见图 5）。

当我们冷静看待这次极速融资，可能除了子弹本身的产品无硬伤、部分针对目标客户的功能令人眼前一亮以外，也因为资本市场苦于偌大社交领域长期被腾讯的超级产品所垄断，期待出现挑战者，哪怕只是在某个细分对微信构成竞争。这种面对优秀产品不愿踏空的心态，可能也是让高榕和成为资本选择入局的重要原因。

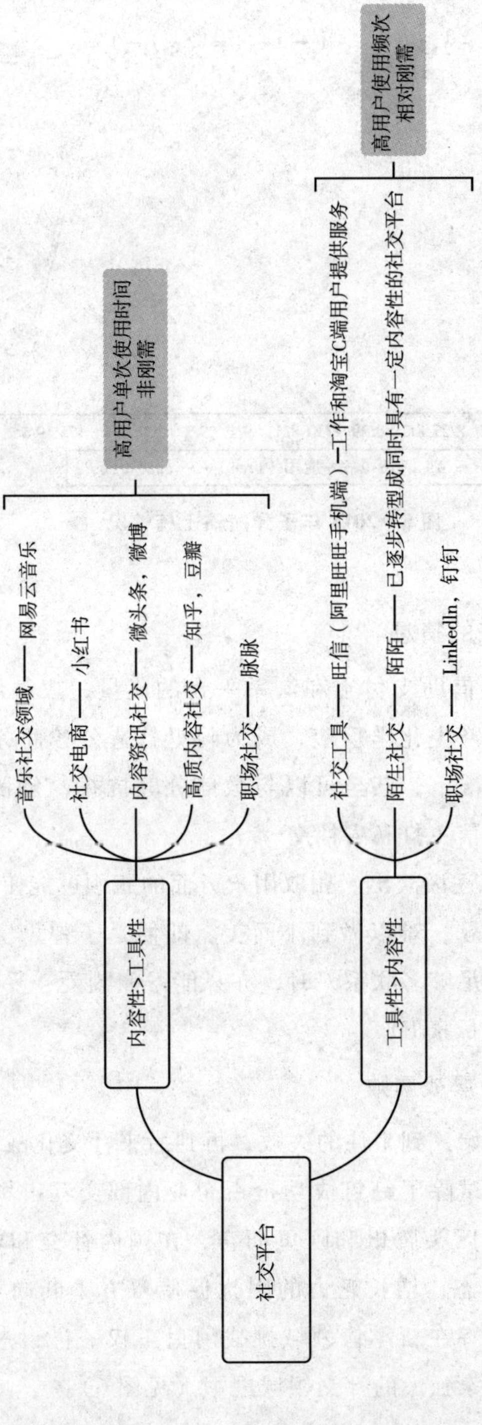
社交平台
内容性>工具性
工具性>内容性
音乐社交领域——网易云音乐
社交电商——小红书
内容资讯社交——微头条，微博
高质内容社交——知乎，豆瓣
职场社交——脉脉
高用户单次使用时间
非刚需
社交工具——旺信（阿里旺旺手机端）—工作和淘宝C端用户提供服务
陌生社交——陌陌——已逐步转型成同时具有一定内容性的社交平台
职场社交——LinkedIn，钉钉
高用户使用频次
相对刚需

图4

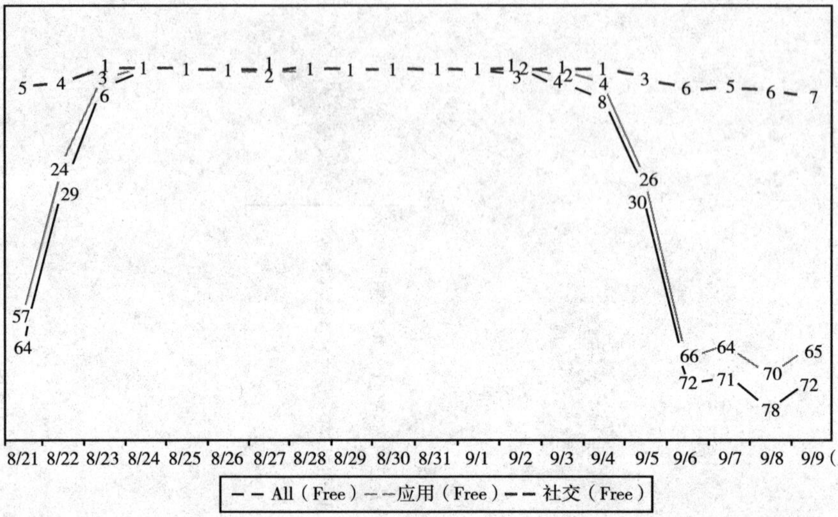

图 5　2018 年子弹短信上榜情况

资料来源：七麦数据。

▶ 关于子弹短信未来的猜想

（1）联合阿里，借助支付宝和淘系平台的流量，攻占商务领域 IM 制高点。同时，与钉钉产生化学反应，成为阿里打造公务商务社交工具的重要力量。在极乐观情况下，甚至可以与微信分庭抗礼，公私分明，阿里子弹主打工作商务，微信主打私人社交。

（2）虎头蛇尾，逐渐淡出。获取用户方面的瓶颈可能使子弹难以突破，社交本是一个宏大命题，难以做到小而美。即便是子弹忠实粉丝，当发现无法通过子弹去对接足够多联系人时，亦只能忍痛割爱，妥协于大众胃口，甚至被动沦为锤子的私家 IM。

▶ 阿里：社交战场上屡战屡败

从最初的淘宝开始，到来往的失败，再到后来社交化战略转向支付宝，阿里在社交领域的尝试除了钉钉成功抢占企业内部交互市场外，大多乏善可陈。对当前的两大巨头腾讯和阿里而言，在国内社交和电商两个领域，各自都已接近巅峰状态，增长乏力的困扰促使双方不断向对方领域试探，如同腾讯联合京东永辉在新零售领域挑战阿里王权一样，未来的阿里，同样不会放弃向腾讯一家独大的社交领域进军（见图 6）。

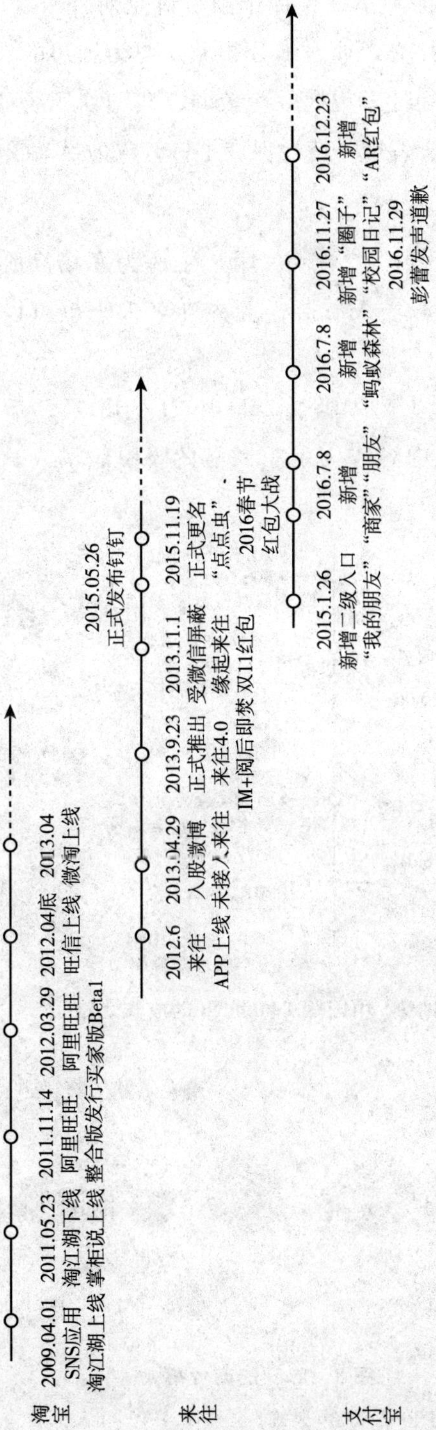

图6　淘宝、来往、支付宝社交化发展时间表

对于缺乏社交基因的阿里，较优选项也许是对外收购或发力细分领域。毕竟除去微信所霸占的社交产业，细分领域是更为理想的选择，这些领域的用户往往具有一定的割裂性，规模效应较弱，典型如职场社交，不同企业之间往往较难实现高频社交，这一特性促成了钉钉成为目前领域里的龙头老大。

▶ 脉脉：专注于职场社交的平台

脉脉是一个职场实名社交平台，用户主体为职场高阶精英人群，利用科学算法匹配出用户的职场人脉圈，商界知名人士也可以通过平台的直播功能，分享各类知识。

创建之初的脉脉类似于中国的 LinkedIn（见图 7），后逐渐转向以“匿名社区 + 实名动态”双内容作为引擎，借此吸引职场人员入驻，构建“二度人脉”（见图 8）。

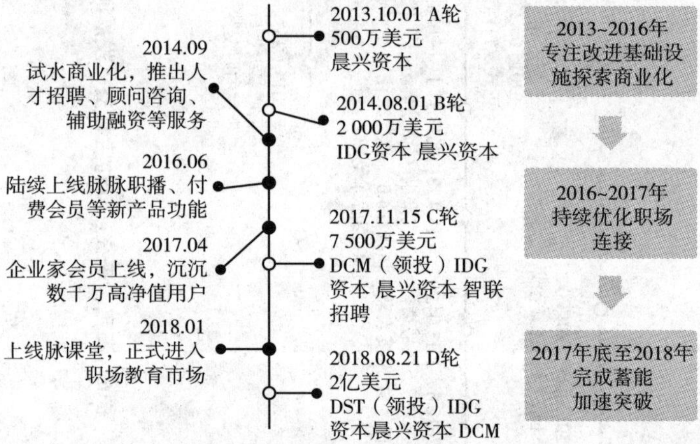

图 7　中国版 LinkedIn 的成长之路

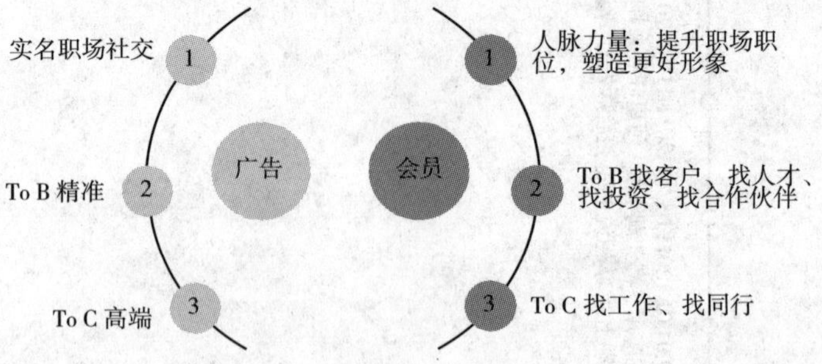

图 8　脉脉的商业模式

资料来源：网络公开信息资料整理。

▶ 脉脉商业化之道：广告＋会员

脉脉的商业模式简单来说，可分为广告和会员两部分收入，招聘业务带来的收入极少。据媒体报道的 2017 年数据来看，招聘业务收入仅占 10%（见图 9）。

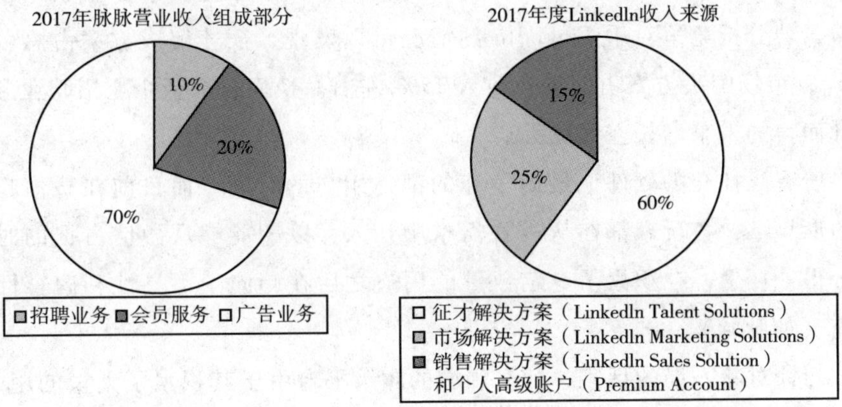

图 9　脉脉、LinkedIn 收入构成对比

资料来源：华尔街见闻，微软 2017 年财报。

如果观察脉脉的营业收入构成就会发现，广告和会员构成了脉脉最大的两个收入来源，但广告收入未来必然受限于规模，典型如今日头条的高效推送，其陷阱式的用户兴趣识别能够极大程度地提高投放精准度，而这是基于头条背后强大的算法支撑。脉脉是否能做到，值得投资者思考。

另外，计划 2019 年上市的脉脉对建立更加长期稳定的营业收入充满了迫切感。当前借助内容社区成为一个全新的职场成长平台是脉脉作出的新选择，是脉脉在此细分市场做大做强的重要尝试。

▶ 脉脉的未来发展

内容社区平台化转变。主打内容的社交平台，让小红书迅速成长为当今最热的内容平台之一，更撑起其独角兽估值。而脉脉的天梯计划想要做的精品内容社区，则有平台化的趋势，这有助于提高单次用户使用时长，同时针对微信职场内容生产发动攻势。

关注职场内容 KOL 培养，精品内容社区打造，用分类分级课程＋直播的体系传播有意义的职业培训、背景提升内容，这样或许可以改变对广告收入的重度依赖，也避免陷入流量战争的恶性循环。而深耕职场内容也可让脉脉免于和钉钉在职场社交领域直接碰撞，这有望助其成为职场内容平台这一细分领域霸主。

强化企业招聘工具属性。当前脉脉收入来源中企业招聘业务收入仅占10%，若分析竞争对手 LinkedIn 的情况可以发现，征才解决方案占总营收60%；市场解决方案占总营业收入25%左右。换而言之，企业招聘业务对脉脉而言的未来增长空间巨大。

所有泛社交的软件，最后争夺的都是用户的时间，而目前在微信超巨头的形势下，各玩家都在从极致需求中切入，以期能够从微信占据的时间里分得一杯羹，在积累了一定数量的用户之后在趋向于工具性和内容性的平衡（如脉脉）。

而针对新入局的玩家，社交领域的超级平台由于其积累了大量的用户，往往会产生“平台惯性”，这样的惯性给像子弹短信这样的后入局者带来了用户平台切换的时间限制。如果平台无法在短时间内完成用户的转移，原平台的惯性会再次吸收用户回到原平台上。目前来看，这样的平台惯性留给后来者的生存时间，正在越缩越短。

主笔：林炎

资料收集：曹冬青、努尔涛、虞佳菲

想成为《投融资观察》报告创作团队的一员吗？微信扫描本书第381页二维码，现在就加入我们吧！

No. 31

新能源大时代，资本助力下加速到来

2018 年 8 月 22 日，游侠汽车宣布完成“B +”轮 3.5 亿美元融资。此轮融资由格致资产独家战略入股，同时格致资产也跃居为游侠汽车第二大股东。游侠汽车已陆续完成 A 轮、B 轮以及 B + 轮共三轮融资，累计融资规模超过 12.5 亿美元，整体估值达到 33.5 亿美元，目前处于新造车企领先地位。相对于大众耳熟能详的蔚来、小鹏，作为国内最早新造车企的游侠汽车是何方神圣，一年之内三次融资又将给行业带来怎样的变化？

一、“游侠汽车”，新能源汽车梦想传递者

游侠汽车成立于 2014 年 4 月，总部位于上海，是国内首家独立自主研发、制造纯电动汽车的科技公司（见表 1）。

表 1　近年新能源汽车发展情况

公司	成立时间	生产	产品，进展，价位，所使用电池，续航里程				
游侠汽车	2014 年	• 自建工厂，首个年产能 20 万辆的生产基地	• 游侠 X1	• 2017 年 6 月核心测试 • 将于 2019 年 6 月试产	20 万 ~30 万元	松下三元锂电池 18 650	460KM
小鹏汽车	2014 年	• 与郑州海马合作，进行代工 • 小鹏汽车智能网联科技产业园建设中一期项目将于 2019 年底建成	• G3	• 2018.01，美国发布 • 2018 年春天，正式上市销售	约 10 万元	三元锂电池 152Wh/kg	320KM
			• 小鹏汽车 Beta	• 2016.09，小鹏汽车 Beta 版发布 • 2017.10，首批量产车下线	内部用户友好客户	三元锂电池	300KM

续表

公司	成立时间	生产	产品，进展，价位，所使用电池，续航里程				
蔚来汽车	2014 年	• ES8 交由江淮国产代工生产 • 2016 年，蔚来高性能电机生产基地于南京落成	• ES8	• 2017 年底量产 • 2018 年第一季度批量交付	44.8 万 ~ 54.8 万元	三元锂电池 70Wh/kg	355KM
			• EP9	• 2017 年已开启预售，共 10 台	148 万美元	三元锂电池 弹匣式可换电池	427KM
			• 概念车 EVE	• 2017.03 发布 • 未上市	/	/	超过 1 000KM
威马汽车	2015 年	• 由黄海汽车进行代工	• EX5	• 2018.04，北京车展量产版发布 • 2018.09 将要上市	约 20 万元	产品具有不同电池包配置	460KM
奇点汽车	2014 年	• 前期代工厂－未披露 • 后期安徽铜陵自建工厂	• IS6	• 预计 2018 年年底上市	20 万 ~ 30 万元	比克三元锂电池 18 650	400KM

随着新能源汽车市场教育的不断加深，消费者开始由传统的买的“便宜”转向买的“个性”转变；同时，由于使用场景由原先的短途代步转向更多元化，开始对上游车厂产生更多差异化需求，促进新能源汽车走向中高端市场，实现双向正反馈。

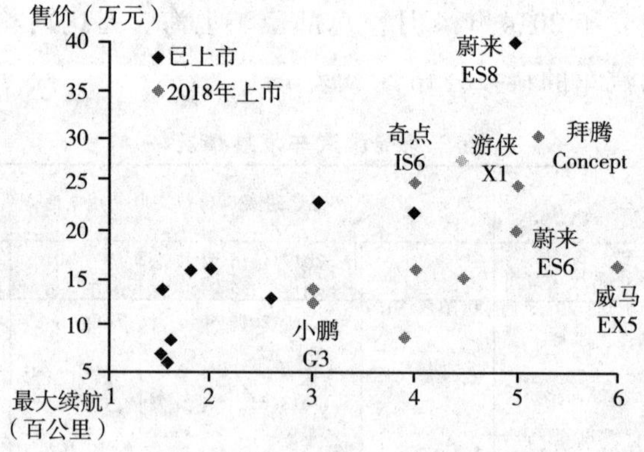

图 1　纯电动车续航能力/补贴后售价分布

注：游侠 X1 自称续航 460 千米，但大部分采用 18650 电池组的电动汽车续航里程约为 300 千米，实际续航里程需出厂后验证。

二、新能源补贴“退坡”，长续航车型将持续受益

新能源汽车市场初期以 A 级车为主，主要用于 2 ~3 线市场短途代步以及 1 ~2 线市场免牌照出行；随着整体政策向高续航里程车辆迁移，单纯生产低续航里程车辆已经难以获得超额收益。近三年来纯电动乘用车补贴分化明显，长续航里程电动车的政策优惠力度并未减少，而中短续航里程电动车的补贴锐减；最低续航门槛由 2017 年的 100 千米/小时提升至 150 千米/小时（见图 2）。

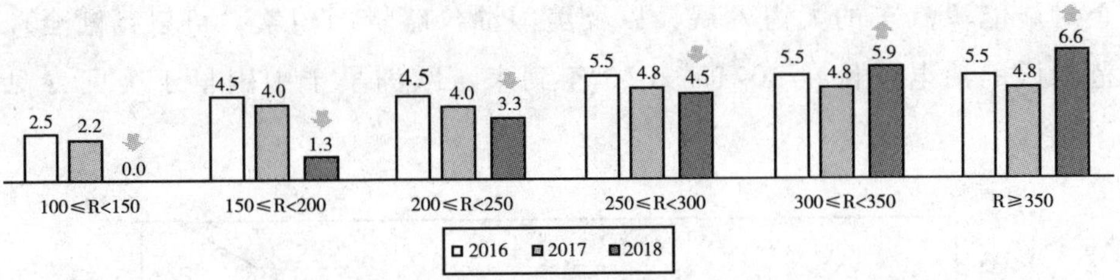

图 2　不同级别里程的补贴（万元/车）

同时，根据工信部发布的“免征车辆购置税的新能源汽车车型目录”可以看出，长续航车型占比不断上升，政策补贴资源向续航能力强车型倾斜，导致很多新能源车企生产低续航车并不划算（见图 3）。因此，推动电池企业与车企研发，并逐步推出续航能力更强的车型是当务之急。

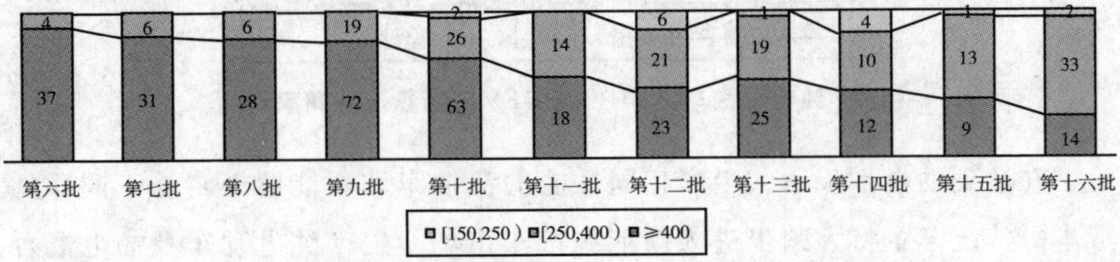

图 3　免征车辆购置税的新能源汽车车型目录——纯电动乘用车续航里程分布（种）

三、油电平价到来在即，传统车企或将集体进场

根据估算，一辆传统汽油车的价格 2 万 ~4 万美元，由于工艺的改变及

发动机、传动系统等的差异，相同外观和性能参数的新能源汽车要比汽油车贵 5 000 美元 ~1 万美元。随着新能源车制造工艺的改进和出货量的不断增加，新能源车的制造成本呈逐年下降趋势，最终将达到电动车和汽油车相同价格的状态，即为油电平价。

根据中汽协数据，2017 全年，新能源汽车销售 77.7 万辆，同比增长 53.3%，已经远超 UBS 在 2017 年中的预测，达到 2020 年预测值，提前完成 3 年目标。其中，纯电动乘用车销量为 46.8 万辆（+82.1%），插电混动乘用车销量 11.1 万辆（+39.4%），与产量基本一致。

由于欧洲车型和良好的地况更适合发展新能源汽车、中国政府及车企对新能源汽车的大力发展，以及美国油价略贵的因素，可以判断全球范围内的油电平价在 2021 ~2023 年到来，欧洲早于中国早于美国（见图 4）。

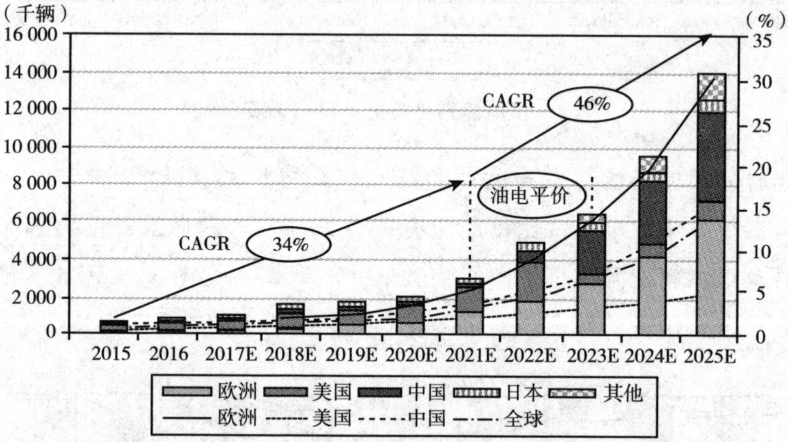

图 4　纯电动汽车（BEV + PHEV）销量与利润率预测

在达到油电平价后，生产相同性能的汽油车和新能源车将处于同样的成本。传统车企将大踏步进入新能源汽车市场，生产纯电动车及插电混合型车。在价格相同的情况下，传统车企优良的工艺和服务，以及日积月累的品牌口碑，将给目前的新能源汽车厂商带来极大的冲击和威胁。试想当一辆 BMW 的电动汽车和蔚来的电动汽车处于相同的价格，消费者会偏好于选择哪一个呢？答案似乎很明显。如何应对油电平价后带来的影响，目前的新能源汽车厂商必须早做准备。

四、汽车电池关键凸显，车企电池企业合纵连横

2018 年，生产一辆三元锂电池电动车总成本为 39 200 美元，其中电池、电机、电控占了超过总成本的 40%。而预计到了 2025 年，生产同样的一辆车只需 26 000 美元，其中电池及电控系统占比依旧超过 40%。可以说，电池价格是决定新能源汽车成本的最关键因素（见图 5）。

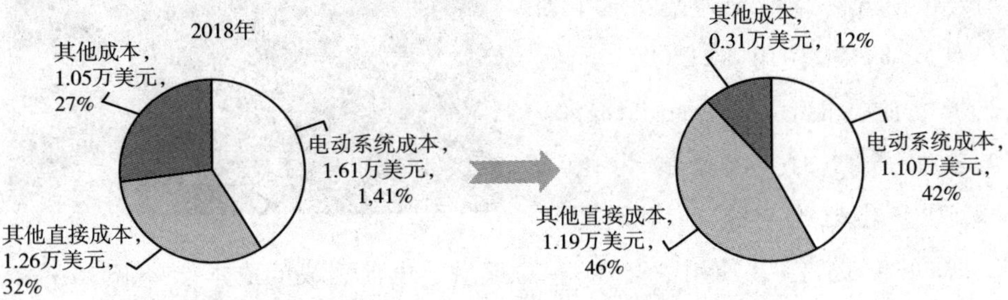

图 5　纯电动车成本分布及百分比

受到电池行业的规模效应的影响，如何保证自身有充足稳定的出货量成为电池企业的重要考量因素；同时，电池供应量与价格也决定了下游车企的整体生产能力与价格；因此，众多电池厂商与整车厂开始纷纷“联姻”结成产业联盟，实现双赢。

以宁德时代为例，宁德时代是全球最大的动力电池企业，先后通过合资开发、参股、合营企业等方式，与下游车企进行联合布局（见图 6）。

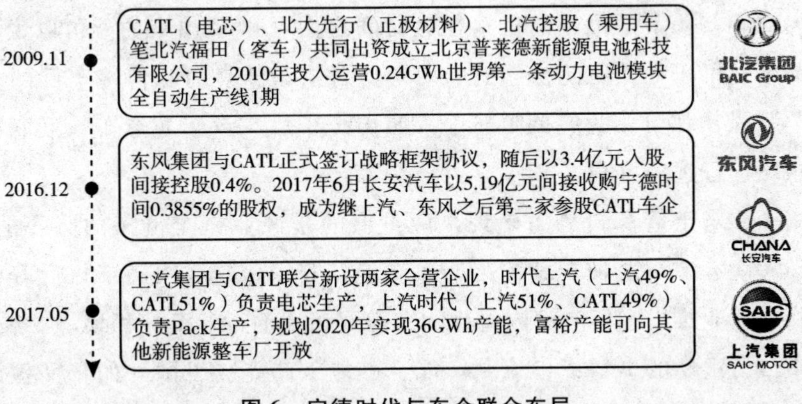

图 6　宁德时代与车企联合布局

另外一个例子是松下与特斯拉的良好合作。特斯拉的新能源汽车由若干个“18650”电池串联形成电池包，再由若干个电池包之间串联或并联形成电池总成。因此，每个“18650”电池之间需保持极为相似的性能，即容量一致，内阻一致，电压一致，恒流比一致，放电平台一致，自放电一致等。松下的“18650”电池具有最好的一致性，且成本低廉，质量过硬，为特斯拉所青睐。

特斯拉与松下之间形成了良好的合作模式。特斯拉开始在旗下新车型 Model3 中使用“21700”电池，此款电池性能比原有的“18650”电池显著增加。特斯拉为增加“21700”电池的产量，专门建设了 Gigafactory 工厂，在使用“21700”总成后，电池总成的成本能降低 30% ~ 50%。由此可见，新能源车企与电池企业无疑可以实现双赢。

五、造车新势力 VS 传统车企，谁将最终获胜？

国内新能源汽车的“造车新势力”主要可以分为三类：互联网造车企业、汽车人造车企业、国有资本造车。

汽车行业是一个复杂度极高的行业，需要长期沉淀在行业内，做好上下游供应链管理和价值链条整合。供应链、整合、渠道、售后，这些汽车行业内的必备要素是很难被资本在短时间之内“砸”出来的。可以说，汽车行业不是可以随随便便初创的。如果要对造车新势力和传统车厂的“派系斗争”做出评价，我们更倾向于按照传统车厂 > 汽车人造车 > 互联网造车的顺序进行选择（见图 7）。

第一，对于造车新势力来说，最重要的是产业链全链条的整合能力。福特、大众、宝马这种老牌传统造车企业，其供应链、渠道、售后等的能力是新造企业难以在短时间内追赶的，需要长期的行业沉淀积累。

第二，重要的事情说三遍：产能、产能、产能！以国外的特斯拉、中国的蔚来汽车为例，产能爬坡十分艰难，往往超出预期（见图 8）。对于新

造车新势力

类型	互联网造车	汽车人造车	国有资本造车
特点	创始人、高管及资本通常为互联网背景	创始人、高管、资本中具有汽车行业背景	通常位于地方产业园区，受到地方级产业引导基金和政策性基金扶持
代表企业	蔚来汽车、乐视汽车	威马汽车、小鹏汽车	国金汽车、云度汽车

VS

传统车企

代表企业	宝马	大众	梅赛德斯奔驰
简介	宝马公司创建于1916年，2017年全球销量达240万辆，同比增长4.1%	大众汽车成立于1937年，2017年全球销量达1 074万辆，同比增长4.3%	奔驰创建于1871年，2017年全球销量达228万辆，同比增长9.9%
新能源汽车计划	2025年前发布25款新能源车，包括12款纯电动车，在全球电动车市场保持15%~25%的占有率	2025年前发布80款新能源车，其中50款纯电动汽车，于2025年交付150万辆新能源车	2022年前发布超过50款新能源车，占销量15%~25%，其中包括10款以上纯电动车型

图 7　造车新势力和传统车企的比较

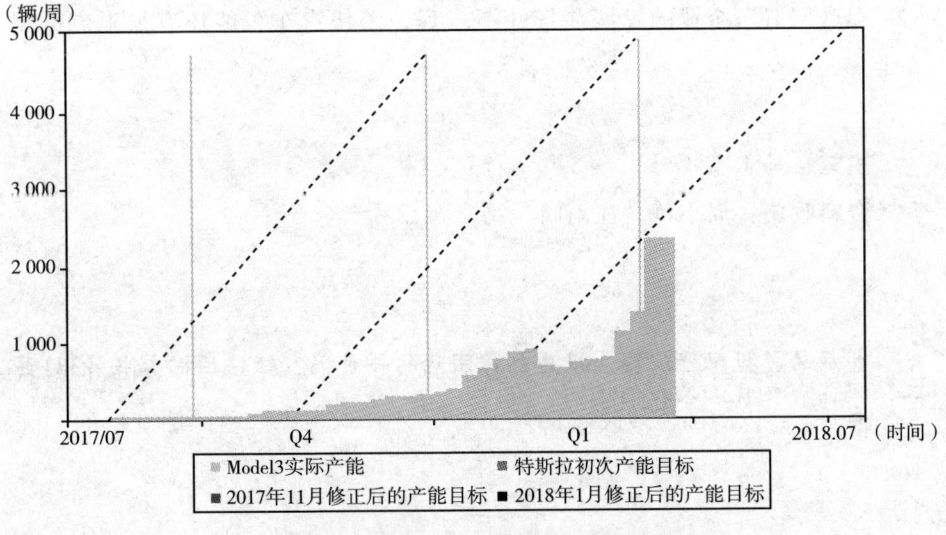

图 8　特斯拉 Model 3 实际产能与预期产能差距

能源汽车来说，5 万辆和 10 万辆的订货量是两道重要的门槛，但这对传统车企来说只是一个易于达到的数字，因此新能源汽车部件并不会被供应商提高供货的优先级，加上工厂建设时间跨度达 2 ~ 3 年之久，产能爬坡自然问题突出。

虽然目前新能源汽车行业目前融资金额动辄数十亿元，但受制于产业链整合及产能因素，前景并不乐观。相对于造车新势力企业来说，传统车企可以用在新能源汽车上补贴的“弹药”几乎是无限的。在达到油电平价，并且传统造车企业大规模进入之后，绝大多数造车新势力企业都会成为这场混战的炮灰，仅有极少数领头羊会脱颖而出，行业内会出现大范围的破产重组现象。

六、总结

游侠汽车单从融资角度而言，已经站在了同行业的第一梯队。但从投资人的角度来说，主要有三点值得特别注意的地方：

第一，游侠汽车在资本市场号召力不足；

第二，游侠汽车产业能力较逊于小鹏汽车、威马汽车等企业；

第三，游侠汽车缺乏国家或地方的产业支持。

互联网造车企业的发展前景并不乐观，游侠汽车可能还有很艰难的路要走。

主笔：马志宇

资料收集：周小可、汪雨晴、马昱

想成为《投融资观察》报告创作团队的一员吗？微信扫描本书第381页二维码，现在就加入我们吧！

No. 32

生鲜电商：腾讯向左，阿里向右

2018 年 9 月 6 日，生鲜电商“每日优鲜”宣布完成 D 轮 4.5 亿美元融资。本轮融资结束后，每日优鲜已完成六轮融资。腾讯从 2015 年 5 月的 A 轮融资开始进入，并在后续的 B 轮、C 轮融资中持续跟投。不仅如此，腾讯还在 2017 年 6 月领投了由每日优鲜孵化的无人零售项目便利购（见图 1）。那么，究竟是什么让每日优鲜一次次吸引腾讯的注意力？生鲜电商领域的腾讯和阿里究竟在做什么？未来每日优鲜的发展方向又是什么？

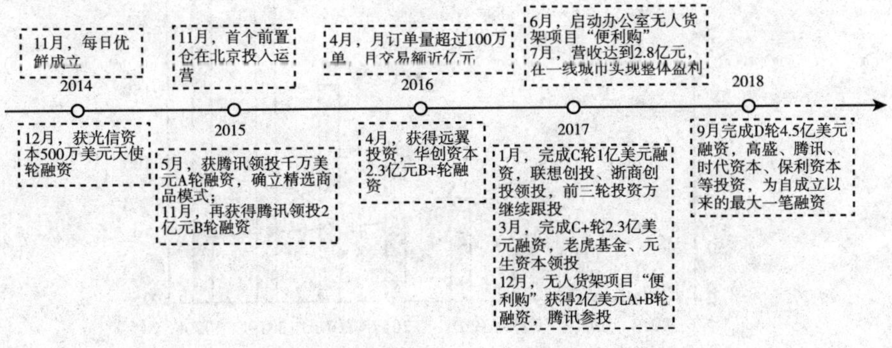

图 1　“每日优鲜”融资历程

一、步入快车道的生鲜电商

2017 年，生鲜市场交易规模达到了 17 897 亿元，生鲜电商市场交易规模达到 1 418 亿元，线上市场渗透率继续提升达到 7.9%。预计 2018 年生鲜电商市场交易规模将达到2 158.3亿元（见图2、图3）。生鲜电商市场规模未来预期乐观，具有较大的成长空间。

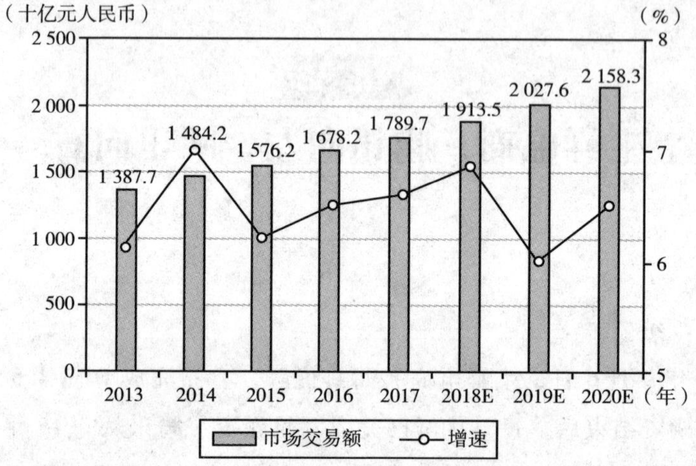

图2　2013～2020年生鲜市场交易额

资料来源：易观数据。

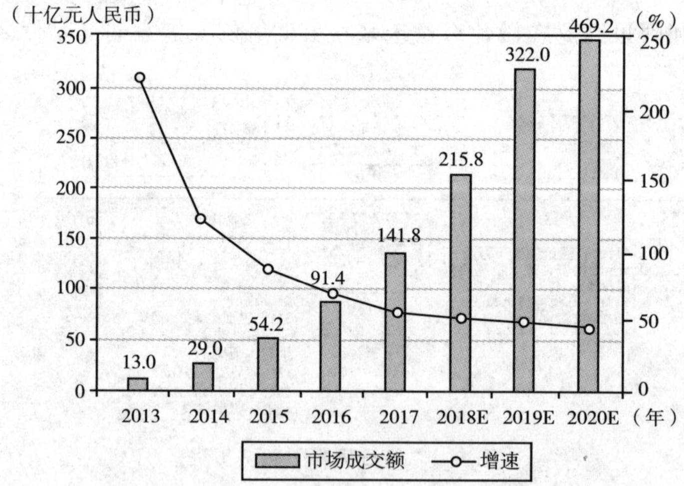

图3　2013～2020年生鲜电商市场交易额

不断增长的市场为生鲜电商的发展提供了巨大的发展空间，但当前尚不成熟的环境，包括生鲜运输赖以生存的冷链物流等，都对电商的发展造成了一定的阻碍。

二、每日优鲜：并未 All in 冷链的 B2C 生鲜电商

促使包括腾讯、老虎基金等知名机构投资并加码的，当然不仅仅是对广阔生鲜电商市场的看好，更是对每日优鲜以社区前置仓代替重资产冷链布局的独特物流体系的认可。

每日优鲜是一家优质生鲜移动电商，为用户提供生鲜电商服务，目前已经完成水果、蔬菜、肉蛋、水产等 11 个品类的生鲜布局，并在 15 个主要城市建立起“城市分选中心 + 社区前置仓”的冷链物流体系，为用户提供全球生鲜 2 小时（会员 1 小时）送货上门的冷链配送服务。这种短时间内就能送达的模式更接近线下体验，符合生鲜消费高频次场景。另外，每日优鲜通过控制 SKU 数量、小规格包装等措施，让生鲜损耗率降低到 1% 左右，远低于行业 10% 平均水平。

三、机遇挑战并存，生鲜电商战法推陈出新

▶ 推力

生鲜本身的刚需属性让生鲜市场维持着较高的热度。消费升级带来的机遇给生鲜电商创造了巨大的增长潜力：同时，具有较好购物习惯和时间成本较高的年轻一代，往往愿意选择线上解决每日的生鲜采买；而几乎未接触过电商的广大中老年群体，又给生鲜电商的发展创造了巨大的潜在用户群。

▶ 阻力

物流作为生鲜电商发展路上的重要一环。当前供应链、冷链冷媒技术进步确实推动了生鲜电商的快速发展，但不可否认的是，物流建设投入大，要求高，流通环节折损高，这些在一定程度上又制约了生鲜电商的发展（见图 4）。

除去生鲜高折损率的特点不谈，生鲜电商的增长目前似乎遇到了瓶颈：线上流量红利逐渐消退，而线下门店运营成本和冷链物流成本不断增长，

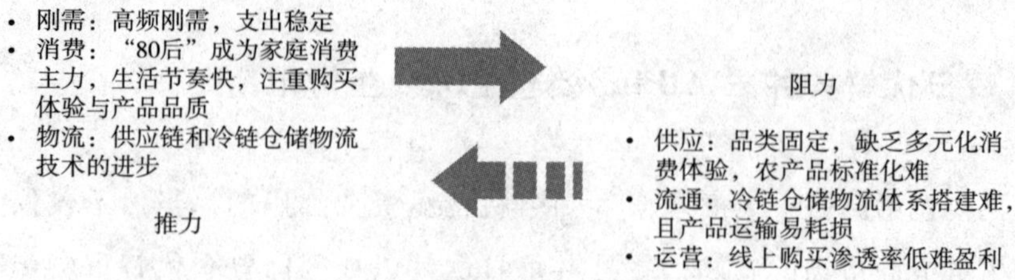

图 4　机遇和挑战

带来的商品溢价一定程度上又阻碍了消费，旧场景已无法再满足高速发展的要求。面对如上现状，腾讯、阿里等商业大佬们都做出了尝试，新零售、智慧电商等新概念进入公众视野。

而新零售、智慧电商所做的，就是场景重构。

电商共涉及三个方面：商品、用户和场景。过去是用户在线下门店寻找商品；现在是商品通过物流供应链寻找用户；未来可能是在重构下的场景中，用户与商品互相匹配：用户在线下门店体验商品，购买商品，商品也可以通过物流直接配送给用户（见图 5）。

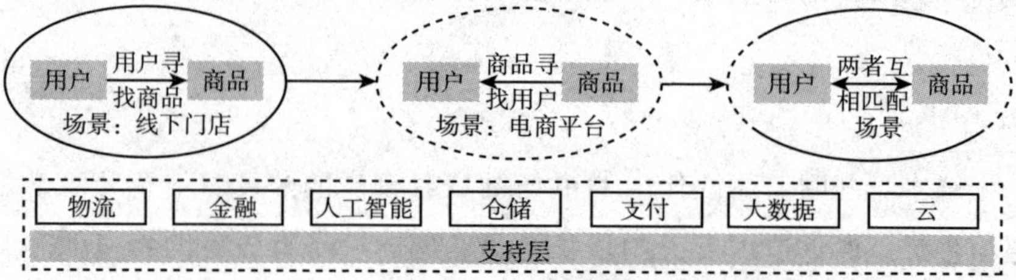

图 5　"每日优鲜"场景重构

每日优鲜就在尝试做场景重构。购买生鲜食品的场景，主要包括四类：家、办公室、路上、公共场所。生鲜电商所做的尝试基本集中在重构这四类场景，增加用户黏性，提高复购率。

▶ 新零售重构

新零售希望打通供应链来实现线上线下的融合。但对于生鲜行业而言，冷链建设和下游销售是新零售供应链系统中最难的一个环节。目前国内生鲜领域新零售玩家主要涉及的业态有：办公室便利货柜、自助贩售机、社区生鲜便利店、生鲜超市、生鲜配送平台。

▶ 智慧电商重构

智慧零售希望在消费者的购买行为、场景体验、生产设计和跟踪服务中，融入数字化和智能化技术，打通线上线下流量，实现线上运营的精准营销和线下店铺的高效获客。

总的来说，不论是新零售还是智慧电商，平台都在尝试融合线上和线下，以不同方式实现日常购物场景的再现并改造优化。结合生鲜特点，就是重构高频高效快速的购物体验。

四、腾讯向左，阿里向右

毋庸置疑，生鲜电商又是这两大巨头激烈争夺的一块蛋糕。但两者的打法却截然不同：

（1）腾讯不控股；阿里爱并购。

（2）腾讯的故事是流量赋能；阿里则主打入货场。

（3）腾讯给刘强东留下80%投票权；阿里兵贵神速一个季度收取高鑫帅印。

（4）腾讯系彼此协同但也彼此竞争；阿里整合优先唯马首是瞻。

（5）腾讯信任京东永辉乃至每日优鲜的物流体系；阿里旗帜鲜明自建菜鸟物流要通吃淘系内外。

（6）腾讯通过社交平台导流，催生用户需求；阿里则在用户需求上制造新的流量。

新零售战役早就打响，绵延多年，纵横多个细分战场，京东 vs. 天猫、永辉沃尔玛 vs. 联华大润发、超级物种 vs. 盒马鲜生，而如今的每日优鲜 vs. 易果生鲜看上去是个既自然又必然的结果（见图6）。

生鲜特性对物流要求极高，尽管两大巨头在具体投资策略和标的公司上差别较大，但在生鲜电商领域，两者都非常看重物流建设，只是面对究竟该如何建设“物流”，又都有着不同的策略。

生鲜电商配送方式主要可分为两种：一段式冷链直达和二段式配送。前者需要扎实的资本和技术打通冷链配送线；后者则需要有针对性的布局不同层次规模的分仓配送点。腾讯系的每日优鲜（包括永辉超市等，京东生鲜有所不同）和阿里系的易果生鲜（包括盒马鲜生等）都采用二段式物流，但两者在仓储建设的侧重点截然不同（见图7）。

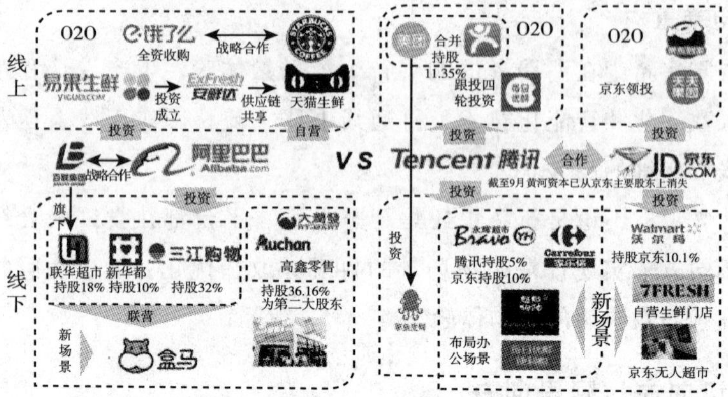

图 6　腾讯和阿里新零售布局概览

资料来源：易观数据。

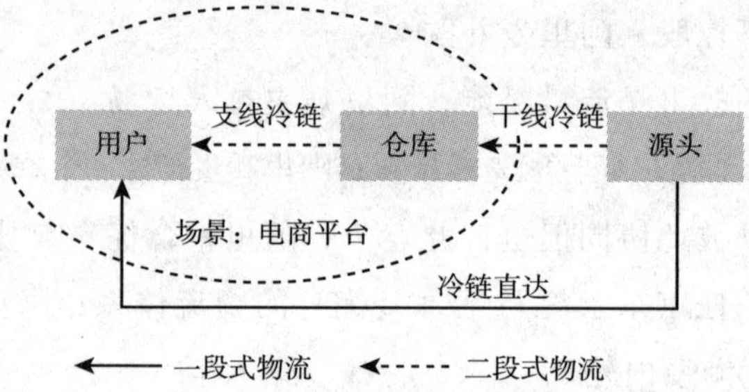

图 7　生鲜电商配送方式

▶ 每日优鲜：前置仓物流 + 用户社群化

每日优鲜根据订单密度在商圈和社区建立前置仓。前置仓与中心仓相比，相当于将“冷源冷链”就近放置于用户家附近 3 000 米以内的地方，从而对冷媒进行低温保鲜需求非常低，节省了冷链成本、包装成本。该模式下的配送将在速度、品质、成本上都较占优势，是一次避免货品过度包装，去冷媒化的尝试。

另外，每日优鲜运用社交化方式运营用户。例如尝试在微信内运营社群，以增强用户黏性，带动用户间的口碑传播。2017 年 11 月，每日优鲜正式宣布推出优享会员服务，为会员提供 300 款专享商品，同时享受返现 5%，会员专享价最高优惠 50%、1 小时达以及专享客服等权益。

▶ 易果生鲜：中心仓/供应链冷链物流 + 生鲜运营平台

与每日优鲜相反的是，阿里系的易果生鲜不断加码全供应链和冷链物流投入，尝试转型，而这也高度契合阿里电商定位。易果生鲜成立供应链管理公司，通过自营供应链，入股联华超市，海外生鲜、采用产地联采等方式，与其他超市平台等共建供应链。此外，易果生鲜还自建安鲜达冷链物流服务平台，接入阿里物流和零售生态系统。

另外，易果生鲜依托阿里生态以及苏宁生鲜、果酷、优配良品等合作伙伴，扩大了生鲜集采布局，升级了行业集采标准；同时，打通了阿里集团全场景终端零售渠道形成的供应体系，形成了覆盖生鲜全产业链的高效协作平台（见图8）。

图8　中心仓与前置仓对比图

五、背靠腾讯的每日优鲜

尽管腾讯投资标之间的竞争较为激烈，但微信生态圈敞开的大门对每日优鲜可谓是如虎添翼。腾讯致力于微信生态圈价值的不断提升，手段是通过引入不同领域平台，以此提高用户单次使用时间（见图9）。因此，每日优鲜的入驻，可谓是“双赢”。

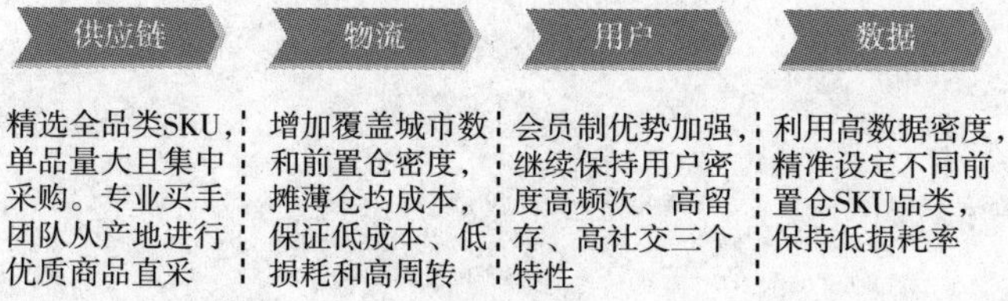

图9　优势

流量优势：拥有超过 10 亿 MAU 的微信是一个流量的庞然大物，能给同具社交属性的每日优鲜带来极大的流量导流。

资本优势：当前生鲜电商物流领域跑出的两家头部公司：易果生鲜和每日优鲜，一个归属阿里，一个背靠腾讯，两大巨头在生鲜电商物流领域竞争在这两家公司战略上体现得淋漓尽致。生鲜物流建设是一个高资本高技术的工作，前置仓在当前竞争中已略显优势，因此，腾讯能给每日优鲜带来的资本保证和期望能让每日优鲜不断推进前置仓建设，提高市占率。

数据优势：腾讯拥有的社交平台用户画像数据沉淀或许能给每日优鲜前置仓 SKU 品类选择和采购单品种类选择给予支持。

当然每日优鲜在得以进入腾讯系的基础上，也能够做出改变。主要可从供应链、物流、用户和数据方面加强自身竞争力。前置仓的优势已得到验证，未来发展可期。

主笔：林炎

资料收集：幸思远、高天姝

想成为《投融资观察》报告创作团队的一员吗？微信扫描本书第381页二维码，现在就加入我们吧！

科学变美的背后，千亿医美市场花落谁家

2018 年 9 月 4 日，互联网医美平台新氧宣布完成 7 000 万美元 E 轮融资。本轮融资由兰馨亚洲投资集团领投，中银国际控股有限公司、中俄投资基金、经纬中国跟投，其中经纬中国已累计 5 次投资。目前新氧已完成 5 轮融资，在过去 9 个月内累计融资额达 1.6 亿美元。新氧成立于 2006 年，2017 年独立访客人次达 1.14 亿人次，新媒体内容每月播放点击量超过 3 亿（见图 1）。

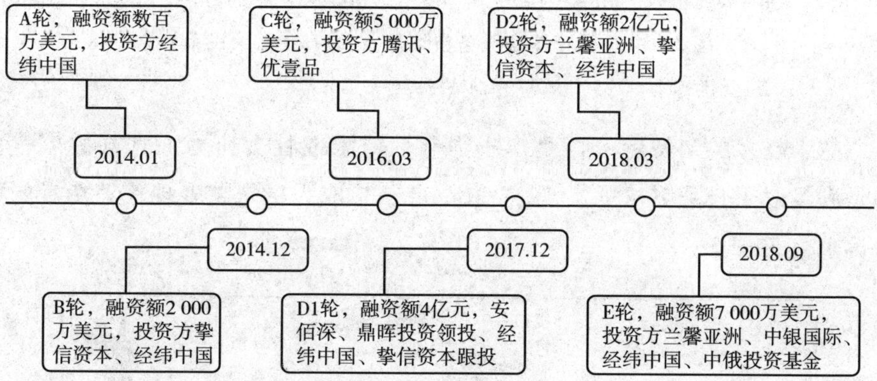

图 1　新氧融资历程（2014～2018 年）

不同于一般的互联网医疗平台，互联网医美又是怎样的运作模式，以新氧为代表的医美 O2O 平台又将给行业带来怎样的冲击？

一、医美 O2O 平台——快速发酵的美丽市场

随着中国经济的快速增长以及居民可支配收入的不断提升，以及社会风气的日益开放和自我意识的觉醒，大众对美的意识越来越强烈，医疗美

容也成为一大消费热点，市场规模不断增长。

2017 年，全球医美市场规模达 1 260 亿美元，预计 2022 年将达到 1 780 亿美元规模。2017 年，中国医美市场规模达到 993 亿元，预计将于 2022 年达到 3 020 亿元（见图 2）。中国在 2017 年有 1 400 万人通过整形变美，同比增速为 42%，是全球增速的 6 倍，已经超过巴西，成为仅次于美国的全球医美第二大国。对比美国等医美市场成熟国家 10% 左右的渗透率，中国医美市场渗透率仅为 2% 左右，有着 5 倍的发展空间。

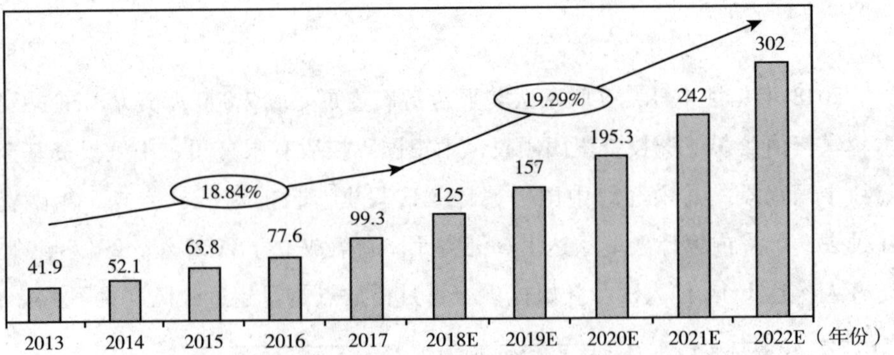

图 2　中国医疗美容服务市场总收入（10 亿人民币）

资料来源：国联证券、德勤《2017 中国医疗美容市场分析》。

越来越多的消费者不再是出于强制性需求或社会压力而选择整容，更多是满足对于自我需求的实现。“取悦自己”成为越来越多现代消费者的第一诉求（见图 3）。

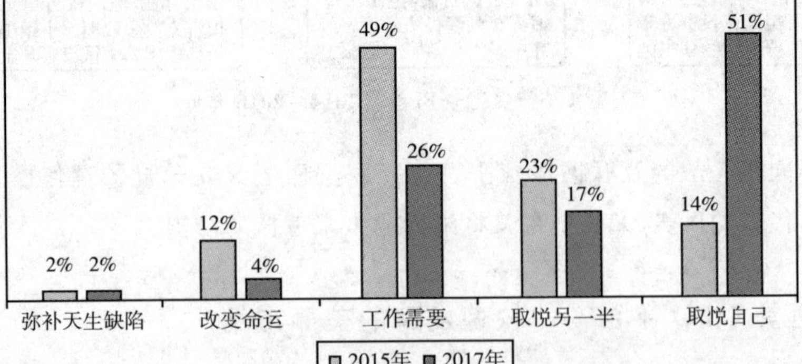

图 3　消费动机：为了满足更高层次的自我需求

资料来源：新氧《2017 年医美行业白皮书》。

据统计，77%的消费者愿意去医疗美容专科医院，其次是公立医院的整容科室，表明消费者更加看重医美机构的安全水平，以及体现了对技术水平和品牌口碑的重视（见图4）。

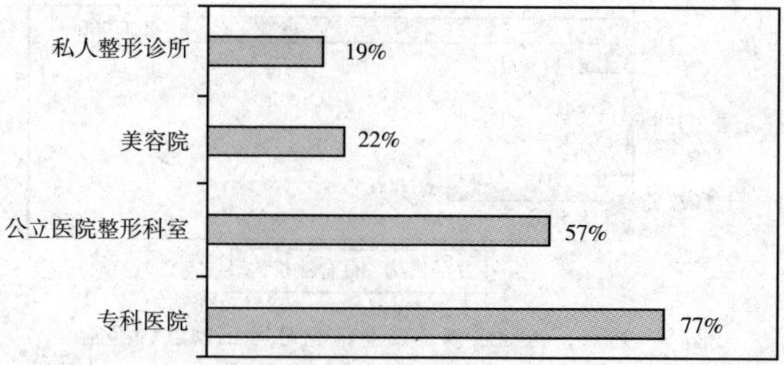

图4　现状：消费者更倾向于选择大型美容医院

资料来源：新氧《2017年医美行业白皮书》。

二、医美“水深”，用户及机构寻求解决之道

▶“黑机构”泛滥，用户该如何安全选择

从用户角度来说，用户个人在面对市场上医美机构时，存在天然的不安感和不确定性。安全是消费者最关心的话题。据新氧白皮书统计，2018年中国医美黑市商家的数量是正规商家的10倍以上。用户一旦选择没有保障的“黑机构”进行医美，医疗卫生安全很难得到保障。一旦发生医疗事故，将对用户带来金钱和健康的双重威胁（见图5和图6）。

医美O2O平台信息透明和品质保证的特点，可以方便用户以透明的价格选择正规医美机构，远离“黑医院”和“漫天要价”，安全便捷地选择适合自己的医美产品。

▶ O2O平台建设，辅助医美机构营销获客

从医美机构的角度来说，营销费用居高不下始终是个问题。《2017医美行业营销获客白皮书》显示，中国医疗美容机构成本占比中，营销渠道占比最高，约占50%，销售费用占比20%（见图7）。

对于医美机构来说，如何防止收入利润被营销费用压榨，又保证营销

- 医美安全仍然存在隐患，客户对安全性作为最主要的决策考虑愿意为知名品牌支付更高溢价来消费；中游迫切需要行业整合与规范，促进行业发展
- 非法医美近3年毁容10万张脸，每100个人，有70个被注射水货或假药

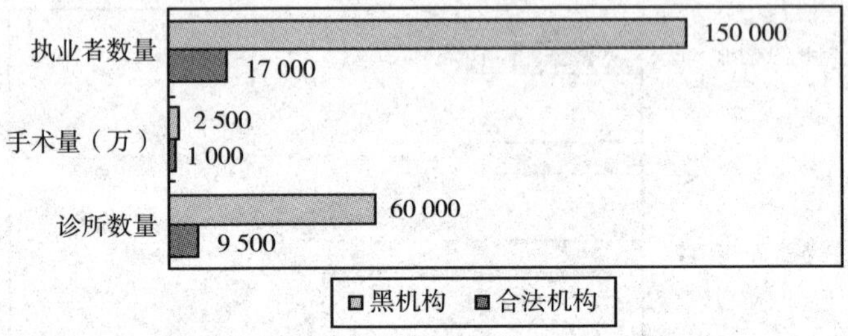

图 5 痛点：行业合规、安全问题呼吁正规连锁经营

资料来源：更美《2017 中国医美行业黑皮书》。

医师数量不足	2017年，在美国拥有整形医生20.22/每百万人，而中国仅有2.04/每百万人 整形医生资质良莠不齐，从事医美行业的10万余人中，仅3万人有实际资质
机构面临人才困境	数量占比超过60%的民营中小型医美机构仅有全国约35%的医生资源人才缺乏，普遍采用雇佣制；医生跳槽频繁，人员配置不稳定
消费者关注点	医生是安全性及效果的重要保障 据统计，“安全”是消费者最关心的问题；医生口碑位列消费者选择机构的第三大关注点

图 6 痛点：医师短缺，面临困境

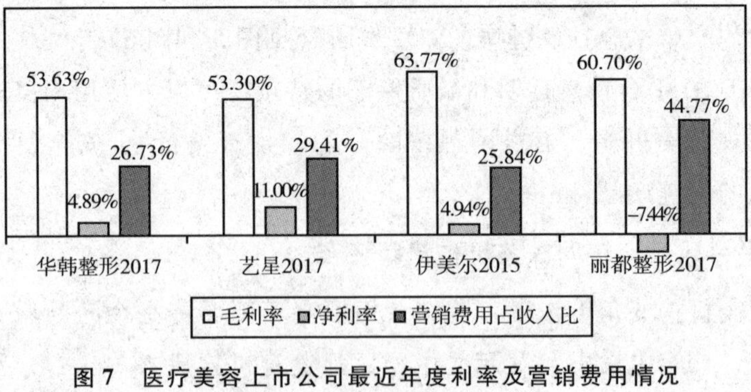

图 7 医疗美容上市公司最近年度利率及营销费用情况

资料来源：Wind。

活动能够带来有效的客户流量，是医美机构始终最关心的问题。医美 O2O 平台可以直接交易获客，且可以有效地通过社区建设、评价体系、售前咨询等减少初次购买犹豫时间，增加获客效率。

广告营销费用和导客平台分成构成医疗美容机构的主要成本，较高的营销成本使得整形机构利润水平普遍较低，净利率基本在 10% 以下。未来各医美机构凭借规模化营销能力和市场整合占据更大的市场份额，市场规范化的趋势也会降低营销费用，医美机构盈利能力有较大提升空间。

三、医美 O2O 平台应运而生，解决行业痛点

医美 O2O 通过平台的方式将单个消费者和门店进行连接，然后通过新媒体、搜索以及推荐等方式将用户导入自身平台，为用户提供有保障的医美机构信息，并在其中起中介作用。随着传统医疗信息搜索信用及效率渐渐降低，微信、微博、医美 O2O 等其他平台的推广效率正在逐渐提升。医美 O2O 可以将大量低成本优质流量导入医美机构内，解决医美机构营销难题，并为自身取得佣金收入（见图 8）。

图 8　医美 O2O 平台

以新氧为代表的医美 O2O 平台方，为用户和医美机构构建服务闭环，消除了信息不对称导致的高连接成本，并通过广告、佣金、金融服务等方式获得利润，未来将通过产业链上下游的延伸服务于 B 端及 C 端用户，拓展盈利范围（见图 9）。

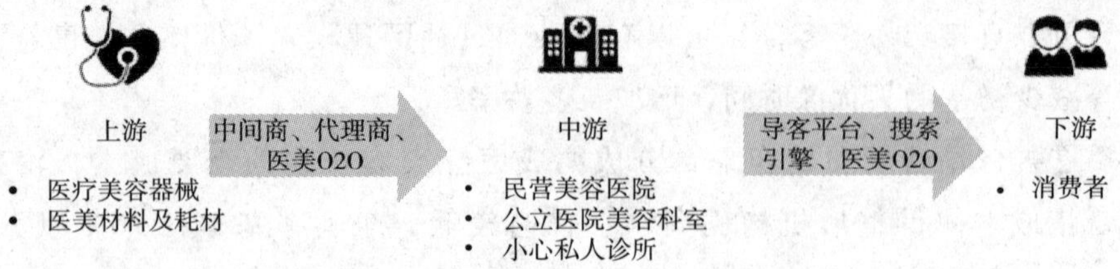

图 9　医美行业产业链

资料来源：清科研究中心。

从上游原材料商来看，医美药品和耗材从厂商到经销商，再到医生，价格要涨两三倍。医美 O2O 平台的价值在于打通产业链，提高供应链效率和透明度，降低终端消费成本与风险。医美 O2O 平台可以通过集中采购医疗器械及消耗品（包括肉毒素、玻尿酸等），解决医美机构采购昂贵的问题。

从中游医美机构来看，央行《2017 年中国普惠金融指标分析报告》指出，截至 2017 年末，全国人均个人消费贷款余额为 22 660.57 亿元，同比增长 25.03%。《中国消费金融创新报告》预测，2020 年消费金融市场可超 12 万亿元。医美作为一个千亿元级别的细分市场，互联网金融平台无疑将吃下这块蛋糕，内容可以包括分期（消费贷款）、医美保险及医疗器械的融资租赁。

从下游消费者来看，医美平台倡导“变美”，自然一切与变美有关的事物都在其可能性内。医美 O2O 平台内可以添加化妆品模块，以作为医美的后续补充。如果能在医美平台开设化妆品以及药品或保健品的销售渠道，无疑是一个非常大的增量市场。

在下一阶段的医美 O2O 平台竞争中，除获客之外，另一个核心就是全产业链资源的深度挖掘整合。在用户端，医美 O2O 平台在医美保险、医美分期、AI + 医美服务、评价认证方面可以为用户带来权威参考；在产业链端，可以深入物流运输、集中采购、医疗器械等 B 端资源。从用户端和产业链端两个角度下手，深耕构筑医美 O2O 护城河（见图 10）。

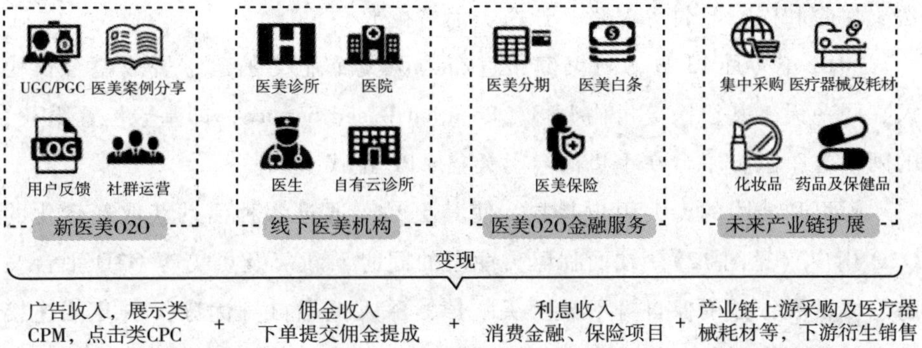

图 10 “护城河”图示

四、巨头入局，千亿市场终将花落谁家

相比新氧，另外一家头部企业更美于 2018 年 7 月 27 日获得美图投资，将从业务、资本、技术等多个层面为更美赋能。和新氧的自身咨询相比，更美和美图的强强结合将为行业发展带来科技领域的变数。

图 11 业务层面

更美将引入美图长期积累的影像技术与大数据技术，建立医疗美学智能引擎，通过 AI 技术把所有的资源全部都串联在一起。该引擎能帮助用户通过上传照片和视频，获取自己的专属颜值报告与美学建议，同时向用户推荐最适合的医美项目与诊所、医生选择。

当新氧、更美等互联网医美 O2O 平台激烈竞争时，这场比赛还远没有到下半场。

2018 年 4 月，美团点评医美业务联合数十家医美产业链上下游机构，如艾尔健、伊婉、美莱、联合丽格等，共同发起“美丽守护计划”，不仅从店（机构）、货（药品）、人（医生）三方面进行资质验证，还结合专属的医美保险和先行赔付等保障，让医美消费更放心。

2018 年 9 月 13 日，阿里健康宣布与医美企业艾尔建签署战略合作协议；同一天，基于医美机构 LBS（Location Based Service，即基于位置服务）的阿里健康医美平台在手机淘宝、天猫 APP 正式上线。

阿里和美团的庞大用户基数，使其更易于通过各种活动获取新转化的 O2O 用户（见图 12）。在面临巨头冲击的同时，新氧及更美等 O2O 平台又将怎样发展，并确保自身不被巨头吃掉？深入挖掘自身优势，在 B 端连接全产业链更多服务，优化与医美机构的合作方式；在 C 端为用户提供更定制化的服务，拓展未来盈利点。同时做好连接 B 端和 C 端的服务，是新氧的当务之急。

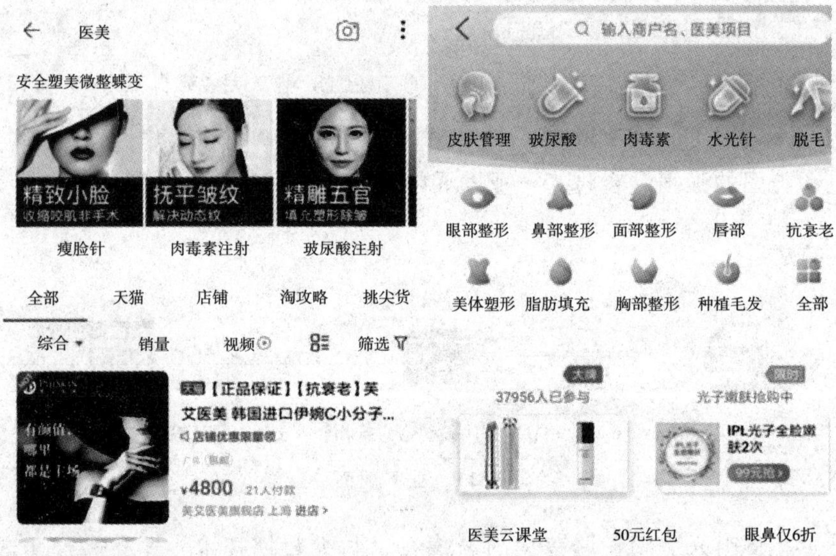

阿里健康（手机淘宝界面）　　美团（丽人）界面

图 12　界面比较

主笔：马志宇

资料收集：张岱青、席依琳

想成为《投融资观察》报告创作团队的一员吗？微信扫描本书第381页二维码，现在就加入我们吧！

No. 34

吃上市的“海底捞”，能否继续奉献资本市场的“饕餮盛宴”

火锅业连锁龙头海底捞于 2018 年 9 月 26 日在港交所 IPO，上市发行价每股 17.80 港币，处于目标区间的高端，拟筹资 9.63 亿美元。本次 IPO 主承销商为高盛和招银国际，基石投资人为高瓴、景林、摩根士丹利、Snow Lake 和 Ward Ferry。

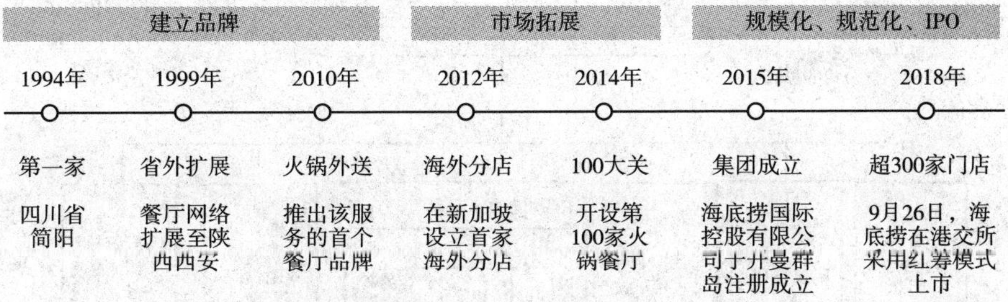

图 1　海底捞发展历程

海底捞火锅是国内的火锅业龙头，以优质的就餐体验而著称，以高水平服务口碑出众，火锅业市场份额全国第一。自 1994 年第一家海底捞在四川简阳开业，截至 2017 年底，海底捞累计开设近 300 家门店。海底捞由张勇舒萍夫妇、施永宏李海燕夫妇创办，公司实控人张勇夫妇合计持有公司已发行股本总额的 62.70% 份额。

一、海底捞赴港上市，一场“精心策划”的 IPO

回顾此次海底捞的上市之路，我们可以发现海底捞为了顺利在港股上市，在股权结构、门店数、财务数据等方面都做了充分的准备，可谓是一场“精心策划”的 IPO。

▶ 筹备赴港上市，股权结构发生变化

本次赴港上市的海底捞采取的是红筹模式，上市主体是在开曼群岛注册的有限公司——HAIDILAO INTERNATIONAL HOLDING LTD.。海底捞的经营体系由该开曼公司、57 家附属公司及 368 家分公司组成，每家海底捞门店都由一家附属公司或分公司运营。

在本次发行上市前，海底捞进行了股权重组，前四大股东张勇、舒萍夫妇，施永宏、李海燕夫妇通过 BVI 公司持有海底捞股权。目前，海底捞企业股权相对集中，实际控制人为张勇、舒萍夫妇，合计持有 62.7% 股份（见图 2）。

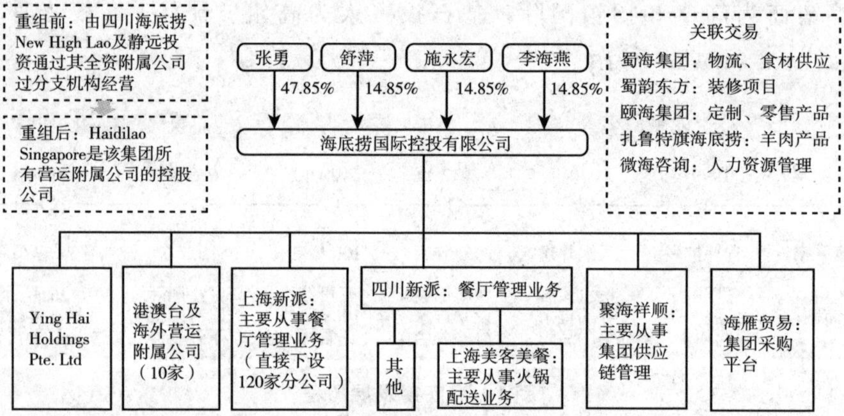

图 2　股权架构及关联交易

资料来源：海底捞招股书。

▶ 确保营收增加，门店数量快速增长

2015 年以来，海底捞门店数量快速扩张。2015 年及 2016 年海底捞新开门店超过 30 家，而在 2017 年海底捞新开门店 98 家，扩张速度明显加快。进入 2018 年后，第一季度开店 71 家，全年预计新增 180 ~ 220 家（见图 3）。从海底捞的门店分布来看，海底捞已基本覆盖除新疆/西藏/内蒙古等地区外的全国区域，且在京津冀、长三角、珠三角等经济发达地区门店数量更为集中。

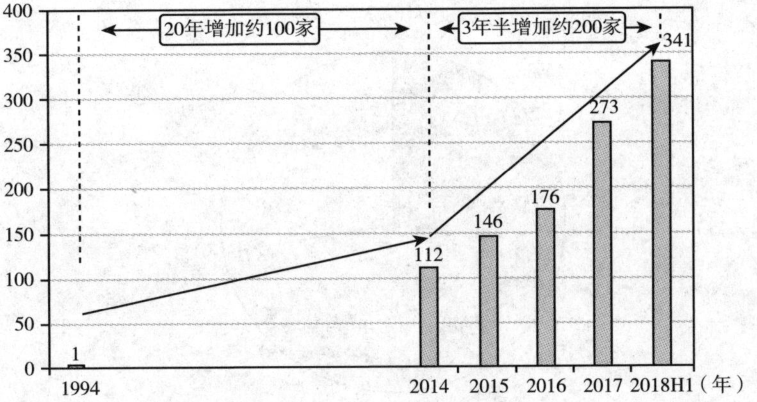

图 3　海底捞门店增速加剧

资料来源：Wind，海底捞招股书。

2015～2017 年，海底捞拥有门店数量分别为 146 家、176 家和 273 家。2017 年，海底捞门店增速高达 55%，创三年之最，扩张速度进一步加快。截至 2018 第一季度，海底捞已拥有境外餐厅 25 家，主要位于美国、新加坡、日本、韩国，且呈加速扩张态势。海底捞的门店单店投入 800 万～1 000 万元，在 1～3 个月即可实现盈亏平衡，在 6～13 个月完成投资回收。门店成熟速度极快，投入成本回收期低于行业平均（见图 4 及图 5）。

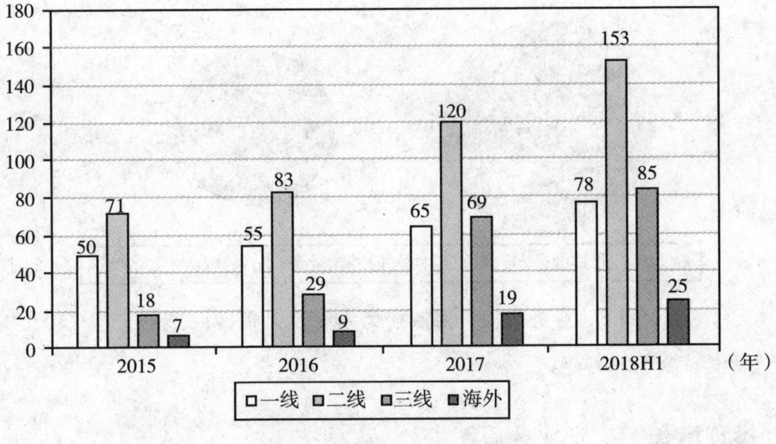

图 4　海底捞门店分布情况

资料来源：Wind，海底捞招股书。

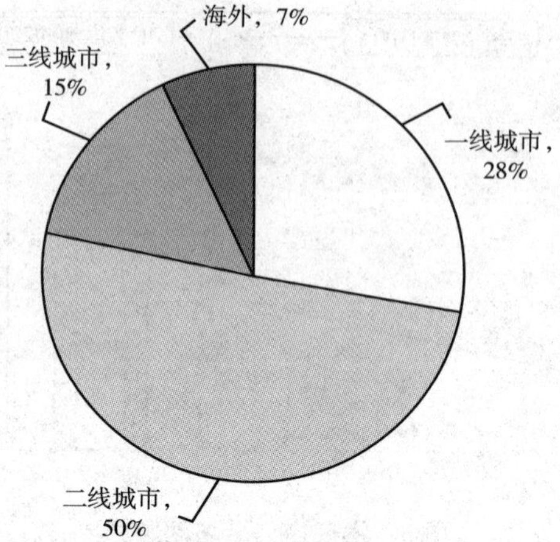

图 5　一、二级城市门店合计占比 78%

资料来源：Wind，海底捞招股书。

▶ 业绩持续增长，财务指标亮眼

海底捞业绩高歌猛进，其中九成来自餐厅经营。2015～2017 年，公司营收由 57.57 亿元增至 106.37 亿元，CAGR 达 35.9%；净利从 4.17 亿元增至 11.94 亿元，CAGR 高达 70.5%。海底捞业绩主要由餐厅经营业务贡献，连续三年营收占比超过 95%。业绩的增长主要来自门店数量的不断增加，门店数量两年增速超八成，同时非一线城市营收贡献不断增加（见图 6 和图 7）。

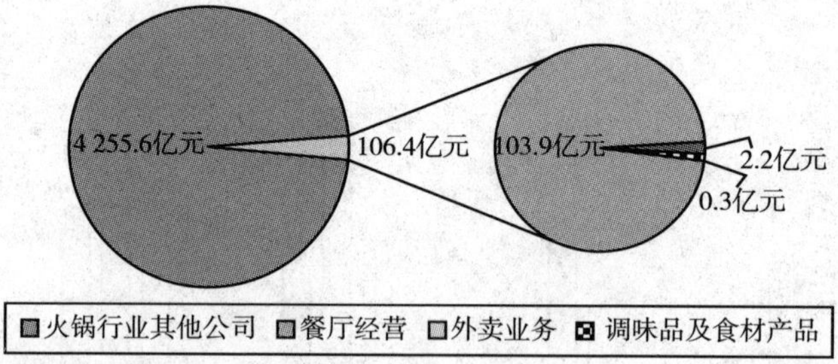

图 6　业务规模：海底捞为中餐及火锅行业第一

资料来源：海底捞招股书。

▶ 对外投资增长，扩张业务版图

海底捞专注耕耘火锅行业二十几年，这样单一化的业务模式有着较高的风险，容易触及行业天花板。2012 年，在张勇的带领下，海底捞设立了

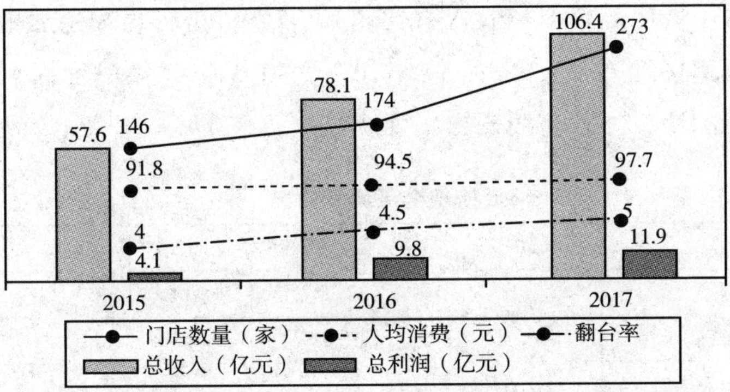

图 7　经营情况：业绩上升同时利润率降低，门店数量增长较快

资料来源：Wind，海底捞招股书。

全资子公司上海海悦投资，负责海底捞对外投资管理。目前，通过投资上海景林羲域投资中心（有限合伙），参与了辣妈帮科技、韩都衣舍、虎扑等项目。海底捞拓宽了业务范围，在上市之后可以进一步启动各类并购，拓宽业务版图，同时分散单一业务的风险（见图 8）。

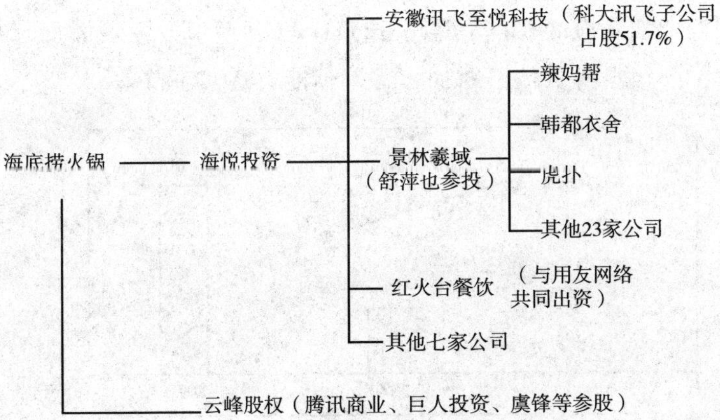

图 8　海底捞对外投资版图

二、资本寒冬中上市——海底捞的 IPO 逻辑

▶ 持续增加的融资需求

海底捞主营业务包括餐厅经营、外卖业务以及销售调味料及食材。从

收入结构上看，餐厅经营业务收入占比超过 97%，是公司最主要的收入来源。公司毛利率接近 60%，净利率约 10%，2018 年第一季度净利率下滑系新开店明显加快，导致费用支出增加明显（见表 1）。

表 1　　海底捞现金流量表简况　　（单位：亿元）

	2015	2016	2017	2018H1
经营性净额	6.42	14.14	14.00	10.03
投资性净额	-9.16	-12.81	-15.65	-3.99
筹资性净额	1.59	1.58	1.05	-3.74
现金及现金等价物增加或减少净额	-1.15	2.91	-0.60	2.30

资料来源：Wind，海底捞招股书。

海底捞身处火锅这一优良“赛道”，火锅三要素（锅底/蘸料/食材）均可实现标准化，是不依赖于厨师的餐种。同时，火锅可借助中央厨房，保障新鲜食材配送至门店，使得火锅店可以快速复制。火锅行业的标准化有利于连锁店扩张，在单店业绩很难较大提升的当下，门店的扩张带来的营收及利润增加是海底捞的基本增长点。近三年来，随着海底捞门店扩张速度加快，公司自身负债不断加大，偿债能力逐步下降。

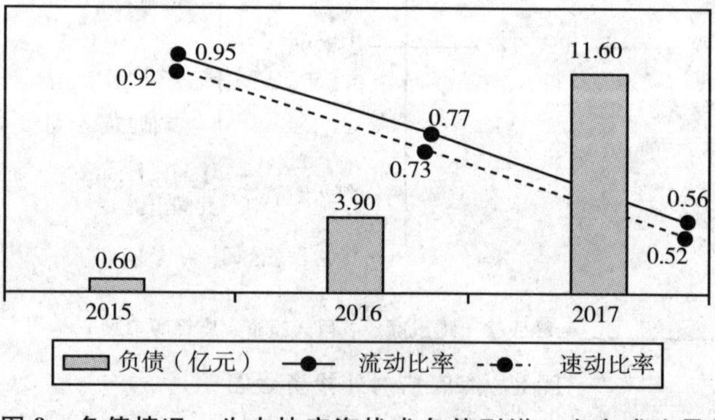

图 9　负债情况：为支持店海战术负债剧增，上市成为最佳出路

资料来源：Wind，海底捞招股书。

在海底捞披露的 2017 年财务数据中，在 2018 年前两个月内到期的金融负债超 6.8 亿元，在 2018 年 3~12 月内到期的负债将高达 10.5 亿元，本次 IPO 募集资金中约 15% 的资金将用偿还来自招商银行香港分行的贷款融资和花旗银行北京分行的信贷融资（见表 2）。

表 2　　海底捞金融负债简况　　（单位：千元）

截至 2017 年底金融负债	两个月内到期	两个月至一年到期	一年至两年到期	两年以上	未贴现现金流量总额	账面值
贸易应付款项	168 719	—	—	—	168 719	168 719
其他应付款项	972	8 881	29 071	—	38 924	38 924
借款	—	353 353	233	9 689	363 275	357 220
应付关联方款项	511 343	691 245	—	—	1 202 588	1 202 588
总计	681 034	1 053 479	29 304	9 689	1 773 506	1 767 451

资料来源：Wind，海底捞招股书。

▶ 海底捞版图的多业态需求

中国餐饮服务市场由三个分部组成，即中式餐饮、西式餐饮及其他餐饮。中式餐饮是中国整体餐饮服务市场的最大组成部分，2017 年市场份额为 80.5%。在所有中式菜品中，火锅在中国中式餐饮市场占有最大市场份额，按 2017 年收入计，其市场份额为 13.7%。但与此同时，由于门槛低、竞争者多等原因，餐饮业的市场格局极度分散，最大的几个种类仍然占据较少市场份额。中国中式餐饮市场中 CR5 仅为 0.8%，全球中式餐饮市场中 CR5 为 0.6%，而中国火锅餐厅市场的 CR5 也才为 5.5%（见图 10）。

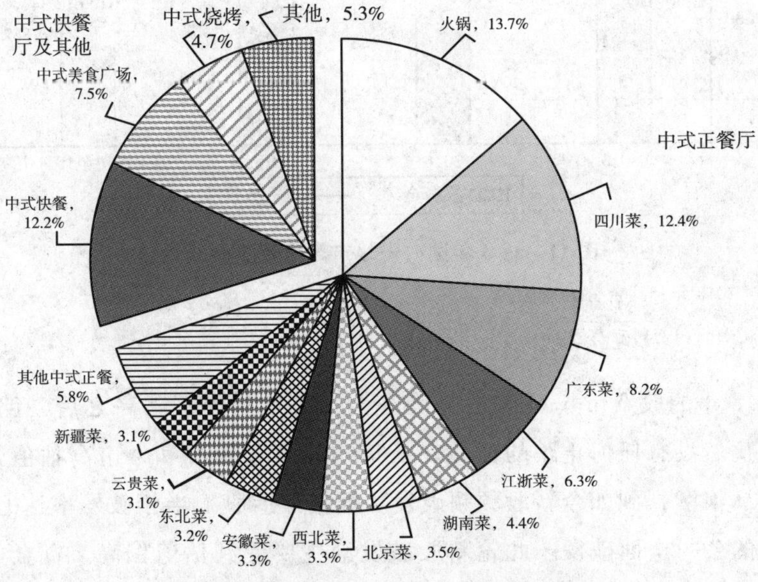

图 10　国内餐饮行业市场份额分类占比

资料来源：海底捞招股书，弗若斯特沙利文。

在火锅主业蓬勃发展的同时，海底捞仍需呈现不同的业态。海底捞在上市之后更加容易进行并购餐饮业其他业态的企业，而自身的标准化管理及供应链仍可为其他业态服务，利于扩张自身餐饮版图，满足并购需求。

▶ 资本寒冬下的市场现状

在 2014 年第七次 IPO 暂停结束，A 股重启 IPO 之后，2015～2017 年三年间国内企业 IPO 热情持续增长，并在 2017 年 IPO 上会数量达到顶峰 488 家。但在 2017 年 10 月新一届发审委履职后，IPO 审核通过率快速下跌。2017 年审核通过率呈现前高后低的特点，1～9 月过会率为 80.99%，但在 10～12 月这一数字下降至 57.14%。2018 年前半年，IPO 过会率仅为 49.15%（见图 11）。

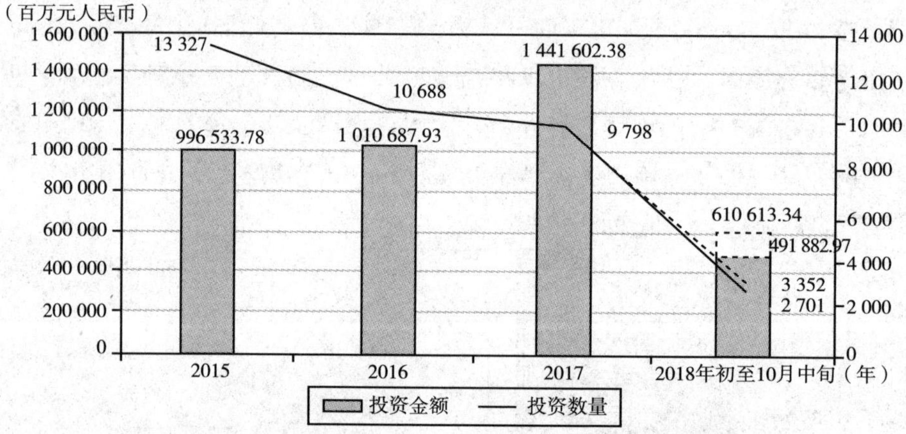

图 11　近 3 年国内一级市场投资事件统计

注：2018 年虚线部分为预估。

资料来源：清科私募通。

2018 年的股票市场可谓是起伏巨大，在年初创下新高之后一路下跌，到目前仍然没有任何止跌的征兆。从年初的港股新政和牛市高估值带来的港股 IPO 浪潮，到如今新股频频破发。据统计港股上半年破发率达七成，9 月上市的公司全面破发。此轮新股破发潮主要受到估值偏高、资金面收紧和市场投资情绪惨淡影响（见图 12）。

估值偏高	港股2018年由于上市新政和处于牛市顶端吸引了大量的IPO项目，并获得超高估值。在市场行情全面走弱的情况下，新上市公司估值较高但盈利不足以支持，破发符合市场规律
资金外流	香港长期的低利率带来的资金面充足情况不再。伴随美国加息、港币走弱、利率升高，存量资金开始下降，增量资金消失。这使新上市的公司不再受到资金面的支持，破发无法避免
市场低迷	随着港股冲顶后持续下跌，消息面利空多于利好，市场情绪低迷，投资者倾向看空而非看多，在流动性下降的大环境下难以维持炒新行情

图 12　港股破发潮原因分析

资料来源：中国证券报。

▶ 餐饮业 A 股的艰难上市之路

根据中国产业信息网数据，2017 年全国餐饮业市场规模达到 4.0 万亿元，但 A 股的餐饮业上市公司却屈指可数，以餐饮业为主业的上市公司只有全聚德、西安饮食、广州酒家。与此同时，港股的餐饮业上市公司超过 20 家，味千、小南国、呷哺呷哺等内地知名餐饮企业都在香港挂牌。由于现今 A 股和港股对餐饮行业上市标准要求不同，流程更加宽松、程序相对简单的港股市场成为内地餐饮业巨头上市的首选（见表 3）。

表 3　　港股、A 股上市制度差异

		港股主板（类型 1）	港股主板（类型 2）	港股主板（类型 3）	A 股主板与中小板
上市标准	盈利	最近 1 年盈利不低于 2 000 万港币，其前两年盈利不低于 3 000 万港币			最近 3 个会计年度净利润均为正数且累计超过 3 000 万元人民币
	收入		最近 1 年至少 5 亿港币	最近 1 年至少 5 亿港币	最近 3 个会计年度经营活动产生的现金流量净额累计超过人民币 5 000 万元；或最近 3 个会计年度营业收入累计超过人民币 3 亿元人民币

续表

		港股主板（类型 1）	港股主板（类型 2）	港股主板（类型 3）	A 股主板与中小板
	现金流		前 3 年至少 1 亿港币		
	市值		至少 20 亿港币	至少 40 亿港币	
	股本总额				不少于 3 000 万元人民币
	资产				最新一期无形资产不高于 20%，最新一期不存在未弥补亏损
	上市公司市值	至少 2 亿港币			
上市标准	公众持股量	至少 25%，且超过 5 000 万港币			至少 25%，发行超过 4 亿股则可降低，但不得低于 10%
	营业记录	3 年			3 年以上
	同股不同权	创新企业且财务要求达标，允许同股不同权			不允许
	第二上市	在合格交易所满足财务要求，可做第二上市			
	控股股东禁售期	12 个月			
	主营业务				3 年内无重大变化
	管理人员				董事、高管 3 年内无重大变化
	实际控制人				3 年内无变更

资料来源：香港联交所、中国证监会、海通策略。

餐饮行业规范化问题是餐饮企业在 A 股无法进行 IPO 的原因之一。为了解决这些问题，餐饮企业应全力解决包括供应链物流、内部控制、人力资源管理三个方面的问题（见图 13）。

食品行业的企业在 A 股 IPO 可谓是困难重重。以俏江南为例，2011 年 3 月，俏江南递交 A 股上市申请，而后被宣告终止上市审查。2012 年 4 月，俏江南意欲港股上市但随即又失败。俏江南在得到鼎晖融资之后，由于后续上市不利导致对赌股份回购条款触发，无钱回购导致投资方鼎晖启动领售权条款，出售股份成为清算事件又触发清算优先权条款。一项项恶性事件如多米诺骨牌一般接连向俏江南袭来，最终创始人张兰被迫“净身出

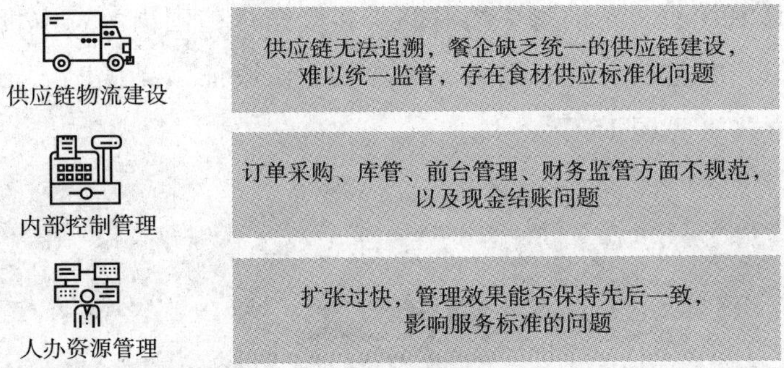

图 13　餐饮企业标准化建设

户”。俏江南的 A 股上市失败，也宣告着 2009 年以后上市潮的失败。

以广州酒家为例，2010 年广州酒家开始递交上市申请材料，随即遇到了 A 股第八次 IPO 暂停。2014 年 6 月，广州酒家将上市地点由深圳证券交易所中小板转至上海证券交易所主板。过会通过又赶上 A 股第九次 IPO 暂停，距离第一次递交申请材料过去八年后，广州酒家终于在 2017 年 6 月 27 日在上交所挂牌上市，历程艰难。

▶ IPO 如何帮助海底捞

海底捞本次 IPO 发行价每股 17. 80 港币，拟筹资 9. 63 亿美元。此次 IPO 募集的资金，约 60% 将用于业务扩张，约 20% 将用于开发及实施新技术，约 15% 用于偿还贷款，剩下约 5% 用于营运资金及一般企业用途（见图 14）。

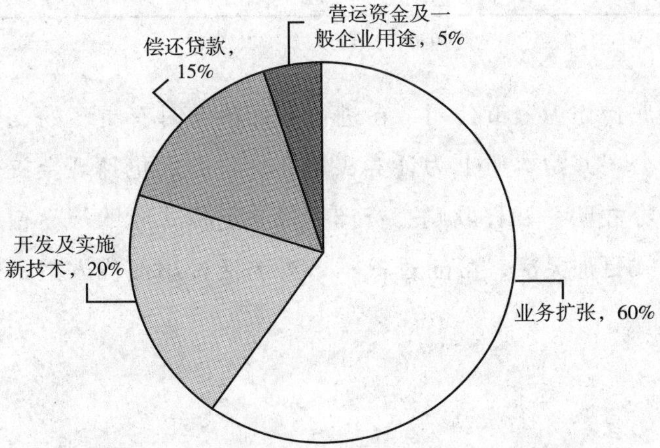

图 14　海底捞 IPO 募集资金用途

资料来源：海底捞招股书。

在港股 IPO 也将帮助海底捞有利于接受全球范围内的资本投资，扩宽融资渠道，开展包括配售、供股、可转债、认股证、高息债、杠杆融资等多种融资方式（见图 15 及表 4）。

图 15　港股主要再融资渠道

资料来源：中信策略。

表 4　2018 年以来港股再融资情况

	事件数量	金额（百万港元）
供股	16（7.55%）	24 936.30（18.91%）
配售	157（74.06%）	71 904.29（54.53%）
公开发售	5（2.36%）	1 412.45（1.07%）
代价发行	34（16.04%）	33 613.96（25.49%）
总计	212	131 866.99

资料来源：Wind（截至 2018 年 10 月 19 日）。

同时海底捞作为上市公司，在进行并购活动时有更多的支付方式可以选择。上市公司并购本质上为证券买卖，支付方式包括现金支付、换股并购、综合证券并购、杠杆收购、资产折股、承债式收购等。相比公司未上市时并购方式更加灵活，可通过资本市场灵活选用最优方案，成功率也相应提高。

三、总结

海底捞的港股 IPO 之行暂时告一段落。为了保持业绩增长而急速增加的门店数量，海底捞在扩张后能否仍保持老店的销售水平、服务水准及管理水平？新收购的企业如何融入海底捞生态？以及如何充分利用海底捞上市地位解决这些问题？海底捞仍有很长的路需要走好。

主笔：马志宇

资料收集：朱淑珩、邱晓妍

想成为《投融资观察》报告创作团队的一员吗？微信扫描本书第381页二维码，现在就加入我们吧！

No. 35

蓝领行业，究竟谁才是未来的独角兽

2017 年 9 月 17 日，深耕蓝领市场的“安心记加班”宣布完成亿元级 B 轮融资，本轮融资由蚂蚁金服领投，顺为资本跟投。安心记加班是一款手机记录加班时间的工具型应用，针对工厂考勤疏漏、黑心工头克扣工资的痛点，定位为打工服务平台，汇聚了千万级蓝领用户，围绕蓝领人群的需求衍生出蓝领社区、蓝领金融、蓝领招聘等其他相关服务。

安心记加班作为目前蓝领赛道上少有走到 B 轮的公司（见图 1），它在未来是否能够辉煌依旧？蓝领招聘究竟是多大的市场，是否真得能够跑出颠覆当前模式、统一行业的玩家？

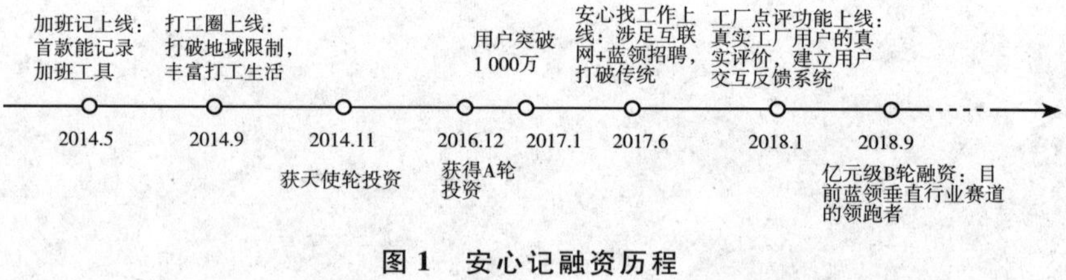

图 1　安心记融资历程

一、足以诞生独角兽的蓝领市场

有别于白领招聘流程规范、渠道多样和招聘行业区别明显等特点，蓝领招聘在很长一段时间都是依赖于老乡、中介介绍等方式。但不可忽视的是，蓝领群体求职更加高频，在中国逐步呈现出老龄化的趋势，同时新生人口增速也在放缓，加之针对蓝领这类弱势群体配套服务供给不足的现状下，整个蓝领市场的行业规模巨大，足以诞生独角兽（见图2）。

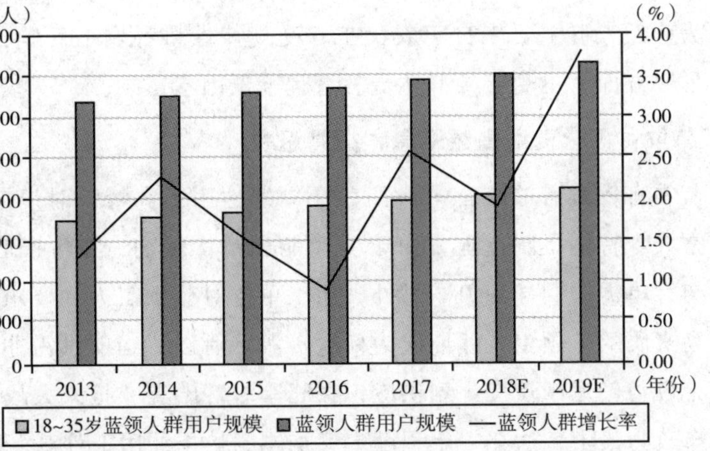

图2　2013～2019年蓝领用户规模及增长率

资料来源：艾瑞咨询。

▶ 蓝领市场两大特点：基数庞大，求职高频

蓝领，指工作在基层的劳动者，工作内容多为重复性工作。他们是城市运转的根基和动力，是社会发展建设必不可少的一部分。简单来说，蓝领群体可以划分为基础白领、城市蓝领和工厂蓝领，后两者占蓝领群体约90%。也正是这部分占人多数的群体，面临非常高的求职高频需求（见图3）。

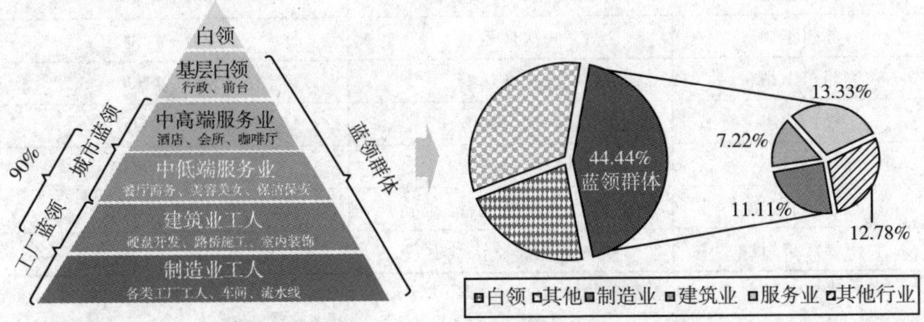

我国有9亿劳动人口，其中白领群体近2亿，蓝领群体约4亿人
蓝领群体中农民工占2.74亿，制造业蓝领约占1亿，建筑业蓝领占5 000~8 000万，服务业蓝领约占1.2亿从人口数量上来看，蓝领招聘市场规模应是白领市场规模的2倍以上

图3　我国劳动力人口中蓝领群体占比示意图

资料来源：36Kr、国家统计局。

蓝领群体求职更加高频。通常，一个白领平均主动求职和跳槽的频率在1年1~2次；而一个蓝领1年中主动求职和跳槽的频率是4~5次。一方面，因为蓝领人群主要来自于农民工，受规律性耕种农忙影响，务工时间零散；另一方面，也受蓝领群体受教育程度低因素影响。

► 用工单位：需求灵活高频紧急，招聘返费

对蓝领有较大需求的公司往往存在周期性用工高峰，对短期工人的需求量非常大。特别是制造业，由于受产能和销量影响，在生产旺季经常出现产能与订单需求倒挂现象。另外，用工单位对蓝领工人的要求越来越高，具备较高素质的蓝领工人逐渐成为稀缺资源。所以，当前供需非常不平衡。而用工单位为确保产量按计划供应，在旺季时常出现"抢人大战"。这些工厂的分布较为集中，这在一定程度上又加剧了忙季的用工荒。

调查发现，用人单位大多采用返费给中介的方式，以确保工人的稳定供给，进而确保他们的产能得以实现（见表1）。这一现象几乎不可能在白领市场出现，蓝领招聘市场独有的返费交易造就了一个极富想象力的盈利模式、商业空间和巨大的市场规模。

表1　　不同招聘公司返费情况统计表　　（单位：元）

招聘公司	返费模式	工资水平
昆山世硕	一次性返费	3 800~4 500
昆山仁宝	小时提成，一次性返费	3 800~4 500
苏州华硕	一次性返费	3 700~4 500
苏州东山精密	一次性返费	3 800~4 500
松江达丰	一次性返费	4 200~5 500
闵行英华达	一次性返费	4 300~5 600
吴江瑞仪光	一次性返费	3 800~4 500
吴江丰川	小时提成，一次性返费	4 000~5 500

资料来源：返费宝，时间截至2018.10。

► 蓝领招聘的另一特征——渠道为王

蓝领群体受教育程度低（见图4），易受情绪化与群体性影响，就业的主观性和随机性强，且求职多基于熟人推荐，或者通过居住地周围的基层中介介绍。这样不仅能够降低求职成本和信息不对称性，且由于基层中介

长时间根植于当地，实体店铺经营模式极大地提高了中介欺诈成本。

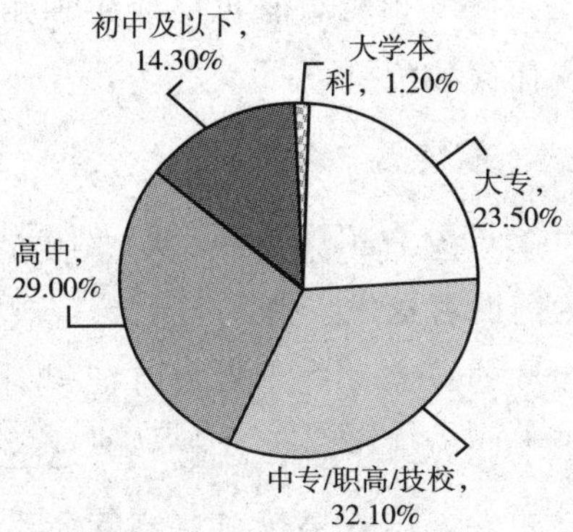

图 4　新时代蓝领学历分布

注：图例从“学历大学本科（占比 1.20%）开始顺时针方向。

资料来源：2017 中国新时代蓝领消费与成长白皮书。

传统中介其实很大程度上只能覆盖较小区域，但这些中介在当地建立的商业信誉能够为招聘安全性背书，而蓝领群体出于信任度的考虑，往往愿意选择这些当地的传统中介。因此，在长时间中，这些传统中介积累了相当数量的蓝领资源（见图 5）。

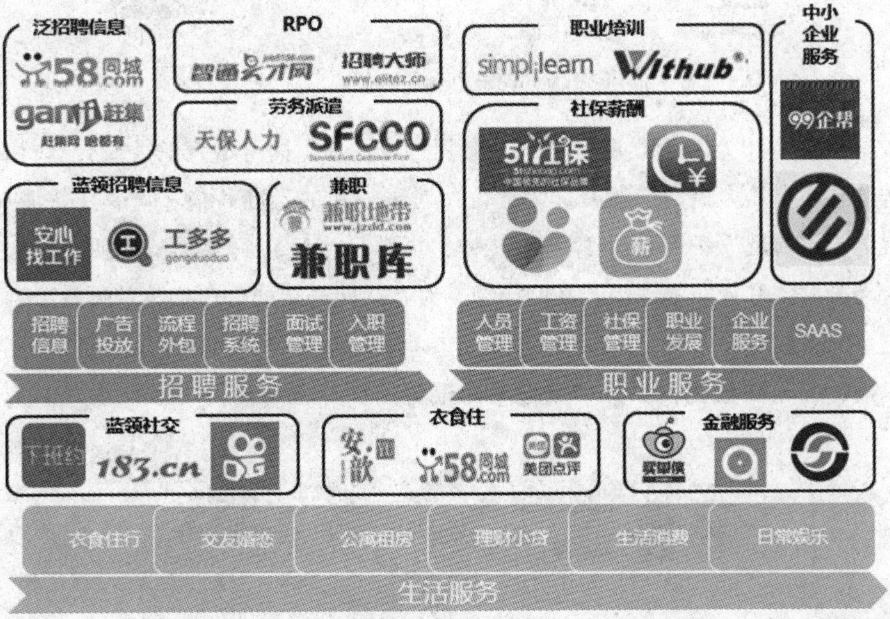

图 5　产业链示意图

不难发现，当前蓝领招聘市场供给端数量充足，需求端需求旺盛，如果掌握了两者联通渠道，蓝领招聘很有可能诞生独角兽。然而当前市场竞争激烈，目前尚未出现任何独角兽。

► 群雄渐起，找准模式才能突围

围绕蓝领的整个市场可分为招聘服务、职业服务、生活服务这三个细分市场。生活服务类为前两者提供支持。

专注于某个细分领域的玩家往往受用户特征掣肘：蓝领用户知识背景简单，日常生活单调，求职方式单一，这就导致这些公司持续获客和维持用户忠诚度相对困难。另外，用人单位对蓝领的需求旺盛，常面临招工难的问题，其原因是供给层面不容易取得信任，对互联网使用不熟悉而导致用户量无法上升（见图 6）。

图 6　传统中介运营模式图

当前“80 后”“90 后”已成为蓝领工人主力，高等教育的普及让这部分群体素质有较大提高。随着这部分群体对老一代的不断替换，蓝领工人整体文化水平和观念都有了非常大的转变，更容易接受新鲜事物，最明显的是，这部分群体有着非常深的互联网印记，对互联网产品的信任感相对较高。

互联网在蓝领工人之中的普及已在逐渐消减供给侧障碍，蓝领市场互联网产品用户数正在提升，更通畅的渠道正在打通（见图 7）。

图 7　互联网时代中介运营模式图

二、一片光明的市场，如何变现

对中介平台而言，白领群体求职频次相对较低，难以预期，对单一平台依赖度较低，因此，白领招聘赛道玩家较少依赖对群体资源的强掌控实现盈利。与白领招聘主要通过提供增值服务实现盈利不同，蓝领招聘较难实现收费盈利。

但蓝领招聘平台得益于蓝领求职稳定高频、时间相对固定等特点，较容易实现高使用频次和大流量，而渠道掌控表现为流量稳定，掌控渠道意味着掌握市场命脉。

三、安心记加班：职前职后双领域切合

安心记加班通过针对招聘前和入职后两个阶段服务发力，以多种方式获取流量，并通过平台五大板块，多样化功能实现流量维持和变现盈利（见图8）。

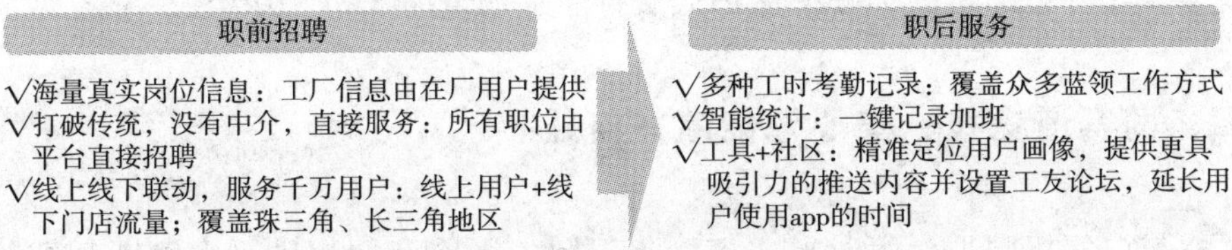

图8　安心记多样化功能

▶ 五大板块实现流量维持，掌控蓝领资源（见图9）

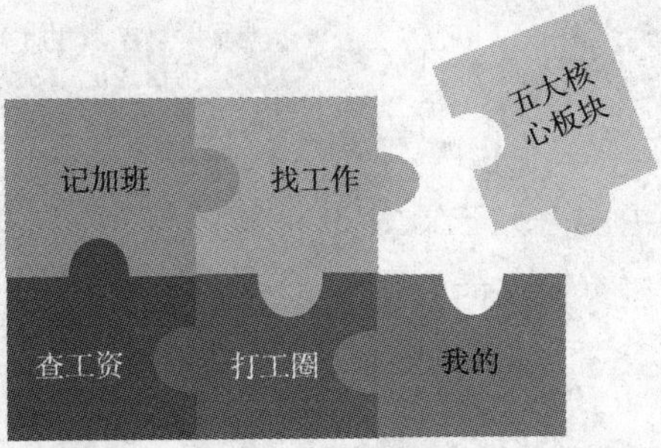

√记加班：帮助蓝领工人记录加班时长并计算出加班费
√查工资：工厂版的“大众点评”
√打工圈：主动推送“百度首页”式PGC吸睛内容，并内嵌交友社区
√找工作：内链“安心找工作网”，设有“好厂推荐”
√我的：设有我的钱包、商城、小任务、签到等内容

图9　安心记五大核心板块

▶ 舍弃高额返费，“线上线下”获取流量

出于抢占蓝领资源考虑，安心记加班当前选择放弃中介费用（见图 10）。

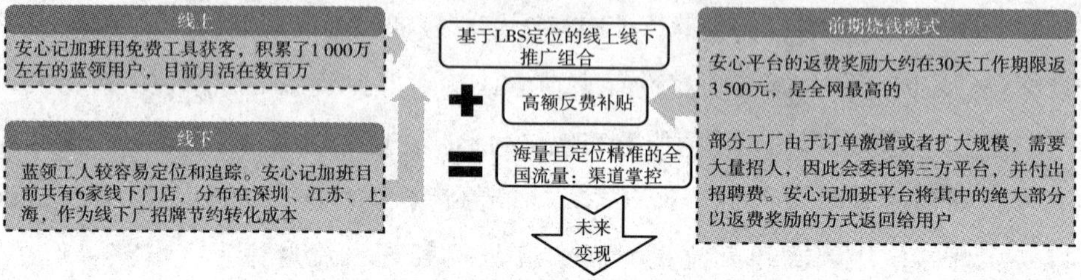

图 10　安心记加班线上线下共同发力，获取流量

▶ 蓝领信贷变现

除去极少部分工厂中介返费留存，安心记加班曾通过蓝领信贷变现。蓝领信贷具有小额、分散、高频的特点，之前已经有买单侠等公司在做，相比之下，安心记加班的优势就来自于工具中的薪资数据，再配合好征信模型，安心记加班的坏账率已远低于行业平均值的 5% ~10%。

四、同赛道竞技，安心记能赢在何处

与白领招聘平台商业模式多元化不同，当前蓝领招聘平台商业模式简单（见图 11）。

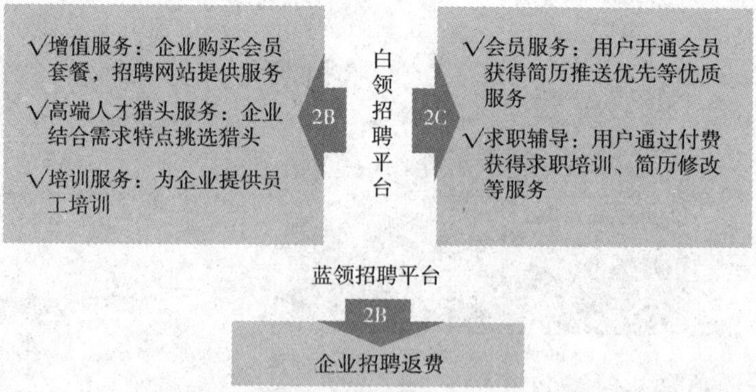

图 11　白领及蓝领招聘平台商业模式

白领群体大多有互联网习惯，且生活丰富，消费行为多样，因而给白领赛道的玩家提供了丰富的变现选择。而与之相反的蓝领群体，因日常工作占据了生活的大部分，生活单调，消费行为简单，所以，蓝领赛道的玩家或多或少面临变现渠道狭窄的烦恼。

值得关注的是，不同于大多数白领挑剔的顾客形象，蓝领群体基于日常生活特点，往往更容易满足，且由于消费渠道较少，消费机会匮乏，这部分群体消费能力与欲望并不低。所以，如果能够牢固住这部分流量，变现似乎是水到渠成的事情。

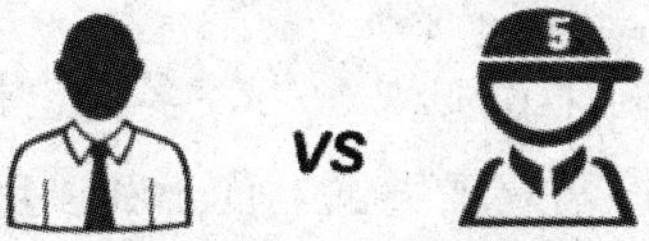

消费形式多样，选择多元，消费更理性
消费形式多样，选择多元，个人投资支出明显
较少形成单一产品依赖，不容易满足
消费能力较高，能进行信贷消费

消费意愿强烈，具有冲动性消费习惯
餐饮和电子设备开销占比巨大
手机依赖度高，热衷为手机娱乐付费
消费信贷需求高，分期随心，二次借贷欲望更高

图 12　蓝领和白领消费行为对比

当前赛道中大部分玩家都面临对蓝领资源渠道掌控力的缺失。诸如同样深耕蓝领招聘的百姓网业务覆盖招聘、生活服务、二手车买卖、房屋租售、交友等多个行业。和安心记加班多样化产品特色功能不同的是，百姓网主打 C2C 模式，以传统业务为支撑，依靠百度流量供给。但百姓网对蓝领资源缺少经营，且还未触碰蓝领金融。

与之类似还有其他尚未挂牌的蓝领赛道玩家，它们大都缺少资源维护经营，对盈利模式有所创新，功能单一。这与安心记加班多方式开拓资源和稳定渠道有别（见表 2）。

表 2　　不同蓝领招聘平台对比

品牌	香草招聘	一米工作	我的打工网	安心记加班
业务特色	制造业 + 服务业 直送到企业	制造业 直送到企业	制造业 直送到派遣公司	全产业 平台直招
用户规模	1 200 万	800 万	200 万	1 000 万
全国布局	20 个城市	10 个城市	昆山、苏州	珠三角 + 长三角
服务深度	求职	求职、社交	返费、经纪	求职 + 社交 + 资讯 + 金融 + 娱乐 + 点评

目前安心记加班正在通过放弃返费来获得流量，占据渠道。平台上的五大板块针对蓝领工作和消费行为定制，能起增加用户在平台留存时间的作用，进一步巩固渠道。当安心记对渠道的掌控达到一定程度后，它的选择有图 13 所示两种：

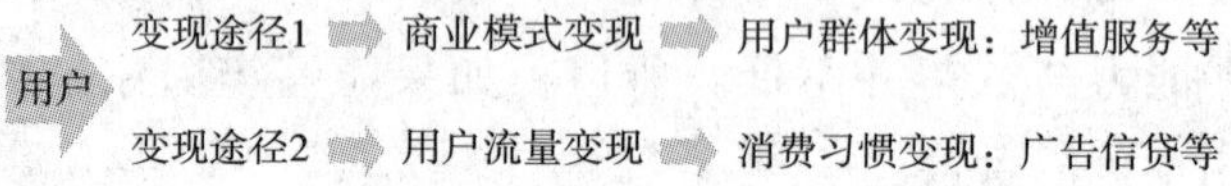

图 13　变现途径

不同的变现途径对应的潜在变现途径较多，包括之前曾经尝试过的蓝领信贷，安心记在渠道掌控和变现尝试上优于赛道玩家。

安心记加班，未来能走向何方

安心记加班截至目前其商业模式尚未十分明朗，已获得的流量与整个蓝领潜在用户相比仍不足 4%，仍有巨大的发展潜力。本轮融资更是互联网巨头释放信号表示关注，在资本加持下鼓励其探索创新可复制的商业模式。未来安心记需要做的是立足于当前商业模式，并不断开拓渠道，留住用户（见图 14）。

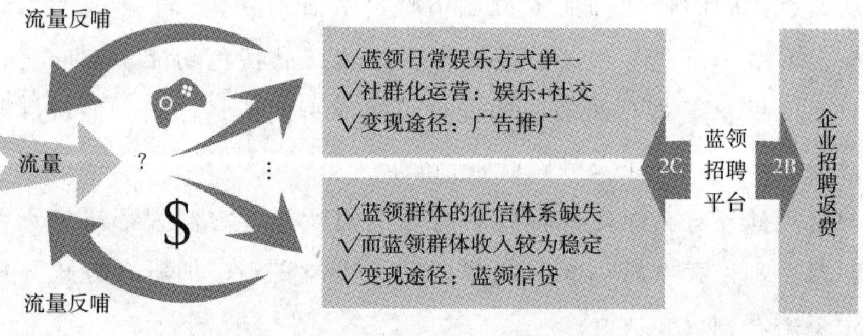

图 14　商业模式变现 + 用户流量变现

五、各功能发力，留住用户

安心记加班当前尝试的是招聘平台中介模式。由于蓝领总体资源有限和蓝领缺乏信任感的属性，安心记加班的现在和未来都逃不过与传统中介合作。这些传统中介在新的招聘模式中扮演的角色是基层探路者，能够帮助安心记加班执行人员招募工作，并维持双方的熟悉和信任，实现平台流量的增长和固化（见图 15）。

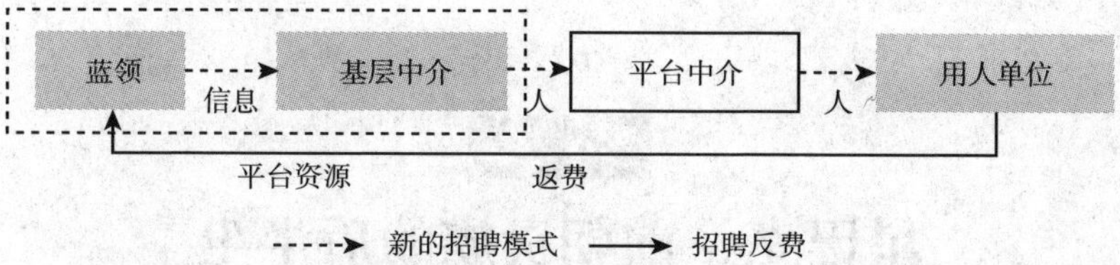

图 15　招聘模式

安心记加班当前面对蓝领资源维护，渠道扩展，平台用户留存，扩展变现渠道等目标。值得关注的是，安心记加班刚引入的战略投资者蚂蚁金服，或将协助前者在金融领域有所作为，进一步挖掘蓝领金融变现方式（见图 16）。

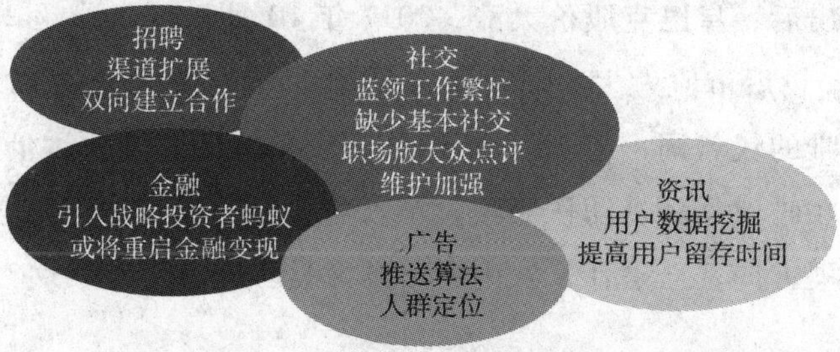

图 16　安心记渠道扩展

六、总结

安心记加班已经跑在了大多数玩家的前面，未来能否掌握至关重要的蓝领资源，是其成败关键。另外，尽管当前收入单一，但变现途径终究会被拓展，该来的诸如广告、金融等方面的收益，终究会随着安心记的发展而到来。

主笔：林炎

资料收集：郝晓英、丁志远

想成为《投融资观察》报告创作团队的一员吗？微信扫描本书第381页二维码，现在就加入我们吧！

No. 36

星巴克：前朝贵族的后半生

2018 年 10 月 10 日消息，潘兴资本 CEO Bill Ackman 宣布收购星巴克价值 9 亿美元的股份。此次投资使得潘兴资本目前位居星巴克二十大股东之列。消息传出后，星巴克股价大涨，2017 年 10 月 9 日收涨超 2%，报每股 57.71 美元。投后市值为 756 亿美元（见图 1）。虽然星巴克已经成为人们心中连锁咖啡的代名词，但 2018 年却状况频出，营收增长远低预期，而中国市场多个咖啡饮品新贵动作频频，星巴克曾经的霸主地位是否还能保住？未来它的发展方向又会是什么？中国市场又是否进入了爆发期？

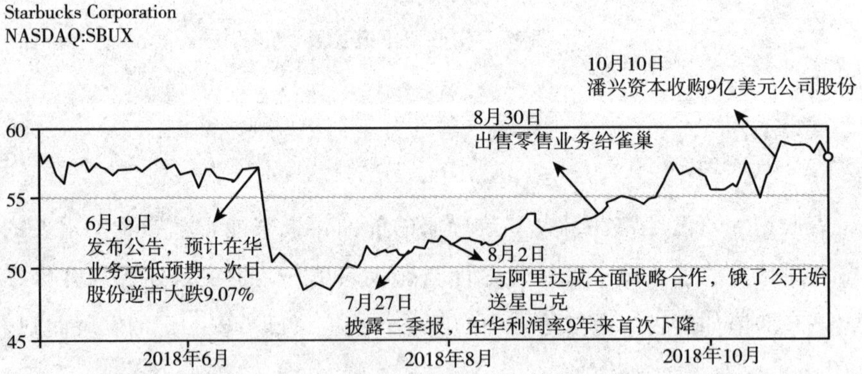

图 1　星巴克近六个月股价变动及相关事件

资料来源：Google Finance。

一、潜力巨大的中国市场

据品途商业评论数据，2017 年全球咖啡市场增速仅 2%，相比之下，中国咖啡消费的增速则高达15%，咖啡消耗量增速高达26.59%。根据国际咖啡组织数据，欧美国家人均咖啡消费量达300杯，日本约为200杯，中国人均咖啡消费量每年只有5~6杯，远低于亚洲茶饮文化国家及世界平均水平，中间还有相当大的市场空间（见图2）。

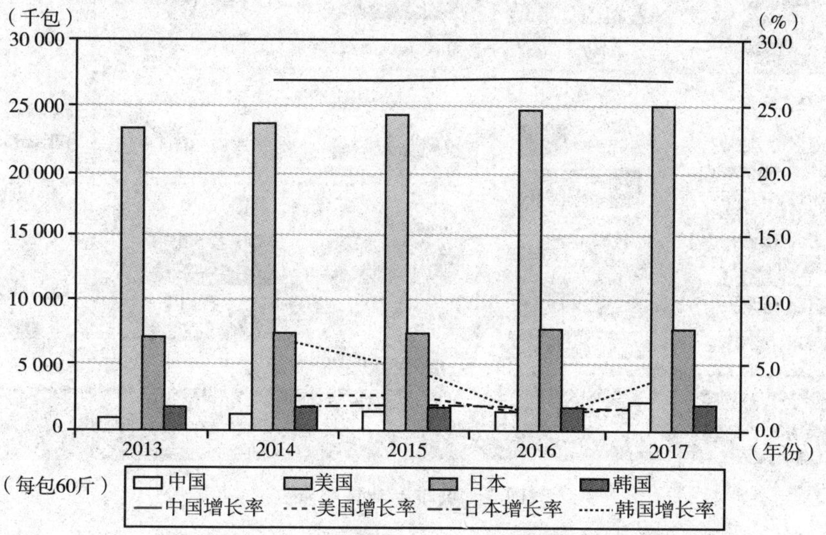

图2　2013~2017年中/美/日/韩咖啡消耗重对比

资料来源：品途商业评论。

当前，我们正处于第三波咖啡革命，精品咖啡逐渐成为热潮，越来越多的人开始关注起咖啡风味、产地和制作工艺，这催生出了新的咖啡消费市场。

二、新市场，到底属于新玩家还是旧玩家？

整个咖啡市场产业链涉及上游种植、中游深加工和下游流通环节。在上游领域，云南高端咖啡产业链已相对成熟，精品咖啡豆消费空间充满想象。在中游领域，即饮式咖啡具备消费便利化特征，未来竞争将更加激烈。另据鲸准研究院数据，上中游的价值贡献分别占整个产业链的1%和6%，下游环节的价值贡献为93%，属于高利润区。

以星巴克为代表的传统连锁咖啡店所占市场份额巨大。但最近几年开始兴起多种新形式的咖啡零售商，包括互联网+咖啡、售卖咖啡的便利店、精品咖啡店、自动咖啡售卖机。诸如 2018 年诞生的瑞幸咖啡、成功转型的连咖啡等，这些新玩家成功创设了新的咖啡购买场景，借着新零售东风的急速扩张让星巴克等传统销售商多少有些措手不及（见图 3）。

图 3　咖啡产业链格局

资料来源：氧气资本，有删改。

三、第二波革命中诞生的旧贵族

咖啡市场有过三次革命，其中星巴克诞生于以烘焙技术和花式咖啡著称的第二波革命，并实现了公司规模的不断扩大。目前，星巴克已经在中国 140 多个城市开设了超过 3 400 家门店。星巴克所倡导的“第三空间”概念火热，咖啡馆已经成为除了家居和商务外另一重要场所，可实现谈判会友、学习娱乐等功能（见图 4）。

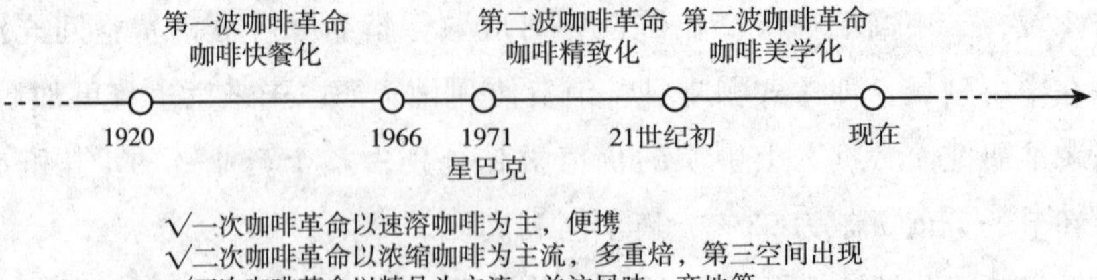

图 4　三波（Wave）咖啡革命及对应咖啡类型

四、2018：咖啡新时代，新玩家

2018 年可谓是咖啡新时代，包括第三波咖啡革命主角精品咖啡、互联网 + 咖啡、自动现磨咖啡售卖机等新销售形式不断涌现，这些公司正在尝试创设新的咖啡购买场景和创新星巴克的“第三空间社交”。其中，典型的有瑞幸咖啡、连咖啡、麦咖啡、Seesaw、全家、7 - 11 等便利店咖啡。

luckin coffee 瑞幸咖啡：突如其来的搅局者

标榜“咖啡 + O2O + 新零售”模式的瑞幸咖啡诞生于 2017 年 10 月。让行业巨头们始料未及的是咖啡外卖，这个过去门店的补充服务被瑞幸在短时间内验证，而瑞幸也凭借该业务实现了高速扩张。根据高盛的研究报告，瑞幸能够成功的原因在于三点：占领年轻人的市场、便捷性和外卖行业的飞速发展。

Coffee Box 连咖啡：优秀的营销家

连咖啡成立于 2014 年，最初是以微信公众号为入口的咖啡外卖平台，主要提供星巴克和 Costa 等咖啡外卖服务来积累用户。一年后，连咖啡在积累大量用户后，剥离第三方品牌的咖啡外送服务，成立 Coffee Box，其选择密集建站。这些站点只承担厨房和仓库的角色，这与每日优鲜的“前置仓”模式类似。

在此基础上，连咖啡推出的包括咖啡库、咖啡福袋、七夕期间推出的“微苦邮局，情书乱递”活动等社交玩法，快速实现了流量增长和裂变。

麦咖啡：按捺不住的传统巨头

2018 年 10 月 8 日，麦当劳中国宣布旗下麦咖啡品牌推出外送服务，用户可以通过美团、饿了么和微信小程序“i 麦咖啡外送”下单。高举高打的咖啡外卖市场又多了一位传统巨头。

Seesaw:国内精品咖啡的领头羊

Seesaw 于 2012 年在上海成立，曾获弘毅投资 A 轮融资。这也是第一次有主流资本介入看似小众的精品咖啡门店领域。Seesaw 的客单价只是略高于星巴克，但却能够实现从品质上精准打击星巴克。经过六年经营，Seesaw 在供应链端业已经比较深入，已实现与云南咖啡农的稳定合作。

在新消费趋势下，诸如 Seesaw 的精品咖啡馆由于具备高品质、重社交的消费特质，很可能对传统咖啡连锁渠道带来冲击。

包括“全家”“7－11”等遍布街头的便利店同样提供咖啡，这部分销售商往往通过高度标准化、便捷化的平价咖啡实现竞争。

便利店咖啡：平价咖啡提供者

凭借新零售概念火热的互联网＋咖啡通过针对用户习惯，以实现过去补充门店补充服务的高速扩展；精品咖啡直接挑战星巴克标榜的“第三空间”；而便利店咖啡则通过高性价比抢占下沉市场。

尽管这些新起之秀已有燎原之势，但传统巨头积累下的资本仍有竞争优势，成败与否取决于巨头们的未来战略（见图 5）。

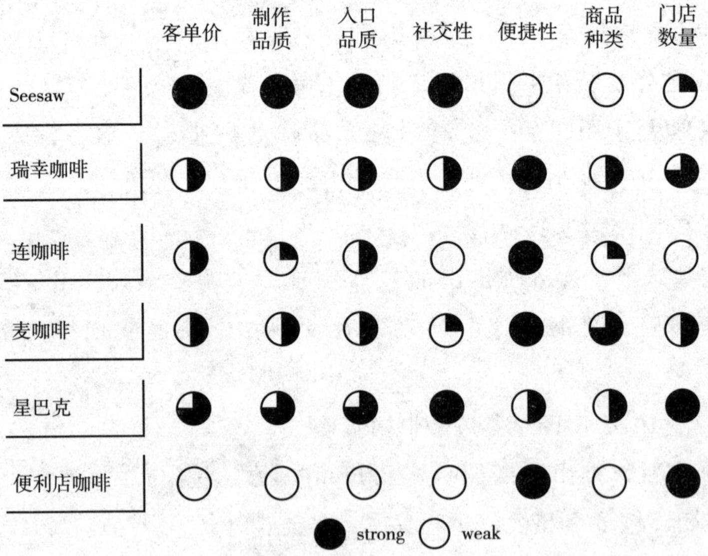

图 5　各类咖啡销售商 Harvey Balls 图

五、总是慢一步的星巴克

▶ 内忧：家业守成者的保守

当前的星巴克已然成为坐拥巨大家业的老牌贵族，但目前面临本土市场低迷，中国/亚太市场独大的怪相。在过去几个季度，星巴克均未交出令人满意的财报，不管是全球同店销售额还是营收额，均低于分析师的预期，但中国市场却不断扩张，大举开店的传统策略仍在延续。

从公布的第三季度报告来看，美国市场开店数有所放缓，但中国/亚太区仍在高速扩张。然而营收同比46%增速的中国/亚太区仍无法挽救整体的不足（见表1）。

表1　星巴克2018Q3（2018.07.26）门店数量等统计情况

		Jul 1，2018	Jul 2，2017	Change
Americas Segment	Net New Stores	180	244	(64)
	Revenue	4 230.6	3 991.9	6%
	Total Stores	17 204	16 302	5.5%
	Revenue/Store	0.246	0.245	0.4%
China/Asia Pacific Segment	Net New Stores	257	250	7
	Revenue	1 229.0	840.6	46%
	Total Stores	8 252	7 183	14.9%
	Revenue/Store	0.149	0.117	
EMEA Segment	Net New Stores	76	87	(11)
Other Segment	Net New Stores	(2)	(6)	4
Total	New Stores	511	575	(64)
	Revenue	6 310.3	5 661.5	11%
	Total Stores	28 720	26 736	7.4%
	Revenue/Store	0.220	0.212	3.8%

星巴克2018Q1－Q3店铺租金成本增长高于净利润

	Jul 1，2018	Jul 2，2017	% Change	Jul 1，2018	Jul 2，2017
				As a % of total net revenues	
Total net revenues	18 415.9	16 688.5	10.4	100.0	100.0
Cost of sales Including occupancy costs	7 573.7	6 685.3	13.3	41.4	40.1

资料来源：星巴克年报。

注：occupancy costs即为租金成本。

另外，星巴克在移动支付上也慢人一步。2016 年 12 月 8 日接入微信支付，2017 年 9 月 25 日接入支付宝（见图 6）。对本土星享卡成功经验的一味信任让星巴克错失了中国市场的移动风口。

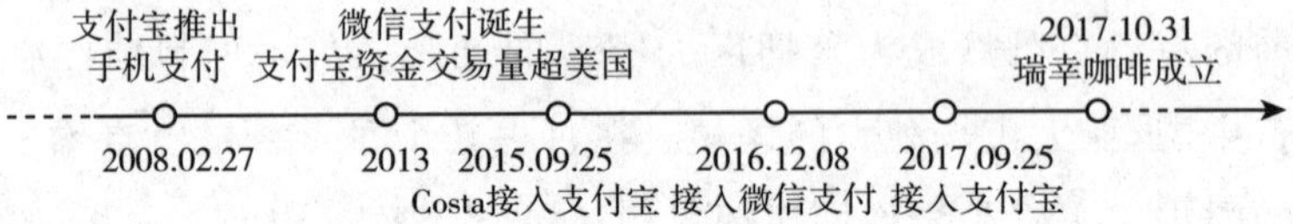

图 6　星巴克移动支付时间轴

而线下门店急速扩张带来的不仅仅是巨大的收入和知名度，还拖累了星巴克的利润。当然，门店的高速推进是基于产品标准化的，而这也恰恰给了 2019 年新玩家以进攻的弱点：在高度标准化和互联网加持下，新的资本玩家得以实现开疆拓土；而专注于咖啡附加值提交的精品同样获得了抢占市场的机遇。市场正在不断分化。

▶ 外患：不断分裂的市场

根据 Talkingdata 的数据，星巴克忠实粉丝主要集中在三线及以下城市，占比 42.4%，一线、二线城市则分别占比 28% 和 29.5%。不难看出，一线、二线城市的咖啡市场出现了分层，多样化的选择让这部分老顾客开始尝试包括互联网咖啡和精品咖啡在内的新品牌。客单价分化，高低差距开始变大。

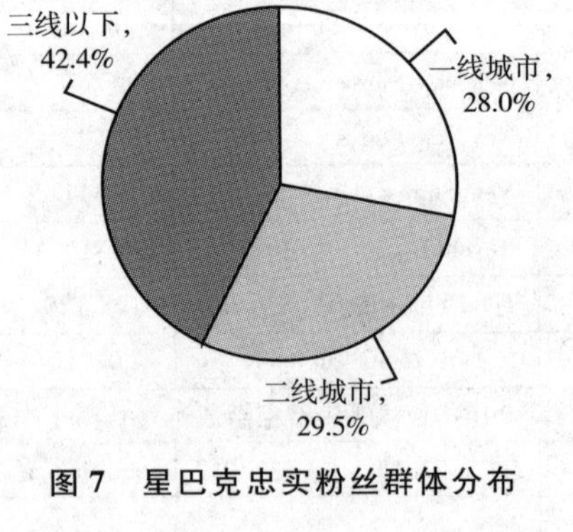

图 7　星巴克忠实粉丝群体分布

资料来源：Talkingdata。

▶ 被迫的行动：店铺多元化 + 推出外卖 + 出售零售业务

在内忧外患之际，星巴克不得不做出改变，包括拓展了门店的类型（见图 8）。尽量针对不同的消费群体，做到第三空间多元化、产品多元化。

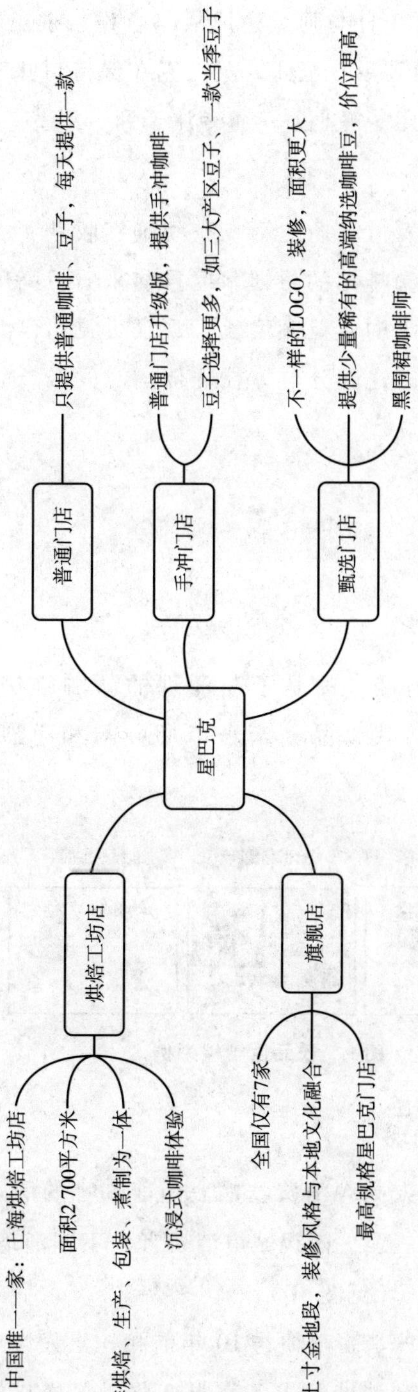
星巴克
普通门店
只提供普通咖啡、豆子，每天提供一款
手冲门店
普通门店升级版，提供手冲咖啡
豆子选择更多，如三大产区豆子、一款当季豆子
甄选门店
不一样的LOGO、装修，面积更大
提供少量稀有的高端纳选咖啡豆，价位更高
黑围裙咖啡师
烘焙工坊店
中国唯一一家：上海烘焙工坊店
面积2 700平方米
集咖啡烘焙、生产、包装、煮制为一体
沉浸式咖啡体验
旗舰店
全国仅有7家
寸土寸金地段，装修风格与本地文化融合
最高规格星巴克门店

图8 星巴克门店

星巴克于 2018 年 8 月 2 日与阿里达成战略合作，推出咖啡外卖，于 8 月 30 日将零售业务出售给雀巢。至此，星巴克在保持口味和业务增长上做出了艰难选择，且忍痛舍弃零售业务，而专注于到店消费。

▶“第三空间悖论”

星巴克从创立之初就大力宣扬的第三空间确实收获了一大批粉丝，相当一部分消费者养成了去咖啡馆的习惯。但目前来看，高度扩张的第三空间似乎并没有带来高度扩张的营业额增长。观察可见，已开始有群体习惯于坐在星巴克而不点咖啡。这部分群体往往停留时间较长，导致了翻台率和坪效的下降。

六、供需矛盾下的未来

▶ 供给端：群雄逐鹿

不断分裂的咖啡市场带来的是不断涌现的新咖啡销售商和销售形式，市场还在涌现更多替代饮品，未来市场分割和激烈竞争在所难免（见图 9）。

图 9　饮品供给端举例

▶ 需求端：新消费者的涌现

咖啡正逐渐成为中国人高频消费饮品。当前咖啡的消费群体也已经越来越多样化，包括崛起的三线、四线城市消费者，不断涌现的新中产阶级，互联网大潮下的年轻一代。（见图 10）

咖啡销售商面临群体的消费习惯与 10 年前相比已发生了巨变，消费者开始发生追求生理、情感和消费需求的需求变化，多样化的消费者反过来促使了咖啡市场进一步裂变（见图 11）。

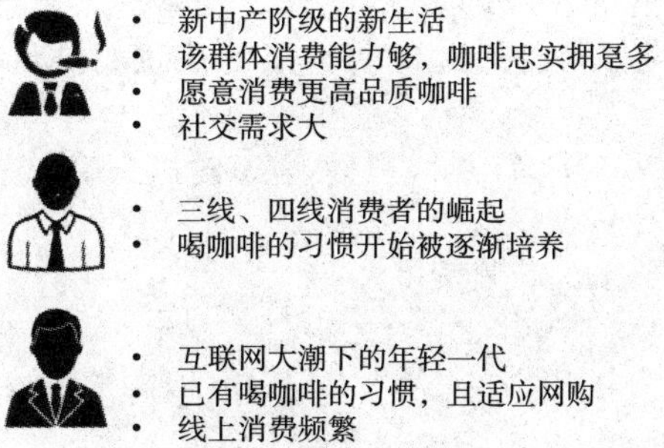

图 10　咖啡消费群体

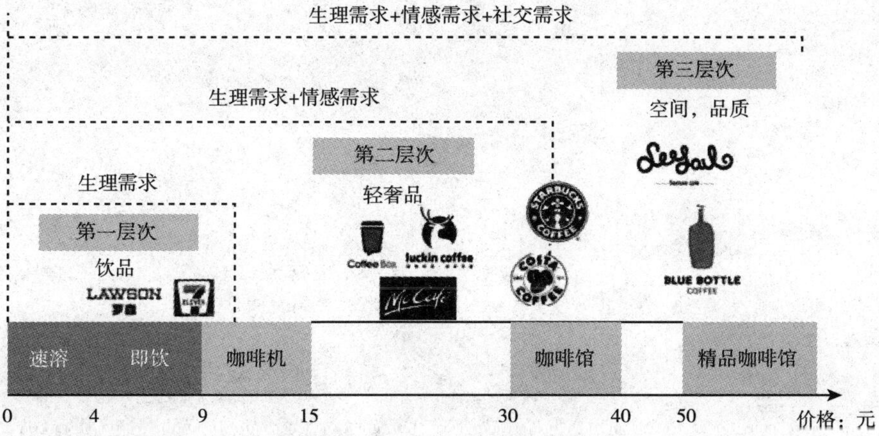

图 11　消费者的需求变化

▶ 茶还是咖啡?

不同于欧美等传统咖啡消耗大国，中国的人文背景对消费习惯的影响深远。饮茶同样能够创设出类似“第三空间”的中国本土特色场景。这些网红饮品、中式饮品让相同场景下的竞争更加多元化。因此，茶饮品必然是咖啡销售商无法绕过的竞争对手。换而言之，除了不断分裂的咖啡市场，饮品市场更在不断分化，不论是纵向还是横向。

七、总结

在国内市场不断分化，咖啡新贵迅速崛起的情况下，星巴克难再一家独大。然而，极高的用户粘性和庞大的门店数量让星巴克仍手握重器。面临内忧外患的星巴克如何打好此次防御战？让我们拭目以待。

主笔：林炎

资料收集：刘仁智、宋莹莹

想成为《投融资观察》报告创作团队的一员吗？微信扫描本书第381页二维码，现在就加入我们吧！

No. 37

哔哩哔哩：二次元梦想与三次元现实

2018 年 10 月 3 日，哔哩哔哩和腾讯控股联合宣布，双方已达成协议，腾讯控股将以每股 12.67 美元的价格，认购 B 站新发行的普通股 2 506.35 万股，价值约 3.176 亿美元，预计交易将于近期完成。交易完成后，腾讯对 B 站持股比例将增至 12.3%。双方拟在版权、投资、出品、制作等方面为用户创造新价值。

一、崛起中的 B 站——二次元生态引领者

▶ B 站的二次元之路

哔哩哔哩创建于 2009 年 6 月，以视频运营为核心，涵盖游戏、直播、广告等多种业务，是国内目前最大的二次元互联网平台，被粉丝亲切地称为“B 站”（见图 1）。经历 9 年的发展历程后，哔哩哔哩目前平台月活跃超过 7 700 万，日视频播放量超过 1 亿次，活跃 UP 主超过 20 万。哔哩哔哩于 2018 年 3 月 28 日在纳斯达克 IPO，代码 BILI，其主营业务收入分为游戏收入、直播及虚拟增值服务、广告收入三大部分。

B 站创立至今的发展历程可简要分为兴趣社区、规模扩张、盈利探索三个阶段。

▶ 兴趣社区阶段，人气和口碑初步确立

在 B 站建立前，国内二次元界的开拓者是 A 站。A 站创立于 2007 年，

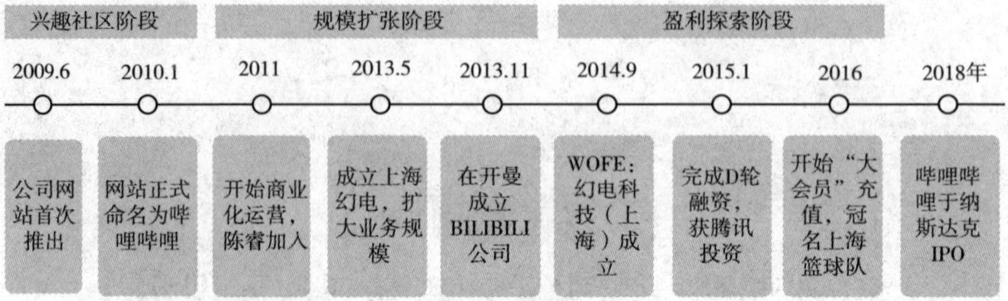

图 1　哔哩哔哩发展历程

资料来源：哔哩哔哩招股书，方正证券。

而 B 站的前身 Mikufans 在 2009 年由 A 站资深用户徐逸创建，当时 B 站还自称是 A 站“后花园”。然而“后花园”逐渐吸引了一些对 A 站有种种不满的人，并凭借自身氛围良好及服务器稳定的优势，逐渐开始和 A 站分庭抗礼。

▶ 规模扩张阶段，资本助推走向“快车道”

B 站现任董事长陈睿无疑是为 B 站带来巨大转变的“关键先生”。2011 年，时任猎豹移动副总裁的陈睿向 B 站注入首笔天使资金，为 B 站的界面设计、更新维护带来重大改变。2012 年 B 站发布安卓版手机客户端，一年一度的哔哩哔哩拜年祭也开始举办，国内优酷土豆在这一时段合并，并在 3 年后投身阿里麾下。2013 年 B 站推出 Fate Zero，并依靠陈睿取得 B 站自身的视听许可证。随后而来的是资本市场的青睐，B 站先后在 2014 年、2015 年完成 A 轮和 B 轮融资，并在 2014 年确认 bilibili. com 的域名，成立实体运营公司上海幻电。在此期间，A 站的直播业务独立出去成为斗鱼 TV。相比 B 站的良好运营，A 站业务定位不清、用户体验不佳的问题仍未解决。

▶ 盈利探索阶段，业务板块多元寻求变现

2014 年“睿帝”陈睿以董事长身份加入 B 站，逐渐开启 B 站的游戏联运及代理发行业务。B 站逐渐开始寻求在商业化和用户体验之间的平衡，开始试水引入广告，并通过游戏及直播变现。B 站在 2016 年推出大会员制度开始收费，并成立哔哩哔哩影业，投资二次元产业链上下游诸多企业。在融资方面，B 站在 2015 ~ 2017 年逐渐完成 C 轮至 E 轮融资，在 2018 年 3 月在美国纳斯达克完成 IPO。相比 B 站，A 站先后得到优酷、软银、华策、中文在线的多次融资，最终在 2018 年 6 月被快手收购。在此期间，优酷土豆 2016 年在纽交所退市，爱奇艺则在 B 站上市的第二天同样登陆纳斯达克。

B 站的高速发展离不开资本的助推。哔哩哔哩在 2013 ~ 2017 年经历了 A 至 E 轮共 5 轮融资，2018 年 3 月 28 日于美国纳斯达克 IPO，2018 年 10 月 3 日接受腾讯 3 亿美元战略投资（见图 2）。

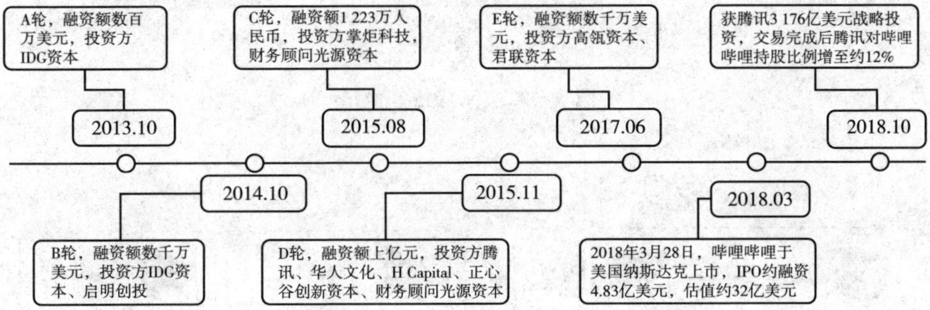

图 2　哔哩哔哩融资历程（2013 ~ 2018 年）

资料来源：IT 桔子。

二、投资二次元产业链，B 站积极谋划布局

PC 互联网和移动互联网的快速发展，极大地推动了二次元文化的传播进程。纵观二次元产业链，主要表现形式是 AGCN 内容，核心内容是优质 IP。二次元产业链围绕 IP 展开，延伸至游戏、漫画、动画、影视及周边衍生产品，从上游到下游盈利逐渐增加。目前，国内的二次元领域由于网络创作门槛较低、传播渠道便利，游戏、小说、原创动漫都成为优质 IP 的来源（见图 3）。相比之下，日本的主要 IP 来源是漫画，韩国的主要 IP 来源则为游戏。

伴随着 B 站内容从垂直 AGCN 内容向泛二次元的扩展，越来越多的年轻人成为 B 站的忠实粉丝。在巩固二次元内容产出的同时，B 站开始扶持国产动漫，引进日漫、番剧及纪录片版权等，横向扩展成为最受年轻人喜爱的视频网站。与此同时，B 站还利用投资布局二次元产业链，截至 2018 年 8 月，已投资超过 59 家二次元行业上下游企业，覆盖从天使轮到中后期各个阶段，方向包括动漫游戏制作、游戏、周边衍生品、虚拟偶像及直播（见图 4）。

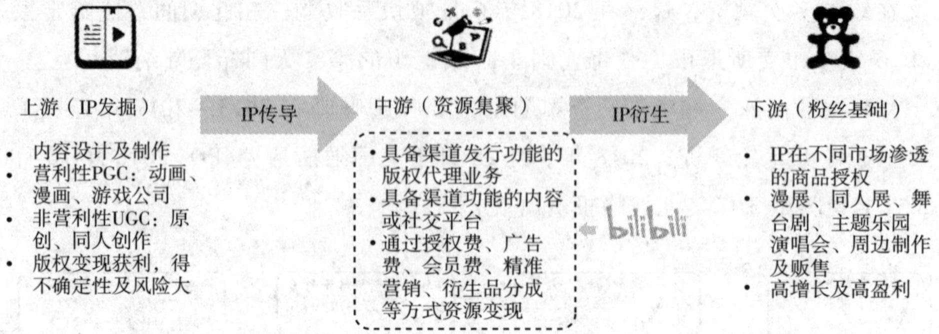

图 3　二次元行业产业链

资料来源：36Kr。

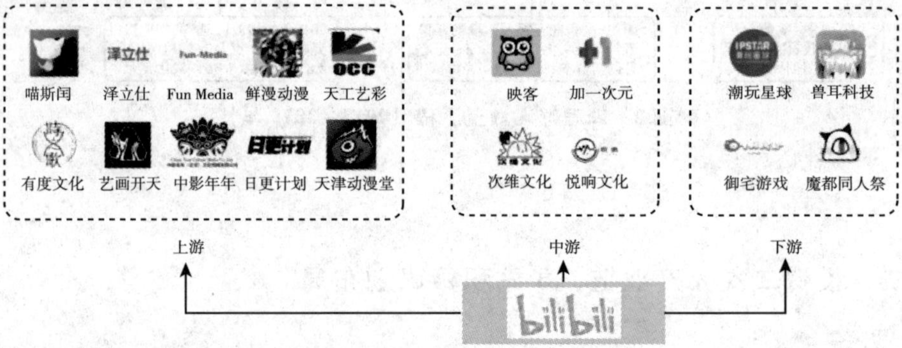

图 4　哔哩哔哩部分投资企业

资料来源：IT 桔子。

三、利润还是情怀？B 站在选择中前行

▶ 二次元崛起，B 站成为爱好者首选家园

二次元文化以 AGCN 内容（Animation，Comic，Game，Novel）为核心，在商业包装与互联网传播的作用下逐渐泛化，覆盖范围包括古风、三次元舞蹈音乐、ASMR、鬼畜等，逐渐成为年轻人所喜爱文化的代称。其中，二次元核心用户指对 AGCN 领域的深度爱好者，2017 年二次元核心用户总量约为 0.9 亿。随着 A 站的逐渐“没落”，B 站以丰富的二次元视频、游戏、社区资源崛起为国内二次元爱好者的首选家园（见图 5）。

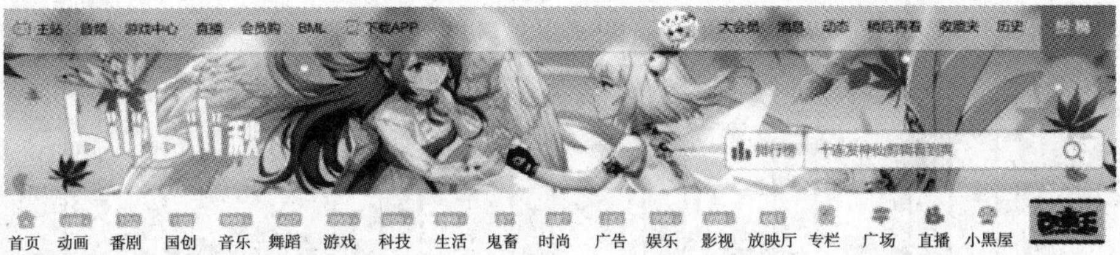

图 5

资料来源：哔哩哔哩官网截图。

根据艾瑞咨询数据，截至 2017 年我国二次元用户数量为 3.4 亿户，B 站 MAU 约为 7 750 万，二次元渗透率为 22.8%。从网民总量来看，1990 年之后出生的网民规模约为 3.28 亿人，这部分网民对新技术及新潮流的接受能力较强，在线娱乐成为其生活中不可或缺的一部分，且有足够的消费能力及付费意愿，对在线娱乐市场的贡献最为突出，占到了 B 站总用户数的 81.7%，渗透率为 21%（见图 6）。

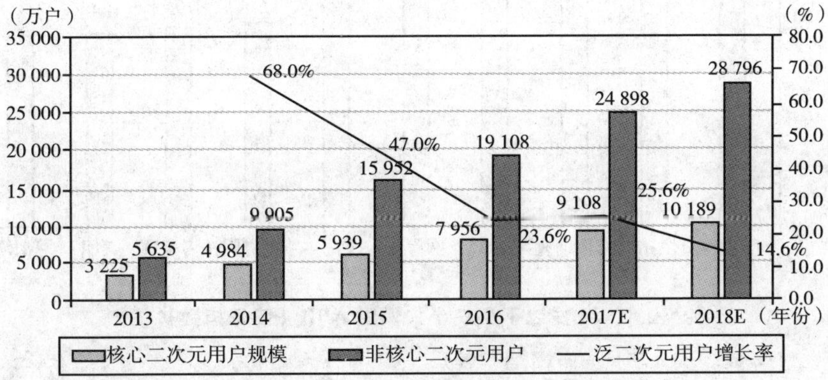

图 6　国内二次元用户统计

资料来源：艾瑞咨询、方正证券。

B 站作为典型的二次元内容型社群，吸引着二次元爱好者消费平台上的二次元内容。用户进行浏览观看的同时，也会通过弹幕、评论等形式贡献平台，形成极高的用户粘性和平台忠诚度。其 12 个月的用户留存率为 79%。根据 Quest Mobile 2017Q2 统计，B 站受到用户喜爱及月度人均时长数据，均高居榜首（见图 7 及图 8）。

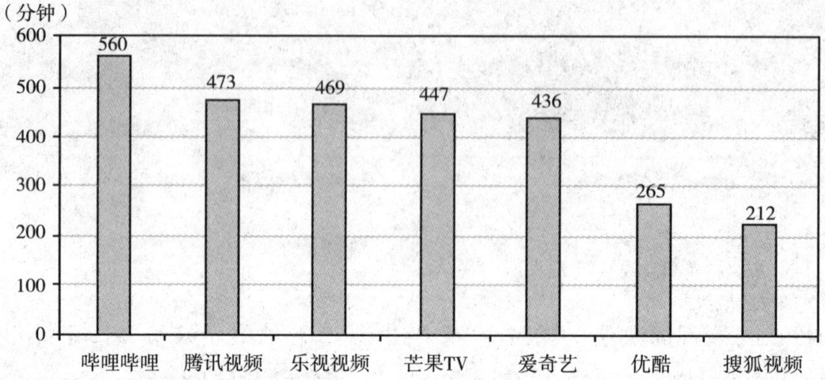

图 7 视频 APP 月活用户使用时长

资料来源：Quest Mobile。

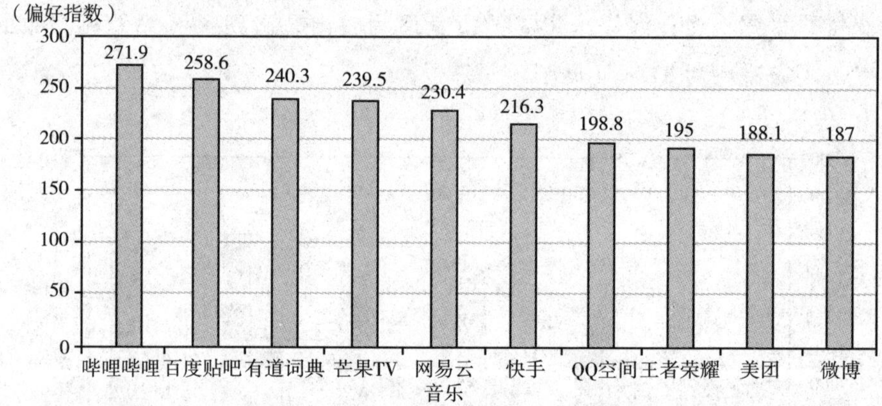

图 8 24 岁以下用户十大偏爱 APP（偏好指数）

资料来源：Quest Mobile 统计（2017Q2）。

四、B 站如何变现

用户体验与商业化变现的抉择，是一家迈向成熟的公司不得不面对的问题。曾承诺“永远不变质”的 B 站也必须在情怀和盈利间权衡。B 站基于自身平台用户特点、极高的忠诚度和粘性，用游戏等衍生品打造了一个二次元爱好者的首选家园，通过增值服务和衍生品进行盈利。游戏、广告、直播成为 B 站盈利的三大板块，其中游戏部分的收入占绝大部分（见图 9 和图 10）。

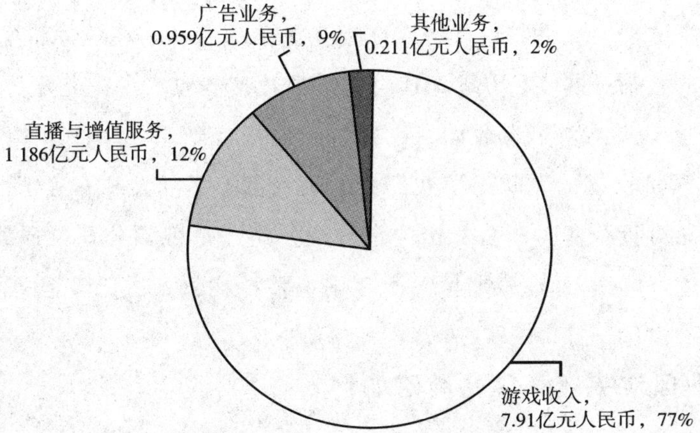

图 9　B 站 2018Q2 收入分类

资料来源：哔哩哔哩 2018Q2 财报。

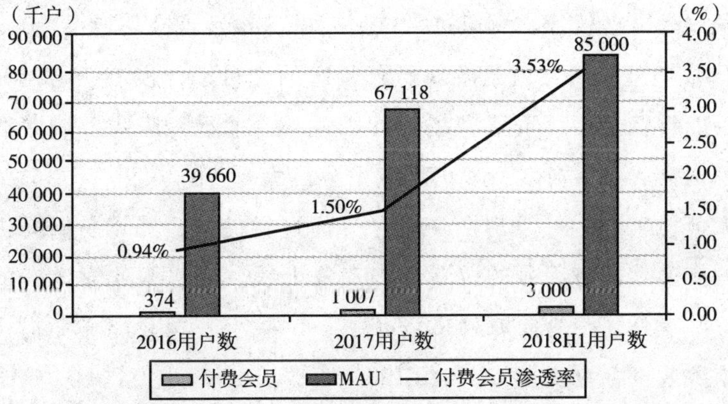

图 10　B 站付费会员用户数据

资料来源：哔哩哔哩财报。

B 站目前在游戏领域的良好表现，得益于今年旗下手游“FGO”和“碧蓝航线”的良好表现。Q2 游戏业务收入在总收入中的占比为 77.06%，其中“FGO”贡献了游戏业务营收的 71.8%。这也从侧面说明了爆款游戏及视频游戏联动的必要性。

B 站广告业务 2018 年第二季度占比 9%，与去年同期相比增加 132%，超过 1/3 的部分来自效果类广告。效果类广告收入增加源于广告主量质同增、算法和策略改善和广告加载量的提升。B 站现今在广告方面正在探索与 up 主合作并分成，植入粉丝无感甚至好感的广告，并因 up 主自带流量更加精准而效果更好，这种“良性”的广告或许能够安慰一些 B 站在情怀和盈利之间的艰难抉择的心态。据传，B 站 2018 年第三季度广告收入占比上升明显。

然而 B 站游戏领域营收的突飞猛进，也藏有隐患。2018 年以来游戏行业政策面不断收紧，为 B 站游戏部分的收入带来了巨大的不确定性。同时，B 站也在面对投资者关于自身定位是游戏公司还是视频公司的质疑。因此，B 站也在进行弱游戏化，预计 3 ~5 年内，将游戏收入占比降至 50% 左右。

五、行业风波来袭，B 站前路如何？

▶ 政策限制趋紧，游戏及内容来源面临挑战

2018 年 3 月 9 日，原国家新闻出版广电总局宣布由于机构改革，游戏版号的发放无限期暂停，可以进行试运营的“绿色通道”也在 2018 年 8 月 30 日关闭。版号简言之就是游戏运营收费的许可证，没有版号的游戏可以运营但不能收费，2018 年大热的“手机吃鸡”“绝地求生：刺激战场”就是典型一例。版号对游戏行业的影响十分巨大。

对大公司来说，一般都会在版号方面进行储备，腾讯、网易等业内游戏大厂均有多款具有版号的游戏尚未正式上线。版号限制对游戏的影响十分显著，游戏公司纷纷向海外市场开拓，一些小公司只能靠凭借广告收入的休闲小游戏生存（见图 11 和图 12）。

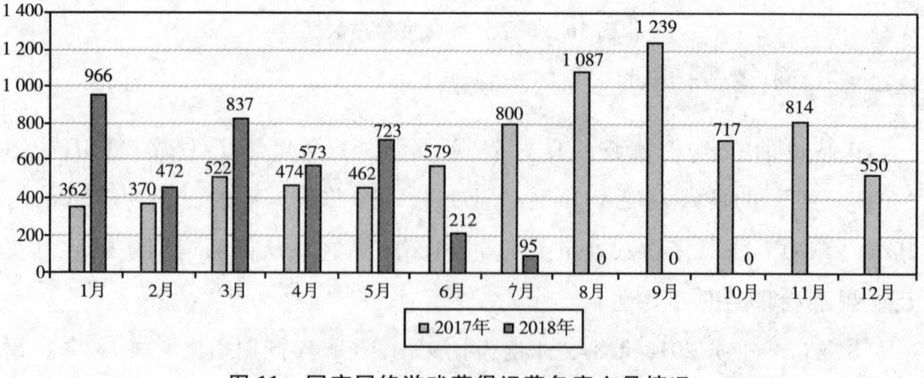

图 11　国产网络游戏获得运营备案文号情况

资料来源：原广电总局官网。

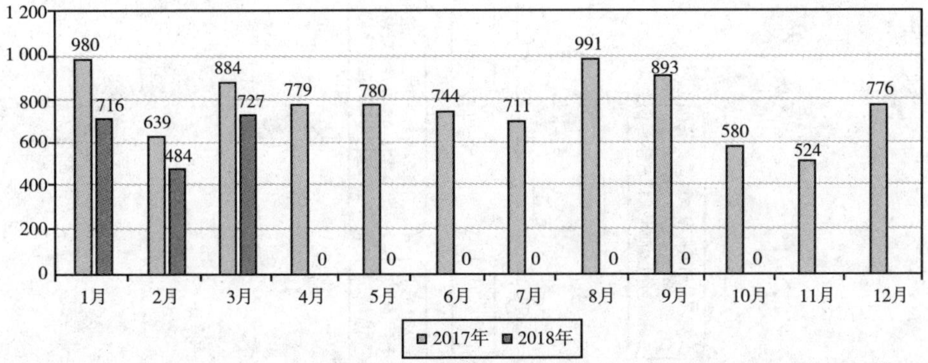

图 12　国产网络游戏获得出版审批编号情况

资料来源：原广电总局官网。

根据 B 站 2018Q2 财报，B 站 77.06% 的收入来自游戏业务。为了平衡营收结构，预计三到五年内游戏收入比重将降至 50%。B 站的游戏储备可以短期应对冲版号限制所带来的负面影响，但长期来看，游戏行业的寒冬情况仍为 B 站带来不小的压力，包括陷入低潮的投资与产业环境及官媒继续施压，以及未来可能的游戏税收调整。目前来看整个行业的风向暂时没有好转的迹象，无论是腾讯还是 B 站，都需要做好心理准备。

除了 B 站的主营业务游戏之外，动漫业务也面临着政策方面不小的冲击。2018 年 9 月 20 日，原国家新闻出版广电总局发布新规（征求意见稿），拟针对包括境外影视、动画片、纪录片在内的境外视听节目实行许可制度，网络视听节目服务单位可供播出的境外电影、电视剧、动画片、纪录片和其他境外电视节目，不得超过该类别可供播出节目总量的 30%，这对不断引进新番和其他外国片源的 B 站来说影响巨大。

B 站目前是国内最大的日本新番平台，据统计，2017 年及 2018 年上半年共有 312 部日本新番上市，其中 201 部在 B 站播出，占比 64.4%。对于有情怀有想法有决心的 B 站管理层，如何执行 30% 的境外视听节目内容限制是一个具有挑战的新问题。显然有两条路可走：增加国内内容和减少国外内容，作为承诺“永远不变质”的 B 站，选择前者的可能性显然更大，因此引入更多国产内容就是急需解决的问题。

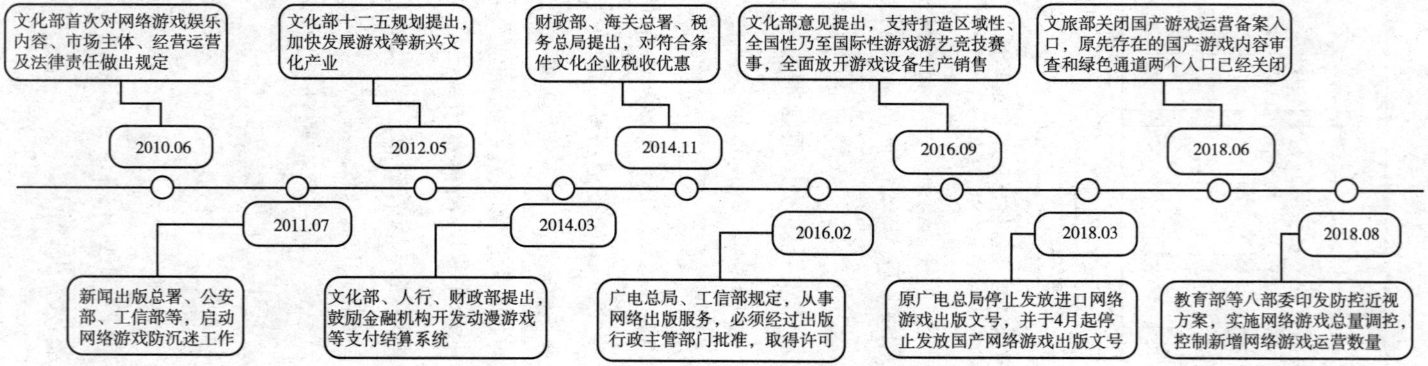

图13　国内近年游戏政策变化

资料来源：观研天下、中信建投、广电总局。

六、腾讯增资哔哩哔哩，二次元江湖合纵连横

2015 年，程武在腾讯动漫行业合作大会上提出了“二次元经济”的概念，表示二次元经济的核心就是要聚合行业力量，共同孵化精品动漫 IP，并让它进入大众视野，最终成为流行文化，形成多形态的大众消费。截至 2018 年 3 月，腾讯投资的二次元公司至少有 22 家，玄机科技、天闻角川、绘梦动画等均列于名单之中。腾讯一直对受众面巨大的二次元市场怀有野心，本次增资 B 站就是一个很好的佐证。B 站拥有其他长视频平台难以企及的高黏性忠诚用户，以及独特的社区氛围。面临外部竞争不断激烈的环境，B 站毫无疑问是二次元领域最合适的合作伙伴。从另一个角度来说，腾讯增资 B 站也表明不会直接和 B 站在业务层面直接竞争，B 站也因此得以更加集中精力在自身发展。

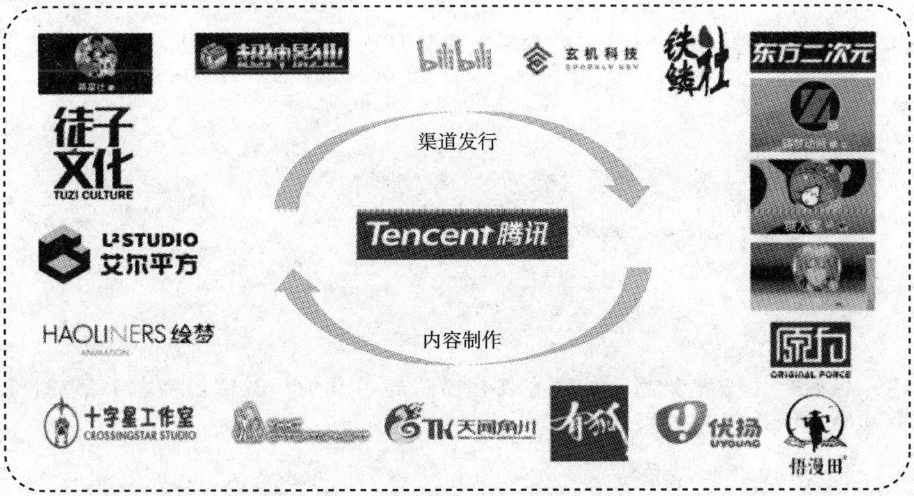

图 14　腾讯二次元产业投资版图

资料来源：IT 桔子。

B 站和腾讯牵手源于 2015 年。A 站在 2015 年 8 月获得阿里 5 000 万美元的投资，紧接着 3 个月后，2015 年 11 月腾讯领投 B 站 D 轮超过 2 亿元人民币，将其收入“腾讯系”麾下。2018 年 10 月 25 日，B 站宣布与腾讯达成战略合作，双方将在版权方许可的情况下互相开放动画片库，还将联合

采购、参投、自制动画项目，涉及分摊成本、同步首播、开放优先投资权等，并在 ACG 产业链中同步投资机会。

本次 B 站和腾讯强强联手，可以引入腾讯整合后的 PCG 强大的社交、流量、内容优势，同时腾讯也将增加对二次元 IP 及游戏领域的影响力。此次引入腾讯片库，或许也能使 B 站引入更多国内音视频内容，解决国外音视频 30% 的限制问题。但适当减少新番引进还是“注水”国产内容？B 站也在进行艰难的抉择。

七、网传阿里入局？B 站前路或左右逢源

2018 年 10 月 31 日，网传阿里将以购买老股的形式入局 B 站，交易完成后阿里系将持有 B 站 10% 的股份。但随后 B 站官方回复称，作为美国上市企业，如果进行增资扩股，会以公告的形式发出。未经官方公告确认的传闻均不属实。阿里也对该传闻不予置评。B 站 2018 年第二季度仍亏损 7 030 万元，到年底的时候会打一个翻身仗么，未来又将以怎样的姿态前进？让我们拭目以待。

主笔：马志宇

资料收集：项瑞、梁伦

想成为《投融资观察》报告创作团队的一员吗？微信扫描本书第381页二维码，现在就加入我们吧！

No. 38

字节“起承转”，跳动“合”处赢

2018 年 10 月 24 日消息，字节跳动完成 40 亿美元 pre - IPO 融资，领投方软银、KKR、春华资本，投前估值高达 750 亿美元，超过了 BAT 之一百度的市值 677.2 亿美元，进一步引发了外界对于它高估值泡沫和“站队”问题的激烈讨论。自 2012 年字节跳动成立以来，在这条“内容谱写”之路上，它先后经历了“起”“承”“转”三个阶段（见图 1），面临 IPO 上市，“跳动”的能力是否可以继续让其野心“一鸣”到底？“合”处又到底会以余霞散绮收场，还是善始令终呢？

图 1　字节发展历程

一、起：自带主角光环的今日头条

新闻资讯 APP 随着媒体移动化变革应运而生，自 2008 年新浪推出移动资讯应用的雏形——掌中新浪（SINAGO）手机桌面应用后，随着移动互联网的快速发展，众多门户转化类移动新闻资讯平台相继推出。

而在行业探索的萌芽期，今日头条开创性地凭借着其作为技术公司拥有的数据挖掘技术，实现“信息找人”的新模式，为用户提供个性化的资讯。这种创新性的聚合类新闻资讯平台迅速找到了市场中的蓝海，满足了用户的潜在需求，利用算法进行用户与新闻高效匹配的产品设计迅速吸引了大量用户。再加之与包括华为、小米在内的多个手机厂商合作，依靠手机预装软件策略，实现早期用户注册量高速增加，今日头条带着主角光环闯入中国移动新闻资讯行业，并率领了一众聚合类新闻客户端“杀入”。随后移动新闻资讯平台类型逐渐增多，形成了门户转化类、聚合类、传统新闻机构转型类和垂直类四种类型并存的格局（见图 2）。

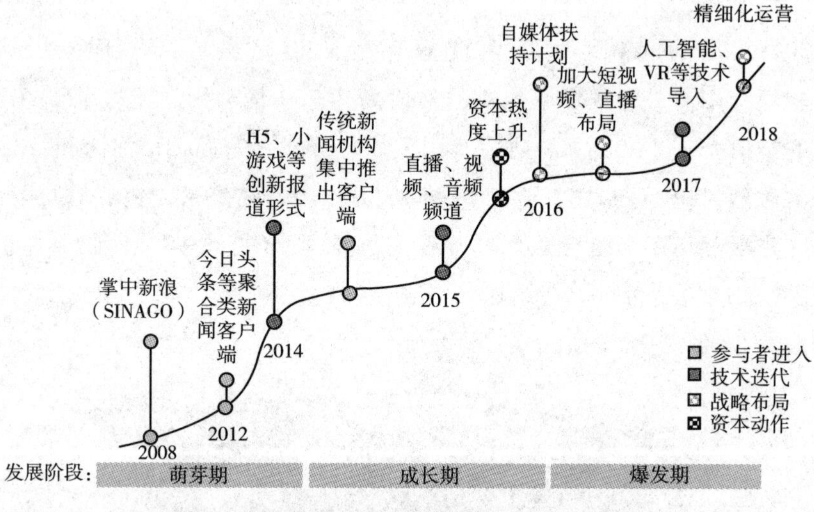

图 2　中国移动新闻资讯行业发展历程概览

今日头条作为先发者，保持着在算法推荐技术和移动流量获取方面的天然优势，一路高歌猛进，又凭借强大的运营能力，先后开展了“千人万元”自媒体激励计划，切入 UGC 短视频资讯赛道，实现内容生产的增长与收入的增长，将主角光环稳稳戴住，并成功摸索出了一条非常有效的增长路径以及方法论，即通过算法推荐形成产品成瘾性、社交关系导入、在信息流中插入广告变现、持续的补贴吸引内容创作者以及投放大量购买流量。同时，作为主角的今日头条，其对于字节跳动的意义已经不仅仅是它本身，更是它对于接下来的“角色”的孵化和铺路（见图 3）。

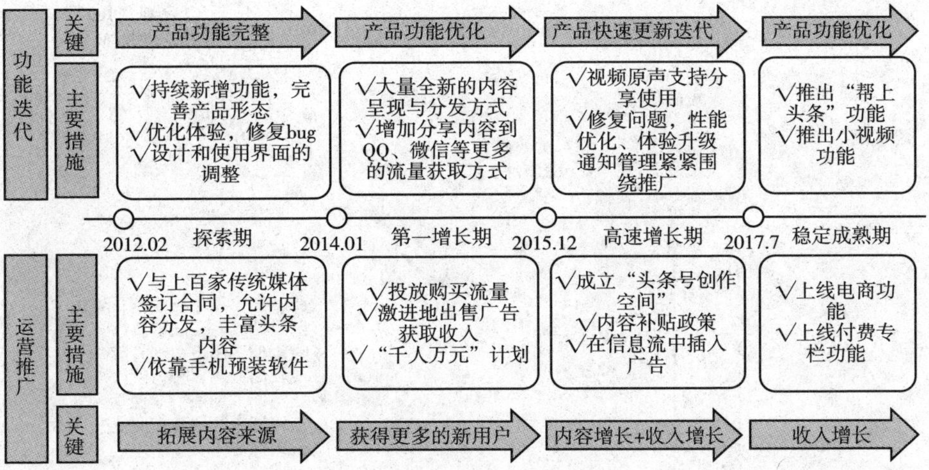

图3　今日头条成长史

二、承：主角护航下的抖音

移动时代不仅为新闻资讯行业提供了更多的可能性，与此同时，内容消费领域也迎来了从文字时代到图片时代再到视频时代的变革与发展，其特征就是内容丰富化、表达个性化和形式互动化。我国视频行业最初开始于视频网站的建立，形式为长视频，随后效仿美国的移动端短视频社交应用产品 Viddy 等，创作门槛低、具有社交属性以及碎片化特点的短视频在国内市场应运而生。在经历了快手、秒拍以及美拍等短视频应用的用户习惯培养之后，短视频的价值愈发凸显，而三大营销事件更是推动了短视频领域的用户规模（见图4）。

面对着如此风生水起的行业，2016 年 9 月，字节跳动上线抖音，尽管有今日头条主角光环的庇佑，但是前有美拍、小咖秀拦路，后有短视频新秀追赶，定位明确但是配置并不完善的抖音经历了半年多的基础功能打磨阶段，直到 2017 年 3 月 13 日，相声演员岳云鹏在其微博里转发了模仿他唱歌最像的一条带抖音水印的视频，抖音开始被广泛关注。这一阶段，它与其他竞品之间的差异化才凸显出来，并迅速发展，成为短视频领域的最大黑马（见图5）。

而这其中的原因归结起来包括以下几点：

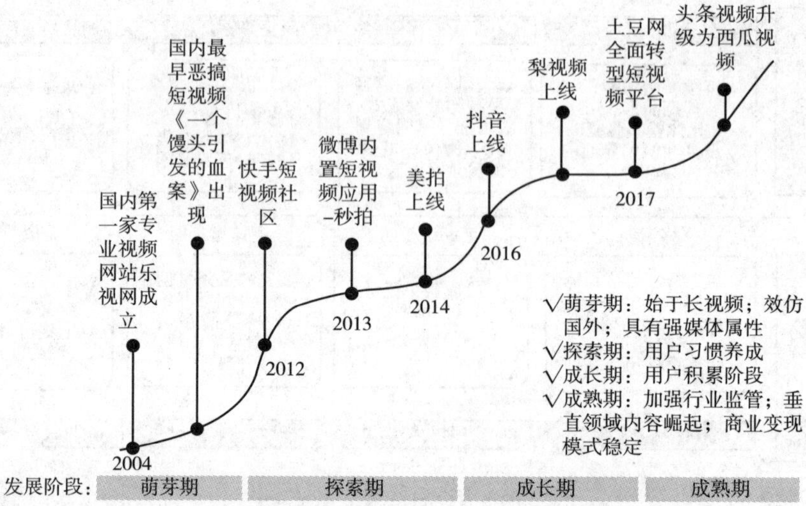

图 4　中国短视频行业发展历程概览

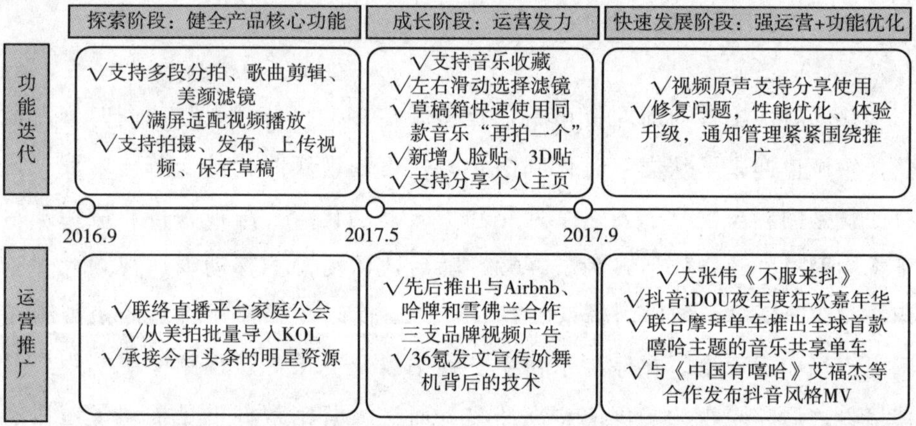

图 5　抖音成长史

（1）今日头条的大力支持。一方面，今日头条在流量方面积累的优势，为抖音提供了很好的内容推荐平台进行视频的推送以及播出；另一方面，今日头条在算法上面的技术优势也为抖音实现清晰的用户定位（即“90后”“00后”）奠定基础。

（2）推广能力。抖音的推广能力体现在两个方面：一方面，在营销手段上，它十分擅长热点运营、明星带流量以及扶持达人等，并且尬舞机、百万英雄、抖音红包等高效玩法激活了平台社交传播属性；另一方面，作为短视频应用，“价值 = 内容价值 + 个人表达价值 + 明星价值”，抖音“表达自我”和“记录美好生活”的主题，使得其内容价值以及个人表达价值更具有发展性、继承性和传播性。

(3) 变现能力。尽管抖音并不是第一个进入短视频领域的 APP，但是作为头号变现能手，抖音利用其用户粉丝主要是一二线城市年轻人的特殊性，借助于粉丝经济，发挥这部分人知识付费观念强、消费能力强的优势，迅速实现变现。

三、转：政策在左，竞争在右

▶ 内容堪忧，监管风波一波未平一波又起

2018 年 4 月初央视点名批评字节跳动旗下产品火山小视频推荐怀孕视频的消息，原国家新闻出版广电总局下令其整改。4 月 10 日，一则责令“今日头条”网站永久关停“内涵段子”等低俗视听产品的消息更是“一石激起千层浪”，字节跳动的内容质量问题越发凸显。5 月，《人民日报》又发布了一篇题为《“尖叫效应”与“信息茧房”》的文章，文锋直指今日头条，可谓一波未平，一波又起。对于字节跳动而言，凭借着内容优势一路走到今天，如今面对着政策方面的系统性风险，似乎原本能够为平台带来优势的算法推荐也成为内容弊端的来源之一。

▶ 头腾大战，APP 纷乱战后再现短视频之争

自 2018 年 3 月起，头条系产品与腾讯的战争就开始打响，尽管所谓的 AAT 取代 BAT 的言论仿佛要让字节跳动拥有蚍蜉撼树的能力，但是在新闻资讯行业和短视频领域都分别有着自己至高地位产品的字节跳动无法避免树大招风的尴尬，“头腾”之争如火如荼（见图 6）。

在抖音、火山小视频、微信和 QQ 等 APP 纷纷以字节跳动就“腾讯不正当竞争行为”告上法庭为结局后，两者在短视频领域的争斗又使“头腾大战”进入了高潮。一方面，腾讯借着头系产品在政策风险下“摇摇欲坠”的局面，试图在内容质量方面切入，利用 QQ 和微信对于字节跳动的产品实现围剿，一举攻垮它，实现胜利；另一方面，腾讯在原有的 12 款视频产品、4 款短视频产品的布局基础上，又于 11 月 3 日正式推出了 yoo 短

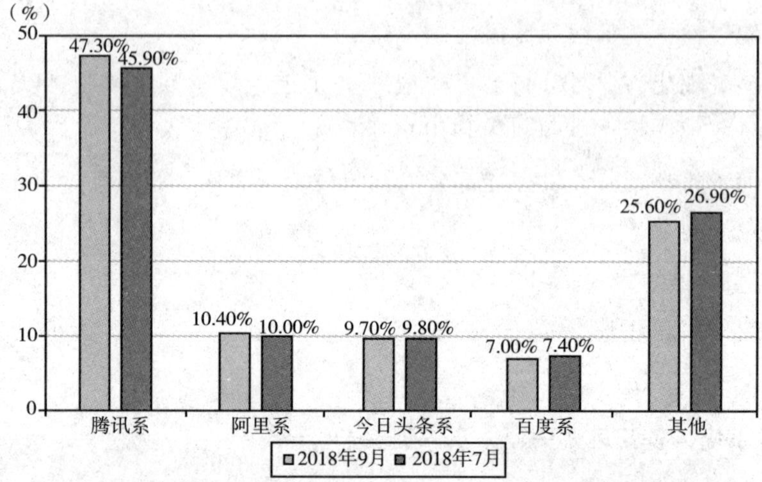

图 6　2018Q3 移动互联网巨头独立 APP 使用市场占比

资料来源：无冕财经。

视频。至此，在短视频 APP 数量上面腾讯取得了 5∶3 的胜利，并且微视重新回归朋友圈也带来了不错的效果，而字节跳动的三款短视频产品也不甘示弱，均在近一年内实现活跃用户的大规模增长（见图 7）。

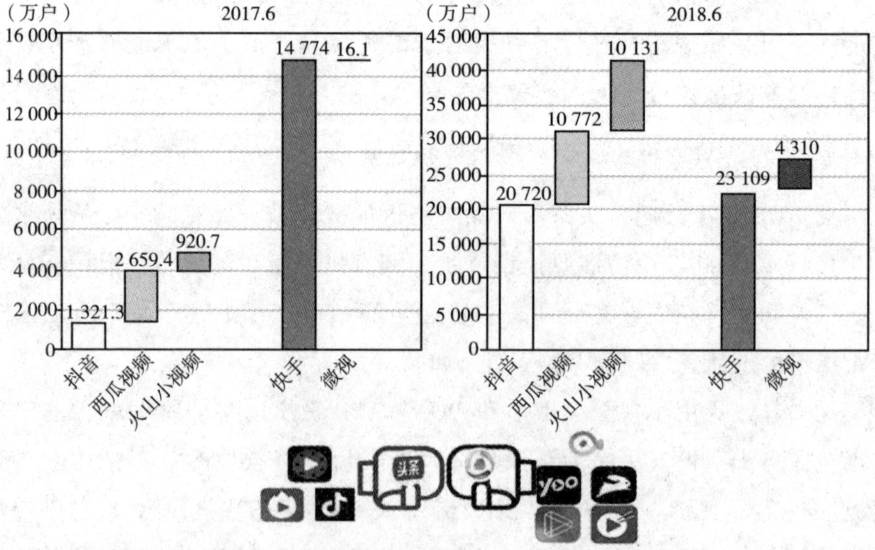

图 7　头腾短视频 APP 月活跃用户对比

资料来源：新闻整理。

四、合：750 亿美元高估值“赢”接 IPO？海外市场或实现轮回

▶ 资本的青睐与风险

本轮融资过后字节跳动获得 750 亿美元的估值，从互联网公司的角度出发，其旗下今日头条与抖音两款主要产品的流量与内容的双重优势似乎是一切的基础，但是仔细深究，不管是政策的系统性风险还是外部竞争带来的威胁，似乎都让这两个优势岌岌可危。从产品属性的角度出发可以发现，它们作为内容型 APP，天生具备着区别于功能型 APP 的优势，能够迅速形成头部效应，凭借着先发优势或者“一次冲顶”的光辉历史，维持强者恒强的局面，而且，一级市场文娱领域尤其是视频行业投资金额和平均单笔融资金额情况尚且乐观（见图 8）。

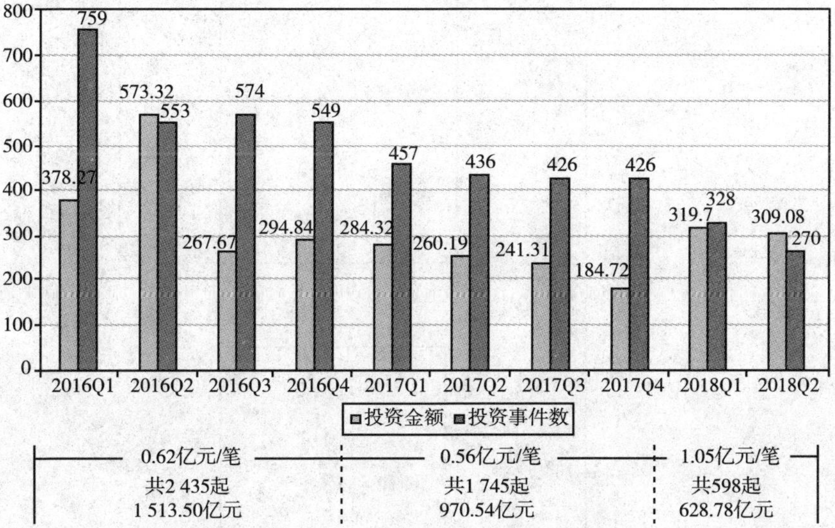

图 8　2016Q1 ~ 2018Q2 中国文娱行业投融资情况

资料来源：根据品途网整理。

但是，在资本寒冬阶段，从映客、爱奇艺、趣头条等文娱上市公司的股价表现上可以看出人们对于这个行业未来的看法并不乐观，成长预期下调（见图 9）。且由于再融资新规、减持新规等政策原因，上市公司再融资变得十分困难，2017 年仅慈文、奥飞两家公司获批定增进行募资。这样的一种情况对于即将上市的字节跳动来讲是机遇，也是风险。

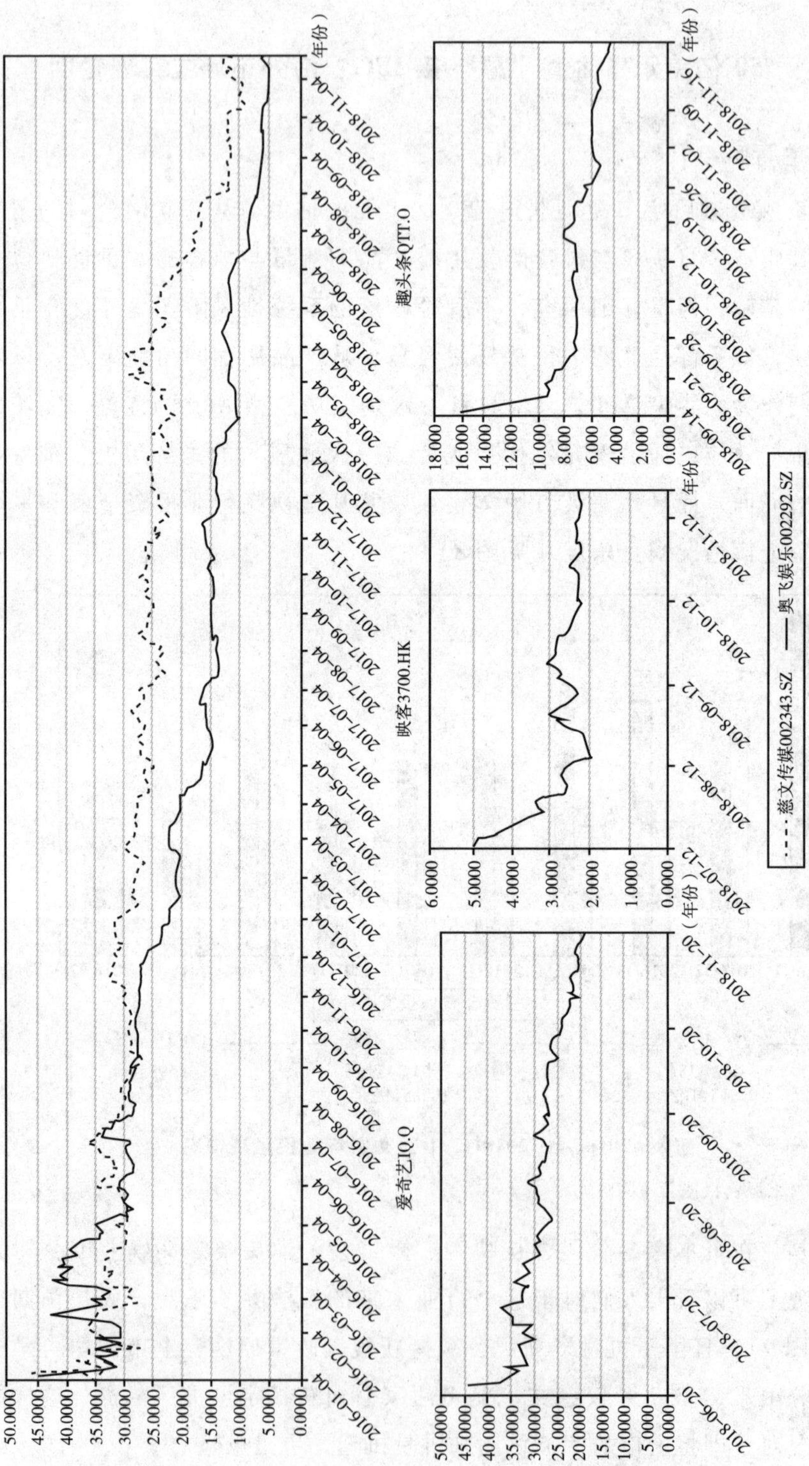

图9 典型文娱上市公司股价图

Source：Wind。

▶ 海外市场的试水与突破

字节跳动的全球化布局起步于2015年，技术出海是其全球化发展的核心战略。截至目前，字节跳动的产品在40多个国家和地区排在应用商店总榜前列，覆盖75个语种，海外用户占比近20%（见图10）。

图10　字节跳动国内外产品矩阵

资料来源：根据新闻整理。

尽管其现有海外产品矩阵布局几乎完全复制国内模式，但是其海外市场的想象空间十分巨大。字节跳动现有流量优势的积累，如果能够借着互联网营销的浪潮发挥出来，将自身的平台变成一种国际贸易的渠道，或许对它来讲是一种新的盈利模式与赢利点，甚至鲜少存在可以与之匹敌的竞争者，比起鉴于因文化差异存在障碍的文娱领域的海外业务拓展与创新，前一条道路似乎能够给字节跳动带来一轮新的“起承转合”的轮回。

五、总结

字节跳动凭借着强大的运营推广能力以及技术优势等获得了本轮融资过后750亿美元的高估值，但是在国内政策风险以及互联网巨头的双重夹击之下，其前途尚且未卜。在未来，字节跳动能否借助于国际化道路打开一番新的天地呢，让我们拭目以待。

主笔：曹冬青

资料收集：项瑞、曹冬青

想成为《投融资观察》报告创作团队的一员吗？微信扫描本书第381页二维码，现在就加入我们吧！

No. 39

无人驾驶期中大考来临，各路神仙如何应对

中国无人驾驶初创公司文远知行 WeRide. ai（前身为景驰科技）于2018年10月31日宣布完成A轮融资，雷诺日产三菱联盟 Alliance RNM 战略领投，这是雷诺日产三菱联盟 Alliance RNM 首次投资中国市场。本次投资方还有：汉富控股、安托资本、德昌电机、何小鹏、启明创投、翼迪投资、洋智资本。

一、受到资本追捧的无人驾驶

近期无人驾驶领域的频繁融资让“智能互联”“自动驾驶”乃至“无人驾驶”的字眼再次甚嚣尘上。

◇ 2018年11月15日，无人重卡高速自动驾驶技术研发公司智加科技获得红杉资本领投A+轮融资；

◇ 2018年10月31日，文远知行获得雷诺日产三菱联盟领投A轮融资；

◇ 2018年10月9日，本田宣布打算向通用汽车旗下的自动驾驶公司 Cruise 投资27.5亿美元；

◇ 2018年7月，硅谷无人车初创公司 Zoox 获得 Michael Cannon - Brookes 和春华资本的5亿美元融资；

……

自动驾驶并非一个全新理念，早在1925年就诞生了人类历史上第一辆“无人驾驶汽车”，距今已近百年（见图1）。但从其出现直到21世纪初，实践进展始终较为缓慢，虽有诸多概念车推出，但在应用层面上，多数仍

1925年　智能汽车雏形开始出现
美军研制出第一辆无人驾驶概念汽车

1956年　智能汽车开始配备自动导航系统
通用汽车推出概念车型Firebird ll

1977年　使用摄像头监测路况
日本筑波工程研究实验室开发出使用摄像头检测路况的智能驾驶概念车型

1986年　便携式计算设备被应用在无人驾驶中
美国卡耐基梅陇大学进行了加入便携式计算设备的探索，使智能驾驶的行驶距离大幅延长

1988年　简单路况基本实现无人驾驶
意大利帕尔马大学的VisLab实验室进行了名为ARGO的实验项目，成功利用低成本的硬件和成像系统，实现了简单路况下94%里程的无人驾驶

2009年　Google入局（Waymo出现）
Google和DARPA建立了GoogleX实验室，开始研究无人汽车

2014年　现代意义上的第一辆无人车发布
Google无人车正式发布

2015年至今　产业爆炸式发展
大量科技企业和传统车企纷纷进入，推出各类产品

2016年7月　奥迪入局无人驾驶
奥迪创立名为SDS的自有子公司，专注于自动驾驶技术研发

2016年8月　Uber收购Otto
Uber以6.8亿美元的对价收购Otto自动驾驶卡车公司

2017年2月　福特收购Argo Al
福特以10亿美元的对价收购无人驾驶初创公司ArgoAl

2017年3月　Intel收购Mobileye
英特尔以收购153亿美元的对价收购全球最大的高级驾驶辅助系统（ADAS）供应商——以色列公司Mobileye

2017年4月　博世和戴勒姆在无人驾驶领域展开合作
博世公司和戴姆勒公司达成了一项发展协议，将在下一个十年开始将全自动（SAE 4级）和无人驾驶（SAE 5级）引入到城市道路，旨在为全自动及无人驾驶系统开发软件并提供程序算法

2018年10月　本田投资GM Cruise
本田宣布打算向通用汽车旗下的自动驾驶公司Cruise投资27.5亿美元

图 1　智能汽车发展历程

以倒车雷达、定速巡航的基本功能形式出现。

2015 年，人工智能时代来临，自动驾驶作为最受关注的应用场景之一，受到了前所未有的关注，包括互联网公司、传统车厂、新兴科技创业公司的各类厂商如雨后春笋一般出现，Delphi、博世、宝马、奥迪、沃尔沃、Intel、Apple 等公司纷纷入局，或成立子公司自行研发，或投资收购相关公司，市场的融资动作一直非常频繁。仅 2017 年一年，国内外投融资案例就有 72 起，涉及金额超过 300 亿美元。

二、自动驾驶的技术架构

自动驾驶的技术架构分为三个层次，分别为感知层、决策层与执行层（见图 2）。

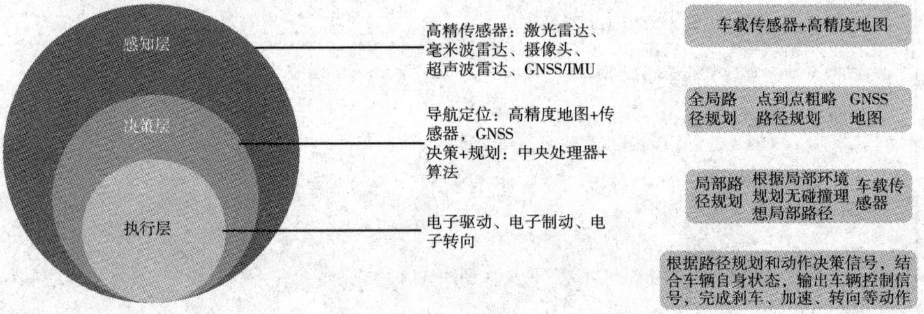

图 2　自动驾驶技术架构

三、2020 年，自动驾驶将迎来期中大考

值得关注的是，各路不同背景出身的玩家对行业发展进程的看法都有着惊人的相似性，都认为 2020 年将是一个无人驾驶汽车进入市场，开始有广泛应用的关键节点，因此 2020 年也被誉为“自动驾驶行业的期中考试”。

（1）英伟达 CEO 表示在 2020 年，无人驾驶汽车就会畅行在公路和高速上；

（2）日产 CEO Carlos Ghosn 指出，到 2020 年，在城市街道里能实现自动驾驶；

（3）GM 号称将在 2019 ~ 2020 年实现自动驾驶商业化运营，并在美国大规模量产和部署自动驾驶汽车；

（4）福特表示 2021 年以前将推出“真正的无人驾驶汽车”；

（5）丰田、本田陆续宣布要在 2020 年实现将自动驾驶汽车开上高速公路；

（6）Elon Musk 曾表示自动驾驶将在 2020 年前后提前到来；

（7）BMW 发布自动驾驶宣传片，表示 2020 将是圆梦元年，将发布 Continental 等厂商联合研发的自动驾驶系统；

……

结合2018年中国自动驾驶市场AMC模型可以看出，2020年前后，市场即将启动，自动驾驶开始规模化、多场景落地（见图3）。

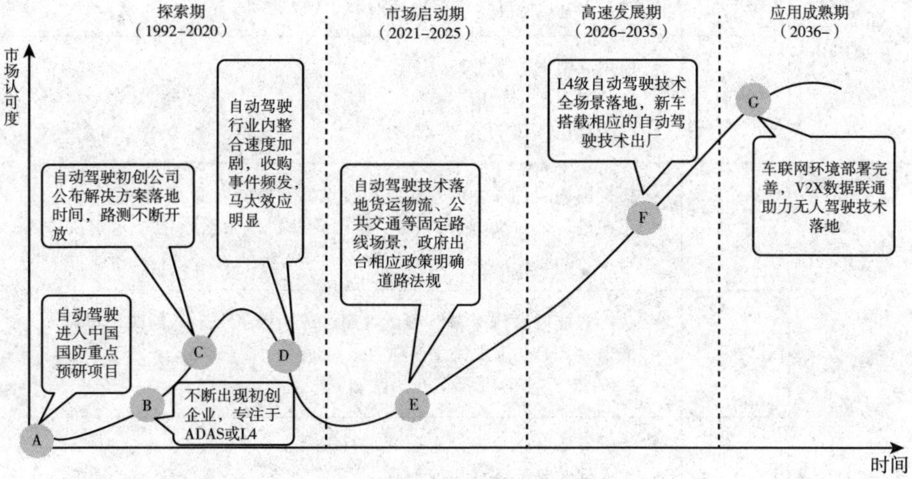

图3　中国自动驾驶市场发展

资料来源：易观千帆。

距离2020年还有1年多的时间，各路玩家又将交出怎样的答卷（见表1及表2）？

表1　　美国及欧亚地区自动驾驶市场比较

重点班（美国）	Waymo	• 常年位于年级第一，2009年即进入市场 • Google旗下的自动驾驶开发机构 • 路测距离：965万公里
	Apple	• 70辆测试车拿到加州的路测牌照，车队在加州的规模已经位列第三，仅次于Cruis和Waymo • 1 200人团队，不断从特斯拉等竞争对手处挖人 • 聘请特斯拉前工程负责人道格·菲尔德加入秘密造车项目
	Intel	• 2009年以来，为Waymo提供Xeon处理器、Arria系统芯片（用于机器视觉） • 斥巨资收购计算机视觉公司Mobileye，希望借此进军无人驾驶领域，为其提供摄像头、传感器和软件等技术
	Uber	• 6.8亿美元收购Otto自动驾驶卡车公司 • 致死事故后终止了卡车项目的投入，转入自动驾驶出租车研发

续表

重点班（美国）	Delphi	• 汽车零件制造公司 • 4 亿美元收购自动驾驶汽车公司 Nutonomy • 研发 CSLP 平台（控制模块内的平台）
	通用	• 通用 - 凯迪拉克 CT6 • 自动驾驶级别：L2 • 路测数据：13 万英里
普通班（欧亚板块）	大众	• 获得国内目前颁发的最高级别自动驾驶路测牌照 T3 牌照 • 正在进行全自动驾驶解决方案自研发，提供全栈的技术解决方案，包括感知、预测、规划与控制
	宝马	• 获得智能网联汽车道路测试牌照，成为第一个入局的跨国车企 • 推出“BMWi 未来概念座舱” • 2017 年下半年 40 辆车开始路测
	博世	• 与百度等其他众多汽车厂商进行战略合作 • 无人驾驶核心零件供应商
	百度	• 量产下线全球 L4 级自动驾驶巴士“阿波龙” • 推出“阿波罗计划”，向汽车行业及自动驾驶领域的合作伙伴提供一个开放、完整、安全的软件平台，帮助他们结合车辆和硬件系统，快速搭建一套完整的自动驾驶系统
	文远知行	• 文远知行 GE3 完成自动驾驶测试 • 百度前 SVP 自动驾驶事业部总经理王劲在美国加州创办，旨在打造第四级别全自动无人驾驶
	小马智行	• 获得背景 T3 路测牌照 • 获得美国加州路测许可证

表 2 自动驾驶品牌技术指标比较

公司	投入路测车辆	路程总里程（公里）	脱离数	MPD（每次脱离形式的里程，公里）
Waymo	75	352 545	63	5 596
通用	94	131 676	105	1 254
日产	5	5 007	24	208
Zoox	11	2 255	14	161
Drive. ai	7	6 015	92	65
百度	4	1 949	43	45
telenav	1	1 824	59	31

续表

公司	投入路测车辆	路程总里程（公里）	脱离数	MPD（每次脱离形式的里程，公里）
安波福（德尔福）	1	1 810	82	22
英伟达	2	505	109	5
法雷奥	1	574	215	3
博世	3	1 454	598	2
奔驰	3	1 087	652	2

四、面对即将来临的 L5 挑战，“学霸”们纷纷唱衰

(1) 行业绝对领先的巨头 Waymo 公司 CEO John Krafcik 认为自动驾驶技术还没有达到在任何天气和任何条件下都能驾驶的最高等级 L5。

(2) Apple 联合创始人史蒂夫 - 沃兹尼亚克声称自己已经完全放弃无人驾驶汽车，并表示不希望在未来看见自动驾驶汽车的出现。他认为无人驾驶无法处理意外。

面对两个行业领跑玩家的唱衰，无人驾驶行业瞬间有些愁云惨雾了起来，这两位巨头做出不看好的判断的依据为何？

► 技术层面：现有技术存在局限性，距离 L5 非常遥远

目前的自动驾驶系统主要采取的是摄像头捕捉周围环境图像，通过 AI 判断周围物体为何物，最后进行是否避让等决策。

目前 AI 算法无法识别没有录入的物体，对环境中的各类情景无法进行模糊处理（即不知道是什么但是知道大概危险程度），复杂情景中的突发因素又无法穷尽，致使 AI 很容易对障碍物或者行人等产生误判。如 2016 年特斯拉无人驾驶汽车发生的一起事故，原因是前面的一辆道路清洁车反光，导致 AI 误判为前方无物体，导致驾驶者身亡。

而因为无人驾驶对于复杂场景应对能力不足，现实场景过多与 AI 无法进行模糊判断的算法机制共同导致无人驾驶汽车在路测中频频出现问题，从 2016 年至今，已经有 10 余次重大事故出现（见图 4）。

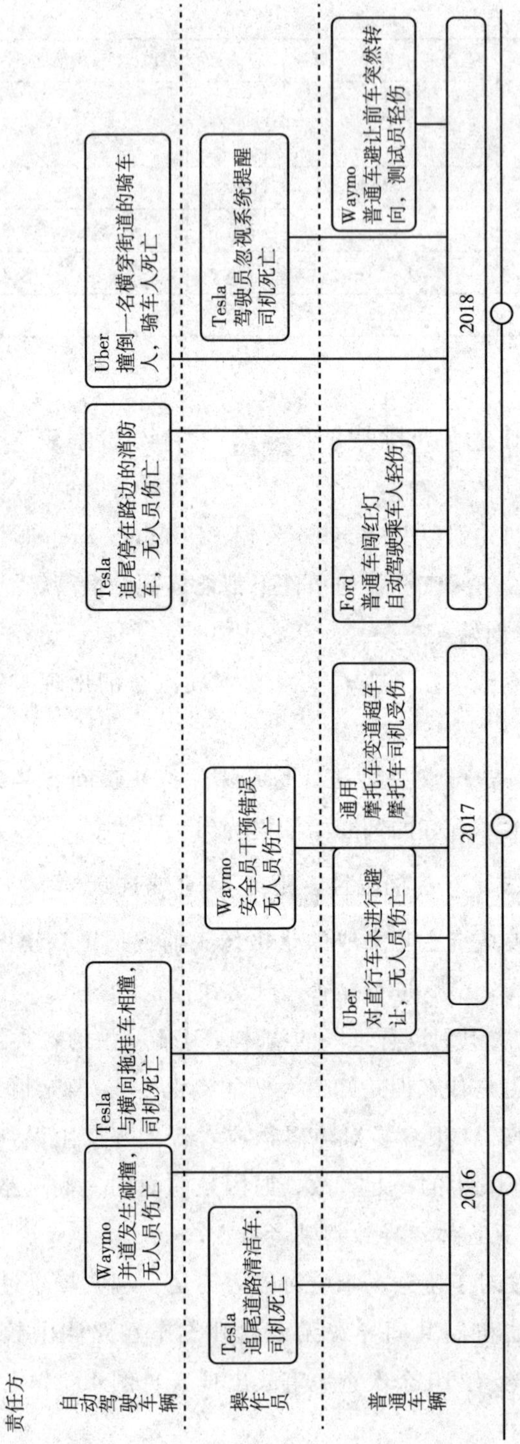

图4 自动驾驶近年重大事故

▶ 道德伦理层面：无人车带来的道德、问责、算法理念问题尚未解决

一是道德问题：鱼和熊掌不可兼得，孰轻孰重？自动驾驶汽车的算法在面临司机和行人的安全不能双全的情况时，该优先考虑哪一方的安全？偏向车主，会遭到群众反对；偏向行人，便没有车主愿意购买。

纵使自动驾驶的算法优越，使用自动驾驶可将事故率降低几十甚至几百倍，但是人类的潜意识中存在奇妙的谬论，认为普通车祸的结果由一定的巧合导致，无法在事前预料。这时人容易产生宿命感，对肇事者造成的后果可以较为容易的照单全收。

但若换成智能驾驶，不可控变为可控，未知变为可以预知，这时，结果大概率掌握在算法设置上，而这是可控的，对于可控的东西，人们总是想加以控制和改变以使对自己的伤害最小化。

二是问责问题：谁为无人车闯下的祸买单？

此外，谁是责任方也是一个具有争议的议题。一个人被一辆智能驾驶的汽车撞伤，谁该为这次事故负责？算法？汽车公司？坐在车里的人？

算法是冰冷的，无法责罚；坐在车里的人没有控制这辆车，也不应担责；汽车公司如果担责，便会出现道德风险——可能会有恶意撞人事件发生。

谁该为无人车制造的事故承担责任目前还尚未有定论，相关的法律法规还未出台，面对舆论的压力，无人车在未解决问责问题之前还不能推向市场。

五、算法理念问题：危险评估还是绝对安全？

现在行业内对于自动驾驶的算法有两种不同的看法：一种认为，在不影响安全的情况下，应保持行驶的流畅性和连贯性，因此，检测到障碍物时，选择对障碍物进行危险评估，再根据结果做出决策；另一种认为，自动驾驶应该以安全为要，宁愿牺牲行驶的流畅性也要保证安全性，遇到障碍物一定要减速刹停。

前者以 Uber 为代表，后者以 Volvo 为代表，而他们都为他们的选择付

出了代价。Uber 的无人驾驶汽车因为错误地把一个骑自行车的女孩判断为一个小障碍物，系统决策向上撞，而使一个年轻的生命香消玉殒；Volvo 的自动刹停又让这个功能饱受用户的诟病，莫名其妙的熄火总让人恼火。、

这两个层面的问题如果不解决，无人驾驶的前景就谈不上光明。

Volvo 安全干预系统

但是也不用过于悲观，虽然 2020 年的期中考难住了各位“学霸”“学渣”，但是他们在上一次的小测（L4 的考验）中的表现大部分都让人满意。

L4 级自动驾驶系统即实现在特定区域内对车辆操作的完全接管，系统需要实现：对周围障碍物的感知、车辆定位以及路径规划（2W1H）。

实现这些功能需要构建感知层、决策层、执行层这三个层面的技术架构，这三个技术层级分别代表着 L4 自动驾驶系统的眼和耳、大脑以及手脚。

目前无人驾驶在 L4 阶段的公司技术都相对较为成熟，在低速或标准化程度高的港区、干线物流和封闭园区中都已经开始试应用，并取得了很好的反响，大大降低了人力成本和出错概率（见图 5）。

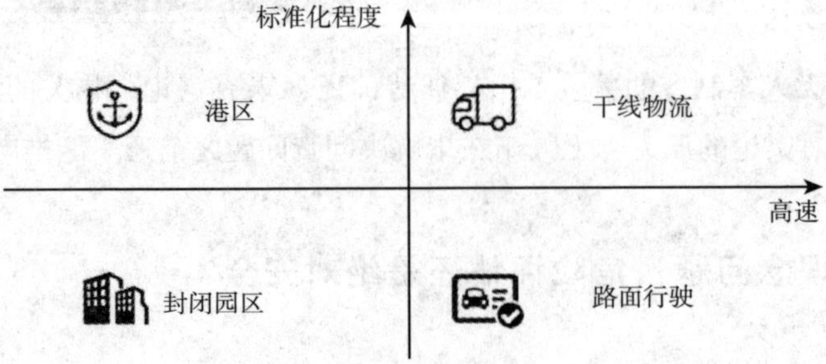

图 5 无人驾驶在 L4 阶段的应用

六、未来畅想

（1）随着 5G 的不断普及，车联网的到来可以在可预期的将来实现，其带来的更高层次的人车、车车交互，是否会让 L5 实现的难度极大的缩小，

引发自动驾驶的革命性进步？

（2）用于发展自动驾驶的大量资金，究竟是注重研究自动驾驶技术本身，让技术面对复杂环境日趋完善，还是该用于教育非自动驾驶的汽车和行人熟悉自动驾驶的路上行为及创造适合自动驾驶的规则及基础设施？

（3）当机器被全社会公认将在安全性上超越人类司机时，当结论告诉我们公路上自动驾驶汽车比重越高，宏观路况就越安全时，使用自动驾驶会成为人类意志的自由选择，还是道德甚至法规的强制约束？

（4）人工智能时代，自动驾驶是否为汽车演进的必经之路？是否有可能像信用卡一样被历史证明只是阶段性创新，未来被更宏大高维度的技术（空中交通、地下管道交通等）弯道超越和革命？

（5）自动驾驶之后，是更智能的驾驶，还是根本不需要驾驶？AR 和 VR 的升级是否会让交通需求消失大半？

2020 年的大考即将来临，各位考生是否能逆转不利局面交出满意答卷？让我们拭目以待！

主笔：黄羽婷

资料收集：程钰茜、郑枫壤

No. 40

智慧城市，让生活更美好

2018 年 10 月 25 日，AIoT 赛道独角兽特斯联科技宣布完成 B1 轮 12 亿元人民币融资，本轮融资由光大控股、IDG 资本领投，商汤科技跟投。这是特斯联继 2017 年 7 月获 A 轮 5 亿元人民币融资后，再次刷新 AIoT 领域单轮融资纪录。

“资本寒冬”下，特斯联为何能逆势获得大额的融资？“智慧城市”的未来又面临怎样的期待和挑战？让我们走近智慧城市，走近特斯联，来一探究竟。

一、智慧城市行业正在高速发展

智慧城市，指以物联网、云计算、宽带网络等信息通信技术为支撑，通过信息感知、信息传递及信息利用，实现城市信息基础设施和系统间的信息共享和业务协同，提高市民生活水平和质量，提升城市运行管理效率和公共服务水平。

智慧城市是物联网应用的一个重要场景，也得到了国家的大力支持。由于城市迅速扩张，城市人口密度上升，交通拥堵、环境污染等城市病亟待解决。智慧城市可以优化资源配置、提升使用效率的特性，使其成为万众瞩目的焦点。

智慧城市的概念在 1990 年被提出，经过多年的发展，目前国内智慧城市行业逐步启动，一系列国家政策的出台推动了智慧城市步入实质性建设阶段，投资者们也纷至沓来，共同加速行业发展（见图 1、图 2 及图 3）。

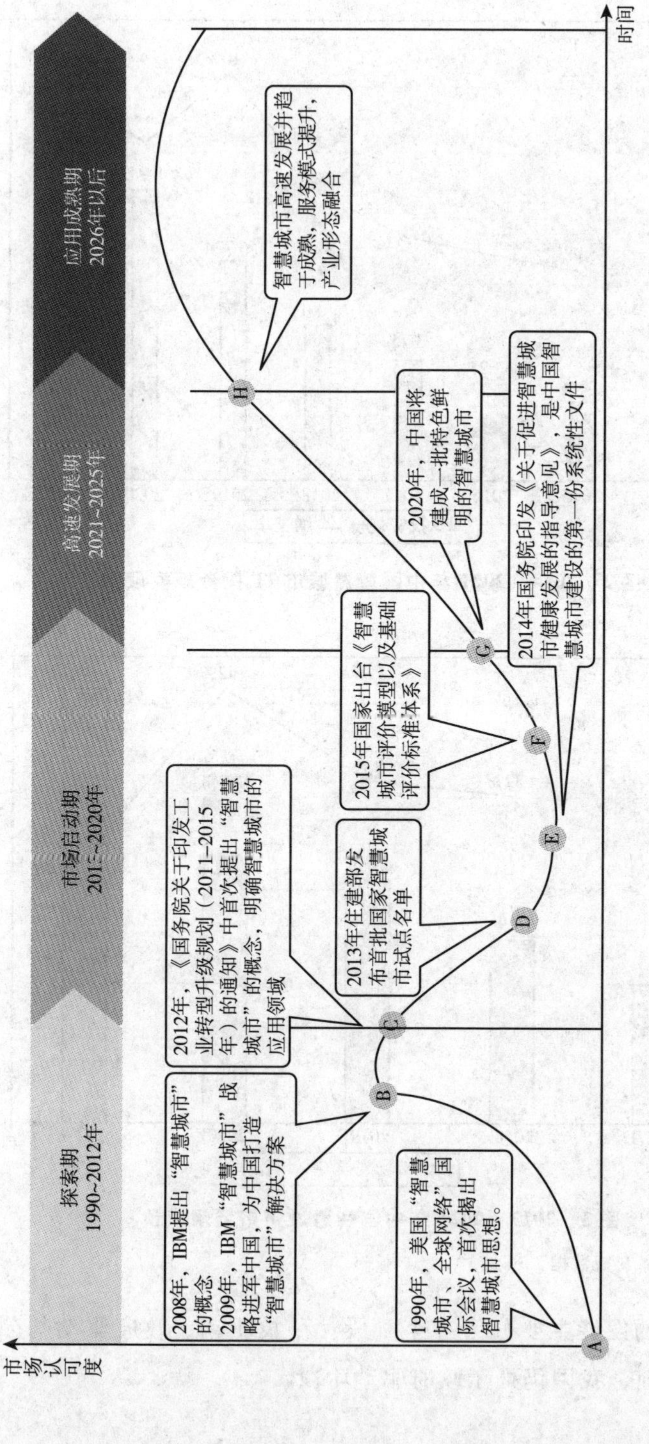

图1 智慧城市发展历程

资料来源：易观千帆。

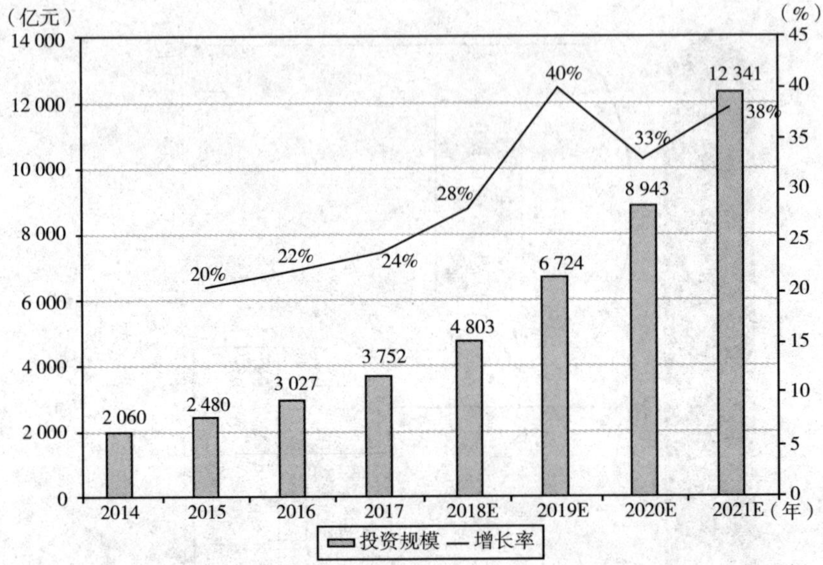

图 2　2014 ~ 2021 年中国智慧城市 IT 投资规模预测

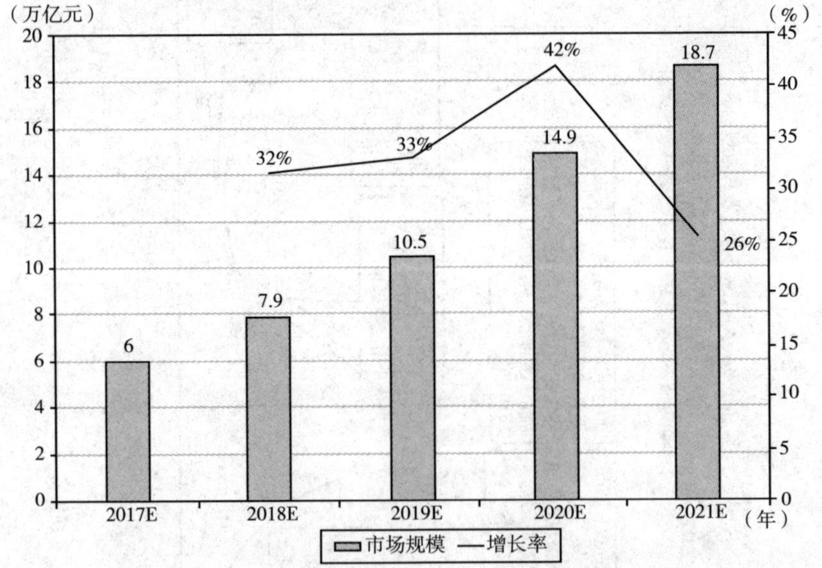

图 3　2017 ~ 2021 年中国智慧城市市场规模预测

资料来源：易观数据、36 氪。

智慧城市的发展主要分为三个阶段：科技驱动、政府驱动与公民驱动（见图 4）。目前，我国仍处于政府驱动阶段。

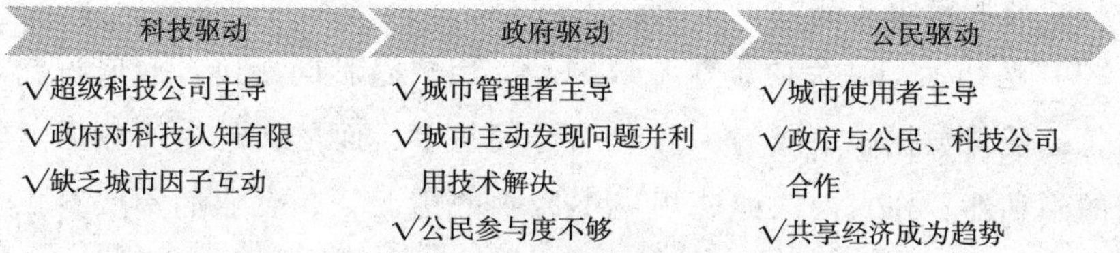

图4　智慧城市发展的三个阶段

二、智慧城市目前处于初期发展阶段，面临诸多挑战

▶ 技术尚不成熟

（1）与城市宏观需求不匹配，只能分步实施。由于我国的智慧城市行业刚刚起步，技术仍处于空白期，较为常见的做法是借鉴与引进国外较为成熟的模式，但是由于中外城市在地理位置、历史文化、产业结构、经济状况、人口因素和城市特点等各方面都不尽相同，直接套用外国解决方案进行盲目建设，会使建设出来的“智慧城市”与城市宏观需求不匹配。因此，目前智慧城市的理念更多的只能在一些较小的区域实施（如小区、写字楼等），尚未形成成熟的系统。

（2）许多应用因技术不成熟可能产生反作用。以智能安防为例，目前的技术还不能很好地与多操作系统关联（如监控系统、报警系统、门禁系统、网络传输系统和管理平台），系统间无法进行应急联动，甚至需要管理员登录多个系统进行操作与实时监控。这样的“智慧安防”对于效率非但没有提升，反而增加了操作的复杂性。

在这样技术不完善的情况下强行推进智慧城市的进程，非但不能增加效率，还很有可能为公共运营带来更大的负担。

▶ 数据收集困难

（1）基础数据获取困难。智慧城市建设的第一步，就是获取大量城市运营基础数据，而目前的基础设施大多为传统设施，无法将情景数据化，因此基础数据的获取就变得非常困难，只能随着基础设施的迭代循序渐进。

（2）数据共享困难。智慧城市的各种应用逐渐落地后，如何联通众多应用运营方也是一个棘手的问题。数据是人工智能与物联网行业的核心资产，应用运营方不会轻易自毁堡垒将数据公开。而不同场景的数据如果不互通，智慧城市也无法真正实现。

(3) 法律法规缺失使企业不敢妄动。用户隐私问题以及政府日趋严格的监管，使得数据收集成为一件必须合规的事，而居民的生活数据又具有极强的隐私性，在目前法律法规尚不完善的情况下，企业们不敢贸然通过基础设施或生活服务应用收集用户数据，这也对行业发展造成了一定阻碍。

三、智慧城市行业的三个特点：政府主导、大型集团重资投入、小玩家为大玩家服务

基于以上三个主要问题，智慧城市的行业发展注定会具有以下特点：

首先，项目预算与需求在中长期来看都一定由政府主导。其次，因为智慧城市的建设需要大量的资金投入，主要玩家背后一定有大型集团重资本参与投资与运作。对于小型技术团队来说，他们只能以大型公司供应商的身份分享智慧城市的蛋糕，向自己的客户贡献技术与数据产出。

从表 1 可以看出，智慧城市物联网领域的巨头玩家大多数都拥有政府背景，且在非常早期的融资轮次中便获得了巨额的支持基金。同时，我们可以看出特斯联是智慧城市行业头部的独角兽，因此它的特点一定程度上反映了整个智慧城市行业的特点。

表 1　　智慧城市物联网领域主要玩家对比

公司名称	类型	成立时间	智慧安防	智慧环保	智慧交通	公共服务	融资轮次	累计融资金额/股东情况	评价
特斯联	国内最大的城市及智能物联网平台	2015.11	√		√	√	B 轮	17 亿元，光大投资、中信产业基金、IDG 资本	领域覆盖广，产品齐全，定位城市级智能物联网平台
粒聚科技	物联网端到端产品及服务提供商	2017.06		智慧农业		√	Pre－A 轮	千万元级 Pre－A 轮融资阿里云数梦工厂、同济规划设计院、赛伯乐等机构战略入股	主要专注于园林农业领域等低功耗物联网网络智能服务
维拓智能	国资参股智能化综合解决方案提供商	2016.08			√	√	A 轮	国资参股	定位社区级家庭级智慧服务及产品
微天下	智能消防等领域物联网云平台	2015.04	智慧消防	√	√		A 轮	2 亿元 宝鹰投资	专注于智能消防、智慧农业及工业级物联网平台

四、特斯联——智慧城市行业具有代表性的独角兽企业

▶ 业务——小范围智慧化解决方案

特斯联虽然号称提供人工智能城市解决方案，但目前承接的项目大多为单一、模块化的小范围改造。其主推的两种服务：智能社区（主要提供安保智慧化服务）与智能写字楼，实现智慧化的范围较小或功能单一，智能商业、智能医院、智能校园等范围稍大的其他场景都尚未落地。

▶ 特点——行业概况的一面镜子

（1）强大的政府背景。特斯联的两大控股股东为光大集团和商汤科技，这两家企业都与政府有紧密联系。且纵观特斯联目前的项目，其智慧城市相关的“北京北太平庄项目——为北京警务深化改革提供样板参考”“渝中区智慧社区警务项目——为老旧城区筑起新城墙”“上海田林十二村社区大数据——老旧小区的智能改造”等项目均为政府改造项目，且都有树立标杆之意。政府想把特斯联一手培养为一个标杆企业的意图十分明显。

（2）多轮巨额融资与股东背书。特斯联自 2015 年成立之初便获得了 IDG 与光大控股投资的数千万美元融资，之后融资运作不断，且多次刷新行业上限，股东也均为富有影响力的巨头，为其提供了强有力的背书（见图 5）。

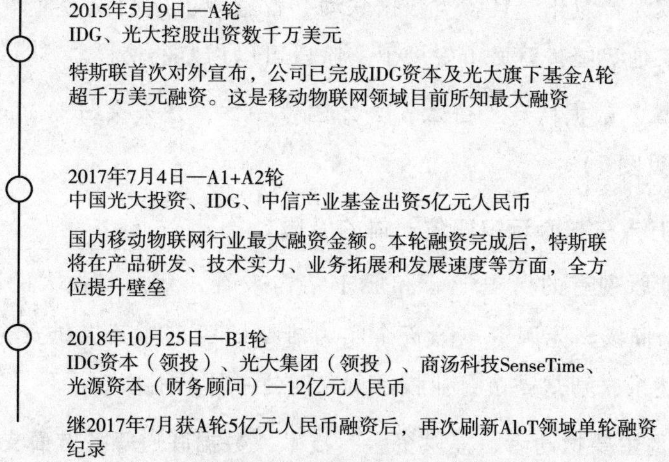

图 5　特斯联融资历程图

（3）众多中小供应商与合作伙伴。特斯联拥有众多行业生态合作伙伴，如商汤科技、TalkingData、深鉴科技等（见图 6），共同加速推进人工智能与物联网技术在实际应用中落地。同时，在特斯联生态平台上，第三方开发者可根据自己的业务逻辑，通过开发套件自主开发 APP。目前平台上已落地的项目包括 Liking Fit、微家、龙和等共享类企业。

图 6　特斯联部分生态合作伙伴

五、智慧城市未来发展趋势

▶ 全球发展状况——新加坡等国家已较为成熟

全球范围来看，众多国家也同中国一样处于政府主导的位置，只是技术和应用的成熟度不同。以新加坡为例，其在城市交通网络、环境保护、城市生态建设、能源优化利用、城市垃圾处理、教育、医疗、电子政务等方面已经较为智慧化，且各类数据联动，智慧城市建设较为整体。新加坡、美国等国家是我国智慧城市发展下一阶段可以借鉴的榜样。

▶ 政府预算、数据持有、资本、人才四位一体，是未来行业 Player 的必备要素（见图 7）

▶ 特斯联有未来核心玩家四位一体的潜质

从特斯联现有的历史记录和股东结构来看，其拥有强大的政府背景，且有 IDG、商汤、光源资本等资金实力雄厚的股东为其提供资金支持，完全具备上述未来智慧城市行业核心玩家四位一体的潜质。

▶ 政府仍是主要推动者，提供资金、技术、数据联通等各方面支持

未来，政府会持续增强支持力度，帮助企业朝四位一体的方向发展。

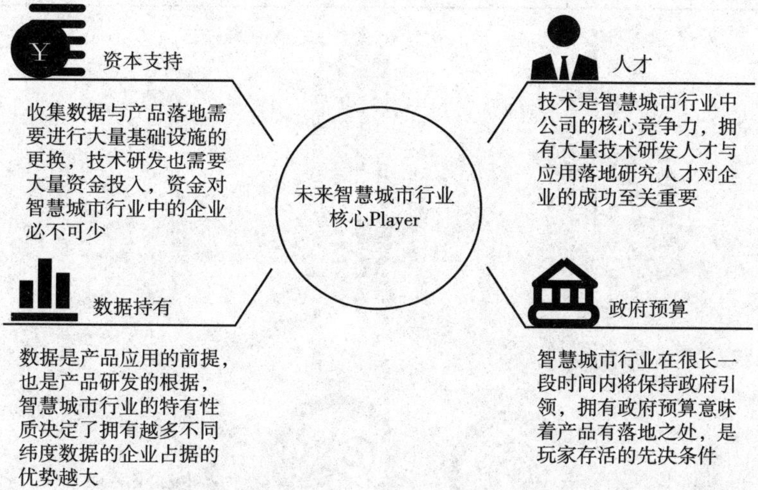

图 7　未来核心 Player 的必备要素

数据方面，政府正在不断落地相关政策，开设数据实验室，打通数据收集这个关键步骤，积极推动数据共享，也只有在政府的推动下，现有的数据持有者才能以既得利益者的身份加入数据共享的谈判桌。

资金方面，政府会持续加大对领跑企业的资金支持，对特斯联的多次投资就是最好的证据。

政府预算方面，政府会持续增加对智慧城市建设的支持，也会有更多项目交付给企业实施。

随着各地发展智慧城市的政策不断出台，我们有理由相信，未来政府的支持力度会不断加大，协助智慧城市相关的企业不断走向成熟

六、未来展望

技术是智慧城市的载体，而核心技术相较美国等发达国家存在一定差距（见表 2）。因此，许多企业另辟蹊径，专注于应用层的技术开发，希望通过开发不同的应用场景和产品进行横向竞争。这样做在短期是可行的，但是对于核心技术而非应用技术的投入，是所有智慧城市行业中的玩家终将面临的考验。中国的企业只有在核心技术上占优，才能和国际上众多的竞争对手进行比拼（见图 8）。面对日趋激烈的核心技术竞争，特斯联准备好了吗？

信息通讯技术
信息通信技术（ICT）经常作为一种基础设施，连接城市中的个体，帮助分析人们的行为模式和需求模式，在分析和深度学习的帮助下部署资源、并进行资源优化

传感器技术
传感器是任何智能控制系统的重要组成部分，它使用适当的变量来表征其环境并相应地调整其操作。传感器就像是一种转换器，将光、压力、温度、温度等物理性质的参数转换为电子信号，将这些信息融入日常生活并将其与第三方社交网络融为一体，能够使社会结构更紧密地结合

物联网技术
智能城市中的所有智能解决方案都基于互联网连接的物联网，他遍布并连接每个传感制动设备。彼此连接的设备可以进行信息交互、从而自行决策，反过来又可以管理大城市的人口资源

七项
核心技术

大数据技术
通过智能城市大数据分析的能力，城市能够更好地被规划。智慧城市要求必须快速收集和分析大量数据，使其物尽其用。开放数据门户为城市在线发布数据提供了一种途径，任何人都可以访问它并使用它预测分析来评估未来模式

地理空间技术
诸多智慧城市的解决方案都构建在地理信息和空间数据之上，它提供的位置允许精确定位，可以更好更准确的应用解决方案。地理空间技术为这些数据收集，观测和转换提供了必要的框架，以促进基于软件的有关智能基础设施的解决方案的实现

人工智能技术
人工智能不仅能够可以高效的处理和筛选这些数据，更能够将这些数据转化成机器学习的素材，并主动发挥作用

区块链技术
区块链是智慧城市中的新概念。区块链技术可确保数据流的安全。它的融入，可以使智慧城市更好地连接所有城市服务的同时提高安全性和透明度。区块链可以通过智能合约应用于计费，处理交易和管理设施。此外，区块链也可用于智能电网以促进能量共享

图8　核心技术

表 2　　中美智慧城市发展差异

中国	美国
起步较晚，行业刚刚起步	起步早，行业日趋成熟
更关注应用层技术	更关注核心技术
政府与企业两者合作	政府、民间组织、企业三者合作
巨头公司覆盖多个行业，中小玩家为其提供支持	中小玩家在细分领域独当一面
倾向于使用成熟的既有方案，复制成功经验	倾向于根据城市特点量身制定智慧城市发展规划

主笔：黄羽婷

资料收集：马英皓、陆晶莹

想成为《投融资观察》报告创作团队的一员吗？微信扫描本书第381页二维码，现在就加入我们吧！

No. 41

红黄蓝绿，数字音乐行业不同性格色彩之路

2018 年 11 月 12 日，网易云音乐宣布完成超过 6 亿美元的新一轮融资，估值达到 35 亿美元。本轮融资方包括百度、泛大西洋和博裕资本等，其中，百度为战略投资方。纵观国内外数字音乐行业各大平台，网易云、腾讯音乐、百度、Spotify 等都具有自己独特的性格色彩。此次网易云和百度的结合会迸发怎样的火花？腾讯音乐和 Spotify 的上市又会对后继者们有什么启示呢？

一、网易云：红色性格带来资本青睐

红色性格的网易云音乐诞生于 2013 年 4 月，成立两年用户数突破 1 亿，三年突破 2 亿，现已拥有超过 6 亿用户。尽管入局较晚，但是红色性格的它以“音乐社交”为特色，主打发现和分享，在众多在线音乐平台之中找到了自己独特的成长路径，走了网易一贯的个性化之路，将文艺青年的商业价值发挥到了极致（见图 1）。

依托于马斯洛需求层次理论，网易云音乐的“歌单心理学”以低成本建立竞争壁垒，同时形成独特的品牌文化，从其自 2017 年起就反超其他竞争对手的用户留存率上可见一斑。作为在线音乐领域独具一格的存在，它备受资本青睐。

相关资料见图 2 和图 3。

图 1　网易云音乐

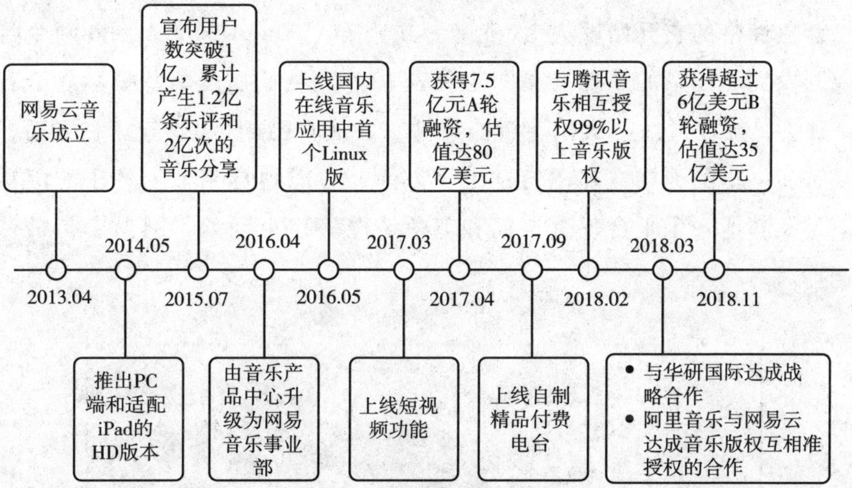

图 2　网易云音乐发展历程

资料来源：中信建设证券，有增改。

二、百度：蓝色性格转换音乐布局思路，发展智能硬件

百度音乐本是中国最早的音乐平台之一，但在经历阿里音乐、腾讯音乐和网易云音乐版权互授之后，市场份额不断缩小。2018 年 6 月 19 日，百度音乐正式宣布更名为“千千音乐”，试图通过音乐社区的形式解决版权缺

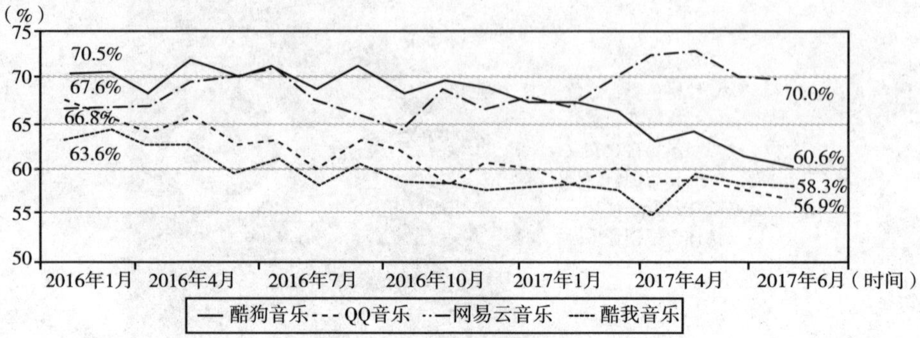

图 3　在线音乐头部玩家用户留存率

资料来源：Trustdata 移动大数据监测平台。

失的问题，但效果依旧不理想。

蓝色性格的它开始发力 AI 业务，重点布局 DuerOS 及 Apollo 两个特别需要开发无屏场景的系统（见图 4 及表 1）。百度此次战略领投网易云音乐 B 轮融资，意在通过“音乐 + 智能硬件”发展自己的 AI 业务。一方面，音乐是首屈一指的无屏交互内容；另一方面，考虑到自家千千音乐的内在动力不足及其他音乐平台现有布局和竞争情况等多重因素，网易云是最佳合作选择。

图 4　百度音乐

表 1 DuerOS & Apollo 介绍

	解决方案		主要功能	产品	合作方
DuerOS	设备解决方案	智能音箱解决方案	海量内容资源、语音搜索模式、语音控制能力、生活管理功能	德仕（DOSS）小度版智能音箱、Ubee 智能音箱	美的、Ubee、DOSS
		智能冰箱解决方案	语控冰箱系统功能、语音搜索、语控生活管理功能	海尔冰箱	美的、海尔
		智能电视解决方案	语控电视系统、语音信息搜索、图像识别、娱乐服务	极米无屏电视 Z5、国安广视机顶盒 G－1、联想电视 65i3	联想、创维、中信国安广视、极米、TCL、英伟达
		智能手机解决方案	应用控制、智能提醒、信息查询、娱乐资源服务资源	VIVO X9、HTC U11、HTC U11 +	HTC、koobee、vivo
		车载解决方案	导航路况、娱乐资讯、信息查询、整车控制	博泰汽车	博泰
		可穿戴设备解决方案	应用控制、智能提醒、信息查询、娱乐资源、服务资源	小天才电话手表 Z3	小天才
	行业解决方案	酒店行业	客房控制、客需服务、信息查询	/	美居酒店、桔子水晶酒店、漫心酒店、携住科技、尊宝智控、CitiGO
		养老行业	社区资讯、社区服务及紧急呼叫等定制化社区养老服务		
		地产行业	语音控制家居、大数据提供个性化生活服务		

	解决方案	合作内容	合作方
Apollo	Apollo3.0 量产电动驾驶微循环电动车解决方案	全球首款 L4 级量产自动驾驶巴士—阿波龙	金龙公司
	Apollo1.0 循迹自动驾驶方案	金龙客车	
	Apollo3.0 基于相对地图的导航模式	高速卡车解决方案	CIDI
	Apollo 全局高精地图	主线科技 x Apollo 智能驾驶港口物流新引擎	主线科技
	Apollo2.5 限定区域自主泊车方案	自动驾驶汽车	现代汽车
	Apollo1.5 定车道自动驾驶方案	实现定车道昼夜自动驾驶	Momenta
	Apollo1.0 端到端自动驾驶方案	基于深度学习技术的自动驾驶方案	长城汽车
	Apollo1.0DuerOS 解决方案	首家搭载百度 DuerOS 解决方案的汽车	东风悦达·起亚

资料来源：根据官网整理。

三、红与蓝："软硬"兼施，文武天下

对于百度而言，其 AI 业务内容借助于网易云得到补充，音乐内容可撬动几乎全部生活场景，百度生态内智能硬件产品的竞争力得到了提升，音乐领域的布局从另一个角度实现。对于网易云而言，百度在流量和在线渠道分发方面的优势可帮其触达更多用户，增加用户渗透率。

其实这种"内容 + 硬件"的结合已非首次，自主研发或者合作形式的"软硬"结合已经成为一种趋势（见图 5）。

图 5 "内容 + 硬件"典型案例

资料来源：公开新闻整理。

2018 年 12 月 12 日，腾讯音乐娱乐集团在纽交所正式上市，代码"TME"，开盘价 14.1 美元，较 13 美元的发行价上涨 8.5%，当日收盘价 14 美元，市值约 229 亿美元，成交量 602 万股。作为在线音乐行业的领跑者，腾讯音乐多元化的商业模式成为盈利关键（见图 6）。当前其拥有的两大业务分别是在线音乐服务以及社交娱乐服务，打通了听、看、玩、买、唱的整个音乐娱乐产业链条，核心在于不断完善音乐内容生态圈（见图 7）。

自 2016 年起，腾讯音乐在社交娱乐服务发力，带动营业收入快速增长，并且实现盈利，盈利规模逐年扩张（见图 8 ~ 图 11）。并且，本部分业务具备明显优势，这也将是腾讯音乐未来盈利扩大的重点发力领域。

图 6　黄色腾讯音乐的领跑

图 7　TME 多元化商业模式

资料来源：招股说明书。

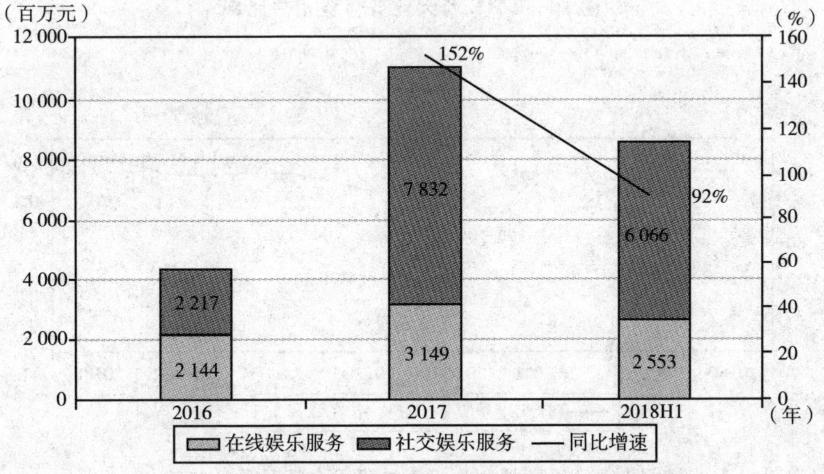

图 8　TME 营业收入及增速

资料来源：安信证券。

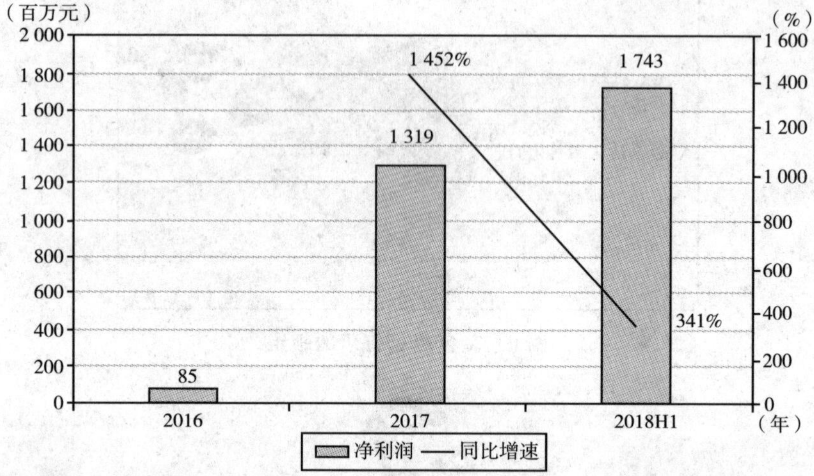

图 9　TME 净利润及增速

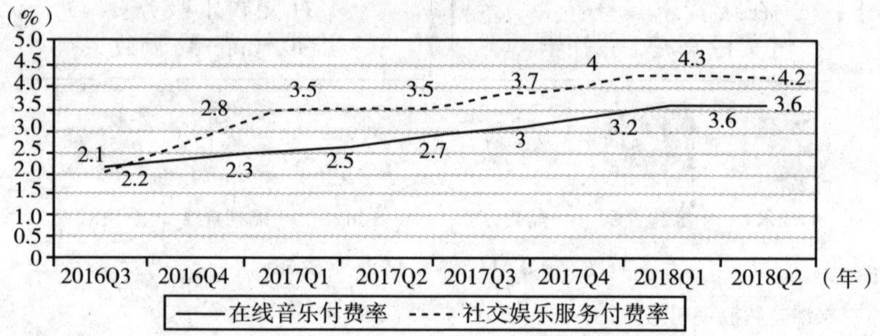

图 10　TME 两大业务付费用户比率

资料来源：安信证券。

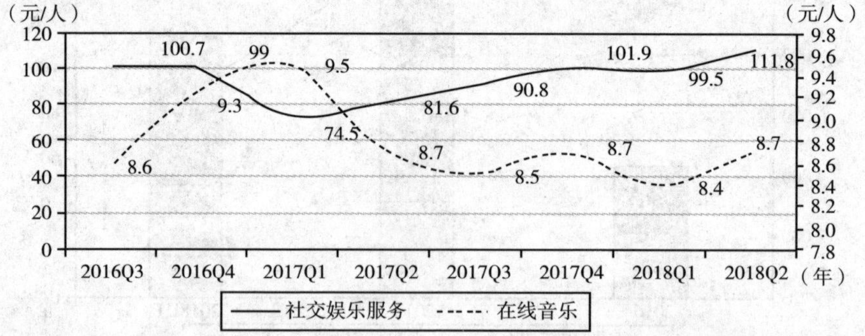

图 11　TME 两大业务每付费用户每月平均收益

2018 年 4 月 4 日，Spotify 完成了其期待已久的“直接上市”计划，即不通过传统 IPO 形式直接挂牌上市交易（见图 12）。并且在上市首日取得了 265 亿美元这一还算不错的市值，也让公司成功避免了“锁定期”（见图 13）。同时，这为那些想要上市而又渴望流动性的独角兽企业提供了新的可能性。

图 12　绿色 Spofity 的直接上市

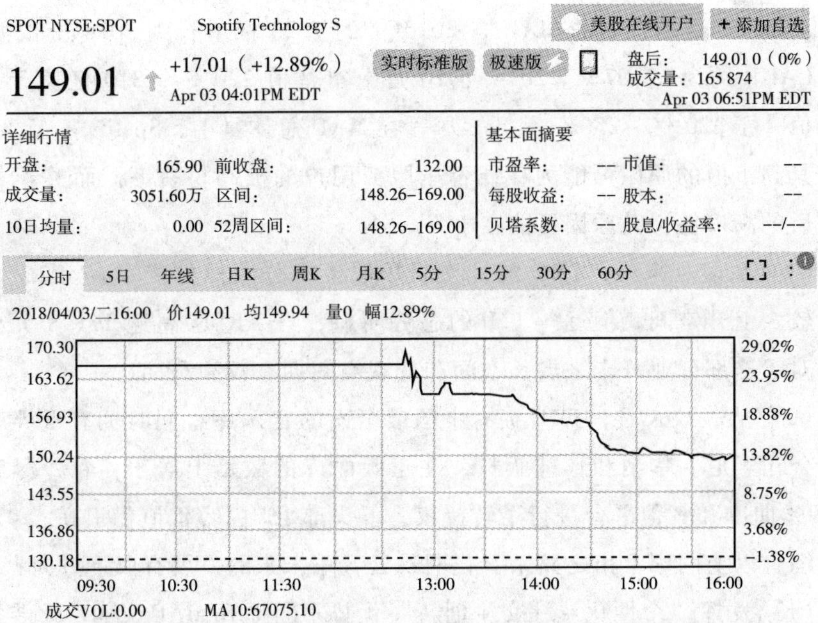

图 13　Spotify 2018 年 4 月 3 日某时刻上市情况

资料来源：新浪财经。

四、音乐内容平台的上市之路

回顾音乐内容平台的上市之路，无论是 TME 还是 Spotify，不断收购都成为其发展过程中必不可少的一环（见图 14）。

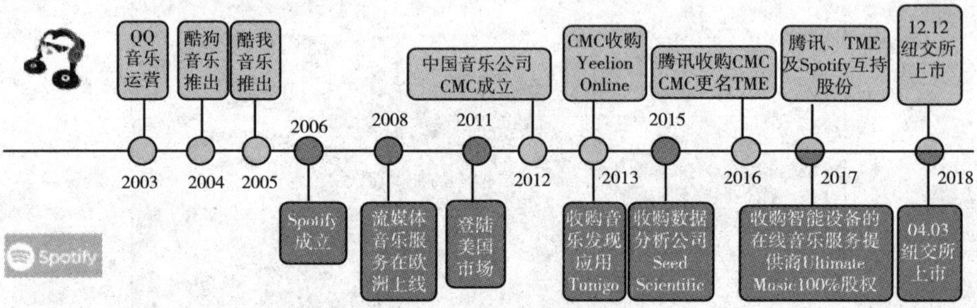

图 14　TME & Spotify 重大事件

Spotify 的 MAU 从 2015Q3 的 0.82 亿增长到 2018Q3 的 1.91 亿，CAGR 约为 2.91%，今年 3 月估值超过了 190 亿美元，4 月 3 日上市市值达到了 265 亿美元；腾讯音乐的 MAU 自 2016Q1 的 7.23 亿增长到 2018Q2 的 8.72 亿，CAGR 约为 22.07%。2018 年 10 月上市估值 290 亿～310 亿美元，12 月估值介于 220 亿～250 亿美元。尽管在 MAU 总体量上，Spotify 不及 TME，但是其高市值的原因可能为在线音乐服务用户的极高付费率。而关于 TME 上市后的高市值，其原因可能在于：

（1）从盈利来看，TME 的社交娱乐服务部分用户付费率有 4.2%，虽仍有较大上升空间，但逐年上升的态势明显，且 ARPU 高达 111.8 元/人，市场对于这部分业务未来成长空间和变现空间拥有较高预期。

（2）从版权来看，TME 拥有中国最全面的音乐库，同时拥有世界三大唱片公司索尼、华纳和环球版权，在正版曲库的数量上居于榜首，尽管其将 99% 曲库和其他平台进行了转授权，但头部 1% 内容价值仍很高。

综合以上两家上市之路来看，网易云音乐未来的发展有以下方向：

（1）发挥“个性化 + 社交 + 创新”优势不断提升 MAU。TME 凭借多元化商业模式以及音乐娱乐产业链条拥有极高的 MAU，对于网易云来说，“个性化 + 社交”已经为其积攒了一批核心用户，在越来越重视平台差异化定位的未来，坚持个性化的用户体验，夯实社交定位打下的基础并发挥其创新能力将是提升 MAU 的关键所在。

（2）挖掘剩余 1% 版权价值，扶持原创音乐：头部内容版权带动大部分消费，而音频、视频流媒体会使头部效应有所减弱，剩余 1% 的版权价值不容忽略；各大音乐平台在政策指导下共享版权后，为了吸引付费用户，增加收入，进一步打造平台的独家内容应成为发展重点（见图 15）。

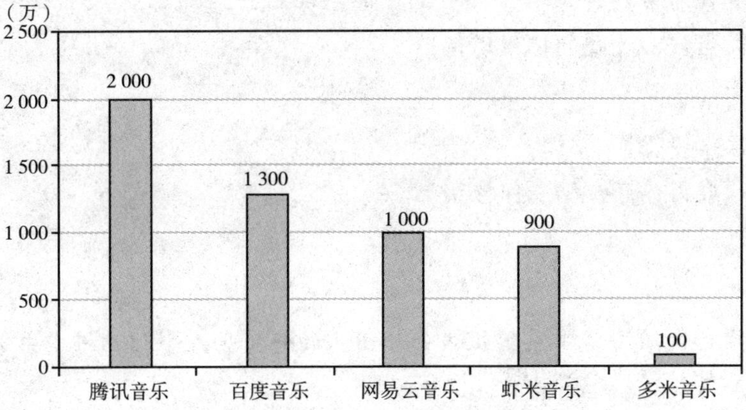

图 15　头部在线音乐平台正版曲库数量

资料来源：安信证券。

争取复制“百度 + 爱奇艺”流量赋能的成功故事：爱奇艺于 2018 年 3 月 29 日上市，作为控股 70% 的大股东百度赋能其流量优势及 AI 技术，使之在同业中竞争优势明显，有望明年实现盈亏平衡，网易云同样应充分借助百度赋能（见表 2）。

表 2　Spotify & TME & 网易云音乐对比情况

平台	主要业务	用户付费率	付费用户数（百万）	ARPU（元/人）	上市市值（亿美元）
Spotify	在线音乐服务	44.65%	71.0	41.5	265
TME	在线音乐服务	3.6%	9.5	8.7	229
	社交娱乐服务	4.2%	23.3	111.8	
网易云音乐	在线音乐服务	√ 2017.04 估值 80 亿元人民币 √ 2018.11 估值 35 亿美元			

资料来源：根据 TME 招股书、安信证券、公开新闻整理。

五、总结

红色网易云个性化定位探索发展之路，拥有多元化商业模式的黄色腾讯音乐成为其不断追赶的对象，而绿色 Spotify 按需辟径直接上市的颠覆之举或许为网易云提供了新的可能性。在差异化与付费率越来越重要的未来，网易云等各大平台将迎来多种可能，他们能否各凭所长，共享数字音乐行业这块大蛋糕，让我们拭目以待！

主笔：曹冬青

资料收集：龚文皓、何佳怡

想成为《投融资观察》报告创作团队的一员吗？微信扫描本书第381页二维码，现在就加入我们吧！

No. 42

东南亚——时间机器接棒者与无声的战场

2018 年 11 月 22 日，印尼最大电商平台 Tokopedia 宣布获得来自包括软银在内的原股东 10 亿美元的战略融资。此次融资后，公司估值达到 70 亿美元，软银集团占有公司 14% 的股份。

此轮融资将有助于 Tokopedia 在印尼电商行业激烈竞争中取得优势，并拓宽线下渠道。

一、东南亚互联网公司风头正盛

Tokopedia 自 2009 年成立以来便饱受关注，累计融资次数为 9 次，平均每年都有新的资金注入，资方名单“众星云集”，包括软银、红杉、阿里巴巴等众多知名机构和公司，融资金额也不断刷新纪录。本轮 10 亿美元战略融资让人们再次将目光转向东南亚发展迅猛的互联网公司（见图 1）。2018 年上半年，东南亚地区融资总额已经超过 90 亿美元，几乎相当于 2017 年全年融资的金额，大部分资金都流向了几家东南亚互联网独角兽公司。

2010 年左右，东南亚涌现出了大批互联网公司，其业务涵盖了共享出行、移动支付、电商平台、在线社交、酒店预订等各个领域，在接下来的近 10 年中迅速发展成为估值超过 10 亿美元的独角兽，获得多方瞩目，其中中国互联网公司对东南亚同类公司的投资最为引人关注——阿里巴巴收购东南亚最大的在线购物网站之一的 Lazada，腾讯是以游戏、电商和移动支付为主营业务的 Sea（原 Garena）的大股东，京东成为以 2 小时送货服务

- 2009 Tokopedia成立
- 2009 种子轮融资25亿印尼盾
  印尼投资公司PT Indonusa Dwitama25亿印尼盾种子轮投资
- 2010.3 A轮 East Ventures投资
- 2011.4 B轮 CyberAgent Ventures 70万美元投资
- 2012.4 C轮 NetPrice投资
- 2013.6 D轮 软银韩国基金投资
- 2014.10 E轮 软银红杉1亿美元投资
  获软银（互联网媒体基金）领投，红杉资本跟投的1亿美元融资，成为东南亚第一个成功融资1亿美元的科技公司
- 2016 1.47亿美元战略投资，投资方未知
- 2017 阿里巴巴11亿美元战略投资
- 2018.11 原股东10亿美元投资
  从包括软银在内的多家原股东处获10亿美元战略融资，投后估值70亿美元

图 1　Tokopedia 融资历程

闻名的 Tiki. VN 的最大股东之一（见表 1）。

表 1　公司情况列示

	成立时间	估值/市值（美元）	公司简介	主要股东
tokopedia	2009	70 亿	印度尼西亚最大的电商平台，C2C 模式	软银、阿里巴巴、红杉资本
LAZADA	2012	31.5 亿	东南亚最大的在线购物网站之一	阿里巴巴
Grab	2012	110 亿	东南亚出行巨头。提供专车、自行车、巴士预约服务，食品、包裹、杂货快递服务	软银、Booking
GO-JEK	2010	90 亿	印尼共享出行服务商。提供自行车租赁、出租车预约、网约车、移动支付服务	Google、腾讯、京东、美团
agoda	1998	/	亚太地区酒店预订平台。在东南亚市场份额巨大	Booking

续表

	成立时间	估值/市值（美元）	公司简介	主要股东
TIKI	2010	约1亿	越南B2C电商平台，以2小时送货服务闻名	京东、VNG
Garena AirPay Shopee	2009	38.7亿	最初主营游戏和数字娱乐，有“东南亚小腾讯”之称，后转型发展电子商务和移动支付	腾讯

二、中国互联网巨头为何对东南亚市场格外青睐

中国互联网公司近年来对东南亚的同类产品金额巨大的频繁投资原因为何？在欧洲、拉美等其他新兴市场并无过多投资举动的他们，为何对东南亚青睐有加？

背后原因主要有二：其一，东南亚是时间机器理论实践的下一个市场；其二，投资者们希望通过投资实施特洛伊木马战略，从而更容易的在新市场扎根。

三、东南亚——“时间机器”的接棒者

“时间机器”理论是软银创始人孙正义提出的论断。他认为，所谓“时间机器”，就是指美国、日本、中国这些国家的IT行业发展阶段不同。在日本、中国这些国家的发展还不成熟时，先在比较发达的市场如美国开展业务，然后等时机成熟后再杀回日本，进军中国、印度，就仿佛坐上了时间机器，回到几年前的美国。

孙正义运用这套投资逻辑在1995年左右投资了大量美国的互联网公司（如雅虎），赚到钱后杀回日本，此后又大量投资比日本更落后的中国、印度市场的互联网公司，经典案例包括阿里巴巴、盛大网络、人人网、PPTV等。

美国的科技公司对于中国现在的这批互联网公司有很深的影响，Amazon是淘宝和京东的原型，支付宝起初的模式基本借鉴了Paypal，滴滴出行

是 Uber 在中国的复刻等，这是时间机器理论在中国的应用。

而中国的互联网公司也已经开始被东南亚的企业模仿，从电商领域 Tokopedia、Lazada 等企业对淘宝的模仿，支付方面 Grab Pay 对支付宝的模仿便可见一斑。

“时间机器”理论的正确性已经被充分验证，现在它将在东南亚市场发挥重要作用。

东南亚市场与 10 年前的中国市场有极高的相似性，主要体现在四个方面：人口基数、经济发展、数字红利与跨越式发展。

相关资料见图 2。

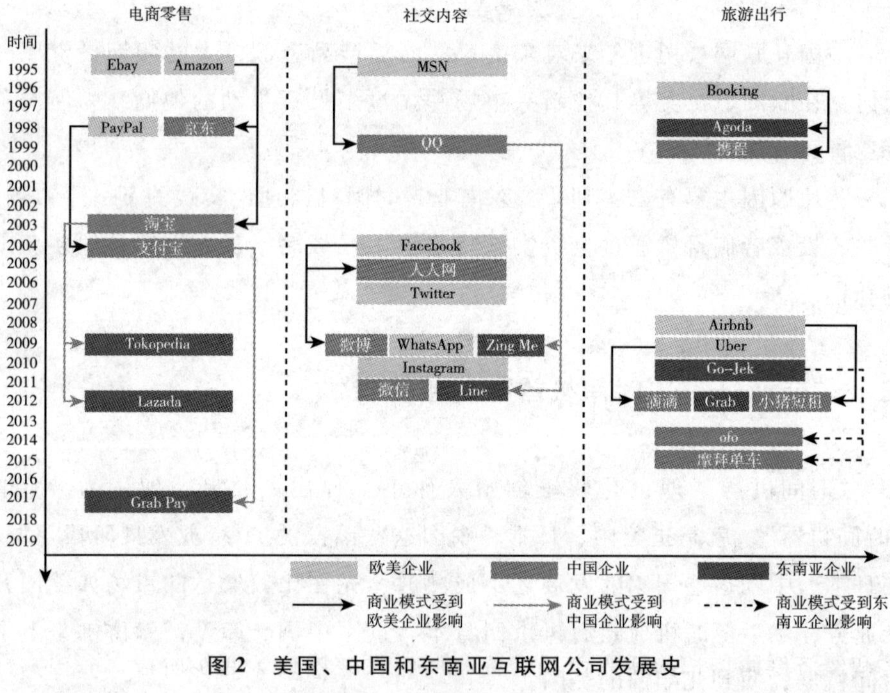

图 2　美国、中国和东南亚互联网公司发展史

(1) 巨大的人口红利。东南亚人口众多（见图 3 及图 4），拥有 6.25 亿人口（2014 年数据），是世界上人口最稠密的地区之一，且众多国家都处于人口上升期，青壮年众多，出生率高，人口结构年轻化，消费潜力与意愿强。人口的年轻化催生了对移动互联网的强烈热情。以印度尼西亚为例，印尼用户每天花费在电子设备上（平板、手机）的平均时间有 9 小时之多，这为移动互联网的发展提供了绝佳的机会。

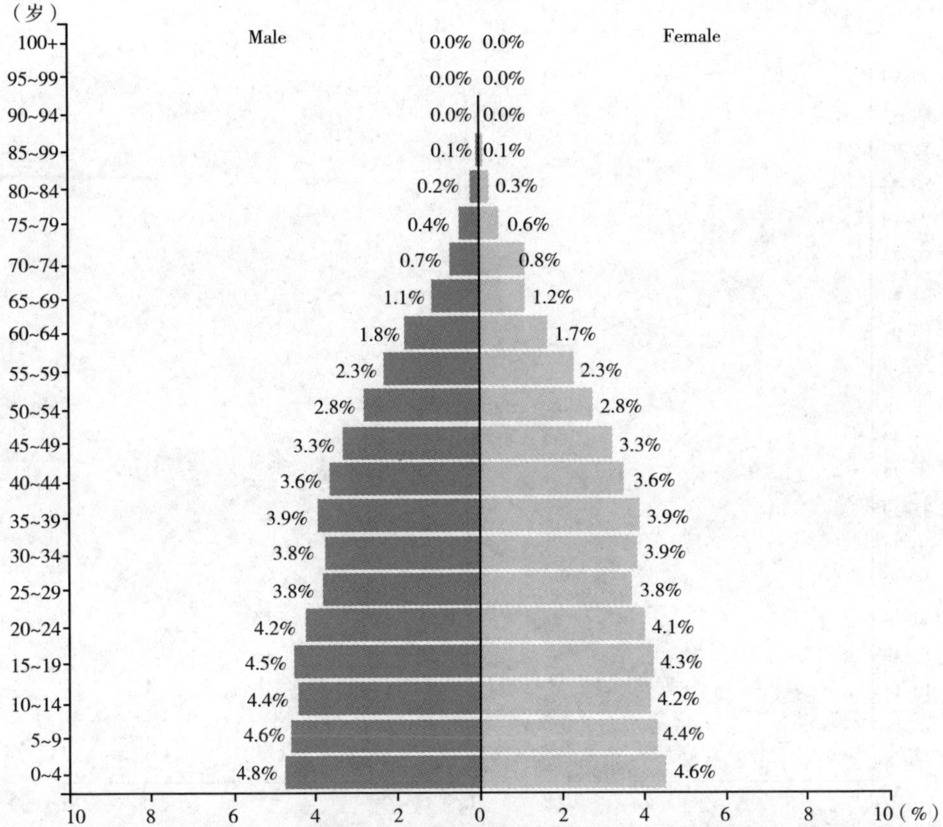

图 3　印度尼西亚人口结构图

（2）经济发展刚刚起步，已经展现出未来高增速的趋势。东盟国家GDP 自 2014 年起就以每年 4. 6% 左右的增速稳定增长，在全球主要新兴市场中处于中上游水平，东盟国家中印尼 GDP 最高，达 8 900 亿美元，而菲律宾 GDP 涨幅最大，每年平均增长约 6. 8% 。东南亚作为世界第七大经济体和经济健康增长的新兴市场，各方面的发展还处于起步阶段，有极大的增长潜力。

（3）不断加速的数字化进程。东盟在互联网和宽带普及方面拥有巨大的数字红利，很多国家禁止高价固定宽带。

在科技及政策的双重推动下，东南亚地区网络数据流量的价格在过去的两到三年的时间里，每 GB 下降了近 50% 。日趋低廉的流量价格大大降低了用户的使用成本，成为电商、网约车等互联网公司发展重要的助推力量。

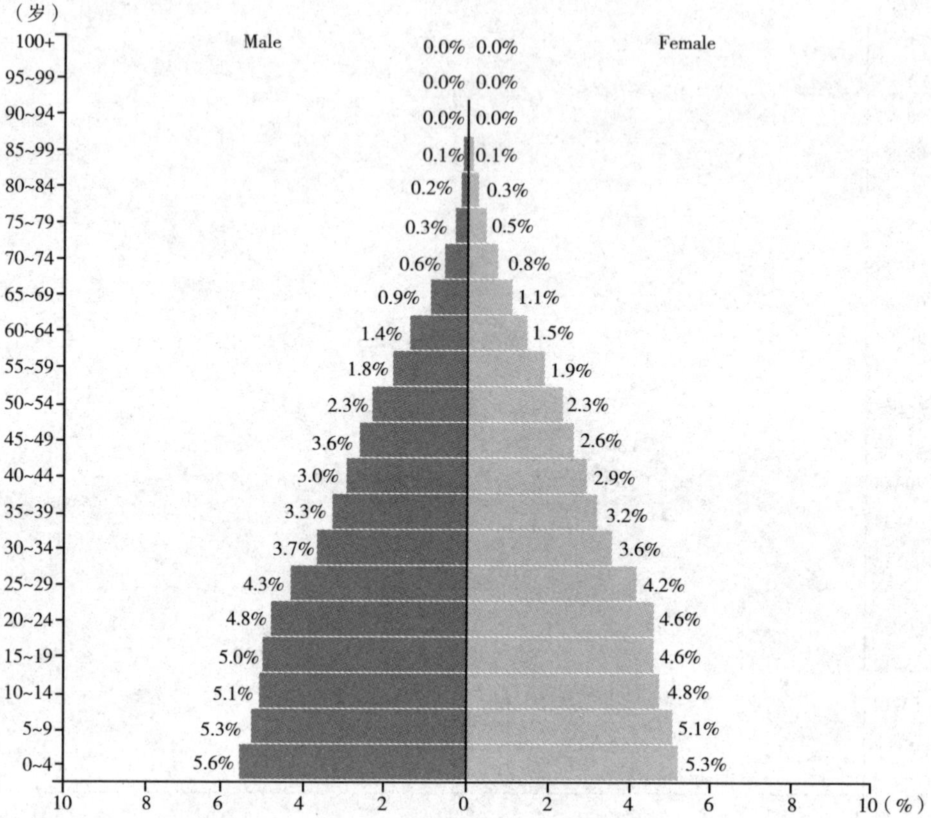

图 4　菲律宾人口结构图

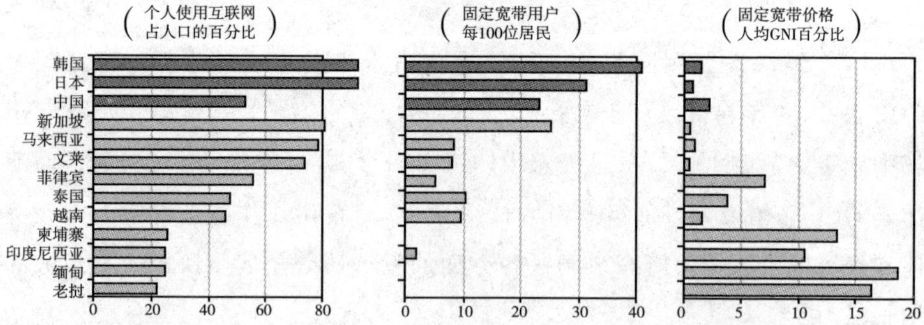

图 5　互联网及宽带国际发展情况

资料来源：Measuring the Information Society Report 2017，International Telecommunication Union。

注：GNI = 国民总收入。

（4）手机持有量迅速增长，有越过 PC 端直接进入移动互联网的发展趋势。东南亚地区大多数普通用户是通过移动设备初次接触到互联网，而在西方国家，大多数人第一次上网是通过家中的有线网络进行联网。

至 2018 年，仅在印度尼西亚，持有智能手机设备的人数超过 1 亿，成为全球智能手机用户人数第四多的国家，仅次于中国、印度和美国。在未来几年内，东南亚国家智能手机普及率将会因为移动互联网和电子商务的推动而继续强势增长（见图 6）。

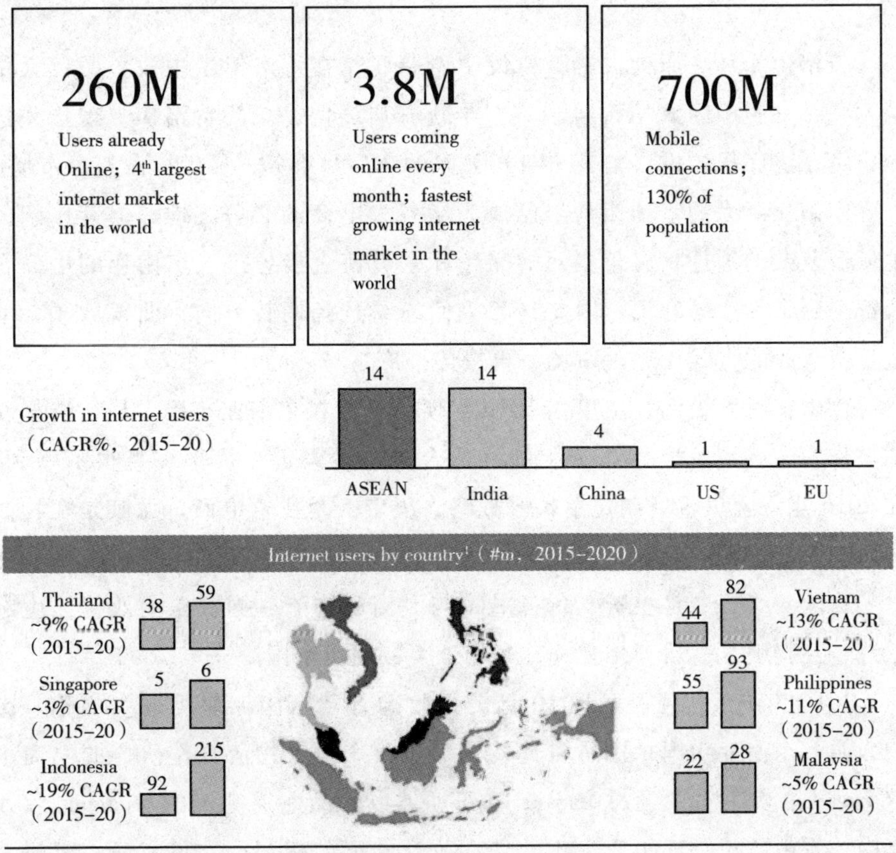

图 6　东南亚互联网用户增长潜力巨大

资料来源：Google | Temasek E – conomy SEA。

这与中国移动互联网的发展极为相似，中国互联网产业的腾飞也正是凭借巨大的人口红利、经济快速发展的大背景、科技发展下的流量成本下降和越过 PC 直接进入移动互联网阶段的弯道超车完成的。

与和中国隔海相望的美国对比，东南亚与中国更为相似，因此，中国的互联网公司投资他们在东南亚的“投影”公司的风险相对更小，未来发展也更容易把控。时间机器理论再一次得到印证指日可待。

但相比于投资一个与自己业务类似的公司，扶持其在东南亚开花结果，有些巨头采取了另一种更激进的模式——特洛伊木马战略。

四、无声的战场——特洛伊木马引入中国竞争者

特洛伊木马，原为古希腊传说中希腊联军在特洛伊城中放置的巨大中空木马，马腹中隐藏的希腊士兵在半夜开启城门，攻陷特洛伊。现指先进入市场，进而慢慢推广与其自身相关联的产品和服务，最后抢占整个市场。

东南亚巨大的市场使其早已成为了各大电商的必争之地，但其广阔的地域、复杂的地理状况与多元的文化和宗教使直接想进入东南亚的电商企业都遇到了不小的麻烦，因此，巨头们纷纷选择调转方向，曲线救国，通过投资入股的方式先进入市场，再慢慢推广自身产品。

以阿里巴巴为例，阿里在 2010 年便已开始在东南亚布局，最初选择新加坡作为落脚点，但始终苦于缺乏适合的分销渠道，扩张一直很不顺利。在 2016 年，阿里重新制定了扩张战略，决定一是投资电商，尤其是在物流方面有明显优势的电商，以此为切入口进入当地电商市场，并在东南亚建立起物流网络。二是投资支付领域，与电商和物流一同在东南亚构建生态系统，互相引流，培养用户，在东南亚复制阿里帝国。

2016 年 4 月，阿里豪掷 10 亿美元收购有“东南亚亚马逊”之称、影响力遍及东南亚六国，拥有自建物流与 114 个本土物流合作伙伴的电商平台 Lazada；其后，又通过 Lazada 将新加坡以食品速递起家的 Redmart 收入囊中，看中的正是这两家本土企业在物流方面的优势。支付方面，蚂蚁金服宣布与泰国正大国际集团旗下的支付公司 Ascend Money 达成战略合作，Ascend Money 将接入支付宝“全球收、全球付”支付系统，让泰国民众可以用手机买遍全球。

阿里挺进东南亚市场不仅仅是为了增加零售额，在新市场打败竞争对手 Lazada 也不是主要目标，更重要的目的是稳固在新兴市场的入口。支付宝只是一个开始，未来，阿里将通过这一入口将阿里巴巴的其他产品和服务导入东南亚市场，从而逐渐在东南亚建造和中国类似的阿里帝国。

特洛伊木马战略使用者不多，大部分企业仍然选择为东南亚自己的“复刻版”提供支持，帮助其更好的发展，而非自己进入市场，这与企业本身协同效应的强弱、资产的轻重及东南亚市场独有的文化与宗教等壁垒都有很强的关系。

但无论如何，东南亚作为重要的新兴市场，定是中国和全球互联网巨头的必争之地，东南亚的互联网公司能否乘着这个风口飞起来，让我们拭目以待！

主笔：黄羽婷

资料收集：陈昕悦、张家榕

想成为《投融资观察》报告创作团队的一员吗？微信扫描本书第381页二维码，现在就加入我们吧！

投融资观察

融资并购信息整理，行业知识深入分析训练

通过对每日投融资信息的分析整理，培养成员对于投融资事件及资本市场变化的敏感性，养成关注资本市场动向的职业习惯。

完成行业及投融资研究报告，参与项目回顾会，分享观点与见解，提升演讲能力，汲取多方观点。

报名方式：扫描二维码，完善个人资料，申请加入

日常工作：

1. 我们需要你每周至少有一天（双休日除外）的时间，分析当天发生的融资及并购交易（根据我们提供的交易清单），并且进行信息的翻译、整理、汇总及录制；

2. 从中挑选出 1 ~ 2 项你认为具有代表性的交易，作为当天的精选交易，撰写并提交一份交易分析报告；

3. 在项目回顾讨论会上，向项目组的导师以及和你一起完成工作的组员做一个简单的展示和交流；

4. 记录反馈及修改意见，将修改后的交易报告在 2 日内提交。

要求：

1. 大三及以上，会计或金融相关专业，有案例分析或相关比赛经验为佳；

2. 有投融资或企业并购相关实习经验优先；

3. 熟练使用 Wind、CIQ 数据终端，信息收集及整理能力强，Excel 熟练者优先；

4. 项目回顾讨论会一般为周末上午 10 点或下午 2 点开始，两周一次，其余日常工作可以远程完成，每周一天，持续一个月以上。